Sue Jenkyn Jones

Modedesign

Einleitung
Zur Zielgruppe dieses Buchs 7
Zur Benutzung dieses Buchs 7
Sind Sie geeignet? 8
Erste Schritte 10
Lehrplan 13

I Kontext
Allgemeines 18
Geschichtlicher Zusammenhang 19
Chronik der Mode 20
Funktionen der Kleidung 24
Sprache der Mode 34
Globaler Zusammenhang 35
Haute Couture 39
Modekalender 48
Zeit und Zeitplanung 49
Kultureller Zusammenhang 51
Medien 52

II Von der Herstellung zum Markt
Historischer Hintergrund 56
Herstellung heute 56
Produzententypen 59
Marktsegmentierung 65
Einzelhandelstypen 65
Preisschwellen 71
Preiszyklus 73
Firmenidentität und Branding 74

III Der Körper
Inspirierende Körper 78
Das Knochegerüst 79
Zeichnung und Illustration 82
Proportionen für Modeillustrationen 84
Die Modelpose 86
Kopf und Gesicht 92
Einsatz von Computern 96
Designelemente 99
Silhouetten 100
Linie 101
Textur 101
Proportionen und Länge von Separates 102
Designprinzipien 103
Schnittformen und Details 106

IV Farben und Stoffe
Farbgrundlagen 112
Die Wirkung von Farbe 114
Fasertypen 120
Stoffe 122
Der Modezyklus 128
Kollektionsaufbau 131
Stofflieferanten 131
Stoffmessen 134

V Im Atelier
Atelier 138
Maßnehmen und Muster erstellen 139
Schnittentwicklung 143
Entwicklung des Schnittmusters 144
Modifikation des Nesselmodells 146
Nessel (Toile) 148
Drapieren an der Schneiderpuppe 149
Zuschnitt des Musterstücks 156
Nähen 157
Schneidern 160
Kurzwaren 162
Anprobe und Präsentation 163

VI Das Projekt
Was ist ein Projekt? 166
Projektarten 166
Anforderungen des Projekts 167
Absichten und Zielvorstellungen 167
Inspiration 170
Kreativität und persönlicher Stil 172
Präsentation 177
Projektkritik 180
Bewertung 182

VII Die Abschlusskollektion – und danach
Abschluss-/Diplomkollektion 185
Modenschau 185
Studentische Ausstellungen 192
Mappe 194
Praktika 198
Karrieren in der Mode 200
Lebenslauf 211
Vorstellungsgespräch: Dos und Don'ts 212

##
Glossar 216
Nützliche Adressen 219
Quellen für Stoffe und Zubehör 220
Modeschulen 222
Museen und Kostümgalerien 223
Bücher und Filme 224
Bezugsquellen 225
Fachbegriffe der Schnittentwicklung und Nähtechnik 227
Weiterführende Literatur 232
Register 234
Bildnachweis 240

© 2007 der Originalausgabe
Laurence King Publishing Ltd.
71 Great Russell Street, London WC1B 3BP
www.laurenceking.co.uk

Titel der Originalausgabe:
Fashion design

Copyright © Sue Jenkyn Jones 2005
Erstauflage in Großbritannien 2002.
Die zweite Auflage erschien 2005 bei Laurence King Publishing in Zusammenarbeit mit Central Saint Martins College of Art and Design.

Grafische Gestaltung: Christopher Wilson

Die Deutsche Bibliothek – CIP-Einheitsaufnahme.
Ein Titeldatensatz für diese Publikation ist bei der Deutschen Bibliothek erhältlich

© 2007 der deutschen Ausgabe:
Stiebner Verlag GmbH
Nymphenburger Straße 86
D – 80636 München

www.stiebner.com

Fachlektorat: Prof. Dr. Ingrid Loschek
Übersetzung aus dem Englischen:
Ursula Haberl, Sybille Frey

Satz und Redaktion der deutschen Ausgabe:
Maja Mayer für bookwise gmbh, München

Alle Rechte vorbehalten. Dieses Buch darf nur nach vorheriger schriftlicher Zustimmung des Copyright-Inhabers vollständig bzw. teilweise vervielfältigt, in einem Datenerfassungssystem gespeichert oder mit elektronischen bzw. mechanischen Hilfsmitteln, Fotokopierern oder Aufzeichnungsgeräten bzw. anderweitig weiterverbreitet werden.

ISBN 978-3-8307-0836-0

Printed in China

Cover: Kleid, entworfen von Coco de Mer:
Mark Fast, Holly Albright, Leila Heinel, Delia Covezzi, Siad Mohamoud, Myung Cha, Bettina McCabe, Laura McCraig
Model: Bettina McCabe
Fotografie: Esther Johnson

Frontispiz: Kleid, entworfen von Jennifer Carrol, Mischa Notcutt, Isaac Raine, Fanny Karst, Georgia Beavis, Angeline Lam, Laura Bradley, Teresa Buck
Model: Jennifer Carrol
Fotografie: Esther Johnson

Einleitung

Damenmode, Entwurf: Louisa Parris, Gewinnerin des L'Oréal Professional Student Award 2004.

Das Interesse an Mode ist enorm. Besonders für die jungen Leute in den Großstädten dieser Welt ist Mode ein zentrales Thema. Das Was und Warum beim Modekauf ist ein soziales, kulturelles und wirtschaftliches Phänomen, und Mode ist als Studienfach ebenso etabliert wie Literatur, Schauspiel und bildende Künste.

Mode ist Weltsprache und globales Geschäft. Designer und Models sind bekannt wie Politiker, Sportler und Filmstars. Dem Laien scheint ein vermeintlich von Prominenten bevölkerter Modehimmel ein aufregendes und sorgenfreies Leben zu verheißen, doch trifft dies für nur wenige Profis zu – die Besten und Erfolgreichsten unter ihnen. Die meisten müssen ungeheuer hart arbeiten, um scheinbar »über Nacht« Erfolg zu haben.

Gerade junge Menschen – im Begriff, einen Beruf zu wählen, die eigene Identität zu entdecken und ihr Ausdruck zu verleihen – zieht es in die Welt der Mode, doch sie birgt viele Rätsel. Eleganz, Schönheit und Preis sind nicht länger Garant für ein »cooles Outfit«. Vieles, was auf dem Laufsteg beklatscht wird, schafft es nie in ein Geschäft. Kleiderregeln für Arbeit und Freizeit ändern oder lösen sich in Luft auf. Kaum hat man sich an einen neuen Look gewöhnt, ist schon sein Gegenstück en vogue. Woher rührt dieses Bedürfnis, sich ständig neu zu gestalten und herauszuputzen? Wer macht die Regeln, und wer bricht sie? Verantwortlich für dieses Wirrwarr ist wohl die Mode selbst, aber auch die Kreativität einer aufregenden und äußerst profitablen Branche. Wie aber wird man Modeprofi? Mit Glück, Begabung, Persönlichkeit oder Ausbildung? Und was steht überhaupt zur Auswahl?

Die Modebranche lockt mit beliebten Berufsfeldern. Das führt zu einem der überfülltesten Studienzweige überhaupt. Zwar durchliefen einige der großen Designer des 20. Jahrhunderts nicht die entsprechende Ausbildung, doch heute führt dieser Weg kaum noch zum Erfolg. Ein Abschluss ist immer noch der größte Trumpf im Ärmel des Bewerbers. Der Einstieg in die Branche wird schwierig, kann man nicht mindestens einen BA-Abschluss (Bachelor) vorweisen. Umfragen zufolge verdienen Angestellte ohne entsprechende Ausbildung im Schnitt 25–30% weniger als Hochschulabsolventen.* Besonders gefragt sind Arbeitnehmer mit Abschluss bei jenen Arbeitgebern, die eine interne Ausbildung nicht finanzieren können. Hochschulstudiengänge vermitteln die Fertigkeiten, die in der Praxis benötigt werden – doch eine Erfolgsgarantie sind sie nicht. Dennoch bieten sie eine gründliche und marktgerechte Einweisung und sind dank guter Branchenkontakte für die Laufbahn eines Studenten von großem Nutzen. Der Weg zum Modeprofi – ob in der Werbung, als Manager oder Designer – ist steinig, und die Anforderungen in kreativer, persönlicher, intellektueller, technischer und sogar physischer Hinsicht sind hoch.

> »Designer müssen viele Rollen spielen – Künstler, Wissenschaftler, Psychologe, Politiker, Mathematiker, Ökonom, Verkäufer – und gleichzeitig die Ausdauer eines Langstreckenläufers besitzen.«   Designerin Helen Storey

Die meisten Designer werden nie berühmt oder reich, sondern gehen hinter den Kulissen zu relativ normalen Gehältern einer Arbeit nach, die sie erfüllt. Dennoch ist es herrlich, seiner Lieblingsbeschäftigung nachzugehen – und das auch noch gegen Bezahlung.

* Peter Elias und Kate Purcell: Seven Years On: Graduate Careers in a Changing Labour Market (London: Higher Education Careers Services Unit, 2004).

Zur Zielgruppe dieses Buchs

Dieses Buch richtet sich in erster Linie an Studieninteressierte, spricht aber auch den Modeliebhaber an. Es wirft einen ausgewogenen Insiderblick auf die Ausbildung in der Modebranche und erläutert Techniken, Spezialgebiete, Talente und Fähigkeiten, die Sie für entsprechende Tätigkeiten qualifizieren. Die Mehrzahl der Modebücher ist kulturgeschichtlich, biografisch oder technisch ausgerichtet. Nur wenige behandeln Ausbildung und Branche oder den Weg vom kreativen Impuls zum marktfähigen Produkt. Dieses Buch zeigt, wie sowohl der Designer als auch der Kaufmann lernt, vorherrschende ästhetische Ströme zu erkennen, sie zu modifizieren und die Früchte seiner schöpferischen Arbeit in eine absatzfähige Form zu bringen. Seit den 1980er Jahren wird Kleidung für Europa und die USA größtenteils in Ländern im Osten angefertigt. Im Westen ist die Modebranche ein Dienstleistungssektor, in dem Kreativität vielen Einflüssen unterliegt: verschiedenen Zielgruppen und Marktformen, weltweitem Handel und zunehmender Technisierung. So analysiert dieses Buch auch die Unterschiede zwischen Märkten und Herstellungsarten, zwischen traditionellen und neuen computergestützten Verfahren. Mag die Zahl der Ausbildungsplätze im Schneiderei- und Designbereich der **Haute Couture** auch gering sein – neue Techniken und wachsende Absatzchancen schaffen ungeahnte Jobmöglichkeiten. Prognosen zufolge* benötigt eine wachsende Zahl kleiner Unternehmen kreative Köpfe, ein gutes Management und hochwertige Produkte, um der steigenden Nachfrage nach individueller Mode gerecht zu werden.

Modedesign beleuchtet viele Facetten der Mode, kann jedoch nur einen Überblick geben. Nicht behandelt werden ausgesprochen technische Details moderner Schnittentwicklung, Schneiderei und Vermarktung. Viele dieser Techniken erfordern Übung und lassen sich nicht durch ein Buch vermitteln. Der Leser bekommt keine Aufgaben, sondern Denkanstöße und Anregungen, selbst zu lesen und zu recherchieren. Dieses Buch rät weder, wie man sich gut kleidet, noch blickt es in die Zukunft der Mode. Doch jedem, der in dieser Branche beruflichen Erfolg haben möchte, vermittelt es einen Einblick, wie es andere geschafft haben. Es informiert, inspiriert, leitet an und lässt viele zu Wort kommen, die den Weg bereits gegangen sind und wissen, wovon sie reden.

Zur Benutzung dieses Buchs

Modedesign ist Handbuch und Karriereguide in einem. Obwohl einiges hier wie harte Fakten klingt, gibt es keinen richtigen oder falschen Weg zum Modeprofi oder zu einem erfolgreichen Modekonzept. Die Branche kennt viele Rebellen, die wissen: Regeln sind dazu da, um gebrochen zu werden. Meine Erfahrung zeigt die Einzigartigkeit jeder Studiengruppe, ihrer Persönlichkeiten wie auch ihrer Reaktionen auf die Welt, die sich ihr auftut. Dasselbe Projekt kann ganz verschiedene Resultate erbringen, je nachdem, wer es wann durchführt. Eine der Freuden des Studenten- und Lehrerdaseins besteht darin, Überraschungen, Triumphe und Fehler anderer zu teilen und aus ihnen zu lernen. Die Projektbeispiele, Lehr- und Lernmethoden sowie Lehrplanempfehlungen haben keinen verbindlichen Charakter. Studenten, Kollegen und Designern danke ich für ihre Anregungen, Beobachtungen und Beiträge zu diesem Buch.

Diese zweite Auflage von *Modedesign* ist mein Versuch, inhaltliche Lücken zu schließen und die wachsende Kluft zu überbrücken, die sich zwischen traditionellen, noch heute gelehrten Verfahren und den sich rasch wandelnden Produktions- und Marketingmethoden des 21. Jahrhunderts auftut. Die Modebranche schläft nicht, und Berufsanfänger

Männermode

* The Textiles and Clothing Strategy Group, Making it Happen: – A National Strategy for the UK Clothing and Textile Industry (London: Handels- und Wirtschaftsministerium, 2002).

müssen voll durchstarten. Zeichnungen sowie technische und praktische Angaben wurden überarbeitet und Listen mit Quellen, Texten und Institutionen der Branche ergänzt. Zusätzliche Skizzen, Grafiken und Fotos sollen die Faszination und die spannende Atmosphäre in Ausbildung und Praxis vermitteln. Der geschichtliche, geografische und kulturelle Blickwinkel wurde erweitert, um einer breiten Leserschaft und der zunehmenden Globalisierung des Handels Rechnung zu tragen. Das letzte Kapitel enthält zusätzliche Angaben zu Jobmöglichkeiten, Arbeitsbedingungen und Anforderungen an Modeberufe und hilft bei der Wahl des passenden Studiengangs.

In der Regel bereitet der **Lehrplan** im Examenssemester Modestudenten durch zunehmend komplexere Anforderungen an ihre praktischen und intellektuellen Fähigkeiten auf viele Aufgaben vor, die der Designer später bewältigen muss. Die Informationen und Begriffe, denen ein Student wahrscheinlich begegnen wird, verteilen sich auf die sieben Kapitel dieses Buches, die in beliebiger Abfolge gelesen werden können. Wie jede Branche so haben auch der Mode- und Bildungsbereich ihren eigenen Fachjargon. Wer ihn beherrscht, wird manches vermeintliche Rätsel lösen. So zeigt Fettdruck eines Wortes an, dass das Glossar im Anhang eine Erklärung des Begriffs bietet. Seiten mit braunen Balken verweisen auf Tabellen, Zeichnungen oder Bilder, die kopiert werden dürfen. Farbige Textboxen enthalten Detailinformationen und Kategorien. Am Ende jedes Kapitels sind Quellen mit nützlichen Informationen zum Thema aufgelistet, und am Schluss des Buches finden Sie Bezugsquellen für Material, Mode- und Bildungseinrichtungen sowie Hinweise für weitergehende Recherche und das Sammeln von Ideen.

Sind Sie geeignet?

Wer sich auf den möglicherweise langen, beschwerlichen Weg einer beruflichen Laufbahn in der Modebranche begibt, sollte prüfen, ob er über die richtigen Eigenschaften verfügt und eigene Stärken und Schwächen realistisch einschätzen kann. Die nachfolgende alphabetische Checkliste führt Eigenschaften und Fähigkeiten auf, die für dieses Arbeitsfeld Voraussetzung sind. Bewerten Sie sich selbst auf einer Skala von eins bis fünf, um so Ihre Begabung einschätzen zu können. Diskutieren Sie das Ergebnis mit Freunden oder Lehrern, um Ihre Talente und Schwächen klarer zu erkennen.

In erster Linie zählt aber das Talent. Für Modedesign ist dies nicht unbedingt gleichbedeutend mit der Fähigkeit, gut zeichnen oder nähen zu können, obwohl beides dazugehört. Modedesign geht jedoch weit darüber hinaus. In der Ausbildung wird von Ihnen erwartet, Ideen und Fertigkeiten aufzuspüren, aufzunehmen und zusammenzufügen. Kreativität in der Mode bedeutet, für die uralte Problemstellung der Bekleidung des Körpers neue Varianten und Lösungen zu entwickeln und das Bewusstsein für diese Thematik in einem zeitgenössischen Kontext aufzufrischen und zu schärfen.

»Der Trick ist, den Leuten etwas zu geben, von dem sie nie wussten, dass sie es wollten.« Diana Vreeland, Chefredakteurin bei der amerikanischen *Vogue* von 1963 bis 1971

Entwurf: Alexander McQueen, 1996, 1997, 2001, 2003 »Bester britischer Designer«; 2003 »International Designer« und ausgezeichnet mit dem CBE-Award durch die Königin von England, Elizabeth II.

Checkliste der persönlichen Eigenschaften und Fähigkeiten

Auffassungsgabe	Spontanes Reaktionsvermögen; grafische und analytische Fähigkeiten
Ausdrucksfähigkeit	Man spricht und schreibt flüssig; angenehm am Telefon
Begabung	Ungewöhnliches Talent, v.a. beim Skizzieren, Entwerfen; geschäftstüchtig
Bescheidenheit	Man kann um Hilfe bitten und eigene Fehler und Grenzen zugeben
Bestimmtheit	Seinen Standpunkt verdeutlichen; seinen Überzeugungen treu bleiben
Charme	Sich gut mit anderen verstehen; Kooperationsfähigkeit
Das gewisse Etwas	Man lässt harte Arbeit mühelos wirken; gepflegte und stilvolle Kleidung
Ehrgeiz	Der Wille, etwas zu erreichen – praktisch, konzeptionell und finanziell
Einfallsreichtum	Überraschende, geniale Ideen und Lösungen; aus wenig viel machen
Einsatz	Hart arbeitend, lernfähig und bereit, »das bisschen« mehr zu tun
Energie	Ausdauer und Gesundheit; Angefangenes zu Ende bringen; viel arbeiten
Entschlossenheit	Man trifft Entscheidungen, übernimmt Verantwortung, gibt Anweisungen
Effizienz	Planen und organisieren von Abläufen, Informationen und Materialien
Farbgefühl	Wichtig für den Entwurf von Kollektionen, Dessins, Strickwaren etc.
Flexibilität	Anpassungsfähig und offen für Kritik sein; Veränderungsbereitschaft
Fremdsprachenkenntnisse	Offenheit, Flexibilität, man reist gerne
Führungsstärke	Man besitzt Autorität als Sprecher oder Berater
Geduld	Durchhaltevermögen, selbst bei monotoner Arbeit; Geduld mit anderen
Geschäftssinn	Kosten-Nutzen-Bewusstsein; das Erkennen von Chancen; logisches Denken
Gesundheit	Man ist ausdauernd und hat weder Sucht- noch Gewichtsprobleme
Gewissenhaftigkeit	Sorgfalt, Fleiß, Pflichtbewusstsein; die Dinge nehmen, wie sie sind
Humor	Man ist positiv, freundlich und schafft eine angenehme Atmosphäre
Initiative	Durch praktisches Handeln Neues einführen und Probleme lösen können
Kommunikationstalent	Delegierend, erklärend, zuhörend, verhandelnd; vor Gruppen sprechend
Konkurrenzfähigkeit	Die Fähigkeit, ohne Arglist oder Böswilligkeit die Führung zu übernehmen
Kreativität	Erfindungsreichtum, Ideenentwicklung und Spaß an der Umsetzung
Künstlerisch – 2-D-Fähigkeit	Die Fähigkeit, zwei Dimensionen zu visualisieren, zeichnen und malen
Künstlerisch – 3-D-Fähigkeit	Die Fähigkeit, Ideen mit einer Vielzahl von Materialien umzusetzen
Modebegeisterung	Man kann sich und andere mit Kleidung und Ideen begeistern
Neugier	Interesse an Gesellschaft, Menschen, Design, Funktion etc.; informiert sein
Organisationstalent	Planungs- und Koordinationsvermögen, Fristen wahren
Praktische Fähigkeiten	Erlernbar; sollten aber breit gefächert sein und zu den Aufgaben passen
Pünktlichkeit	Man hält Arbeitszeiten ein
Risikofreude	Man besitzt Wagemut, Frechheit, Weitblick, unternehmerisches Denken
Sprachliche Fähigkeiten	Man verfasst mühelos Briefe, Berichte, Kritiken; analytische Fähigkeiten
Unabhängigkeit	Im Denken – nicht im Handeln; selbstständiges/freiberufliches Arbeiten
Teamfähigkeit	Man agiert gern in der Gruppe und kennt seine Aufgaben
Vertrauen	Dem eigenen Können und dem anderer in angemessenem Maß vertrauen
Vielseitigkeit	Man kann mehrere Dinge gleichzeitig – unbeeindruckt von Problemen
Vorstellungsvermögen	Die Fähigkeit, eigene Ideen und Einfälle an eine Aufgabe zu adaptieren
Wesen	Freundliches und ausgeglichenes Verhalten

Erste Schritte

Sind Sie immer noch überzeugt, dass die Modebranche das Richtige für Sie ist? Dann gehen Sie es an! Vorlesungsverzeichnisse und Broschüren von Hochschulen und Akademien erleichtern die Entscheidung, wo man studieren möchte. Alle Ausbildungsstätten veranstalten am Ende des Abschlusssemesters oder der einzelnen Lehrgänge eine Ausstellung und/oder Modenschau mit Abschlussarbeiten. Über Details informiert die Ausbildungsstätte. Der hohe Standard der Abschlussarbeiten sollte nicht abschrecken. Dies ist das angestrebte Ziel; niemand erwartet, dass es im ersten Jahr erreicht wird. Abschlusspräsentationen vermitteln einen Eindruck von den zur Wahl stehenden Ansätzen sowie von der Lehrgangsqualität und -vielfalt. Sprechen Sie mit Studierenden über ihre Erfahrungen mit dem Lehrgang.

Welche Ausbildungsstätte?

Ziel aller Modeausbildungen ist es, den Studierenden eine reelle Chance bei der späteren Arbeitssuche zu geben. Jedoch weisen die verschiedenen Hochschulen und Akademien große Unterschiede in Schwerpunktsetzung, Ansatz und Ausstattung auf. Einige sind maschinell und technisch besser ausgerüstet; andere verfügen über hervorragende Dozenten. Ein Gleichgewicht dieser Faktoren ist wünschenswert, aber nicht zwingend.

Die Ausbildungsstätten bieten unterschiedliche Ausbildungsschwerpunkte und **Wahlfächer** an. Neben Fachvertiefungen in Theorie und Praxis werden in Praxisprogrammen oder Praktika bei Unternehmen Erfahrungen gesammelt. Es gibt auch international anerkannte Programme, bei denen an anderen Instituten oder Universitäten bzw. im Ausland Seminarscheine erworben werden. Einige Fächer sind eher technisch orientiert, andere konzentrieren sich auf praktische Fähigkeiten. Einige Studiengänge beinhalten einen Abschluss in Betriebswirtschaft oder Geisteswissenschaften. Die angesetzten Zeiträume für die Arbeit im **Atelier**, selbstständiges Arbeiten oder Anwesenheit allgemein, können enorm variieren. Dies gilt auch für die Gesamtstudiendauer.

Hochschulen und Akademien sind daran interessiert, sich potenziellen Neuzugängen zu präsentieren. Meist werden lange vor Ablauf der Anmeldefrist »Tage der offenen Tür« veranstaltet. Man sollte sich bei der Wahl der Ausbildungsform nicht nur auf Vorlesungsverzeichnisse, Internetpräsentationen oder mündliche Empfehlungen verlassen. Bei einem Besuch kann man sich von Standort, Atmosphäre und Infrastruktur ein besseres Bild machen. Oft stehen sonst unzugängliche Institutsräume den Besuchern offen. Zudem macht es beim Vorstellungsgespräch einen schlechten Eindruck, wenn Bewerber zum ersten Mal vor Ort sind – dies gilt natürlich nicht für ausländische Studierende.

Welcher Studiengang?

In den Vorlesungsverzeichnissen der Ausbildungsstätten findet sich eine verwirrende Fächervielfalt. Wer nicht schon von Kindesbeinen an das brennende Verlangen spürte, z.B. Strumpfdesigner oder Hutmacher zu werden, wird sich schwer zurechtfinden. Aber keine Sorge: Man geht davon aus, dass zunächst vielleicht eine falsche Wahl getroffen wird und man sich später umentscheiden möchte. Es hilft aber, das Feld der Möglichkeiten zuvor einzugrenzen. Bevor Sie sich für einen Studiengang bewerben, sollten Sie sich über Voraussetzungen, Lehrplan, Lehrmethoden und den Verlauf bzw. die Optionen innerhalb des Studiengangs informieren. Viele Ausbildungsstätten erwarten im Rahmen der Bewerbung eine Beschreibung des gewählten Studienverlaufs. Andere bieten im ersten Studienjahr ein Diagnoseprogramm, um Begabungen besser zu erkennen.

Stoffdessin

Der am häufigsten eingeschlagene Weg ist Design im Bereich Damenmode. Viele Fächer beschäftigen sich fast nur mit diesem Thema. Gegenwärtig bewerben sich siebenmal mehr Studierende für diesen Bereich als für jeden anderen. Jedoch hat die Damenmode schon lange den Ruf, der unbeständigste Sektor der Bekleidungsindustrie mit der größten Personalfluktuation zu sein. Es kann hilfreich sein, sich in einem großen Kaufhaus von Stockwerk zu Stockwerk »durchzuarbeiten«: Wandern Sie von der Damenabteilung zur Trendmode, und achten Sie dabei nicht darauf, was Sie gerne kaufen würden, sondern welcher Marktsektor Sie unter den Gesichtspunkten Design, Verarbeitung und Kundensicht am ehesten interessiert. Vielleicht sind es Streetwear, Kleidung für Extremsport oder Accessoires. All dies sind Bereiche des Modestudiums.

Im Allgemeinen handelt es sich bei den angebotenen Studienrichtungen um Modedesign für Damenmode, Modedesign für Herrenmode, Modemarketing, Mode- und Textildesign, Strickdesign sowie Kommunikation und Werbung in der Mode. Meist wird auch Mode kombiniert mit Betriebswirtschaft oder Merchandising angeboten. Einige Hochschulen und Akademien bieten zudem Kindermode, Dessous, Sportbekleidung oder Schuhe und **Accessoires** als Optionen an. Man kann eine einzige Studienrichtung oder eine Kombination aus mehreren Bereichen wählen.

Rufen Sie Schulen an oder suchen Sie auf ihren Websites nach Broschüren. Achten Sie darauf, dass Sie Ihre Bewerbungen form- und fristgerecht abgeben. Prüfen Sie genau, ob Gebühren zu bezahlen und Zusatzvorschriften zu beachten sind.

Bewerbungsverfahren

Die Bewerbungverfahren der Ausbildungsstätten variieren stark. Neben Angaben zur Ausbildung wird meist ein kurzer Text über den Bewerber, seine Interessen und erbrachten Leistungen sowie eine Erläuterung der Bewerbungsgründe verlangt. Es lohnt, erst einen Entwurf anzufertigen. Fassen Sie sich so kurz wie möglich, vermeiden Sie Klischees. Achten Sie auf die Rechtschreibung – besonders bei Namen von Designern, von denen Sie inspiriert wurden –, und lassen Sie den Text von jemandem gegenlesen und kritisch bewerten, bevor Sie ihn einreichen. Behalten Sie eine Kopie des Textes, da im Vorstellungsgespräch vermutlich darauf Bezug genommen wird. Eventuell müssen Sie eine vertrauliche Referenzquelle angeben.

Für die meisten Studiengänge an Designhochschulen müssen Sie eine **Mappe** einsenden, aufgrund deren Bewertung zur Aufnahmeprüfung geladen wird. Die Aufnahmeprüfung besteht meist im Zeichnen eines dreidimensionalen Gegenstandes und/oder einer Collage oder Papierskulptur. So werden zeichnerische Fähigkeiten und gestalterisches Umsetzungsvermögen geprüft. An manchen Hochschulen bzw. Akademien kommt es auch zu kürzeren Vorstellungsgesprächen. Ihre Mappe wird von einem Expertenteam des Lehrkörpers begutachtet. Daher ist es sehr wichtig, zu wissen, wie viele und welche Art von Arbeiten Sie in Ihrer Mappe vorlegen sollen (s.u.). Es werden auch Spezialkurse zur Gestaltung solcher Mappen angeboten. Die Dozenten dieser Kurse helfen bei der Definition und Präzisierung Ihres Interessengebiets und zeigen Ihnen, wie Sie Ihre Mappe zusammenstellen sollten.

Bewerbungsmappe

Im Vorstellungsgespräch für einen Aufbaukurs oder ein Studium mit erstem akademischem Grad legen die Prüfer Wert auf ein breites Spektrum an künstlerischen Fähigkeiten, weniger auf einen Interessenschwerpunkt, der sich ausschließlich auf Mode konzentriert. Es wird erwartet, dass einige Studien vom lebenden Objekt angefertigt wurden, die das

Strick

Die Interviewer der Universitäten erwarten eine Mappe, die sowohl lebendige Skizzen als auch fertige Werke enthält.

Bewusstsein für den Körper als dreidimensionaler Form zeigen, sowie Skizzenzeichnungen, die fließende Formen und Bewegungen festhalten. Farbstudien (die nicht im Unterrichtsrahmen angefertigt wurden), Bilder und Zeichnungen können die Vertrautheit mit verschiedensten künstlerischen Ausdrucksmitteln verdeutlichen.

Ein weiterer Pluspunkt sind **Skizzenbücher**, die visuelle Recherche, Ideenentwicklung und Experimente zeigen. Demonstrieren Sie ein Gefühl für Stoffe, indem Sie kleine Proben und Vorschläge für deren Verwendung im Skizzenbuch festhalten. Modezeichnungen werden erwartet, sind aber nicht unbedingt erforderlich. Kopieren Sie niemals aus anderen Quellen oder von veröffentlichten Fotos. Nutzen Sie Ihre eigenen zeichnerischen Fähigkeiten, auch wenn diese noch unterentwickelt sind, und versuchen Sie, ein gutes Gespür für Linien und Proportionen zu beweisen. Haben Sie dreidimensionale Arbeiten oder Skulpturen angefertigt, dann sollten Sie nur Fotos der Objekte vorlegen. Dasselbe gilt für Kleidungsstücke, denn es wird kaum Zeit sein, diese zu zeigen. Zu diesem Zeitpunkt sind die Dozenten in erster Linie an Ihren Ideen interessiert, weniger an Ihren technischen Vorkenntnissen.

Präsentieren Sie Arbeitsbeispiele in übersichtlicher Form, lieber als Reihe von Einzelprojekten oder sortiert nach Relevanz als chronologisch. Sie müssen Ihre Arbeiten nicht aufziehen, rahmen oder fertig stellen. Dadurch könnten sie zu wertvoll oder bedeutungsschwer erscheinen. Legen Sie Kohle- oder Pastellzeichnungen in Plastikhüllen oder zwischen Papierbogen, um ein Verwischen zu verhindern. Studieren Sie Ihre eigene Mappe sorgfältig, da Sie vielleicht ein Lieblingsstück benennen oder einige Aspekte eines Projekts erläutern sollen. Bereiten Sie sich darauf vor, Ihr eigenes Entwurfsverfahren zu beschreiben und aufzuzeigen, wie Sie eine Lösung erarbeitet haben.

Der Interviewer wird Sie womöglich provozieren, um zu sehen, wie Sie mit Kritik oder Druck umgehen. Vermutlich wird er fragen, welche Modeschöpfer oder Kunststile Sie bewundern und warum und wie Sie Ihre Zukunft sehen. Auch Ihr Stil und Ihr Erscheinungsbild wird registriert – aber benutzen Sie Ihre Kleidung nicht, um Eindruck zu schinden. Geben Sie sich entspannt und engagiert zugleich.

Kapitel VII befasst sich u.a. mit der Zusammenstellung einer professionellen Mappe. Sie sollten jedoch stets bedenken, dass die Prüfer in diesem frühen Stadium das »ungeschliffene« Potenzial der angehenden Modedesigner sehen möchten und keine professionelle Präsentation nach dem Motto »ich weiß schon alles« erwarten.

Lehrplan

Die Lehrinhalte richten sich nach dem Studienprogramm und den Bedürfnissen der Studierenden. Auch die Stundenzahl der einzelnen Fachgebiete variiert, und Dozenten richten ihre Kurse nach ihren individuellen Fachkenntnissen aus. Ein umfassender Lehrplan für Modedesign sollte folgende Aspekte vermitteln:

    Aufbau von Kollektionen
    Computergestütztes Design (**CAD**)
    Entwurfsentwicklung
    Grundlagen der Mode: Schnitte, Proportionen, Farben, Details und
        Stoffbehandlung
    Grundprinzipien des **Musterschnitts** und des Stoffdrapierens
    Herstellung von Kleidung und entsprechende Technologien
    Marketing und betriebswirtschaftliche Aspekte
    Präsentation (Mappe) und Kommunikationstechniken
    Schriftliche Arbeiten wie Erstellung von Berichten und kulturellen Studien
    Recherchetechniken und -methoden
    Technische Angaben und Kostenkalkulation
    Unabhängige Studien
    Wissensvermttlung bezüglich der aktuellen Mode und der visuellen Kultur
    Wissensvermttlung im Hinblick auf Stoffe: Art, Nutzung und Einkauf
    Zeichnen und Illustrieren

Fragen Sie nach einem Musterstundenplan und dem Aufbau des Studiums. In der Regel dauert ein Modestudium vier Jahre (wobei es auch Lehrveranstaltungen über zwei und drei Jahre gibt). Jedes Jahr ist in Trimester oder Semester unterteilt.

Erstes Jahr

Im ersten Jahr sind die Projekte meist kurz und thematisch breit gefächert, um den Studierenden fundiertes Basiswissen zu vermitteln. Ein Schwerpunkt liegt auf der Vertiefung der Fähigkeit, Informationen aufzunehmen und selbst zu recherchieren – woraus später originelle Entwürfe entstehen können. Zusätzlich zielen praktische Aufgaben darauf ab, Fertigkeiten, Selbstvertrauen und Arbeitsgeschwindigkeit zu verbessern. Die Ergebnisse der Projektarbeit gehen in eine Arbeitsmappe ein, die sich so zu einer professionellen Präsentation von Fähigkeiten und Stil der Studierenden entwickelt.

Zweites Jahr

Im zweiten Jahr verfügen die Studierenden bereits über eine bessere Orientierung und mehr Selbstvertrauen in die eigenen Fähigkeiten. Im Normalfall haben sie die elementaren Fertigkeiten erworben und gelernt, kooperativ mit Dozenten und Kommilitonen umzugehen. Mit Schwerpunkt auf einem Gleichgewicht zwischen Teamwork und Entwicklung des eigenen Stils werden diese erworbenen Fähigkeiten nun ausgebaut. Die Projekte erstrecken sich meist über vier bis sechs Wochen und fokussieren die feinere Herausbildung der individuellen Interessen und Talente innerhalb des gewählten Studiengangs.

    Studierende im zweiten Studienjahr entwerfen häufig mutigere Kreationen und nehmen an Wettbewerben und geförderten Projekten teil. In diesem Stadium arbeiten sie oft im Team oder zu zweit, um ihre Fähigkeiten in der Zusammenarbeit mit anderen zu verbessern. Sie erhalten weniger Anweisungen, um so die Reife und Selbstdisziplin zu erreichen, die sie für die nächste Phase des Studiengangs benötigen.

Freizeitmode

Wo Sie auch herkommen – in der Ausbildung treffen Sie auf Menschen, die Ihr Interesse an Mode teilen, und Sie werden bald Kontakte knüpfen.

»Wenn man will, kann man auch gar nichts tun – aber weshalb sollte man?«
Studierender im zweiten Jahr

Arbeitserfahrung: Praktikum

Zu einem bestimmten Zeitpunkt während des Studiums – für gewöhnlich zwischen dem zweiten und dritten Jahr – bieten einige Ausbildungsstätten die Möglichkeit, für einen variablen, teilweise verhandelbaren Zeitraum Praktika zu absolvieren bzw. die erworbenen Kenntnisse praktisch anzuwenden und so in der Branche Erfahrungen zu sammeln – im Entwurfsatelier, in der Produktion oder Werbung, im In- oder Ausland. Zu diesem Zeitpunkt sollten die Studierenden über ausreichend praktische Fertigkeiten und Engagement verfügen, um als Arbeitnehmer von Nutzen zu sein. Auch sollten sie über die nötige Reife verfügen, um diese Möglichkeit für die Bewertung eigener Qualitäten und Ambitionen in einer realen Arbeitssituation zu nutzen.

Wer lange genug für ein Unternehmen tätig ist, wird möglicherweise den gesamten Zyklus einer **Kollektion** miterleben können, von der Entwicklung über die Fertigstellung bis zur Präsentation – hochinteressant und sehr lehrreich. Den Studierenden eröffnen sich unter Umständen völlig neue und inspirierende Aspekte der Mode und der Herstellung oder bisher ungekannte eigene Talente.

Das **Praktikum** ist Teil des Studiums, keine studienfreie Zeit, und die Studierenden müssen meist einen Praktikumsbericht schreiben, einschließlich einer kritischen Analyse des Unternehmens, für das sie gearbeitet haben. Oft ist das **Praktikum** ein benoteter Bestandteil Ihres Studiums oder ermöglicht Ihnen den Erwerb von Zusatzqualifikationen. Bedenken Sie, dass die Branche Studienabsolventen bevorzugt, die während eines **Praktikums** bereits Erfahrungen in dem jeweiligen Unternehmen sammeln konnten. Ein Praktikumsplatz kann zu einer dauerhaften Arbeitsbeziehung führen – oder zumindest eine Quelle nützlicher Kontakte sein.

»Ich ging nach Indien. Ich traf viele Kunsthandwerker und konnte das Potenzial der Arbeit mit Stickereien entdecken.« Designer Matthew Williamson

Abschlussjahr

»Als ich im College war, habe ich viel auf dem Papier entworfen und wenig hergestellt. Im ersten und zweiten Jahr hat man nicht die Zeit, um Dinge wirklich herzustellen. Ich fand es sehr frustrierend, nur mit Illustrationen zu arbeiten. Im Abschlussjahr kommt alles zusammen, und man kann die Ergebnisse dessen sehen, was man gelernt hat. Das hat mir sehr gefallen.« Designerin Suzanne Clements

Die Projekte im Abschlussjahr gestalten sich intensiver. Die Studierenden haben Zeit, sich eingehend mit Ideen zu befassen und Techniken zu perfektionieren. Das Jahr endet mit dem wichtigsten Projektauftrag: der Abschluss- oder Diplomkollektion (s.S. 185). Sie bietet den angehenden Designern die Möglichkeit, eigene Interessen herauszubilden und Selbstdarstellung, Stil und Können zur Geltung zu bringen. Die Studierenden entwerfen im Rahmen ihres Spezialgebiets eine Kollektion von sechs bis zehn Ensembles. Die Abschlusskollektion soll das gleich bleibende Engagement während des Organisations- und Durchführungsprozesses der Arbeiten sowie die Fähigkeit, selbstständig Entwürfe professionellen Standards anzufertigen, unter Beweis stellen. Vielfach wird auch eine schriftliche

Diplomarbeit von etwa 30 bis 60 Seiten verlangt, die den theoretischen Hintergrund und den kreativen Ansatz der Kollektion erläutert.

Am Ende dieses Prozesses haben die Studenten die Möglichkeit, dem Prüfungsausschuss, Dozenten, Kommilitonen und geladenen Gästen (darunter Vertreter der Modebranche) ihre Ensembles im Rahmen einer Modenschau vorzuführen. Ihre Mappen können auch öffentlich ausgestellt werden – die Presse, Sponsoren und viele interessierte Hersteller besuchen diese Shows, um nach neuen Mitarbeitern Ausschau zu halten. Die Studierenden haben ihr Ziel erreicht: Als fertig ausgebildete Modedesigner ziehen sie aus, um die Welt der Mode zu erobern.

Ausbildung im Ausland

Es gibt viele Möglichkeiten, sich im Ausland ausbilden zu lassen, etwa im Rahmen eines Hochschulstudiums oder durch Praktika in der Modebranche, die von Bildungseinrichtungen, Behörden und gemeinnützigen Organisationen unterstützt werden. Informieren Sie sich über Lehrveranstaltungen, Hochschulen und das tatsächliche Angebot, bevor Sie weitere Schritte unternehmen. Bringen Sie in Erfahrung, welche Qualifikationen, Nachweise und Visa die Behörden des Gastlandes verlangen. Das Bewerbungsverfahren und seine Organisation kann zwischen drei Wochen und sechs Monaten dauern, daher will ein Auslandsaufenthalt gut überlegt und vorbereitet sein. Normalerweise wird vorausgesetzt, dass der Bewerber die Sprache des Gastlandes bis zu einem gewissen Grad in Wort und Schrift beherrscht – wie gut, hängt vom angestrebten Kurs oder Job ab. Hochschulen helfen bei der Wohnungssuche und den damit verbundenen Formalitäten. Bei Unternehmen der freien Wirtschaft ist das nicht zwangsläufig der Fall. Fahrt- und Unterbringungskosten müssen Sie meistens selbst bezahlen, entweder aus eigener Tasche oder über einen Arbeitgeber. An manchen Universitäten und Akademien werden im Voraus Gebühren erhoben.

Viele Hochschulen verlangen, dass ihre Studenten praktische Erfahrungen und studienfachspezifische Kenntnisse in Auslandspraktika erwerben. Tatsächlich tragen Praktika im internationalen Kontext oft sehr zur persönlichen Entwicklung des Studenten bei. Doch auch eine Reihe von Regularien und Vorschriften sind zu beachten. So muss Ihr Praktikumsbetrieb Sie nicht nur bezahlen, sondern einen Bericht über Ihre im Unternehmen geleistete Arbeit verfassen.

Die größeren Modemarken haben standardisierte Einstellungsprozeduren und begrüßen es, wenn sich Studenten lange vor Praktikumsbeginn bewerben. Für eine Direktbewerbung bei einem Modehaus benötigen Sie einen ausführlichen **Lebenslauf** mit Ihren Qualifikationen, Leistungen und Interessen. Womöglich fordert man Arbeitsproben an oder lädt Sie zu einem Vorstellungsgespräch ein, zu dem Sie stets eine entsprechende Mappe oder CD mitnehmen sollten. Freunde oder Verwandte im Zielland erhöhen unter Umständen Ihre Chance, angenommen zu werden und bieten persönlichen Rückhalt. Der British Council hält ein umfangreiches Angebot für ausländische Bewerber bereit, die in Großbritannien studieren möchten und umgekehrt. Der Council on International Educational Exchanges fördert und vergibt Praktika in den USA, in denen Vollzeitstudenten oder Hochschulabsolventen bis zu 18 Monate lang praktische Berufserfahrungen sammeln können.

Weiterführende Literatur und zusätzliche Quellen
Chapman, Noel & Carol Chester, *Careers in Fashion*, London, Kogan Page, 1999
Stone, Elaine, *The Dynamics of Fashion*, New York, Fairchild, 2004
Vogt, Peter, *Career Opportunities in the Fashion Industry*, New York, Checkmark, 2002

Schulen und Informationen für Studenten
www.designlinks.de/schulen.html
www.goethe.de Das Goethe-Institut
www.daad.de Deutscher Akademischer Austauschdienst (DAAD)

www.educationuk.org Liste des British Council mit Hochschulen und Akademien in Großbritannien
www.ucas.co.uk – University and Colleges Admission Services Datenbank mit Grundstudiengängen und -abschlüssen. UCAS ist die zentrale britische Organisation, über die Bewerbungen um Vollzeit-Grundstudiengänge abgewickelt werden
www.arts.ac.uk/studyabroad Auslandsstudienprogramme für Kunst-, Design- oder Kommunikationsstudenten in Studios im Herzen Londons
www.nus.org.uk – The National Union of Students Im Hilfebereich der NUS-Site für Studenten finden sich nützliche Links zu Bildungseinrichtungen, Leistungsträgern, Career Services etc.
www.ewep.com – European Work Experience Program Europäischen Studenten bietet das EWEP die Möglichkeit, Arbeitserfahrungen in London zu sammeln und den British Way of Life kennen zu lernen
www.unofficial-guides.com Diese Seite, von Studenten für Studenten, informiert über studentisches Leben, Ausstattung, Unterbringung etc. an britischen Unis.

www.fashion-school-finder.com Verzeichnis der Modeausbildungen in den USA
www.fashionschools.com Linkliste mit amerikanischen Modeschulen

www.academix.de Ratgeber für diejenigen, die außerhalb Deutschlands studieren möchten

Bundesverband der Freien Berufe
Reinhardstraße 34
10117 Berlin
Tel: 0049 (0)30 28 44 44-0
Fax: 0049 (0)30 28 44 44-40
E-Mail: info-bfb@freie-berufe.de

The Council on International Educational Exchanges
www.councilexchanges.org

London
52 Poland Street
London W1V 4JQ
Tel: 0044 (2)07 478 2000
E-Mail: infoUK@ciee.org

New York
205 East 42nd Street
New York, NY 10017-5706
Tel: 001 212 822 2660
E-Mail: intUSA@ciee.org

Paris
1, place de l'Odéon
75006 Paris
Tel: 0033 (1)44 42 74 74
E-Mail: infoFrance@ciee.org

Kontext I

Allgemeines

Ein erfolgreicher Designer oder Stylist zu werden ist nahezu unmöglich ohne Kenntnisse der Geschichte, Geografie, Wirtschaft und Gesellschaft des Landes, in dem Sie Ihre Karriere als Designer starten wollen. Akademien und Universitäten bieten regulären Studenten eine breite Palette an freien Künsten, Kulturwissenschaften, Wirtschafts-**Modulen** und **Wahlfächern**. Der Besuch von **Seminaren** und das Schreiben von Hausarbeiten können obligatorische und benotete Teile einer Modeausbildung sein und sollten nicht als Zeitverschwendung betrachtet werden. Die Ergebnisse früherer Analysen und Theorien sowie die in Gruppenarbeiten, Forschungstätigkeiten und beim Verfassen wissenschaftlicher Arbeiten gewonnenen Einsichten erweisen sich als anregend und äußerst wertvoll für Ausbildung und Karriere. Sozioökonomische Verhältnisse und Märkte befinden sich in einem ständigen Wandel, und die Motive des Kleiderkaufs können sich im Laufe eines Lebens viele Male ändern. Ein Modedesigner kann sich nicht auf Eingebung verlassen. Geschickte Recherche sowie ein Auge für Veränderungen sind die Basis jedes Designers und guten Geschäftsmannes und der Schlüssel zu seinem Erfolg.

Oben Modestudentinnen betrachten Modegravuren in der Bibliothèque Nationale, Paris, 1897.

Rechts In seinen Entwürfen kombiniert John Galliano auf spielerische Weise Literatur, Geschichte und Kleidung. Hier trifft Marie Antoinette auf Anna Karenina.

Geschichtlicher Zusammenhang

Nicht alle Modeausbildungen bieten das Fach Modegeschichte an. Doch es lohnt sich durchaus, nicht nur die Bezeichnungen von Kleidungsstücken, Silhouetten, Materialien und die Liste legendärer Modemacher zu kennen, sondern auch um die sozialen, ökologischen und technischen Umstände zu wissen, die neue Bekleidungsformen schufen. Die Welt der Mode lebt auch von Vergangenem. Designer, Dekorateure und Stylisten müssen die Kunst der subtilen Anspielung auf Silhouette und Styling einer Ära beherrschen oder die Palette der Ideen – durchaus auch mit etwas Ironie – neu anmischen. Eine genaue Analyse des Themas würde den Rahmen dieses Buches sprengen. Wichtige Modewechsel, ihre Urheber und historischen Hintergründe werden aber in der noch folgenden Chronik beleuchtet. Sie bietet Hilfestellung bei der Recherche und der zeitlichen Einordnung von Kleidung, die einem in Gemälden, Filmen und Theaterstücken ins Auge fällt. Einige Hochschulen und Akademien verfügen über Mode- und Stoffarchive oder Bildersammlungen. Viele Bibliotheken in Modeschulen halten ganze Jahrgänge gebundener Zeitschriften wie auch aktuelle Magazine bereit.

Die meisten Museen bieten Studierenden Sondertarife oder freien Zutritt an bestimmten Tagen. In Kostümgalerien sind Studenten mit Skizzenblock gern gesehen, zum Teil ist es jedoch nicht gestattet, die Kleidungsstücke zu fotografieren. Auch das Zeichnen von Kleidung ist lehrreich: Die präzise Wiedergabe von Proportionen, Linienführung und historischer Verarbeitungsweise kann durchaus inspirierend sein. Viele Museen und Sammlungen wie das *Victoria and Albert Museum* in London und das Kostüm Institut am *Metropolitan Museum of Art* in New York besitzen ausgezeichnete Websites mit Stücken, die zu empfindlich sind, um sie auszustellen. Das Internet bietet Zugang zu historischen und zeitgenössischen Modearchiven, die den Download von Abbildungen oder Informationen ermöglichen. Zahlreiche angesehene Museen kooperieren mit Design-Akademien und bieten Kleingruppen gebuchte Führungen mit thematischer Ausrichtung an.

Auch volkstümliche Kleidung und Trachten sind eine ergiebige Ideenquelle. Nationale und lokale Galerien besitzen umfangreiche Sammlungen, und es gibt immer noch Geschäfte, die originale und zeitgenössische Stücke verkaufen. Viele Läden mit Vintage-Kleidung führen herrliche Stücke aus dem 20. Jahrhundert. Es ist spannend, der Handwerkskunst vergangener Epochen zu begegnen und dabei so manches Kleinod zu entdecken – auch in einem Haufen lebloser Klamotten kann sich eine seltene Levis verbergen, die auf einer Auktion ein Vermögen wert wäre. Vielleicht stoßen Sie auf Stoffe, Posamenten und Accessoires für Ihre eigenen Arbeiten. Secondhandläden sind Fundgruben für Einblicke in die Machart von Kleidung. Es kostet Sie ein paar Cent, ein altes Kleid zu kaufen, auseinander zu nehmen und den Schnitt zu kopieren.

Theater, Film und Fernsehen sind großartige Quellen für Ideen, da sie nicht nur die Mode einer Ära oder Region veranschaulichen, sondern auch Haartracht, Make-up, Styling und das Verhalten, das mit ihr einhergeht. Mitunter ist es mehr die »Stimmung« als die Kleidung, die die Idee für einen Entwurf entstehen lässt. Manchmal werden Modemacher wie Jean-Paul Gaultier, Armani oder Donna Karan um Entwürfe für Bühne, Film oder Fernsehen gebeten. Ihre Fähigkeit, den Stil vergangener Zeiten authentisch zu replizieren oder geschickt weiterzuentwickeln ist ein Talent von unschätzbarem Wert. Am Schluss dieses Kapitels findet sich eine Übersicht über international führende Modemuseen und -sammlungen.

Ganz oben Beim Stöbern in Läden mit historischer Kleidung stößt man auf die faszinierenden Techniken der Kleiderfertigung verschiedener Epochen.

Oben Coco Chanel (1883–1971) machte aus einem Hutgeschäft ein großes Couture-Haus. Zu ihren bahnbrechenden Stilelementen gehörten die Verwendung von Jersey und Strickwaren für offizielle Anlässe, das Ensemble, das Kleine Schwarze, die Matrosenjacke (*Pea Jacket*), die *Bell-Bottom*-Hose und auffälliger Modeschmuck.

Chronik der Mode

Schlüsselereignisse

Spätes 18. Jahrhundert
1775–1799 Spätes Rokoko; Amerikanische Unabhängigkeitserklärung; Französische Revolution; industrielle Revolution

19. Jahrhundert
1804–1815 Das Reich Napoleons; Schlacht von Waterloo

1830–1865 Erfindung von Fotografie, Näh- und Strickmaschine; Großbritannien ist Zentrum von Industrie und Welthandel; Frankreich ist Zentrum von Kunst und Kultur; in Städten eröffnen Kaufhäuser

1870–1890 Erfindung von Glühbirne und Telefon; 1892 Erste Ausgabe der US-Modezeitschrift *Vogue*

20. Jahrhundert
Russische Revolution; zunehmende Reisetätigkeit durch den Ausbau von Kommunikation, öffentlichem Verkehr und Flugverbindungen

1914–1918 Erster Weltkrieg; Wahlrecht für Frauen; Filmkunst macht Mode populär; Ende des Stummfilms; Reißverschluss wird geschütztes Warenzeichen

Designer und ihr Einfluss

Rose Bertin, Modistin von Marie Antoinette; Schneider Andre Scheling; Kleider- und Luxusgesetze sowie Geld diktieren die adäquate Bekleidung bis zum Erwachen des Bürgertums

Hippolyte Leroy, Schneider von Kaiserin Joséphine; Romantischer Eklektizismus, beeinflusst von Beau Brummel

Charles Frederick Worth kleidet Kaiserin Eugénie und Königin Victoria ein

John Redfern, Madame Paquin, Jacques Doucet, Lucile; Herrenmode von Henry Creed und Henry Poole

Jeanne Lanvin, Callot Soeurs, Mariano Fortuny, Paul Poiret; Etablierung von Modeschöpferinnen; Ausbildungsprogramme für Damenschneider

Robert Delaunay, Léon Bakst, Lucien Lelong; Einfluss moderner Kunst: Fauvisten, Kubisten, Vortizisten

Silhouette und Stil

Luxuriöse Seide und Samt, ausladende Reifröcke, Korsetts und Perücken weichen Kleidern im Schäferinnenstil; einfache, unifarbene ungemusterte Stoffe in patriotischen Farben für Männer und Frauen

Chemisen mit hoher Taille, schmal geschnittene Kleider im Empire-Stil; Kaschmir aus Indien und Baumwolle aus Amerika; Hauben und Hüte; Frack mit hohem Regency-Kragen, Kniehosen, Gehröcke, Rüschen und extravagantes Zubehör

Puff- oder Keulenärmel des Biedermeier, flache Dekolletés, glockenförmige Silhouetten; Höhepunkt von Krinoline und Korsett zur Zeit von Königin Victoria (1837–1901); Herrenmode wieder schlichter; weiße Hemden, Westen, Tuchfrack, Gehröcke, lange Hosen, Stiefel

Ausladende Brustpartien und Turnüren, drapierte Röcke, Pumphosen für den Sport; berufstätige Frauen tragen praktische Kombinationen im »Gibson Girl«-Stil; die ersten Büstenhalter; Herrenanzüge mit langen Hosen

Ablösung der S-förmigen Silhouette und des Korsetts durch Poirets Le Vague (Hänger); Auto und wachsende Mobilität verlangen nach bequemeren Schnitten statt Humpelröcken; Lampenschirm-Tunika, drapiert, taillenlos; Verwendung neuer Viskosekunstseide »Rayon« aus Zellulose; erste Freizeitmode, Pumphosen für Frauen

Emanzipation und Stilexperimente; geometrische Schnitte; Herrenmode immer nüchterner; Anzüge und zweckmäßige Kleidung

1775 1785 1800 1820 1850 1885 1910

1920er Jahre Weimarer Republik in Deutschland; Prohibition in den USA; Erfindung des Fernsehens

1926 Generalstreik in Großbritannien
1929 Schwarzer Freitag und Börsenkrach

1930er Jahre
1936–1939 Spanischer Bürgerkrieg
1937 König Eduard VIII. dankt ab

1940er Jahre
1939–1945 Zweiter Weltkrieg; Atombombe; Kleidermarken und Rationierung; Erfindung von Nylon durch DuPont und von Perlon
1947 Einführung synthetischer Farbstoffe für neue Acryl- und Polyesterfasern

1950er Jahre
Königin Elizabeth II.; Einzug der Waschmaschine in Privathaushalte; Fernsehen wird Leitmedium
1955 Bürgerrechtsbewegung in den USA
1957 Die Sowjetunion schickt Sputnik-Satelliten ins All

Madeleine Vionnet, Madame Grès, Nina Ricci, Jean Patou und Coco Chanel entwickeln einfachere, zweckmäßigere Mode, passend zum Stil der Zeit; Depression und leere Regale in den Läden; Blütezeit von Jazz und Nachtclubs; Charleston und Tango mit kurzen, rückenfreien Kleidern

Mainbocher, Elsa Schiaparelli, Adrian, Cristobal Balenciaga, Edward Molyneux, Norman Hartnell

Charles Creed, Hardy Amies; Aufstieg amerikanischer Designer: Bill Blass, Bonnie Cashin, Claire McCardell, Charles James, Norman Norell

Vom Krieg entwurzelte Intellektuelle, Künstler und Musiker gründen neue einflussreiche Zirkel

Christian Diors »New Look« (1947); (Wieder-)Eröffnung der Couture-Häuser Chanel, Givenchy, Balmain und Fath; Modebranche Italiens erholt sich; Popularität amerikanischer Mode wächst

Belville Sassoon, Hardy Amies; Italiens Designer: Emilio Pucci, Salvatore Ferragamo, Nino Cerruti; US-Designer: Adrian, Claire McCardell, Oleg Cassini; Teenager-Idole Elvis Presley, James Dean und Marlon Brando beeinflussen die Herrenmode

---

Knabenhafter Look: flache Brust, tiefe Taillen, Schrägschnitte; Frauen mit Bubikopf-Frisur; Modeschmuck, Perlenstickerei, Fransen und Pelzkragen; weit geschnittene Herrenanzüge; lässige Strickwaren für Männer

Wirtschaftskrise; körperbetonte Silhouetten, wadenlang, »Teekleider«; neue Fasern; Einfluss von Hollywood-Stars

Präzisionshaarschnitte; detailreiche Anzüge und Kostüme; extreme Gegensätze zwischen Arm und Reich; enge Prinzesskleider, Gürtel und Mieder, bequeme Trotteurschuhe, Kostüme

Praktische Damenkostüme und -hosen im Uniformstil, Plateauschuhe, »Flick-Mentalität«; zweckmäßige Kleidung für in der Kriegsproduktion tätige Frauen, die z.T. wichtige Funktionen in der Arbeitswelt innehatten; Einreiher für Männer

Kultiviertheit; Sanduhr; Wespentaille, weite, knöchellange Röcke, Nylonstrümpfe, Ensembles mit passenden Accessoires; leichte, pflegeleichte Kunstfasern

»Backfisch«-Look (Audrey Hepburn und Juliette Greco), Petticoat-Röcke, Pullover, flache Ballerinas; Unisex-Stile; Rock and Roll, Jeans und Gingham; Jeans wird gängige Freizeitkleidung

1914   1920   1926   1930   1942   1947   1952

Schlüsselereignisse

1960er Jahre
John F. Kennedy wird Präsident der USA
1963 Kennedys Ermordung; Transatlantik-Telefonkabel
1965 Vietnamkrieg; Wettrennen ins All; Kalter Krieg; Civil Rights Act garantiert allen US-Bürgern das Wahlrecht

1967 Der Sommer der Liebe
1968 Studentenunruhen in Paris
1969 Mondlandung

1970er Jahre
1974 Nixon und der Watergate-Skandal
1979 Sturz des Schahs durch iranische Fundamentalisten; Margaret Thatcher erste Premierministerin Großbritanniens

1980er Jahre
1981 Hochzeit von Prinz Charles und Diana Spencer
1982 Falkland-Krieg; Videos und MTV verbreiten Jugendmode

Designer und ihr Einfluss

Yves Saint Laurent, Pierre Cardin, André Courrèges, Paco Rabanne; erstmals werden Kunsthochschulabsolventen Modedesigner: Thea Porter, Jean Muir, Marion Foale und Sally Tuffin. Designer aus den USA: Anne Klein, Halston, Geoffrey Beene

Boutiquen im »Swinging London«: Mary Quant, Biba, Bus Stop, Mr. Freedom; Rive Gauche von Yves Saint Laurent; Jacqueline Kennedy, Frau des US-Präsidenten, ist einflussreiches Vorbild: Chanel-Kostüm, Pillbox-Hüte und Bob-Frisur erwachen zu neuem Leben

Der Einfluss der Pariser Couture schwindet. Bill Gibb, Ossie Clarke, Zandra Rhodes, Anthony Price

Halston, Perry Ellis, Ralph Lauren, Norma Kamali, Betsey Johnson, Calvin Klein, Diane von Fürstenberg; wachsender Feminismus; Verbrennen von BHs, Freizeitkleidung, Latzhosen und Protest-T-Shirts; Lizenzbekleidung nimmt stark zu

Vivienne Westwood, Body Map, John Galliano

Musik: New-Romantic-Bewegung, Studio 54 und Nightclub-Szene von New York; Haute Couture zunehmend international: Adolfo Domínguez, Calvin Klein, Donna Karan, Giorgio Armani, Missoni, Gianni Versace, Azzedine Alaïa, Karl Lagerfeld, Christian Lacroix, Jean-Paul Gaultier, Romeo Gigli, Valentino, Jil Sander, Kenzo; Millionen verfolgen die TV-Soaps Dallas und Denver, die die Mode sozial aufsteigender Schichten beeinflussen; Gewebe mit Lycra-Stretch von DuPont

Silhouette und Stil

Etuikleider, Tulpenrock, Chanel-Kostüme; figurbetonte italienische Herrenanzüge, Hosenanzüge für Frauen; Bikinis und Tops ohne BH; ausgefallene Damenstiefel, Chelsea-Boots für Männer

Miniröcke, Kleider aus PVC und Papier, farbenfrohe geometrische Dessins, Pop-Art, Nylon-Strumpfhosen; Kult um »Kindfrauen« in der Modefotografie: Twiggy und Jean Shrimpton; Rebellen, Beatniks und die Beatles

Hippie-Bewegung und fernöstliche Stilelemente: »Maxi«-Röcke, langes Haar, Blumenmuster, Stickereien, Perlen, Wildleder, indische Baumwolle; Rückkehr von Farbe und Extravaganz in die Herrenmode; Stufenschnitte, Jersey und Strickwaren

Glamour versus Feminismus: Disco-Mode, sexy und glitzernd, versus wenig Oberweite und Birkenstock-Schuhe, Latzhosen versus Designer-Jeans; »Power Dressing«, Chanel-Kostüme und Schulterpolster, voluminöse Frisuren am Ende des Jahrzehnts

Zusammenwirken von Mode und der Musik der Jugend; Punk, SM- und Fetischkleidung, Streetfashion; Unisex-Kleidung; überbreite Schultern

Streetstyle versus High Style, verkörpert von Madonna und Prinzessin Diana; Gesundheits- und Fitness-Kult, Sportswear und Stretch-Jersey; der Wunsch nach »Easy Dressing« wächst, da immer mehr Frauen in leitenden Positionen arbeiten

1958

1967

1972

1974

1978

1980

1985 Live-Aid-Konzert
Späte 1980er Jahre
Ausbreitung von AIDS; Massaker auf dem Platz des Himmlischen Friedens, Peking
1987 Börsenkrach in den USA
1989 Fall der Berliner Mauer

1990er Jahre
Internationale Handelsabkommen GATT & NAFTA
1991 Golfkrieg; Ende der Apartheid in Südafrika; Zusammenbruch der Sowjetunion
1992 Bill Clinton wird Präsident der USA
1993 Siegeszug des PC
1995 Prozess gegen Ex-Footballspieler OJ Simpson
1997 Hongkong geht an China zurück; Tod von Prinzessin Diana

21. Jahrhundert
2000 George W. Bush wird Präsident der USA
2001 Terroranschlag auf das World Trade Center in New York
2002 Einführung des Euro
2003 Irak-Krieg
2004 Wiederwahl von Präsident Bush

Japanische Designer: Issey Miyake, Yohji Yamamoto, Rei Kawakubo; belgische Designer: Dries Van Noten, Ann Demeulemeester, Martin Margiela; Wirtschaftsflaute, unabhängige Designer kämpfen um ihre Existenz

Große internationale Labels im Kommen: Esprit, Benetton, Gap, H&M, DKNY, Tommy Hilfiger

Mode und Humor: Dolce & Gabbana, Moschino

Wachsende Zahl von Designerlabels im Besitz großer Modekonzerne; Markenbewusstsein; Rückkehr alt eingesessener Labels: Prada, Hermès, Gucci, Fendi; Vielfalt von Stilrichtungen ist erhältlich; Donatella Versace übernimmt Versace nach der Ermordung ihres Bruders Gianni

Postmoderne Designer: Martin Margiela, Helmut Lang, Hussein Chalayan, Jil Sander; US-Designer: Todd Oldham, Tom Ford, Anna Sui, Richard Tyler

Britische und amerikanische Designer arbeiten in der Pariser Couture: John Galliano, Alexander McQueen, Marc Jacobs, Julien Macdonald, Stella McCartney, Tom Ford und Michael Kors

Moulin Rouge: Rückkehr zu Miedern und Tanzmode; Accessoires werden zu wichtigen Stilelementen; Manolo Blahnik, Jimmy Choo, Fendi, Gucci, Prada; Zunahme des Internet-Shopping; wachsender Kult um Prominente als Stilikonen

---

Gegenkultur der Mode drückt intellektuelle und künstlerische Ästhetik aus; lockere, architektonische Schnitte, flache Schuhe, Schwarz; Sportmode zunehmend beliebt bei Männern, »Casual Fridays« und lässige Kleidung im Büro

Kult um Supermodels und Prominente; lässige Sportmode und Jeans; Turnschuhe; natürliche Silhouetten und Baggy-Jeans

Rezession, Grunge und Dekonstruktivismus; umweltfreundliche Fasern, Recycling, Anti-Pelz-Kampagne; Androgynie; Revival des Stils der 1960er und 1970er Jahre; Glamour versus konzeptionelle Mode und Hip-Hop-Stil der Jugend; die wichtigsten Accessoires: Baseball-Cap und Pashmina-Schal

Der Osten öffnet sich für internationale Produktion; Abbau von Handelsbarrieren; beschleunigte Kommunikation durch das Internet; Hightech-Produktion; Revival von Schrägschnitt und High-Heels, Neo-Feminismus

Eklektizismus, Individualismus, Mode als Spektakel; Demontage des glamourösen Mythos; Gegenreaktion gegen Massenlabels; Wiederentdeckung von handwerklichen Techniken und Vintage-Kleidung

1985

1997

2000

Funktionen der Kleidung

Mode ist eine spezialisierte Form von Körperschmuck. Entdecker und Handelsreisende waren unter den Ersten, die verschiedene Formen von Körperschmuck und Bekleidung, die sie auf ihren Reisen durch die Welt sahen, dokumentierten und kommentierten. Einige brachten Zeichnungen und Kleidungsstücke mit, wodurch nicht nur das Interesse an den Stücken selbst geweckt wurde, sondern auch daran, sie zu verstehen. So entwickelte sich das Studium von Kleidung zum anerkannten Teil der Anthropologie – der Wissenschaft vom Menschen und seiner Entwicklung.

Viele Designer lassen sich von den Formen und Materialien der Vergangenheit zu Neuem inspirieren. Vintage-Kleidung etwa wird nicht nur wegen ihrer heute kaum noch erreichbaren Verarbeitungsqualität bewundert, sie löst auch die Sehnsucht aus, Vergangenes in die Gegenwart zu holen. Der »emotionale« Aspekt von Kleidung spielt für den Designer eine wichtige Rolle. So sehr man sich jedoch den Anblick von Korsett oder Krinoline zurückwünschen mag, ist man dennoch gut beraten, die sozialen und politischen Verhältnisse zu berücksichtigen, die diese Formen förderten, und dies auch bei zeitgenössischer Mode zu tun. Anthropologen und Ethnografen diskutieren nicht mehr über die Bedeutung unterschiedlicher Rocklängen, vielmehr beleuchten sie die Bedeutung von Mode für die Identität des Einzelnen und der Gruppe. Identitätspolitik und Kleidung sind eng miteinander verknüpft. Im Mittelpunkt steht heute der Einsatz von Kleidung in Übergangsriten und als Erscheinungsform sozialer Voreingenommenheit und kultureller Veränderungen. Heute haben wir viel mehr Entscheidungsfreiheiten als zu Zeiten unserer Vorfahren und nur wenige Luxusgesetze verbieten oder fordern eine bestimmte Bekleidung.

Kulturtheoretiker und Bekleidungsanalytiker konzentrieren sich seither auf vier Hauptmotive, Kleidung zu tragen: Nutzen, Scham (von Sitte und Religion abhängig), Verführung (sexuelle Attraktivität) und Verschönerung (im Sinne einer Angleichung an das herrschende Schönheitsideal). George Sproles' Buch *Consumer behaviour towards dress* (Verbraucherverhalten gegenüber Kleidung; 1979) nennt vier weitere Motive: soziale Differenzierung, soziale Zugehörigkeit, soziale Selbstaufwertung und Modernismus. Diese acht Funktionen weden nun kurz diskutiert.

Nutzen

Bekleidung entstand, um praktische und schützende Funktionen zu erfüllen: Die Umwelt ist voller Gefahren, die Körpertemperatur muss auf einem Mindestlevel gehalten werden, um Blutzirkulation und Wohlbefinden zu sichern. Meist stellen Bekleidungsreformer den Nutzen über ästhetische Gesichtspunkte. So sprach sich Amelia Jenks Bloomer, amerikanische Verlegerin und frühe Frauenrechtlerin, in den 1850er-Jahren gegen den unpraktischen Reifrock und für Damenhosen, die so genannten »Pantalettes« oder »Bloomers«, aus. Der Aspekt des Nutzens ist nicht zu unterschätzen. Verbraucher wählen ihre Kleidung oft nach Kriterien wie Sitzkomfort, Haltbarkeit oder Pflegekomfort. In den letzten Jahren beherrschten Fitness- und Sportbekleidung – ursprünglich Nutzgegenstände – den Markt der Freizeitkleidung: Mode, die Gesundheit und jugendliche Vitalität symbolisierte.

Scham

Kleidung soll Nacktheit bedecken. Die Gesellschaft versuchte so manches Mal, durch (Kleider-)Gesetze Extravaganzen zu unterbinden und den gesellschaftsbedingten Anstand zu wahren. Die meisten empfinden eine gewisse Unsicherheit bei der Entblößung ihres Körpers, besonders im Alter. Kleidung verhüllt tatsächliche oder imaginäre Fehler. Die Gesellschaft definiert Scham, deren Auslegung mit der Sitte, der Religion und der Kultur variiert.

Oben Nutzen: Ein Bergwerksretter in schwerer Schutzausrüstung. Zur Warnung vor Gefahren hat er einen Hänfling im Käfig dabei.

In vielen Ländern des Nahen Ostens herrscht Uneinigkeit zwischen Liberalen und Fundamentalisten darüber, wie weit die Frau sich verhüllen sollte, und in vielen Gesellschaften ist das Tragen langer Röcke für Frauen auch heute eine Selbstverständlichkeit. Europäer sind im Allgemeinen lockerer als Amerikaner, trotzdem kamen »Casual Fridays« und legere Kleidung im Büro aus den USA zu uns. Club- und Strandmode zeigten mehr vom Körper als je zuvor, und in Medien und Werbung sind Abbildungen nackter Körper allgegenwärtig.

Verführung (sexuelle Attraktivität)

Kleidung kann sexuelle Anziehungskraft und Verfügbarkeit ausdrücken. Die traditionelle Rolle der Frau als Sexobjekt förderte die Erotisierung der Frauenkleidung. Stoffe für Abendgarderobe und Dessous akzentuieren oder imitieren die Textur der Haut, Accessoires und Kosmetik verstärken den Reiz. Viele Modekritiker und -theoretiker versuchen anhand eines psychoanalytischen Ansatzes, basierend auf den Schriften von Sigmund Freud und Carl G. Jung, den unbewussten Prozess aufzuzeigen, der dem Wandel in der Mode zugrunde liegt.

Scham und Verlockung

Ganz oben In islamischen Ländern ist es Frauen streng verboten, irgendeinen Körperteil, einschließlich des Gesichts, zu zeigen.

Oben Verschiebung erogener Zonen: In den 1920er-Jahren standen Beine und Rücken im Zentrum des Interesses, verstärkt durch Modetänze wie Charleston und Tango.

Oben links Dagegen würde diese Art von Bademoden in der heutigen westlichen Gesellschaft als lächerlich und veraltet gelten.

Der um 1930 von J. C. Flügel, einem Schüler Freuds, entwickelten Theorie der »shifting erogenous zone« zufolge stimuliert Mode – um zu verführen – permanent das sexuelle Interesse durch die Fokussierung auf immer wieder andere Körperregionen. Überdies heißt es in ihr, viele Bestandteile von Kleidung symbolisieren die männlichen oder weiblichen Genitalien. Und ab und an kommen offensichtlich sexualisierte Kleidungsstücke wie die Schamkapsel (Braguette) oder der BH in Mode.

Schmuck

Schmuck kann physische Reize betonen und Kreativität, Individualität, sozialen Rang sowie kulturelle Zugehörigkeit manifestieren. Er verstößt zuweilen gegen die Regeln von Bequemlichkeit, Beweglichkeit und Gesundheit, was das Abbinden der Füße, das Tragen von Korsetts oder Piercings zeigen. Künstliche Fingernägel, Kosmetik und Körperfarbe, Schmuckstücke, Frisuren und Rasuren, Perücken, Sonnenbräune, Absätze oder plastische

Schmuck

Oben Eine junge Frau aus dem Jemen wird an ihrem Hochzeitstag mit Blumen und Ornamenten geschmückt.

Rechts Tätowierungen sind eine dauerhafte Form des Schmucks.

Chirurgie – Schmuck kann dem Körper permanent oder zeitlich begrenzt etwas hinzufügen oder ihn reduzieren. Menschen im Allgemeinen, und junge Frauen im Besonderen, versuchen, dem herrschenden Schönheitsideal zu entsprechen. Die Verformung des Körpers durch Miederwaren, Einschnürungen und Polster veränderte die modische Silhouette über die Jahrhunderte immer wieder.

Soziale Differenzierung

Kleidung dient als Zeichen für Berufsstand, religiöse Zugehörigkeit, sozialen Status oder Lebensstil. Berufskleidung ist ein Ausdruck von Autorität und unterscheidet ihren Träger von der Masse. Die bescheidene Nonnentracht steht für die religiöse Überzeugung der Trägerin. In manchen Ländern tragen Rechtsanwälte Talar und Perücke, um so die Ehrwürdigkeit von Recht und Gesetz zu unterstreichen. Designerlabels, teure Materialien und Schmuckstücke symbolisieren zunächst hohen sozialen Rang. Durchdringen sie jedoch, wie so häufig, langsam alle sozialen Schichten, verblasst ihre Aussagekraft.

Soziale Zugehörigkeit

Einheitliche Kleidung drückt Gruppenzugehörigkeit aus. Wer sich den anerkannten Stilrichtungen nicht anpasst, gilt als Andersdenkender, dem man letzten Endes mit Misstrauen und Ausschluss begegnet. Hingegen wird dem »Fashionvictim«, also einer Person, die sich ohne Feingefühl beinahe sklavisch dem aktuellen Stil unterwirft, ein Mangel an Persönlichkeit und Geschmack sowie ein verzweifeltes Verlangen nach Zugehörigkeit nachgesagt. Manchmal ist Kleidung auch Ausdruck von Rebellion gegen die Gesellschaft oder die Mode selbst. Obwohl Punks keine Uniform tragen, zeichnen sie sich durch verschiedene Merkmale, z.B. zerrissene Kleidung, Bondage-Utensilien, Sicherheitsnadeln und schrille Frisuren, aus. Die britische Modedesignerin Vivienne Westwood kreierte diesen Stil als anarchistische Spöttelei gegen die konventionelle, gepflegte Mode Mitte der 1970er-Jahre.

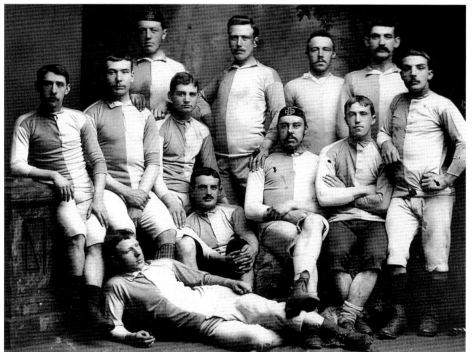

Soziale Differenzierung
Ganz oben Die Krönungsgewänder von König Georg V. und Königin Maria symbolisieren durch ihr Gewicht und die kostbaren Materialien Autorität und Status.

Oben Am anderen Ende des sozialen Spektrums zeigt eine »Pearly Queen« ihre Stellung in der Gemeinschaft, indem sie die königlichen Gewänder und Stickereien mit Knöpfen nachahmt.

Soziale Zugehörigkeit
Links Fußballfans tragen das gleiche Trikot wie ihre Fußballmannschaft, um Anhängerschaft und Übereinstimmung zu demonstrieren.

Soziale Selbstaufwertung

Trotz des gesellschaftlichen Gruppendrucks und des Vertriebs zahlreicher identischer Moden über riesige **Ladenketten** trifft man selten zwei Menschen, die identisch gekleidet sind. Zwar gehen besonders junge Menschen mit Freunden einkaufen, um sich gegenseitig zu beraten, kaufen jedoch nicht die gleiche Kleidung. Denn der Mensch als Individuum strebt unter allen Umständen danach, durch Make-up, Frisur und **Accessoires** seine persönliche Identität zu wahren und durchzusetzen.

Modernismus

Überall dort, wo modische Bekleidung erhältlich ist, kann sie als Ausdruck von Modernität eingesetzt werden. Auf dem immer härter umkämpften Arbeitsmarkt in der dichten Medienlandschaft der Großstädte kann es von Vorteil sein, den Eindruck zu vermitteln, man sei mit den neuesten Stilrichtungen vertraut oder ihnen gar voraus und auch sonst bestens über aktuelle Themen informiert. Kleidung kann uns Zugang zu den richtigen Orten und Menschen verschaffen. Akzeptanz der Modernität, ob bei Designern, Frühadoptern oder Verbrauchern, dient als Indikator für Kreativität, Flexibilität und Zukunftsorientiertheit.

»*Mode ist Kleidung, Kleidung jedoch nicht zwangsläufig Mode ... Im Gegensatz zu Kleidung brauchen wir Mode nicht, um unsere Nacktheit zu bedecken, sondern um unser Selbstbild zu kleiden.*« Colin McDowell (1995)

Soziale Selbstaufwertung
Kleiderordnungen gibt es in allen Gesellschaftsschichten. Doc Martens und zerschlissene Jeans waren in mancher Jugendszene der 1970er- und 1980er-Jahre allgegenwärtig.

Praktische Überlegungen

Neue Kleidung kann Menschen selbstsicherer machen: Teure oder vertraute Marken sind Statussymbole und schaffen ein Zugehörigkeitsgefühl. Ob wir dies gut finden oder nicht – selbst der leidenschaftlichste Avantgardist und Abweichler unter den Designern muss wissen, welche primären praktischen Überlegungen den Käufer bei der Wahl der Kleidung leiten. Es folgen einige Kriterien, die für die Arbeit des Designers von entscheidender Bedeutung sind. In Modeberichten und der Presse werden sie nur selten erwähnt, im kreativen Entwurfsprozess spielen sie kaum eine Rolle. Dennoch prägen sie unseren Impuls, zu kaufen und unsere bewussten und unterbewussten Bedürfnisse zu befriedigen.

Preis

Für die Mehrzahl der Verbraucher spielt der Kaufpreis die wichtigste Rolle. Mag das Verlangen noch so groß sein, der subjektive Wert des Produkts, sein Preis und das Budget müssen passen. Der Wert für den Einzelnen resultiert nicht nur aus der Menge an Kleidung, die ein Stück darstellt. Am oberen Ende des Marktes wird Designermode in begrenzten Stückzahlen und mit kostspieligeren Stoffen und Posamenten produziert: Die Grundkosten sind höher als im mittleren und Massenmarkt, wo Mengenvorteile erzielt werden. Jeder möchte etwas für sein Geld bekommen. Ganz ähnliche Kleidungsstücke verschiedener Marken können preislich stark voneinander abweichen. Es liegt im Ermessen des **Einzelhändlers**, Ware geschickt auszuwählen und Preise festzusetzen, die Käufer anlocken. Händler haben eine Reihe von Möglichkeiten der **Kostenkalkulation** und Marktpreisbildung eines Modeartikels. Sie werden im nächsten Kapitel erläutert.

Qualität

Die Qualität des Materials und der Verarbeitung ist ein entscheidender Faktor beim Kauf von Kleidung. Sie beeinflusst den Preis und die Käufermeinung in Bezug auf Pflege und Reinigung gegenüber Widerstandsfähigkeit. Durch längere Arbeitszeiten bleibt weniger Zeit für die Pflege der Bekleidung, und der mit chemischer Reinigung verbundene Zeit- und Kostenaufwand wie auch Umweltbedenken haben den Trend zu pflegeleichten und bügelfreien Geweben für Kleidung mittlerer Qualität verstärkt. Unterschiede im Preis bedeuten Unterschiede bei Nähten, Säumen und Futterstoff. Von Klassikern und Haute Couture wird Haltbarkeit erwartet. So werden kostengünstige Strickwaren häufig schnell und einfach zugeschnitten und vernäht, während aufwendiger verarbeitete Ware deutlich teurer ist. Edelgarne wie Seide und Kaschmir lassen sich nicht imitieren. Bei Sommer- und Partymode dagegen geht man fast davon aus, dass sie nur eine Saison getragen wird. Sie darf daher hochmodisch, aber weniger gut verarbeitet sein.

Passform

Ein guter Designer achtet auf Passform, denn auch von ihr hängt ab, ob ein Stück sich verkaufen lässt. Statistiken zufolge ist es für viele Menschen schwierig, modische Kleidung zu finden, die auch passt. Bei Sportmode und Unterwäsche ist guter Sitz ein entscheidendes Qualitätsmerkmal. Passform lässt sich, über Körpermaße hinaus, schwer definieren, denn jeder versteht unter Tragekomfort etwas anderes. Überdies wandelt sie sich mit der Mode. Baggy-Jeans können zur gleichen Zeit modern sein wie enge Tops. Für manchen Stil ist die Passform sein wichtigstes Merkmal, das sich erst beim Tragen der Kleidung offenbart. Einige Designer wie Perry Ellis, Rei Kawakubo und Azzedine Alaïa (der »King of Cling«) haben die Passform in ein ganz neues Licht gerückt und zum Verkaufsargument ihrer **Kollektionen** gemacht. Viele Marken entwickeln Größen speziell für ihre Zielgruppen, bisweilen initiiert durch Kunden-Feedback, doch häufiger auf der Basis einer idealisierten Körpervorstellung.

Internationale Größenstandards für Kleidung gibt es nicht, doch wurden in den vergangenen Jahren in den USA, Großbritannien, Europa und China Studien durchgeführt zur Ermittlung und Einstufung durchschnittlicher und typischer Größen. Dies führte zu realistischeren und genaueren Maßangaben. Bei zunehmender Globalisierung der Modemarken ist eine Kennzeichnung von Kleidung mit den Größenangaben der jeweiligen Zielländer unerlässlich. Für den Modedesigner ist die Kenntnis der natürlichen Standardproportionen seiner Zielgruppen wichtig. Und er tut gut daran, »am lebenden« **Anprobe-Model** zu arbeiten statt für einen idealisierten Körper, soll seine Kollektion nicht zum Ladenhüter werden.

Tragekomfort

Manchmal verlangt Mode Zugeständnisse bei Komfort und Passform (wie bei Stöckelschuhen, engen Hosen oder Miniröcken aus Lackleder), doch generell ist mehr und mehr Wohlbefinden angesagt. Bessere Heizsysteme und die Folgen der globalen Erwärmung für gemäßigte Klimazonen haben fast alle wirklich großen Unterschiede bei Saisonmode nivelliert. Neue Textiltechniken führten zu leichteren Stoffen, Stretch- und Multifunktionsgewebe und saumloser Verarbeitung, Oberflächenbehandlungen zu knitterfreier, pflegeleichter Kleidung mit guten Trageeigenschaften (siehe Kapitel IV). Innovationen auf dem Gebiet der Mikrofasern sind Stoffe, die Vitamine und Aromastoffe abgeben und vor schädlichen Umwelteinflüssen wie Strahlung schützen. Überdies verlangt der moderne Konsument die Gewissheit, dass die Hersteller seiner Kleidung ethisch unbedenkliche und nachhaltige Fertigungs- und Abfallbeseitigungsverfahren anwenden. Bücher wie *No Logo* von Naomi Klein – ein Bericht über die Ausbeutung von Arbeitern und Ressourcen der Dritten Welt durch Textilproduzenten – löste eine Protestbewegung aus, die transparente und verantwortungsvolle Arbeitsbedingungen in diesem Sektor fordert. Einstellungen und Überzeugungen an sich sind modern und setzen Trends.

Bedeutung

Mode und Kleidung müssen zu Lebensweise, Arbeit und Freizeitverhalten des Verbrauchers passen. Die in Vorstädten angesagten Stilelemente unterscheiden sich deutlich von dem, was die Geschäftswelt der Innenstädte erwartet, sind aber nicht zwangsläufig weniger modisch. Was für eine Altersgruppe oder soziale Clique wichtig ist, kann für eine andere unpassend sein. Die Vorstellung von einem »Diktat« der Modeschöpfer ist überholt. Immer kürzere Durchlaufzeiten durch **Quick Response (QR)** haben die Reaktion auf saisonale und gesellschaftliche Bedingungen und Kundenwünsche beschleunigt. Viele Einzelhändler kommunizieren täglich mit ihren Herstellern, um sicher zu gehen, dass sie das auf Lager haben, was ihre Kunden suchen. Auf der Basis von Analysen der Kassenterminals können Filialgeschäfte ganz unterschiedliche Ware an verschiedene Orte im Land liefern. Einzelhandelsfläche ist begrenzt und teuer, und Großhandelskunden schätzen Reiz, optischen Eindruck und Absatzpotenzial von Kollektionen höher ein als von Einzelstücken. Es ist Aufgabe des Einzelhändlers, die Menschen und ihre Kaufkraft vor Ort im Blick zu haben, Marktnischen zu entdecken und adäquate Ware bereitzuhalten. Das folgende Kapitel erläutert, wie Marktsektoren gebildet und Trends vorausgesagt werden, damit die Entwürfe der Modedesigner so zielgruppengerecht wie möglich ausfallen.

Marke

In der Regel erwerben sich Marken ihren Ruf und eine zufriedene Gefolgschaft durch eine über Jahre hinweg konsequente Produktpolitik und die Vermarktung ihrer einmaligen Eigenschaften. Durch die Wahl einer bestimmten Marke versucht der Käufer oft, deren Qualitäten auf sich zu übertragen. So stehen etwa Burberry und Pringle, zwei

Politische, soziale und ethische Überzeugungen können Modetrends stark beeinflussen: Verhaftung eines PETA-Aktivisten (Organisation, die für den ethischen Umgang mit Tieren kämpft) während einer Protestaktion vor dem Verlag der Zeitschrift Vogue 2003 in New York. Im späten 20. Jahrhundert ging die Verwendung von Pelz in der Mode durch solche Kampagnen und das Engagement von Models und Prominenten zurück, nimmt jedoch aktuell wieder zu.

klassische britische Marken, für Qualität und Konformität, während Versace Glamour, Sex und Extravaganz signalisiert. Markenbildung ist ein Kernthema des Modemarketing und wird dadurch zusätzlich verkompliziert, dass Einzelhändler traditionell Kommissionäre für »Private Label«-Ware sind und ihre eigenen Marken schaffen. Auf manche Verbraucher üben die Lieblingsmarken Prominenter einen starken Reiz aus. So geht ein wachsender Trend in Richtung Private-Label-Kollektionen von Stars, die von Vertragsherstellern entworfen und produziert werden. Überdies vertreten Filialgeschäfte und unabhängige Einzelhändler Markenprofile und Unternehmensleitbilder und erwarten von »ihren« Designern die Wahrung der Qualitätsstandards und -begriffe, die das Vertrauen ihrer Kunden begründen.

Verbraucherfreundlichkeit und Service

Verbraucher haben immer weniger Geduld und Zeit für Kauf und Anprobe der Ware und schon gar nicht für lange Kassenschlangen. Der Käufer möchte das Gesuchte schnell und mühelos finden und erwartet ein hohes Serviceniveau sowie eine große Auswahl an Größen und Farben. Viele Käufer meiden Kleidung ohne »gutes Aussehen am Bügel«, die man sich nur schwer am Körper vorstellen kann, da sie das Anprobieren scheuen. Einkaufen im Internet oder per Katalog ist bequem und hat in den letzten Jahren stark zugenommen. Eine ausufernde Kultur des Kaufens, Anprobierens und Zurückschickens nicht passender Artikel ist die Folge. Einige Händler versuchen, dem entgegenzuwirken, indem sie den Einkauf so angenehm, unterhaltsam und befriedigend wie möglich gestalten, oft mit Treue- und Sonderangeboten. Designermarken und andere Hersteller des mittleren Marktsegments bieten ihre Ware bewusst in Geschäften und Gegenden an, die das eigene Marketingkonzept optimal reflektieren. Viele Marken legen Wert darauf, ihr Angebot in direkter Nachbarschaft zur Konkurrenz zu platzieren. Um so wichtiger ist die Feinabstimmung von Styling, Qualität und Preis. Manche Marken verfolgen eine selektive Distributionsstrategie, um ihre **Exklusivität** zu wahren, und Einzelhändler konkurrieren um die Kollektionen. Innovationen in der computergestützten Herstellung eröffnen neue Wege der Fertigung individueller Entwürfe und maßgeschneiderter Stücke. Mit diesem Service kann sich ein Geschäft einen Marktvorteil verschaffen.

Wirtschaftlicher Zusammenhang

Konsumausgaben hängen vom Einkommensniveau ab. Was nicht für Steuern, Nahrungsmittel, Miete und Gebühren benötigt wird, ist frei verfügbares Einkommen. Die Kosten von Studenten sind eher überschaubar, doch Erwachsene, Familien und ältere Menschen brauchen ihr Einkommen für Versicherungen, Ausbildung der Kinder, Investitionen, Gesundheit, Möbel und Freizeit. Kleidung gehört oft nicht zu den obersten Prioritäten. Dies ist einer der Gründe, warum Mode in der Regel für Menschen mit frei verfügbarem Einkommen gemacht wird.

In wirtschaftlich instabilen Zeiten und Inflation ist das Kaufverhalten eher konservativ auf Kleidung mit gutem Preis-Leistungs-Verhältnis ausgerichtet. Je nach Wirtschaftsklima wandelt sich die Mode im Hinblick auf die Menge des eingesetzten Stoffs, auf den Preis des Zubehörs und auf das verfügbare und akzeptierte Angebot. In guten Zeiten ist die Bereitschaft größer, Geld für Mode auszugeben und dies auch zu zeigen. In einer Rezession nehmen Geldmenge, Produktion und Zahl der verfügbaren Stilrichtungen ab. Es heißt, fröhliche und ungewöhnliche Farben verschwinden – auch wenn das in Deutschland aktuell nicht der Fall ist. Trotz hoher Arbeitslosigkeit und Rezession ist die Mode äußerst bunt. Es kommt zu Entlassungen und Einstellungsstopps, die Ausgaben für kleinere Luxusartikel und Mode gehen weiter zurück. Billige Arbeitskräfte aus Fernost, Mexiko, der Karibik, Osteuropa und Nordafrika sind eine Bedrohung für die inländische Produktion. Dennoch sind die meisten Verbraucher für einen freien Warenhandel, eine große Auswahl und niedrige Preise.

Devisenmärkte haben einen enormen Einfluss auf den Wert nationaler Währungen. Die Weltwirtschaft kann ein Auf und Ab der Im- und Exportpreise auslösen. Ist eine Währung stark und Ware daher im Inland teuer, sind Einzelhändler versucht, günstigere ausländische Produkte zu importieren. Ist eine Währung schwach, steigen die Exportchancen der Textilhersteller und Modehäuser. Modeeinkäufer haben ein Budget, mit dem sie in einem Land mehr bekommen als in einem anderen. Die Einführung des Euro hat Wechselkursschwankungen beseitigt, den grenzüberschreitenden Handel in Europa vereinfacht und den weltweiten Wettbewerb angeregt.

Hochwertige Produkte oder Exklusiv-Vertriebsrechte erhöhen die Exportchancen spürbar. Bisweilen hängt die Verfügbarkeit von Produkten unterschiedlicher Lieferanten mehr vom internationalen Handel als von der Nachfrage ab. Rohstoffe und Handelsware werden auf den Warenbörsen der Welt wie Währungen gehandelt. Wolle kommt aus Australien, Seide und Kaschmir aus China, und Baumwolle ist die Stapelfaser der USA. Gelegentlich verursachen klimatische, ökonomische oder politische Umstände eine Materialverknappung. So führte 1999 der Ernteausfall beim Jeansfarbstoff Indigo zu einer Krise in der Jeansbranche. Hohe Arbeitsplatzverluste und die Nachfrage nach Ersatzprodukten waren die Folge. Die Entwicklung von Kunstfasern und synthetischen Farbstoffen entsprang teilweise der Notwendigkeit, Alternativen zu finden. Gelegentlich werden wirtschaftliche Rahmenbedingungen auch künstlich geschaffen. So schränkte China mehrfach die Ausfuhr von Seide ein, um den Marktpreis zu erhöhen. Im Jahr 2001 kaufte die chinesische Textilindustrie riesige Mengen Wolle aus Australien auf und schuf so einen Mangel, der weltweit die Preise in die Höhe trieb. Der internationale Handel unterliegt nicht nur den gesetzlichen Beschränkungen der Zoll- und Verbrauchssteuerbehörden einzelner Länder; die Anwendung dieser Regeln wird von verschiedenen Kontrollgremien zusätzlich überwacht.

Das Multifaserabkommen

Die Welthandelsorganisation (WTO) in Genf und die Vereinten Nationen verhandeln und verabschieden Gesetze für Warenhandel, Arbeitsnormen und Urheberrechtsschutz ihrer Mitgliedstaaten. Handelsabkommen und -gesetze für die Textilindustrie üben einen zentralen, wenn auch nicht offensichtlichen Einfluss aus auf Stile, Qualität, Preis und Angebot an hoch- und niedrigpreisiger Mode. Das Multifaserabkommen war ein vorläufiges Handelsabkommen, das 1974 unter dem General Agreement on Tariffs and Trade (GATT) geschlossen wurde. Rund 30 Staaten verpflichteten sich zu Quotenregelungen im Kampf gegen ungerechte Handelspraktiken wie das Überfluten der Märkte mit billiger Importware aus Niedriglohnländern. Seit 1995 verlor das Abkommen allmählich an Gewicht, und am 1. Januar 2005 bejubelte man die Geburt eines neuen, freien, doch nicht unbedingt gerechteren Marktes. Der zunehmende globale Wettbewerb bei Herstellung und Kalkulation führt in Europa zu sinkenden Produktionszahlen und steigenden Handelsdefiziten, da mehr Güter im- und weniger exportiert werden. Die Vereinigten Staaten haben strenge Zoll-, Steuer- und Herkunftsbestimmungen. Sie erschweren die Einfuhr von in der EU produzierten Stoffen und Kleidung unterschiedlicher Herkunftsländer (etwa Kostüme aus türkischem Stoff, in Deutschland verziert, in Großbritannien entworfen und in Portugal gefertigt). Ferner schlossen die USA, Kanada und Mexiko das Nordamerikanische Freihandelsabkommen (NAFTA) ab, das den Handel mit Textilien aus Mexiko, der Karibik und einigen südamerikanischen Staaten erleichtert. Abgaben, Steuern und Zölle dienen dem Schutz des heimischen Marktes vor der Konkurrenz. In Staaten, in denen konkurrenzfähige Preise schwer zu erreichen sind, sind Vertriebsstrategien, kurze Reaktionszeiten, neue Techniken und ethische Geschäftspraktiken wertvollere Verkaufsargumente als Verkaufsanreize.

Die motivierende bzw. hemmende Rolle des Preises beim Kleiderkauf ist unbestritten. Doch ist man sich heute kaum noch bewusst, wie viel verfügbares Einkommen und Zeit früher in Kleidung investiert wurden. Unabhängig von sozialer Zugehörigkeit musste jeder Zeit für die Planung oder Herstellung einer erschwinglichen Garderobe für die nächste Saison aufbringen. Die wohlhabende Gesellschaftsschicht hatten bei vielfältigen gesellschaftlichen Anlässen Kleiderregeln zu beachten, die Besuche beim Schneider erforderlich machten. Die ärmeren Schichten verbrachten viel Zeit mit Nähen und Flicken. Die Frauen waren wirtschaftlich fast ganz von den Männern abhängig, bis sie in der zweiten Hälfte des 20. Jahrhunderts bedeutende Funktionen in der Arbeitswelt übernahmen. Dies erforderte eine vernünftige Einheitlichkeit der Kleidung. Kostspielige Stücke wie Mäntel und Anzüge mussten lange halten und waren von daher modisch weniger ausgefeilt. Pullover wurden mit der Hand gestrickt – lange bevor der Winter begann. Mit Verzierungen und günstigen Accessoires – etwa einem Schal – ließ sich die Kleidung etwas auffrischen. Die Nachkriegswirtschaft und die Entwicklung maschineller Verfahren, billiger Stoffe und chemischer Farben brachten die erste Welle mit günstiger Mode und »Wegwerfkleidung« für alle Alters- und Einkommensgruppen. Heute wird für Bekleidung, im Vergleich zur Situation vor hundert Jahren, ein relativ geringer Teil des Einkommens aufgewendet, und Shopping ist zum Freizeitvergnügen geworden. Im Durchschnitt liegen die Ausgaben für Kleidung in Europa unter denen von vor 20 Jahren. Der Wunsch, »modisch« zu sein, ist heute eine starke, sowohl für sich als auch allgemein gültige Triebfeder. Die Bewohner von Industriestaaten können es sich leisten, häufig und unmittelbar bei Bedarf neue Kleidung zu kaufen.

Sprache der Mode

Die Beschäftigung mit Modegeschichte sowie Nationaltrachten und Bräuchen verschiedener Länder zeigt, dass alle Kulturen, von den primitivsten bis zur höchstentwickelten, Kleidung und Schmuck verwenden, um Informationen zu einer Person und ihrer sozialen Stellung zu transportieren. Ebenso wie die Mimik, lesen wir auch die Signale, die uns die Kleidung unserer Mitmenschen übermittelt, und ziehen – teilweise falsche – Rückschlüsse auf unser Gegenüber. Diese nonverbale Kommunikation, die Sprache der Mode, kann wie jede andere Sprache erlernt werden (siehe gegenüber).

Im Lauf der Geschichte nahmen viele Kleidungsgegenstände und -stilrichtungen eine Symbolik an, welche die Identifizierung von Fremden erleichterte. In *Système de la mode* (1967; *Die Sprache der Mode*, 1985) schreibt der französische Kritiker Roland Barthes über die symbolische Sprache der Kleidung sowie über die Art, in der sie etwas über unsere sozialpolitische Orientierung aussagt. Die Wissenschaft von den Zeichen und Symbolen, die Informationen vermitteln, nennt man Semiotik.

Wir tragen Kleidung bewusst oder unbewusst in Kombinationen, die anderen einen wahren oder falschen Eindruck vermitteln. Zu den Eigenschaften, die wir zeigen oder verstecken möchten, gehören Alter, sexuelle Orientierung, Größe, Figur, wirtschaftlicher oder familiärer Status, Beruf, Religion, Selbstachtung und Einstellung. Kostümbildner bei Theater und Film manipulieren die Symbolik der Kleidung, indem sie Charaktere mit Gegenständen ausstatten, über die wir Berufsgruppen und Haltungen erkennen. So entstand ein breites Spektrum von Stereotypen.

Der Modedesigner experimentiert mit Identität und Erscheinung. Die Träger seiner Kreationen müssen ihre Fantasien projizieren können, egal, ob als Popstar oder als Prinzessin. Vor einigen Jahren haben Designer begonnen, die traditionellen Botschaften der Kleidung in Frage zu stellen. Die Vielfalt ethnischer und subkultureller Stilrichtungen führte zur Verzerrung der Codes, was beispielsweise durch das Tragen von Tweedjacketts in Kombination mit Jeans Ausdruck fand. Modedesigner bedienen sich der Semiotik der Kleidung und verschieben Bedeutungsgrenzen: Durch übergroße Schnitte, Entwürfe ohne Bezug zu den Körperkonturen, sexuelle Ambiguität, ungewöhnliche Farb- und Stoffkombinationen sowie gewollt mangelhafte oder sichtbare Verarbeitung werden anerkannte Prinzipien und Harmonien missachtet. Für den Modejournalisten, -historiker und -anthropologen ist das Erlernen, Verstehen und Erweitern dieses kreativen Lexikons von größtem Interesse.

Leder, Tätowierungen und Ketten gelten als die stereotype Kluft von Rebellen und Rockern.

Traditionelle Botschaften westlicher Kleidung des 20. Jahrhunderts	
Männlichkeit	Hosen, Krawatten, breite Schultern, grobe oder schwere Stoffe, Outdoor-Kleidung
Weiblichkeit	Röcke, tiefe Ausschnitte, betonte Taillen, zarte Stoffe
Sexuelle Reife	Enge Kleidung, transparente oder glänzende Stoffe, hohe Absätze
Unreife	Formlose, weit geschnittene Kleidung, Latzhosen, kindlich-verspielte Dessins, helle Farben, flache Schuhe
Dominanz	Uniformen, steife Stoffe, überbreite Schultern, dunkle Farben, Leder, Metallknöpfe, große Hüte und Accessoires
Unterwürfigkeit	Unpraktische Stoffe, Rüschen, blasse Farben, dekorative Schuhe
Intelligenz	Lesebrille, blaue bzw. dunkle Strümpfe, düstere Farben, Aktenkoffer
Konformität	Kaufhauskleidung, Bügelfalten, unaufdringliche Farben
Rebellion	Extreme Kleidung und Frisuren, Tätowierungen, Piercings, ungewöhnliche bzw. keine Schuhe
Beruf	Uniformen, Anzüge, Werkzeuge bzw. gewerbetypisches Zubehör
Herkunft	Ausgedrückt durch städtische, ländliche oder regionale Kleidung
Reichtum	Goldschmuck und Edelsteine, saubere bzw. neue Kleidung, perfekter Sitz, Labels, auffällige Farben, Pelz, Parfum
Gesundheit	Freizeit- oder Sportbekleidung und entsprechende Logos, körperbetonte Schnitte, schlanke Figur, Turnschuhe (Sneakers)
Alter	Festhalten an veralteten Stilrichtungen

Globaler Zusammenhang

Der wirtschaftliche Kontext von Mode ist keine lokale oder nationale Angelegenheit mehr. Mode ist ein globales Phänomen und eine Sprache, die über alle Ländergrenzen und Klassen hinweg gesprochen wird. Internationale Textilkonzerne haben die finanzielle Macht, Rohstoffe einzukaufen und dort verarbeiten zu lassen, wo Kosten und Risiken am niedrigsten sind. Hersteller arbeiten nicht mehr mit endlosen zentralen Fertigungslinien. Heute wird überall dort produziert, wo Arbeitskräfte, Technik und Lagerhaltung reichlich vorhanden, billig und die Gesetze weniger streng als zu Hause sind. Modekonzerne kaufen überall auf der Welt Produktnamen und Firmen auf, die in ihr »Portfolio« passen. Nationale Trachten und Bräuche befinden sich im Rückgang, westliche Kleidung ist allgegenwärtig, und es gibt nur noch wenige unerschlossene Märkte. Die Labels und Logos der großen transnationalen Gesellschaften sind Stilikonen, die jeder kennt – von London bis Lissabon, von San Francisco bis Singapur. War es einst höchst ungewöhnlich für einen Engländer wie Charles Frederick Worth (siehe Paris, S. 36), im Ausland zu arbeiten, treffen wir heute französische, spanische und amerikanische Ketten wie Kookai, Zara und Gap in den Hauptstraßen der Welt. Marke oder Label lassen nicht mehr erkennen, woher ein Entwurf oder sein Urheber stammt. Manche sehen in dieser ungezügelten Globalisierung und dem Streben der Aktiengesellschaften, Gewinne für ihre Anteilseigner zu machen, den Anfang vom Ende der Einzigartigkeit, die das Produkt eines Landes von dem eines anderen unterscheidet. Die Wirtschafts- und Modekritikerin Teri Agins vom *Wall Street Journal* schreibt in ihrem Buch *The End of Fashion*:

> »Der Börsengang eines Unternehmens bedeutet das Aus für Mode. Er ist das Ende zu enger Hosen und einer Mode um der Mode willen. Er heißt Gebrauchsware – Poloshirts, Jeans, Sweatshirts und Blazer –, die sich immer verkauft. Dieses Gleichmaß hält die Gewinne hoch und lässt den Aktienkurs steigen.«

Turnüren-Kleid von Charles Frederick Worth, 1875

Dachverbände und -organisationen
DEUTSCHLAND
Deutsches Modeinstitut (DMI)
Verband Deutscher Mode- und Textildesigner e.V.
ÖSTERREICH
Wirtschaftskammer
FRANKREICH
La Fédération Française de la Couture du
Prêt-à-Porter des Couturiers et des Créateurs
de la Mode
der Verband besteht aus drei Kammern:
der Chambre Syndicale de la Couture Parisienne
der Chambre Syndicale du Prêt-à-porter, des
Couturiers et des Créateurs de Mode
der Chambre Syndicale de la Mode Masculine
GROSSBRITANNIEN
The British Fashion Council
leitet die London Designer Collections und die
London Fashion Week in Zusammenarbeit mit
Sponsoren der Branche
VEREINIGTE STAATEN
The Council of Fashion Designers of America
(CFDA)
ITALIEN
Camera Nazionale della Moda Italiana
Fiera di Milano
BELGIEN
Mode Natie

Komplizierte und undurchsichtige Geschäftsbeziehungen ermöglichen es Modedesignern, als Freiberufler mit Werkvertrag zeitgleich an mehreren Orten für mehrere Labels in mehreren Preislagen zu arbeiten – auf eine moderne Art und Weise. Modedesigner, Einkäufer und Merchandiser müssen bereit sein, viel zu reisen. Wie ein Rockstar mit seiner Crew so reist ein Designer samt Show und Werkstatt um die ganze Welt zu den aufnahmefähigsten Märkten. Die relativen Flug- und Frachtkosten sind gesunken, Shopping-Tourismus ist im Kommen. Nischenmärkte sind schwieriger zu entdecken und müssen schnell bedient werden. Es ist unerlässlich, Städte und internationale Fachmessen zu besuchen, Produktlinien intensiv zu bewerben und Trends und Produktionskapazitäten an weit verstreuten Orten zu testen. Ein gewisses Verständnis für unterschiedliche Ansätze und Wettbewerbsmechanismen einzelner Modehauptstädte zu besitzen, ist nicht nur für Stilentscheidungen, sondern auch für Geschäftsabschlüsse von zentraler Bedeutung. Durch die Beobachtung von Kaufverhalten, Gebräuchen und Abläufen lassen sich teure Fehler vermeiden, der Wert der Entwürfe lässt sich steigern, und zukünftige globale Trends können vorausgesagt werden.

Modestädte

Auch wenn das Internet den Einkauf erleichtern und die Produktion ins Ausland abwandern mag, der Geburtsort von Modedesign sind nach wie vor die Großstädte: 80–85% der Designer arbeiten dort. Jede Metropole besitzt ihre eigene »Design-Identität« und Charakteristik. Städte sind nicht nur rund um die Uhr eine Quelle der Inspiration, sondern Ein- und Verkäufer bevorzugen sie auch wegen der besseren Kommunikations- und Vertriebswege. Alle bedeutenden Unternehmen unterhalten in den Großstädten Showrooms, und die meistens dieser Städte verfügen über ein oder zwei spezielle Mode- und Textilviertel.

Paris

Obwohl das Reich der Mode beständig wächst, ändert das nichts an der traditionellen Vorrangstellung der französischen Hauptstadt. In Paris Anerkennung zu finden ist für viele Designer das Maß aller Dinge und oberstes Ziel. Die Erklärung hierfür findet sich im 19. Jahrhundert: 1858 gründete der Engländer Charles Frederick Worth, als erster **Couturier** anerkannt, ein Modeunternehmen in Paris, damals das kulturelle und künstlerische Zentrum Europas, wenn nicht gar der Welt. Aufgrund des Erfolgs seiner Kleider, die z.B. Königin Viktoria und Kaiserin Eugénie trugen, fanden sich bald Nachahmer seiner Kreationen. Um seine Entwürfe zu schützen, gründete Worth 1868 die *Chambre Syndicale de la Couture Française*. Verantwortlich für Vermarktung und Herstellung von Mode, entwickelte sich der Verband zur heutigen *Fédération Française de la Couture du Prêt-à-porter des Couturiers et des Créateurs de la Mode*.

Strenge Auflagen regeln die Aufnahme in den Verband der *Créateurs de la Mode*: Ein Unternehmen muss ein **Atelier** (Designstudio) oder einen **Salon** (Showroom) in Paris besitzen, mindestens 20 Vollzeitmitarbeiter beschäftigen und zweimal im Jahr, im Frühjahr und Herbst, zwei **Kollektionen** von mindestens 75 Ensembles präsentieren.

Das traditionelle Pariser Modeviertel ist das Sentier, doch sind die Designstudios und Ateliers über die ganze Stadt verstreut. Die exklusive Haute Couture ist in der Rue du Faubourg Saint-Honoré und der Avenue Montaigne zu Hause. Die französische Bekleidungs- und Textilindustrie ist mit ca. 3.000 Unternehmen, 80.000 Angestellten und einem Umsatz von 26,6 Mrd. € die zweitgrößte der EU. In Italien und Deutschland wird zwar mehr Kleidung verkauft, dafür ist Frankreich Marktführer im Hochpreissegment.

Der Couturier Jacques Fath legt letzte Hand an ein von seiner Frau getragenes Abendkleid vor seiner Pariser Schau 1946. Im Hintergrund wird eifrig gewienert.

Allein der Markt für Unterwäsche ist rund 2,5 Mrd. € wert. Der französische Textilmarkt hat in den letzten Jahren einen Marktanteil von beträchtlichen 17% an große Einzelhändler von Sportmarken wie Decathlon, Go Sport und Intersport abgegeben.

Die französische Produktion von Streichwolle ist im Gebiet der Zentralpyrenäen und in der Umgebung von Lyon angesiedelt, wo seit der Erfindung der Jacquard-Webmaschine einige der schönsten und teuersten Seidenstoffe und *Nouveautés* der Welt hergestellt wurden. Heute werden sie jedoch v.a. in St. Gallen, Zürich und am Comer See produziert. Generell ist die Herstellung von Textilien rückläufig – Hightech-Stoffe und -Fasern ausgenommen. In Frankreich ist die Herstellung von Bekleidung, besonders von Herrenanzügen und maßgeschneiderter Kleidung für Damen, in den letzten zehn Jahren um 85% zurückgegangen. Sie wird heute größtenteils in Tunesien, Marokko und Südostasien produziert – Länder mit historischen Bindungen an Frankreich. Große Mengen hochwertiger französischer Konfektions- und Strickwaren kommen aus Italien und China, da diese Länder qualitativ hochwertigere Ware herstellen als Frankreich. Der Einzelhandel wird von spezialisierten Modefilialen beherrscht, und die Zahl unabhängiger Boutiquen ist innerhalb von zwölf Jahren um fast 19% gesunken. Bereiche, die Zuwächse verzeichnen können, sind

Eine private Modenschau für Couture-Kunden im Hause Balmain, Paris (1953)

dagegen E-Commerce und Versandhandel mit 8% Anteil am Modemarkt. Rund 12% der Einzelhändler in Frankreich sind ausländische Filialgeschäfte wie Zara und H&M. Nur zögernd boten die Franzosen ihre Konfektions- und Exklusivlinien außerhalb Frankreichs an. Seit kurzem werden jedoch Labels wie Morgan und Kookai auch im Ausland gehandelt.

Der französische Stil

Typisch für französisches Design sind eine klare Silhouette, aufwendige Schnitte und eine leicht gerundete und zugleich figurbetonte Passform. Noch heute werden in der Schneiderei traditionelle Verfahren mit Innenstruktur und Futter bevorzugt. Gute Verarbeitung und meisterhafte Handarbeit gehen Hand in Hand mit Details wie Paspelknopflöchern und Bogenkanten, die typisch für französische Entwürfe sind. Designer neigen dazu, leichtere Anzugstoffe und Gewebe zu verwenden, die wie frisch gebügelt wirken. Verzierungen, Spitze und Perlenstickerei haben eine lange Tradition in **Kollektionen** der Haute Couture.

Schon immer förderte die französische Regierung die verschiedenen Gewerbezweige der Modebranche. Französische Modefirmen arbeiten eng mit den ihnen angeschlossenen Industriezweigen zusammen und sind offen für Experimente. Das in Staatsbesitz befindliche französische Fernsehen stellt der französischen Modebranche kostenlose Sendezeiten zur Verfügung, um den Absatz im In- und Ausland zu fördern. Zudem erhalten Modeschöpfer staatliche Subventionen, wenn sie mehr als 90% französische Stoffe für ihre Kollektionen verwenden. Da Designer hier kreative Ambitionen vergleichsweise einfach verwirklichen können, entwickelte sich Paris zum internationalen Branchenzentrum. Viele britische, japanische und europäische Designer zeigen dort mittlerweile ihre Kollektionen und haben ihre Hauptgeschäftsstellen und Salons nach Paris verlegt. 1989 investierte die französische Regierung sieben Millionen Francs in den Bau eines Modesalons für die Präsentation von Kollektionen im Louvre. Der Salon besteht aus vier Sälen, in denen insgesamt 4.000 Besucher Platz finden.

Haute Couture

Die Haute Couture ist das obere Ende des Marktes, auch im Hinblick auf die Preise. Sie gründet sich auf Prestige und Erfolg maßgeschneiderter, handgenähter Unikate für wohlhabende Kunden. Haute Couture präsentieren momentan Balmain, Chanel, Dior, Féraud, Gaultier, Givenchy, Lacroix, Lanvin, Ungaro, Valentino, Versace u.a.

Die Haute Couture war eine von Natur aus langsam wachsende, auf den einzelnen Kunden zentrierte Form der Mode. In der Nachfolge des 1947 von Christan Dior kreierten, revolutionären »New Look« wurden Kollektionen jedoch zunehmend unabhängig von den Wünschen einzelner Personen und eher gemäß der Vision des Modeschöpfers erstellt. In den 1960er-Jahren waren Designer wie Pierre Cardin, André Courrèges und Paco Rabanne Wegbereiter für die Idee der Haute Couture als einer experimentellen, künstlerischen Modeform. Aufgrund ihrer hohen Preise verlor die Haute Couture bei Designern für Boutiquenmode, z.B. Mary Quant, und amerikanischen Designern, wie Rudi Gernreich und Ralph Lauren, stetig an Bedeutung.

Heute gilt das Tragen von Haute Couture beim Kunden vergleichsweise weniger angemessen und für Designer weniger lukrativ. Die Preise reduzieren den Kundenkreis auf ca. 2.000 Frauen, meist wohlhabende Amerikanerinnen. Viele Couture-Häuser sind Teil mächtiger **Mischkonzerne** wie LVMH (Louis Vuitton Moët Hennessy). Die Luxusmarken wechseln für riesige Summen den Besitzer, oft unbemerkt von der Öffentlichkeit. In den vergangenen Jahren kam es regelmäßig zu Übernahmekämpfen und Rechtsstreitigkeiten. Die Kollektionen dienen als Werbung für andere Produkte der Firmengruppe, etwa Kosmetik, Parfum, **Accessoires**, **Zweitlinien** und -lizenzen. Die Lebensfähigkeit der Haute Couture wird konstant diskutiert: 1991 erklärte Pierre Bergé, Geschäftsführer von Yves Saint Laurent, die Haute Couture sterbe innerhalb von zehn Jahren aus.

> »Die Couture ist dabei, im eigenen Hintern zu verschwinden. Europäische moderne Luxusmode ähnelt zunehmend moderner Kunst: nach innen gewandt, elitär und, was das Schlimmste ist, lächerlich.«   Colin McDowell (1994)

Die Tage der Haute Couture scheinen gezählt. Dennoch haben einige Unternehmen begonnen, junge Designer einzustellen. Auch die Entwicklung von **Prêt-à-porter**- und **Zweitlinien** wie Versus (Versace), Miu Miu (Prada) und YSL Rive Gauche, die höhere Investitionsrentabilität bieten, hat sich für diese Unternehmen ausgezahlt. Die Präsentation der Haute-Couture-Kollektionen in Paris folgt jenen der Prêt-à-porter für dieselbe Saison. Nur geladene Gäste sind zugelassen. Durch den kleineren Kundenkreis benötigt die Haute Couture nicht denselben Zeitrahmen oder Auslieferungszyklus wie die Massenherstellung oder eine Produktion auf mittlerer Marktebene. Die Kleider werden fast nur im eigenen Hause, im **Atelier**, hergestellt, teils aufgrund der Notwendigkeit von Anproben und teils aus Gründen der Geheimhaltung.

Prêt-à-porter – Designermode

Prêt-à-porter-Mode ist eine breite Palette von Kleidung, die in großen Warenhäusern und Boutiquen zu unterschiedlichen Preisen angeboten wird und einen Großteil der Modenschauen und -messen ausmacht. Heute treffen auf der Prêt-à-porter Paris® (eingetragenes Warenzeichen zum Schutz vor Nachahmern) 1.200 Aussteller auf etwa 43.000 Käufer. Die Kollektionen werden zweimal jährlich – im Februar und im September – an der Porte de Versailles in Paris präsentiert.

Der französische Couturier Yves Saint Laurent mit Betty Catroux (rechts) und Loulou de la Falaise 1969 vor seinem neuen Geschäft für Prêt-à-porter in der New Bond Street in London. Saint Laurent hatte mit der Eröffnung einer »Boutique« im Rive Gauche, einem altmodischen Viertel von Paris, großes Aufsehen erregt und seine Idee dann über den Kanal getragen.

Die erste Prêt-à-porter-Kollektion zeigte Pierre Cardin 1959. Den ersten Prêt-à-porter-Shop, Rive Gauche, eröffnete Yves Saint Laurent in Saint-Germain-des-Prés am linken Ufer der Seine – die eigenständige Boutique war geboren und die bisherigen Einkaufsgewohnheiten revolutioniert. In den 1980er- und 1990er- Jahren schlugen die Prêt-à-porter-Kollektionen von Topdesignern ein wie eine Bombe: Thierry Mugler, Claude Montana, Azzedine Alaïa, Sonia Rykiel und Martine Sitbon. Marithé und François Girbaud entwickelten neue Techniken wie die chemische und die lasertechnische Oberflächenbehandlung von Jeans und Freizeitkleidung. Jean-Paul Gaultier, seit 20 Jahren treibende Kraft in Sachen Innovation und junge Mode, bewies erst kürzlich wieder, dass er auch im Reich der Couture zu Hause ist. Seit den 1980er-Jahren, als Paris erstmals den Einfluss japanischer Modemacher spürte, mischen zunehmend internationale Labels auf den Modemessen mit. Französische Nachwuchsdesigner aus Paris wie Jerome L'Huillier, Olivier Theyskens, Gaspard Yurkievich, Lucien Pellat-Finet, Lutz und Jerome Dreyfuss präsentieren auf der Prêt-à-porter im Rahmen der »Atmosphäre«, die von der Chambre Syndicale veranstaltet wird. Während der Pariser Modewoche (zwölf Tage) besuchen manche Einkäufer und Journalisten bis zu zehn Schauen am Tag: In Bussen werden sie von früh bis spät von einer Veranstaltung zur nächsten gefahren. Es finden Dutzende von After-Show-Partys statt, und eine wachsame Presse behält die Hack- und Sitzordnung von Prominenten und Einkäufern im Blick. Obwohl ein offizieller Terminplan für Modenschauen existiert, präsentieren viele Designer, besonders die Avantgarde und die neuen Talente, **off-schedule** an ungewöhnlichen Locations, um ihr »Outsider«-Image zu wahren. Dies stürzt zwar den offiziellen Zeitplan in ein einziges Chaos, unterstreicht aber die Theatralik des Events.

In Paris ist der Standard hoch; viele Kollektionen sind Nebenlinien der Couture-Häuser oder stammen von Topdesignern. Im Gegensatz zur Haute Couture mit Schauen im Januar und Juli/August hat die Prêt-à-porter Konkurrenz durch Designerschauen in anderen Modestädten – London, Mailand und New York –, die etwa zur gleichen Zeit stattfinden. Zudem zeigt man Kollektionen und Accessoires der niedrigeren Preisklasse in einer Ausstellungshalle an der Porte de Versailles.

London

Die meisten Londoner Modedesign-Studios liegen nördlich der Oxford Street in der Great Portland und der Great Titchfield Street. Immer mehr junge Designer eröffnen ihre Studios und Ateliers aber auch in den alten Gewerbegebieten von Shoreditch und Hoxton in Londons East End. Der gute Ruf der britischen Webereien bei Anzugstoffen aus Baumwolle, Wolle und Kammgarn ist den heimischen Designern zugute gekommen. Leistungsfähigkeit und niedrigere Produktionskosten in Mitteleuropa und Fernost bedeuten aber weiterhin eine Bedrohung für die britische Textilindustrie. Die besser ausgerüsteten Fabriken dienen der Massenproduktion von Bekleidung für Ladenketten und nicht der Herstellung von Kleidung in geringen Stückzahlen für Designer. Anders als in Italien und Frankreich gibt es keine Handwerker oder kleinere Fabrikationsstätten für ihre Herstellung. Die Rezession Ende der 1980er-Jahre brachte den Handel mit Designermode zum Erliegen. Dank einer Finanzspritze der Regierung konnte sich der Export von hochwertiger Bekleidung wieder erholen und hat inzwischen ein Volumen von umgerechnet knapp 900 Mio. € erreicht.

Der britische Stil

Von jeher existiert ein Exportmarkt für klassische britische Strickmode, Regenmäntel und Überbekleidung mit hoch angesehenen Marken wie Jaeger, Aquascutum und Burberry. Liberty-Prints sind weltberühmt und Londoner sowie internationale Gäste auf der Suche nach Maßkleidung zieht es von jeher in Londons Savile Row.

In den 1980er Jahren förderte Prinzessin Diana die Topschneider und Couturiers und machte Namen wie Bellville Sassoon, Bruce Oldfield, Catherine Walker oder David und Elizabeth Emanuel bekannt, die ihr Hochzeitskleid entwarfen. Jasper Conran, Margaret Howell und Scott Henshall bewahren die klassischen Motive.

Auch für anarchistische und exzentrische Mode ist Großbritannien berühmt. Von den 1960er-Jahren mit Mary Quant und Biba bis in die Gegenwart mit Vivienne Westwood und Alexander McQueen haben britische Modeschöpfer äußerst erfolgreich junge Mode gemacht und Trends gesetzt. Wer Ideen sucht, blickt nach London. Chaotische junge Designer machten London zur »swinging« Modehauptstadt und stahlen den Franzosen in den 1960er-Jahren die Idee der Boutique. Die Streetfashion der 1970er wie Vivienne Westwoods Punk und »Buffalo Girls« sowie die lebhaften Entwürfe von Body Map, inspiriert von einer pulsierenden Musikszene, ließen das Feuer nicht erlöschen. John Galliano

Studienaufenthalte in Städten

Wie lassen sich in einer durch weltweiten Handel zunehmend homogenen Modewelt die einzigartigen Eigenschaften französischer, britischer und amerikanischer Mode erkennen? Worin unterscheiden sich belgische und japanische Schnitte? Wo können Sie Ihr Potenzial am besten entfalten? Wahrscheinlich werden Sie an der Hochschule Gelegenheit haben, in mindestens einer Modehauptstadt Ihre Ausbildung mit dem Studium der Gastkultur zu verbinden. In den wichtigsten Städten werden turnusmäßig Modewochen veranstaltet. Es besteht permanent Uneinigkeit, welche von ihnen die Saison eröffnen sollte, und Veranstalter, Schauplätze und Terminpläne driften immer weiter auseinander. Vermutlich ist das Internet die verlässlichste Quelle für einen sich ständig ändernden Veranstaltungskalender.

Die Modehauptstädte sind auf- und anregende Orte: Sie zu besuchen lohnt sich während der Modewochen ganz besonders. Im Wissen um die Prominenz in der Stadt machen Galerien und Geschäfte so gut sie können auf sich aufmerksam, und das Nachtleben blüht. Es ist wichtig, bei einem Studienaufenthalt den Zweck der Reise nicht aus den Augen zu verlieren. Nutzen Sie den Besuch für Recherchen, und stärken Sie in Läden oder auf Schauen Ihre Urteilskraft. Gelegentlich arrangieren Hochschulen Besuche in Fabriken und Studios oder auch in Museen, auf Messen und Events. Ihr Studentenausweis öffnet Ihnen so manche Tür, die der Öffentlichkeit versperrt bleibt – manchmal sogar zum Sondertarif. Gelegentlich müssen Sie sich auch als Profi ausgeben. Einige Organisationen reservieren der Öffentlichkeit einen Tag am Ende der Veranstaltung. Eine Garantie gibt es nicht, doch mit etwas Energie, Erfindungsgabe und Ausdauer gelingt es Ihnen für gewöhnlich, ein paar Schauen zu sehen. Jüngere Designer freuen sich über aufgeschlossene Zuschauer, und im Rahmen eines **Praktikums** findet sich vielleicht sogar eine Aufgabe hinter den Kulissen für Sie. Halten Sie ein paar einfache Visitenkarten bereit, falls Sie Kontakte knüpfen. Auch ein Skizzenbuch, ein Fotoapparat, ein Sprachführer, ein Adressbuch und ein guter Stadtplan dürfen nicht fehlen. Ziehen Sie gepflegte, modische Kleidung und bequeme Schuhe an, da Sie viel laufen und stehen werden. Machen Sie keine Fotos auf Schauen oder in Geschäften ohne ausdrückliche Genehmigung. Vergessen Sie nie, dass Modenschauen und Messen mit all ihrem Zauber und Unterhaltungswert einem ernst zu nehmenden geschäftlichen Zweck dienen. Ihr Auftreten sollte daher vom nötigen Respekt vor der Sache zeugen. Und mit etwas Glück werden Sie sogar zur After-Show-Party eingeladen.

und Alexander McQueen, die Enfants terribles Großbritanniens, überqueren den Kanal und wandelten sich von rebellischen Jungdesignern zu Herren der Couture-Häuser. Sie zeigten dem britischen Designernachwuchs, wie man reift und sein Talent nutzt. Stella McCartneys Spuren finden sich auch in Paris. Inzwischen existiert eine Generation konzeptioneller Rebellen: Hussein Chalayan, Shelley Fox, Jessica Ogden, Tristan Webber und Robert Carey-Williams. Zu den Konfektionsdesignern mit internationalem Ruf zählen: Nicole Farhi, Rifat Ozbek, Jasper Conran, Betty Jackson und Clements Ribeiro. International erfolgreich mit Herrenmode ist Paul Smith mit zwölf Shops in Großbritannien und 200 in Japan. Joe Casely-Hayford, Oswald Boateng und Charlie Allen hauchten dem klassischen Anzug neues Leben ein. Die Taktgeber in Sachen Topqualität und Design zu moderaten Preisen sind große Ladenketten wie Whistles, Jigsaw, Oasis und Warehouse. Ein Jahrhundert waren die Innenstädte geprägt durch das Massenfilialunternehmen Marks and Spencer, das einst ein Viertel der Einnahmen aus dem britischen Bekleidungshandel verbuchen konnte. Inzwischen sind Handelsgruppen wie Arcadia – im Besitz von Top Shop, Burtons Menswear, Dorothy Perkins und Miss Selfridge – in den Ring gestiegen.

Die vom British Fashion Council (BFC) veranstaltete London Fashion Week sorgt für einen reibungslosen Ablauf der Modenschauen, Messen und der British Fashion Awards. Außerdem dient sie der Talentsuche und fördert gemeinsam mit größeren Firmensponsoren weniger bekannte Designer durch Schauen und Wettbewerbe. Das im Jahr 1983 gegründete gemeinnützige Unternehmen hilft britischen Designern in die Startlöcher. Der BFC pflegt enge Kontakte zu den führenden Modedesignschulen Großbritanniens über sein Colleges-Forum, eine Schnittstelle zwischen Ausbildung und Praxis. Im Ausland anerkannt, schaffen es dennoch nur wenige britische Designer bis zum Propheten im eigenen Land. Weltweit besetzen Briten Top-Positionen in den Kreativbereichen Mode, Werbung, Fotografie, Printmedien und Design. Trotzdem sehen britische Unternehmen Kreativität als nicht relevant für die Steigerung ihrer Umsätze. Zwar versucht die Regierung seit einigen Jahren, das Gleichgewicht wiederherzustellen, doch wird die Modebranche in Frankreich, Italien und Amerika viel stärker vom Staat gefördert, und viele Absolventen britischer Modeschulen wandern nach Europa und Amerika ab. Immerhin sollen zahlreiche Initiativen und Modewettbewerbe für Start-ups – wie etwa der Fashion Fringe Award – das kreative Potenzial zum Bleiben bewegen.

New York
Im Staat und in der Stadt New York ist die Bekleidungsindustrie die führende Branche, in den Vereinigten Staaten liegt sie mit fast 200 Mrd. $ Umsatz zur Jahrtausendwende auf Platz vier. Dieser milliardenschwere Bereich ist mit mehr als 7.000 Bekleidungsherstellern der größte Arbeitgeber des Landes und bietet, aufgrund der Größe des heimischen Marktes und des Vertriebsnetzes, eine verwirrende Vielfalt an Produkten jeder Preislage. Dennoch sind die Zahlen, wie in Westeuropa, rückläufig, und Aufträge werden ins Ausland vergeben. Die Keimzelle der Branche liegt in der Lower East Side von Manhattan, wohin viele europäische Facharbeiter im ausgehenden 19. Jahrhundert auswanderten. Nähmaschine und Schnittmuster verwandelten bald die Kunst des Schneiders um die Ecke in ein industrielles Fertigungsverfahren. Bis zum Zweiten Weltkrieg und der Abnabelung der USA von Europa war die Bekleidungsindustrie der französischen Mode hörig. Amerikanische Angestellte, Modejournalisten und -zeichner wie auch wohlhabende modebewusste Frauen überquerten den Atlantik, um in Paris die Haute Couture zu sehen. Wegen der exorbitanten Transportkosten von Bekleidung war es Amerikanern

Gegenüber Der Hosenanzug wurde in den 1960er-Jahren durch Mary Quant in London berühmt. Die Nachfrage nach preisgünstiger, modischer Kleidung führte zu einer sprunghaften Zunahme an Boutiquen und unabhängigen Modegeschäften, 1967.

gestattet, die Schauen gegen eine Schutzgebühr zu besuchen und Musterstücke und Schnittmuster sowie das Recht auf Vervielfältigung zu kaufen. Von daher litten die USA stets darunter, dass es der eigenen Mode angeblich an Ursprünglichkeit fehle.

Der amerikanische Stil

Von Anfang 1930 bis in die 1950er Jahre bestand großes Interesse an von Pariser Modellen inspirierter Mode aus New York. Ein reger Handel mit Versandware, Schnittmustern und Modemagazinen war die Folge. An der Westküste entwickelten sich dank Hollywood ein »All American Style« und eine anhaltende Vorliebe für einen bestimmten Typ hoch gewachsener, schlanker Schönheit und Eleganz. Kino und Preisverleihungen blieben wichtige Informationsquellen für Modetrends.

Als im Zweiten Weltkrieg der Kontakt zu Paris abbrach, brauchte die Bekleidungsbranche eine neue Strategie: Man besann sich auf die eigene Kreativität. Einige talentierte Designer, Schneider und Hersteller flohen aus Europa ins Exil nach Amerika, wo sie bei den besseren Adressen in den modehungrigen Metropolen New York und Hollywood Arbeit fanden. Die größten Innovationen erlebte der Massenmarkt, speziell die Sparte Berufskleidung für Frauen. Die heimische Baumwollindustrie und eine Vorliebe für Berufs- und Sportbekleidung verbündeten sich und schufen einen lässigen, ausgefeilten Bekleidungsstil, der sich zum dauerhaftesten Beitrag Amerikas zur Modewelt entwickelte. Die Vorrangstellung im neuen Reich der Sport- und Freizeitmode beruht auf amerikanischer Technik, auf neu entwickelten Fasern und Geweben und günstigen Massenproduktionsverfahren. Dies war ein unverbrauchter und wirklich ureigener Stil – und er passte zum Zeitgeist.

Bei Kriegsende wurden die internationalen Kontakte wiederbelebt, doch die Amerikanerinnen verspürten wenig Drang, sich von Paris und Monsieur Dior voluminöse Röcke und geschnürte Taillen diktieren zu lassen. Sie waren bereit für Neues, und amerikanische Modemacher wie Claire McCardell und Bonnie Cashin lieferten eine garantiert selbst gemachte, angenehm zu tragende Mode für diese neue Ära. In den 1960ern bekam Amerika mit Jacqueline Kennedy, der Frau von Präsident John F. Kennedy, die ideale Botschafterin des modernen amerikanischen Stils. Sie trug Kreationen von Oleg Cassini und förderte die Entwürfe von Mainbocher und Norman Norell, dessen Pioniergeist zum Vorbild wurde für Halston, Ralph Lauren, Calvin Klein, Perry Ellis, Liz Claiborne und Donna Karan. Auch Herrenmode befand sich im Aufwind, und der smarte, lässige Look, den die Modelinie »Polo« von Ralph Lauren verkörperte, war in Europa sehr beliebt.

Trotz eines blühenden amerikanischen Marktes war Mode bis in die 1980er Jahre ein hauptsächlich eurozentrisches Phänomen. Bei der Abendgarderobe und Mode für besondere Anlässe fehlte der Branche der Mut, die europäische Konkurrenz herauszufordern. Bis zur Jahrtausendwende ignorierte Paris die Gefahr, die von amerikanischen Modeschöpfern wie Oscar de la Renta, Geoffrey Beene und Halston ausging. Doch die Kollektionen und Zweitlinien von Donna Karan und Calvin Klein werden nicht nur von bekannten Persönlichkeiten unterstützt, sondern erzielen beachtliche Umsätze und sind die eindeutige Wahl der weltoffenen High Society des neuen Millenniums. Auch Marc Jacobs und Richard Tyler gewinnen weiter an Format. Weitere amerikanische Designer wie Tom Ford und Michael Kors werden von der europäischen Couture und Konfektionsunternehmen umworben, während die Europäer Helmut Lang, Max Azria und Catharine Malandrino Geschäfte in den USA eröffneten, wo sie ein aufgeschlossener Markt erwartete. Die weltweite Nachfrage nach amerikanischer Sportmode und Jeans ist weiterhin groß. Läden wie Gap, Esprit und Tommy Hilfiger gelang es in den 1990ern, in das europäische Kartell für Freizeitmode und Streetwear einzubrechen. Marken wie Nike und Timberland liefern dem Großstadtkrieger das nötige Schuhwerk. In Europa weniger bekannt sind Designer, deren Entwürfe sich an Jugend-, Trend- oder Rock-and-Roll-Kultur orientieren, wie Patricia Field, Norma Kamali, Betsy Johnson, Anna Sui, Zac Posen und Jeremy Scott. Amerikanische Avantgarde-Labels machen erste Gehversuche auf dem Laufsteg: Imitation of Christ, AsFour und Carlos Miele. In den Einkaufszentren dominieren Target, The Limited, J. Crew, Gap und dessen Spin-offs Old Navy und Banana Republic. Marktführer im Discount-Bereich sind Wal-Mart, TJMaxx und Daffy's.

Die Bekleidungsindustrie von New York konzentriert sich immer noch auf ein kleines Areal. Die Showrooms und Büros der Hersteller liegen am Broadway sowie zwischen der Seventh und der Ninth Avenue auf Höhe der 27. und der 42. Straße. Die Seventh Avenue wird sogar »Fashion Avenue« genannt. Viele der angesehensten Unternehmen haben ihren Sitz in einem einzigen Gebäude – 550 Seventh Avenue – und benutzen den gleichen Aufzug. Eine Designerin erzählte, sie hätte im selben Büro an drei unterschiedlichen Projekten für verschiedene Firmen gearbeitet. Diese Nähe nährt sowohl Klüngelei als auch die Gerüchteküche. Wegen der hohen New Yorker Immobilienpreise geht die Massenfertigung zugunsten einer steigenden Zahl kleinerer Sonderanfertigungen zurück. Auch in Los Angeles, Chicago und den Staaten des (Mittleren) Südens, wo die Kosten nicht so hoch sind, gibt es umfangreiche Produktionsflächen. Die Vereinigten Staaten lagern den größten Teil ihrer Bekleidungsfertigung nach Mexiko, Südamerika, Korea, Taiwan, Indonesien, China und in Karibikstaaten aus.

Der für die New Yorker Kollektionen zuständige Dachverband ist der Council of Fashion Designers of America (CFDA), ein gemeinnütziger Verband von über 250 namhaften Mode- und Accessoire-Designern. Seine Gründung erfolgte 1962 durch ein Gremium von Mode-Koryphäen wie Bill Blass, Norman Norell, Rudi Gernreich und Arnold Scaasi. Die Aufnahme erfolgt nur auf Einladung. Sie beschränkt sich auf wichtige Modehäuser mit einer Hauptgeschäftsadresse in den USA und mindestens dreijähriger Handelstätigkeit. Der CFDA leitet die jährliche Verleihung des begehrten CFDA Fashion Award für Damen- und Herrenmode, Accessoires, Verlage, Einzelhandel, Fotografie und Unterhaltung sowie den Perry Ellis Award für junge Talente. Er betreut Ausbildungsinitiativen und Existenzgründungen mit Mitteln aus dem CFDA/Vogue Fashion Fund für Stipendien, Firmenförderung und Programme der beruflichen Weiterbildung.

In New York werden anstelle zweier Modewochen fünf »Messewochen« für verschiedene Marktsektoren abgehalten. Die wichtigsten sind die International Boutique Show, Premier Collections, Styleworks, Intermezzo und Seventh on Sixth. Für Herrenmode sind dies Exclusive, Eurostyle und Mode Coast. Obwohl Designer Modenschauen lieben und jedes Promi-Event begründen können, werden die eigentlichen Geschäfte lange vorher in der Seventh Avenue oder auf so genannten **Trunk-Shows** gemacht. Diese Methode, den Vertrieb im oberen Segment des Modemarktes über einen Handelsvertreter mit Musterkleidern abzuwickeln, gibt es praktisch nur in Amerika.

Mailand
Italien hatte viel stärker unter den Folgen des Zweiten Weltkriegs zu leiden als Frankreich und brauchte, trotz finanzieller Hilfe aus den USA, relativ lange, um sich zu erholen. Inzwischen hat sich jedoch dank des großen handwerklichen Geschicks eine Bekleidungsindustrie von beachtlicher Leistungsfähigkeit entwickelt. Mode ist Italiens zweitgrößter

Industriezweig nach der Lebensmittelproduktion, und das Land ist der weltgrößte Exporteur von Textilien und Bekleidung. Es ist die Nummer eins bei Schuhen, Leder und Strickwaren und besonders bekannt für seine Herrenkonfektionsanzüge (*moda pronta*). Produktionsstätten gibt es überall in Italien, doch das Herz der Branche schlägt in Mailand, wo die Seidenindustrie von Como und die Wolle verarbeitenden Betriebe von Piemont nicht weit sind. Die italienische Textilindustrie ist ein spannender, moderner Geschäftszweig – offen für Modemacher aus aller Welt. Aus Florenz, Prato und Bologna kommt Strickmode. Mailand ist auch eines der Nervenzentren für Verlage von Modemagazinen, und viele Modelagenturen haben hier ihre Firmenzentrale. Italiener geben einen großen Teil ihres verfügbaren Einkommens für Kleidung aus, und sie erwarten Qualität. Italien hat weniger Bekleidungslinien im mittleren Segment als andere Länder.

Der italienische Stil

Italienisches Design ist dafür bekannt, feinere Farben und Gewebe zu verwenden als die französische Mode und zudem weichere und schwerere Wollgarne. Designer für Abendgarderobe verarbeiten bevorzugt Jersey und geschmeidige Stoffe. Der Modemacher Giorgio Armani entwarf einen unstrukturierten Anzug für Männer und Frauen, der Tragekomfort mit lässiger Eleganz vereint. Sein Look ist besonders in den USA beliebt, wo sich auch die preisgünstigeren Zweitlinien von Armani gut verkaufen. Zu den bedeutenden italienischen Luxus-Modehäusern zählen: Armani, Versace, Byblos, Gianfranco Ferre, Fendi, Dolce & Gabbana und Missoni. Traditionsreiche Labels, die für hohe Qualität stehen, wie Pucci, Gucci, Prada und Salvatore Ferragamo, haben sich vor kurzem verjüngt und sind heute treibende Kräfte auf den Weltmärkten für Accessoires und Mode. Designer-Sportswear wie Stone Island, Blumarine, Sisley, Emporio Armani und MaxMara bietet hervorragende Qualität, und Klassiker werden immer wieder mit neuen Details aufgerüstet. Großunternehmen wie Benetton liefern Farben und eine große Auswahl zu günstigen Preisen.

Mailands Modemesse »Milanovendemoda« findet auf der Fiera di Milano am Stadtrand von Mailand statt. Der italienische Dachverband Camera Nazionale della Moda Italiana baut im Viertel Garibaldi gerade das neue Modezentrum »Città della Moda e del Design«, zu Deutsch Mode- und Designstadt. Das Investitionsvolumen beträgt über 400 Mio. €. Dort werden eine Messe, ein Präsentationszentrum, ein Modemuseum mit den Designern, die seit den 1950er-Jahren zur »Made in Italy«-Revolution beitrugen, und eine Modeakademie untergebracht. In Mailand wird Mode sehr ernst genommen. Es gibt weniger Labels von Avantgarde- oder Straßenmode als in anderen Modezentren. Die Italiener sind jedoch sehr empfänglich für die Entwürfe der Briten und Japaner und beschäftigen viele junge Designer in ihren Werkstätten.

Tokio

In den 1980er-Jahren betraten urplötzlich japanische Modeschöpfer die internationalen Laufstege und brachen eine Revolution vom Zaun. Ihre Ästhetik war anders als alles, was bis dahin üblich gewesen war: anspruchsvoll, kompromisslos und avantgardistisch; lose, lang gezogene, plastische Formen mit wenig Bezug zum Körper, dunkle Farben, ungesäumte Kanten, rein schwarze Kollektionen, Risse und Löcher, die an Punk-Mode erinnerten, und ungewöhnliche, sehr sachliche und innovative Gewebe. Manche Modekritiker sahen in den Kreationen von Issey Miyake, Rei Kawakubo für Comme des Garcons und Yohji Yamamoto das hässliche Antlitz einer Stadtstreicherin. Andere dagegen rühmten sie als tragbare Kunst und schwärmten von der intellektuellen und konzeptionellen

Ausstrahlung ihres Trägers. Zwar verkaufte sich der Look auf dem amerikanischen Markt nicht gut, dennoch erfreut er sich einer treuen Anhängerschaft und beeinflusste viele nachfolgende Design-Generationen, namentlich die belgische Schule. Japanische Designer befreiten die Mode von westlicher Schnittkultur und dem Zwang, alles »ordentlich« zu verarbeiten. Mittlerweile haben sie sich auf die europäischen Modemärkte zubewegt: Ohne den eigenen visionären Ansatz zu gefährden, entwickelten sie Kollektionen in weicheren Farben und **Zweitlinien**, wie Issey Miyakes »Pleats Please«, die dem Körper mehr schmeicheln. Inzwischen präsentieren bekannte japanische Modeschöpfer in Paris Prêt-à-porter-Kollektionen. Sie beschäftigen viele Mitarbeiter und unterhalten Showrooms in der City (Modeleute fliegen nur ungern jede Saison nach Tokio und zurück). Dennoch ist Tokio für die Japaner die fünfte Modehauptstadt auf der Weltkarte. Aufgrund der Schwäche des Yen geriet der Modemarkt in Japan unlängst unter finanziellen Druck. Statt westliche Mode zu importieren, finanzieren viele große japanische Unternehmen weiterhin Avantgarde und aufstrebende Mode- und Lifestyle-Linien und schließen weltweite Lizenzvereinbarungen für Markenprodukte ab.

Antwerpen

Anfang der 1990er-Jahre etablierte sich bei den Pariser Prêt-à-porter-Schauen eine neue Generation von Designern wie Dirk Bikkembergs, Ann Demeulemeester, Dries van Noten, Walter Van Beirendonck und Martin Margiela, die alle Studenten der Königlichen Akademie der Schönen Künste in Antwerpen 1981 ihr Diplom gemacht hatten. Zunächst waren sie als »Groupe des Six« mit einer gemeinsamen Modenschau in London aufgefallen. Nach dem »Stil der Japaner« wurde von nun an von dem »der Belgier« gesprochen, gleichwohl jeder individuelle Wege in seinem Design verfolgte. Demeulemeester schockierte mit ihrer Mode des Trostlosen: Schwarze Charmeuse-Unterkleider hingen an bleich geschminkten Models mit strähnigen Haaren herab, dazu abgerissene Säume, eingebügelte Falten, triste Farben. Demeulemeester wollte weg vom altmodischen Sexylook und Weiblichkeit nicht bis zur Karikatur übertreiben. Martin Margiela recycelte alte Mode, zertrennte, färbte um, drehte um, kehrte Nähte und Reißverschlüsse nach außen. Er zeigte damit den Ursprung und die Künstlichkeit der Kunst des Schneiderns, die Seele bzw. Seelenlosigkeit der Mode.

Mit dem groß angelegten Ausstellungsevent »landed gelanded« 2001, organisiert von Walter Van Beirendonck, und der folgenden Eröffnung eines Modezentrums und -museums, dem Mode Natie, wurde Antwerpen Mittelpunkt der Mode-Avantgarde.

Andere Modestädte

In zahlreichen europäischen und amerikanischen Städten finden Modewochen statt, doch wie Tokio gehören sie nicht zum eigentlichen Modekalender der Presseleute und Einkäufer. In Spanien wuchsen international anerkannte Modehäuser heran – hauptsächlich in Barcelona. Wie die den Innenstadtbereich prägende Architektur Gaudís ist auch die Mode spielerisch und ernst, farbenfroh und organisch zugleich. Zweimal im Jahr findet in Barcelona die Modemesse »Gaudí Mujer« statt. Zu den Labels von Rang und Namen zählen: Tony Miro, Adolfo Dominguez, Loewe, Josep Font, Victorio & Lucchino und die junge Modelinie Custo Barcelona.

In Deutschland wird Düsseldorf wegen der dort stattfindenden größten Modemesse der Welt – der CPD – »die Modehauptstadt Deutschlands« genannt. Daneben zieht Berlin besonders Jungdesigner an.

Gut etablierte Produktionszentren wie Hongkong und Taiwan in Fernost haben Design in ihren Leistungskatalog integriert und halten eigene Modewochen ab, speziell für

Beispiele für weltweit tätige Vertikalanbieter
Pierre Cardin hat Lizenzen an Hersteller in über 90 Staaten vergeben.

Benetton betreibt mehr als 7.000 Läden in über 100 Ländern. Er musste jedoch Hunderte von Shops in den USA schließen, als die Gewinne wegen der »abstoßenden Werbung« zurückgingen.

Der schwedische **Vertikalanbieter** Hennes & Mauritz eröffnete im Herbst 2000 in New York und war innerhalb von Stunden ausverkauft. Bis 2005 sollten 100 weitere Läden folgen.

Der britische Designer John Galliano ist Creativ Director des Pariser Modehauses Dior. Alexander McQueen arbeitete für Romeo Gigli (Italien) und Koji Tatsuno (Japan) sowie für den französischen Parfumhersteller Givenchy, bevor er unter dem Dach der Gucci-Gruppe seine eigene Marke herausbrachte. Kenzo, Fendi, Donna Karan und Céline von Michael Kors (USA) – sie alle gehören zum französischen Luxusgüterkonzern LVMH (Louis Vuitton Moët Hennessy).

Die italienischen Textilhersteller von Gruppo GFT, teilweise im Besitz des Gruppo Tessile Miroglio SpA, haben Fertigungsstätten in Europa, Nordafrika und Ägypten und fertigen u.a. für Ralph Lauren, Calvin Klein und Dior.

Der US-Handelsgigant Wal-Mart hat den europäischen Markt erobert und ASDA in Großbritannien übernommen.

Die japanische Firma Takihyo (Eigentum der Anne Klein Inc.) finanzierte den Start von Donna Karans Marke. Das britische Label Aquascutum ist im Besitz des japanischen Unternehmens Renown. Der japanische Strickwarenhersteller Onward Kashiyama fertigt in Japan Kleidung der Marken Luciano Soprani (Italien), Calvin Klein (USA), Jean-Paul Gaultier (Frankreich) und Paul Smith (Großbritannien).

Der niederländisch-britische Konzern Unilever ist Eigentümer der Labels Calvin Klein, Karl Lagerfeld und Chloé (Parfum).

Die amerikanische Friseurkette Vidal Sassoon, die mit dem Haarschnitt von Mary Quant 1960 Weltruhm erlangte, war über ein Jahrzehnt hinweg Sponsor der London Fashion Week.

Modekalender

Monat	Veranstaltungen	Zeitplan für Designer
Januar	Mailand – Herrenkollektionen Herbst/Winter Paris – Damen-Couture-Kollektionen Frühjahr/Sommer, Herrenkollektionen Herbst/Winter Düsseldorf – CDP, die weltweit größte Modemesse Berlin – B-in-Berlin, Bread and Butter und Premium, Modemessen	Produktionsschluss Frühjahr/Sommer für Auslieferung Ende Januar. Herstellung Abschlussmuster Herbst/Winter; Produktionsplanung
Februar	New York – Herrenkollektionen Herbst/Winter Madrid – Herren- und Damenkollektionen Herbst/Winter Florenz – Pitti Filati, Garnmesse für Strickwaren Paris – Première Vision, Stoffmesse Frankfurt – Interstoff, Stoffmesse	Stoffauswahl für Frühjahr/Sommer, Beginn der Entwürfe des Folgejahres. Ausarbeitung der Vorschau Herbst/Winter für die Kundenkollektion
März	Mailand – Damen-Designerkollektionen und Moda-Pronta-Ausstellung Herbst/Winter London – Damen-Designerkollektionen und Ready-to-Wear-Ausstellung Herbst/Winter Paris – Damen-Designerkollektionen und Prêt-à-porter-Ausstellung Herbst/Winter New York – Messewoche für Damenmode, Auslieferung Herbst 1	Auslieferung letzter Frühjahr/Sommer-Bestellungen, Annahme neuer Herbst/Winter-Bestellungen – Verhandlungen mit Käufern und Presse; Recherche, Analyse von Verkaufsrückmeldungen etc.
April		Anfertigung erster Muster Frühjahr/Sommer
Mai	Zwischensaison-Shows – schnelle Auslieferung mittlere Marktebene New York – Messewoche für Damenmode, Auslieferung Herbst 2	Musteranfertigung Frühjahr/Sommer-Kollektionen. Produktion Herbst/Winter-Kollektion
Juni	London – Graduate Fashion Week; Abschlusspräsentationen der Studierenden; Unternehmen stellen neue Mitarbeiter ein	Anfertigung von Mustern Frühjahr/Sommer-Kollektionen. Produktion Herbst/Winter-Kollektion
Juli	Mailand – Herrenkollektionen Frühjahr/Sommer Paris – Damen-Couture-Kollektionen Herbst/Winter Paris – Herrenkollektionen für Frühjahr/Sommer Florenz – Pitti Filati, Garnmesse für Strickwaren Düsseldorf – CDP, die weltweit größte Modemesse Berlin – B-in-Berlin, Bread and Butter und Premium, Modemessen	Anfertigung Abschlussmuster Frühjahr/Sommer-Kollektion. Produktion Herbst/Winter-Kollektion
August	New York – Herrenkollektionen Frühjahr/Sommer Europa – Textilfabriken schließen für einen Monat	Produktion der Herbst/Winter-Kollektion. Produktionsplanung Frühjahr/Sommer-Kollektion
September	Mailand – Damenkollektionen Frühjahr/Sommer Madrid – Herren- und Damenkollektionen Frühjahr/Sommer Paris – Première Vision, Stoffmesse	Auslieferung Herbst/Winter-Kollektion. Stoffauswahl für nächsten Herbst/Winter – erste Entwürfe. Ausarbeitung der Frühjahr/Sommer-Vorschau
Oktober	London – Designerkollektionen Frühjahr/Sommer Paris – Designerkollektionen Frühjahr/Sommer New York – Messe für Damenmode Frühjahr/Sommer Zwischensaison-Shows – schnelle Auslieferung mittlere Marktebene	Auslieferung letzter Herbst/Winter-Bestellungen, Annahme neuer Frühjahr/Sommer-Bestellungen – Verhandlungen mit Käufern und Presse; Recherche. Produktion Frühjahr/Sommer-Kollektion
November		Auslieferung der Urlaubs- und Cocktailmode. Entwürfe für Herbst/Winter. Produktion der Frühjahr/Sommer-Kollektion
Dezember	Paris – Expofil Exhibition, neue Farbtrends und Garne	Auslieferung Kreuzfahrt- und Wintersportmode. Musteranfertigung für Herbst/Winter. Produktion Frühjahr/Sommer-Kollektion

Pazifikanrainerstaaten. Nach der Börsenkrise in Asien im Jahr 1998 befindet sich die chinesische Wirtschaft jetzt im Aufwind und wächst kräftig: Gefragt sind westliche Marken. Australien, das immer unter der Umkehr der Jahreszeiten gelitten hat, ist mittlerweile unabhängig und richtet seine eigene Modewoche aus, die stark von der heimischen Wollindustrie gestützt wird. Manche Gegenden Afrikas, Südamerikas und Osteuropas wären auf einer Landkarte der Mode nach wie vor nicht verzeichnet. Heute gleicht die Welt der Mode dem Turmbau zu Babel: Die Tage, an denen wir Paris huldigen, sind gezählt.

Zeit und Zeitplanung

Ein weiterer Kontextfaktor ist in der Mode von größter Bedeutung: die Zeit. Mode hat ein eingebautes Verfallsdatum. Kleidung muss der Saison, verschiedenen Anlässen oder Tageszeiten angemessen sein. Der ehemals übliche formelle Stil am Arbeitsplatz und bei

Beispiele für Modeextreme: Gypsy Tops, Hotpants, Bondage Hosen, Baggy Pants, Ballonröcke, Strickkrawatten, Clogs, Piercings, Gürteltaschen, Anglerhüte, über Hosen zu tragende Röcke, fluoreszierende Farben

Beispiele für Klassiker: blauer Blazer, Safari-Jacke, Trenchcoat, Poloshirt, Slipper, Ballerinas, Kaschmir-Twinsets, Bundfaltenhosen, Socken mit Argyle-Muster, T-Shirts und Sweatshirts, Levi's 501-Jeans; Schwarz, Marineblau, Camel und Cream

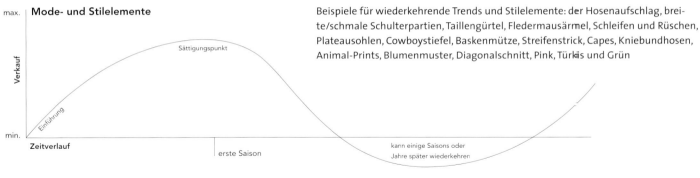

Beispiele für wiederkehrende Trends und Stilelemente: der Hosenaufschlag, breite/schmale Schulterpartien, Taillengürtel, Fledermausärmel, Schleifen und Rüschen, Plateausohlen, Cowboystiefel, Baskenmütze, Streifenstrick, Capes, Kniebundhosen, Animal-Prints, Blumenmuster, Diagonalschnitt, Pink, Türkis und Grün

bestimmten Anlässen ist mittlerweile zwar hinfällig, doch rechnen die meisten von uns damit, z.B. im August in die Ferien zu fahren oder im Dezember Partys zu besuchen. Zudem ist Kleidung oft anfällig für Abnutzungserscheinungen. Sie muss gewaschen, geändert und ersetzt werden. Waschen, Bügeln und Ausbessern sind jedoch nur für bestimmte Zeit möglich. Wie akzeptabel abgetragene Kleidung ist, hängt von Alter und Status des Trägers ab. Der Handel profitiert von dieser Vergänglichkeit der Kleidung; ein ungeschriebenes Gesetz besagt, wir sollten unsere Garderobe zumindest teilweise in jedem Frühjahr und Herbst erneuern.

Um der Nachfrage gerecht zu werden und die Verwaltung der Warenbestände sowie die Buchhaltung effizient zu gestalten, kalkulierten Geschäfte üblicherweise mit zwei Saisons pro Jahr: Frühjahr/Sommer und Herbst/Winter. Auf beide Saisons folgte ein Schlussverkauf, um die Lager schnell zu räumen, die finanziellen Auslagen einzubringen und so über die erforderlichen Mittel für die nächste Zahlungsrunde an Lieferanten zu verfügen. Designer der gehobenen Marktebene lieferten ihre neuen Kollektionen im Januar und August an die Geschäfte und **Boutiquen**. Im November erfolgte oft noch eine zusätzliche Lieferung von Abendgarderobe für die Partysaison im Winter. Der Terminkalender der Modebranche orientierte sich an diesem Modell (s.S. 48).

Angesichts der zunehmenden Komplexität der Welt kann jedoch nicht mehr länger von einem echten »Modejahr« gesprochen werden. Während sich die meisten Modegeschäfte der gehobenen Klasse nach dem traditionellen Kalender richten, arbeiten die großen Ketten, die keine Kollektionen, sondern einzelne bzw. aufeinander abgestimmte Stücke anbieten, mit einem engeren Produktionszyklus, bei dem vom Hersteller oder von **Private-Label**-Lieferanten alle sechs bis acht Wochen neue Ware angeliefert wird. Auch überschneiden sich die Saisons in der Praxis, und manche Artikel wie Wintermäntel oder Badeanzüge werden in jedem Jahr angeboten. Viele Unternehmen wie Armani und Gap wiederholen beliebte Stilrichtungen Jahr für Jahr. Jede Modefirma hat also ihren individuellen **Modezyklus**; Kollektionen, Verkaufsperioden, Produktions- und Auslieferungszyklen werden nach der saisonalen Nachfrage und den Schwankungen in der Beliebtheit bestimmter Designs ausgerichtet. Dieser Modezyklus ist ein komplexes Ineinandergreifen von Textil- und Modebranche.

Terminkalender für Modenschauen

Mode ist ein riesiges kommerzielles Unternehmen. Daher sind Zeitplanung und Auslieferung für den erfolgreichen Absatz einer Kollektion von größter Bedeutung. Die vier Zentren des Modedesigns – Paris, London, Mailand und New York – wetteifern um Käufer und kämpfen um Termine im internationalen Kalender für Modenschauen.

Der sich zweimal im Jahr wiederholende Turnus von Modenschauen für Konfektionskleidung erstreckt sich über vier Wochen und wandert von London nach Mailand, Paris und schließlich New York. Der Turnus für die Kollektion Frühjahr/Sommer beginnt normalerweise in der zweiten Septemberwoche, nachdem die Herbst/Winter-Kollektionen, die im vorangegangenen März gezeigt wurden, an die Geschäfte ausgeliefert sind. Um die Dinge noch weiter zu komplizieren, verläuft der Kalender für Herrenmode normalerweise acht Wochen vor diesem Zeitplan. Da Designer wie Paul Smith, Yohji Yamamoto und Helmut Lang jedoch sowohl Herren- als auch Damenmode produzieren, können sie ihre Schauen leichter aufeinander abstimmen. Da die traditionellen Termine auf der Prämisse beruhen, Trends hätten ihren Ursprung in Europa, beginnen amerikanische Modehäuser und Einkäufer zudem, diesen Status quo immer mehr in Frage zu stellen.

Der Kampf um Zeit und Platz auf den Runways der Modewoche ist sehr hart. Wer seine Waren zuerst präsentiert, kann auch die Produktion als Erster planen und gewinnt einen Vorteil durch die frühzeitige Auslieferung an die Geschäfte. Pünktlich zum Termin der Schauen zwei oder mehr Kollektionen pro Jahr zu produzieren, ist harte Arbeit für den Modedesigner. Die Modelle müssen sich in Farbe und Fabrikation deutlich von jenen der letzten Saison unterscheiden und dennoch eine gewisse Kontinuität in der **Handschrift** erkennen lassen. Neue Ideen und Trends müssen eingeführt werden, um Kunden anzulocken und die Presse zu begeistern.

Zudem werden die Schauen immer mehr zu öffentlich zugänglichen Events mit Unterhaltungswert. Die London Fashion Week beispielsweise hat ihren Zeitplan erweitert, um Galavorstellungen der »Highlights« anzubieten, für die Eintrittskarten erworben werden können.

»*Wenn die Waren der Designer in den Schaufenstern ihrer Boutiquen erscheinen, sind sie schon von den großen Modeketten kopiert.*« CMT-Hersteller Tim Williams

Kultureller Zusammenhang

Das Wissen, was zu entwerfen ist und wie es innerhalb des zeitlichen Zyklus präsentiert wird, ist keine Zauberei oder reine Intuition, sondern eine Frage von sorgfältiger Recherche und Planung, Experimenten, Inspirationen und einem Gespür für kulturelle Trends.

Die Entstehung von Modetrends

Der ständige Fortschritt in der Kommunikationstechnik ermöglicht es uns heute, Ideen und Bilder in Sekunden um den ganzen Globus zu schicken. Häufig ist kaum nachzuvollziehen, woher ein Stil kam, da Silhouette oder Schnitt in vielen Variationen, gleichzeitig an verschiedenen Orten entwickelt, vorliegen können. Informationen über Modeströmungen benutzen viele unterschiedliche Kanäle. Modejournale und das Fernsehen verbreiten eine Idee oder einen Look in der breiten Masse. Aber es gibt auch subtilere und doch wirkungsvolle Wege der Beeinflussung, etwa über das Outfit von Fernsehstars oder durch Mund-zu-Mund- und Mund-zu-Maus-Propaganda (Internet) von Freunden und Kollegen. Der Stil einer Band oder eines Prominenten kann Teil einer Gruppenkultur werden, die nichts mit dem Urheber gemein hat. Heute hat Mode weniger damit zu tun, die Kleidung Wohlhabender oder das Original vom Laufsteg zu imitieren, als dies im letzten Jahrhundert der Fall war (»Trickle-down«-Effekt, engl. für »durchsickern«). Vielmehr werden Verbraucherwünsche durch eine Art kulturelle Dynamik ausgelöst. So sind Emanzipation und die Einkommen von Frauen oder das Sozialverhalten von Teenagern im Hip-Hop-Stil der Straße treibende Kräfte für Veränderungen (»Bubble-up«-Effekt, engl. für »aufsteigen«). Eine Zunahme der Marktvielfalt und der Anzahl sozioökonomischer Gruppen und »Style Tribes« bedeutet, dass eine größere Zahl von Stilrichtungen koexistieren und zu verschiedenen Anlässen getragen werden. Der Einzelne kleidet sich einfallsreicher.

Eine stärkere Fragmentierung und Internationalisierung erschweren Prognosen, was oder wer Erfolg haben wird. Trendanalysten geben solchen Gruppen gern Namen wie Ladettes, DINKYs, Silver Surfers, Tweens etc. Der »Look« ergibt sich aus der Lebensweise. Trends werden mit unterschiedlichem Tempo aufgegriffen, je nach Persönlichkeit und Lifestyle. So wurden Begriffe geprägt wie Early Adopters, Sneezers (die eine Mode verbreiten), Laggards usw. In seinem Buch *The Tipping Point* schildert Malcolm Gladwell, wie und warum bizarre Trends durch soziale Interaktion zum Mainstream werden.

»Trickle-down«-Effekt

Exklusive Hochkultur; Film- und Popstars

Das Umfeld, Frühadopter

Zeitschriften- und Zeitungsleser, Unabhängige Läden – erste Kopien

Mittleres Marktsegment – Waren in großen Ladenketten erhältlich

Allgemeinheit und Subkultur – Waren überall erhältlich

Verbreitung in der Bevölkerung

Teure Versionen erscheinen in exklusiven Geschäften

Modeliebhaber verlangen nach Spezialversionen

Trend wird von Zeitschriften, Zeitungen und TV aufgegriffen

Mittleres Marktsegment gibt dem Trend einen Namen

Streetfashion und Subkultur

»Bubble-up«-Effekt

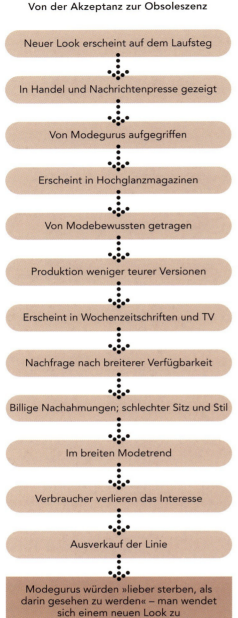

Von der Akzeptanz zur Obsoleszenz

- Neuer Look erscheint auf dem Laufsteg
- In Handel und Nachrichtenpresse gezeigt
- Von Modegurus aufgegriffen
- Erscheint in Hochglanzmagazinen
- Von Modebewussten getragen
- Produktion weniger teurer Versionen
- Erscheint in Wochenzeitschriften und TV
- Nachfrage nach breiterer Verfügbarkeit
- Billige Nachahmungen; schlechter Sitz und Stil
- Im breiten Modetrend
- Verbraucher verlieren das Interesse
- Ausverkauf der Linie
- Modegurus würden »lieber sterben, als darin gesehen zu werden« – man wendet sich einem neuen Look zu

Die traditionellen Verfahren der Analyse und Vorbereitung auf den Stil der kommenden Saison verlieren an Wirksamkeit, und viele Modekritiker beklagen, dass die Erklärungen von Analysten derart wichtig genommen werden, dass der Markt farblos und eintönig wird. Unbeantwortet bleibt, ob die Öffentlichkeit weiterhin verblüfft und schockiert auf neue und radikale Laufstegmode reagiert. Einige Designer sind der Meinung, das Publikum erwarte derartige Vorstellungen, und fürchten, ihre Zuschauer zu enttäuschen. Viele meinen, dass solche Entwürfe früher oder später in der City oder im Einkaufszentrum in abgeschwächter Form wieder auftauchen. Tatsächlich aber ist das nur bei sehr wenigen der Fall. Die meisten Entwürfe sind mutige Designexperimente, die die Aufmerksamkeit der Presse erregen, den Status quo anzweifeln und ein herrliches Bild abgeben sollen. Selbst die Stars unter den Modeschöpfern modifizieren und rationalisieren die zentralen Linien, Farben und Botschaften ihrer Kollektionen, um sie in abgemilderter Form verkaufen zu können. Ein paar Außenseiter versammeln einen kleinen Trupp ergebener Anhänger und Sammler um sich. Modejournale und Branchenkenner sieben die Entwürfe aus, interpretieren sie und verbreiten eine schwindende Zahl – wenig bleibt hängen. Am Ende entscheidet immer noch der Verbraucher, was in die Zeit passt.

Modeprognosen

Analysten und Marktforschungsspezialisten bieten den Herstellern Modeprognosen gegen Bezahlung an. Sie liefern Finanzdienstleistungen und erstellen bebilderte Berichte. Ihre Vorhersagen beruhen auf umfangreichen statistischen Erhebungen zur Beliebtheit von Stoffen, Farben, Details und sonstigen Eigenschaften. Einige Marktforschungsgesellschaften beschäftigen Trendforscher oder »Trendscouts« mit einem feinen Gespür für Strömungen und die dazu passenden Produkte. Darüber hinaus erstellen sie Styleguides für aktuelle und kommende Stilrichtungen mit Prognosen und Empfehlungen für die nächste Saison. Die größten dieser Gesellschaften beschäftigen mehr Modedesigner als die meisten Bekleidungsunternehmen.

Medien

Modejournale und die Boulevardpresse – darunter Zeitschriften, Fernsehen und Internet – berichten heute über die wichtigsten Modeereignisse und Designershows. Früher handelte es sich hierbei um vergleichsweise private Veranstaltungen, für die man eine Einladung benötigte. Informationen drangen nur durch den Filter der wenigen geladenen Topjournalisten an die Öffentlichkeit und erreichten den Rest der Welt zum Teil erst Monate später. Heute sind Modenschauen ein Medienzirkus, der v.a. veranstaltet wird, um Interesse zu wecken und die Aufmerksamkeit der Medien auf sich zu ziehen.

Presse

Redakteure von Zeitungen und Modezeitschriften wie Anna Wintour von der US-*Vogue* und die auch in deutschen Fachkreisen bekannte Suzy Menkes vom *International Herald Tribune* haben eine unglaubliche Machtstellung und werden von Designern und Model-Agenturen ehrgeizig umworben. Dies gilt auch für Franca Sozzani von der italienischen *Vogue* und für Christiane Arp von der deutschen *Vogue*. Auch Tageszeitungen wie die *Frankfurter Allgemeine Zeitung* und die *Süddeutsche Zeitung* bringen eigene Berichte. Die Redakteure geben Ratschläge, wie man neue Mode trägt und illustrieren dies oft anhand von Beispielen, welche die neue Stilrichtung in Mainstream-Produkten umsetzen. Die passenden Accessoires, Pflegeprodukte, Frisuren und Make-ups runden den Look der Saison ab.

Die Öffentlichkeit wird mit den neuen Modetrends und -stilrichtungen meist unmittelbar vor der Hauptverkaufssaison vertraut gemacht. Leitartikel und oft auch Beilagen der Frühjahrs- (Februar/März) und Herbstausgaben (August/September) monatlich erscheinender Zeitschriften informieren über die internationalen Kollektionen, die drei Monate zuvor in Paris, Mailand, London und New York präsentiert wurden.

Modedesigner und v.a. Modehäuser kaufen regelmäßig Zeitschriften, die auf den für sie relevanten Marktsektor ausgerichtet sind. Konnten ihre PR-Agenten ihre Kreationen in Sonderausgaben platzieren, lassen sie Pressekarten für die Händler drucken, um den Verkauf zu fördern. Zudem informieren sie sich, mit welchen Händlern die Konkurrenz arbeitet, um diesen in der nächsten Saison ebenfalls ein Angebot vorzulegen.

Fachpresse

Wichtiger als die Hochglanzmagazine sind für den Designer jedoch die Fachzeitschriften. Obwohl es wichtig ist, zu wissen, über wen und was geschrieben wurde, ist vieles von dem, was die allgemeine Presse berichtet, zum Zeitpunkt des Erscheinens bereits nicht mehr aktuell. In Fachzeitschriften wird über alle Veranstaltungen und Modenschauen der Branche berichtet. In den USA informiert die Tageszeitung der Modebranche, *Women's Wear Daily*, an jedem Wochentag ausführlich über bestimmte Marktsegmente. Neben allgemeinen Nachrichten finden sich hier auch Statistiken und Listen zu Lieferanten und Herstellern sowie eine Rubrik für Stellenangebote.

In Großbritannien erfüllt *Drapers Record* eine ähnliche Aufgabe. Vierteljährlich erscheinende Zeitschriften wie *International Textiles* berichten über das Neueste aus der Welt der Stoffe. *Collezione, Modaln, Fashiontrend, Textile View, Viewpoint* und *View Colour* sind aufwendig gestaltete Zeitschriften voller Reportagen, Modeprognosen und Berichte zur Stoffentwicklung. In vielen Bibliotheken findet man einige oder alle dieser Publikationen.

Wichtige Fachorgane für Handel und Industrie im deutschsprachigen Raum sind u.a. die wöchentlich erscheinenden Zeitschriften *TextilWirtschaft* und *Textil-Mitteilungen*.

Das Internet

Die Modebranche bietet mehr und mehr Informationen im Internet an. Quellen von Modeschulen sind für die Öffentlichkeit zwar nicht zugänglich, können aber von den Studenten genutzt werden. Auch die folgenden Internetquellen sind nützlich: aktuelle Berichterstattung und Nachrichtenarchive, virtuelle Sammlungen von Modemuseen, E-Zines, Schwarze Bretter und Chatrooms für Mode (nützlich für Kontakte und Jobsuche), E-Commerce- und E-Tail-Seiten, Firmenseiten mit Infos zur Unternehmensgeschichte, mit aktuellen oder älteren Kollektionen oder Modenschauen per Webstream. Modedesign- und Marketingstudenten erschließt sich mit dem Internet eine zeit- und kostensparende Möglichkeit zu recherchieren und nach Stoffen, Posamenten und Know-how zur Herstellung zu suchen. Ist der potenzielle Lieferant gefunden, ist es in der Regel kein Problem, per E-Mail zu bestellen. Fotos der neuesten ebenso wie der vergangenen Modenschauen fast sämtlicher Designer bieten www.firstview.com und die Internetseiten der führenden Modemagazine.

Weiterführende Literatur und zusätzliche Quellen

Kultur- und Modeanalyse
Breward, Christopher & Caroline Evans, *Fashion and Modernity*, London, 2005
Evans, Caroline, *Fashion at the Edge*, New Haven, Yale University Press, 2003
Gladwell, Malcolm, *The Tipping Point*, New York, 2001
Hebdige, Dick, Subculture. *The Meaning of Style*, London, Methuen, 1973
Hollander, Anne, *Sex and Suits. The Evolution of Modern Dress*, New York, Kodansha, 1995
Kunstforum International, Band 141, Mode, 1998
Loschek, Ingrid, *United Look of Fashion*, In: Zeitschrift für KulturAustausch (IFA), *Die Welt als Laufsteg*, 2002
McDowell, Colin, *Dressed to Kill. Sex, Power and Clothes*, London, Hutchinson, 1992
McRobbie, Angela, *Zootsuits and Secondhand Dresses. An Anthology of Music and Fashion*, Basingstoke, Macmillan, 1989
Mentges, Gabriele & Heide Nixdorff, *Textil – Körper – Mode, Band 1: zeit.schnitte. Kulturelle Konstruktionen von Kleidung und Mode*, Dortmunder Reihe zu kulturanthropologischen Studien des Textilen, Dortmund, edition ebersbach, 2001
Polhemus, Ted & Lynn Procter, *Fashion and Anti-Fashion. An Anthropology of Clothing and Adornment*, London, Thames & Hudson, 1978
Polhemus, Ted, *Streetstyle. From Sidewalk To Catwalk*, London, Thames & Hudson, 1994
Polhemus, Ted, *Style Surfing. What To Wear In The Third Millennium*, London, Thames & Hudson, 1996
Quinn, Bradley, *Techno Fashion*, Oxford, New York, 2002
Steele, Valerie (Hg.), *Fashion Theory. The Journal of Dress, Body and Culture*, London, 1997
Vinken, Barbara, *Fashion Zeitgeist. Trends and Cycles in the Fashion System*, London, 2004

Bekleidungsindustrie
Agins, Teri, *The End of Fashion*, New York, William Morrow and Co., 1999
Brannon, E.L., *Fashion Forecasting*, New York, Fairchild, 2002
Maynard, Margaret, *Dress and Globalisation*, Manchester University Press, Manchester, 2004
McDermott, Catherine, *Made in Britain. Tradition and Style in Contemporary British Fashion*, London, Mitchell Beazley, 2002
McRobbie, Angela, *British Fashion Design. Rag Trade or Image Industry?*, London, Routledge, 1998
Popcorn, Faith, *Clicking*, London, Harper Collins, 1996
Sebag-Montefiore, Hugh, *Kings on the Catwalk*, London, Chapmans, 1992
White, Nicola & Ian Griffiths, *The Fashion Business. Theory, Practice, Image*, London, Berg Ltd, 2004

Zeitgenössische Mode www.contemporaryfashion.net
Modearchiv, Gemeinschaftsprojekt der EU und führender Modeschulen

Geschichte der Fabrikation www.historyinthemaking.org
Historische Herrenbekleidung

Metropolitan Museum of Art www.metmuseum.org/Works_of_Art/department.asp?dep=8
Modesammlung, Metropolitan Museum, New York

Quellen der Branche
Womens Wear Daily Fachzeitschrift www.wwd.com
Drapers Record www.drapersonline.com
Dress for Success www.dressforsuccess.nl
Studio Li Edelkoort www.edelkoort.com

Von der Herstellung zum Markt II

Historischer Hintergrund

Die Massenproduktion von Bekleidung wurde durch die Erfindung der Nähmaschine 1829 ermöglicht. Herrenbekleidung und Militäruniformen gehörten zu den ersten Artikeln, die mittels Nähmaschine produziert wurden. 1850 begann Levi Strauss mit der Herstellung von Arbeitshosen aus Jeansstoff für amerikanische Goldgräber. Das Material wurde zugeschnitten, zu einzelnen Bündeln sortiert und zu Näherinnen geschickt, die die Hosen in Heimarbeit fertig stellten. Um Zeit und Kosten für Anlieferung und Abholung zu sparen und eine einheitliche Qualität zu gewährleisten, wurden Näherinnen, die bereit waren, ihre heimische Arbeitsstätte zu verlassen, in Fabriken geholt.

Jedoch erst mit Einführung der Fußpedalnähmaschine durch den amerikanischen Erfinder Isaac Singer im Jahr 1859 begann die Nähmaschine eine wirklich wichtige Rolle für die Arbeit zu Hause und am Arbeitsplatz zu spielen. Im Rahmen der industriellen Revolution in Großbritannien und Europa wurden insbesondere in der Stoff- und Keramikherstellung effizientere Arbeitsmethoden entwickelt. In beiden Industriezweigen war eine große Zahl weiblicher Mitarbeiter beschäftigt. Fabrikaufseher stellten bald fest, dass ein Kleidungsstück sehr schnell produziert werden konnte, wenn eine Arbeiterin nur einen oder zwei Teile eines Kleidungsstücks bearbeitete und jeder weitere Arbeitsschritt von jeweils anderen Näherinnen durchgeführt wurde. Dieser Prozess, die Akkordarbeit, ist auch heute noch das am weitesten verbreitete Produktionsverfahren.

1921 kamen elektrische Nähmaschinen auf den Markt, wodurch die Produktionsmenge von Damenbekleidung stark anwuchs. Große Bekleidungsgeschäfte konnten dieselbe Produktreihe im ganzen Land anbieten. Einheitlichkeit und eine perfekte Verarbeitung waren ein derartiges Novum, dass der Begriff »handgefertigt« zum ersten Mal als abwertend empfunden wurde. In den USA wurde der Großteil der in Massenproduktion hergestellten Bekleidung über Versandhauskataloge vertrieben. In Deutschland gründete Gustav Schickedanz das Versandhaus Quelle.

Der Zweite Weltkrieg unterbrach den Handel in Europa, da sämtliche Fabrikanlagen für die Waffenproduktion umgerüstet wurden. Die größeren Fabriken erhielten staatliche Subventionen, und die Produktion wurde rationalisiert. Dies schuf die Voraussetzung für eine Produktion großer Stückzahlen nach dem Krieg. Viele kleinere Fabriken hatten zu kämpfen oder mussten schließen. Der Krieg hinterließ in Großbritannien viele Fabriken, die eher auf die Produktion von Kleidung mittlerer Qualität in großer Stückzahl angelegt waren als auf kleinere Produktserien. In Frankreich, Italien und Deutschland, die im Krieg stark zerstört worden waren und mit Kapitalmangel zu kämpfen hatten, entstanden dank qualifizierter Arbeitnehmer Familienunternehmen und kleine Firmen, die zu einem Netzwerk qualitativ anspruchsvoller Hersteller heranwuchsen.

Oben Näherinnen in der industriellen Musterfertigung verfügen über umfangreiches Wissen zu den Herstellungstechniken; Akkordarbeiter fertigen immer wieder dasselbe Stück.

Gegenüber Die Steppstichnähmaschine wurde schnell zum Grundpfeiler der Fertigung in der Modeindustrie.

Herstellung heute

In den letzten Jahren veränderte sich die Herstellung durch computergesteuerte Systeme am deutlichsten in **Musterschnitt** und **Gradierung** sowie im Vertrieb und Verkauf. Im unteren Marktsegment ermöglicht die neue Technologie z.B. die Herstellung eines Anzugs in Standardgröße vom Zuschnitt bis zur letzten Naht in etwa 90 Minuten. (Für einen Maßanzug mit bis zu 200 manuellen Arbeitsschritten werden teilweise bis zu drei Tage benötigt.) Anzüge können auch mit Hilfe computerunterstützter Designtechnologie (**CAD**) nach individuellen Maßen im Laserschnittverfahren angefertigt werden. Einige CAD-Geräte erstellen hydraulische Schnittmusterschablonen für in großen Mengen hergestellte Kleidung

NOVEMBER 1920. THE SARTORIAL GAZETTE. 343

THE BEST MACHINES FOR TAILORS.

Machines for all purposes connected with Tailoring.

LABOUR SAVING.   **INCREASED OUTPUT.**   **ECONOMICAL PRODUCTION.**

The TABLE shown is a very convenient and popular form for the use of Tailors and Manufacturers handling large quantities of material in irregular form.

With End and Back Leaves down the Table is 38 inches long by 19 inches wide. With both leaves up it is 48 inches long by 25 inches wide, thus affording ample room for easy and convenient handling of large quantities of work.

SINGER MACHINE 31K.

THE BOBBIN HAS A CAPACITY FOR 100 YARDS OF No. 60 COTTON.

High Speed. Lock Stitch. Specially Designed for Durability, Stitch Perfection and General Utility.

FOR CASH, OR EASY TERMS OF PAYMENT CAN BE ARRANGED.

Singer Sewing Machine Co. Ltd.
SHOPS IN EVERY CITY.

The high rates of wages can only be counterbalanced by using labour-saving devices to secure increased production.

Rechts Stricken entwickelte sich vom Gebrauch zweier Nadeln zu einer komplexen, computergesteuerten Maschinerie. Ein Strickwarendesigner erlernt beide Herstellungsmethoden.

Ganz rechts Bänder werden in greifbarer Nähe platziert.

Gegenüber, von oben nach unten
Eine Maschine liest Form und Größe des Musters und gibt sie an ein Laserschnittmarkiergerät weiter.

Posamente, wie Reißverschlüsse, Bänder und Knöpfe, werden in großen Mengen eingekauft.

Die Stoffe in einem Lager verwandeln sich schnell in bekannte Schnittstile. Der Stoff wird auf Aufbreitmaschinen aufgezogen, um mehrere Schichten auf einmal zu schneiden.

Ein Musterschneider testet die schräge Anordnung eines Schnittmusters. Es entsteht weit mehr Stoffausschuss als bei einer Anordnung der Stücke parallel zur Webkante.

wie Jeans. Dank aktueller Innovationen japanischer Ingenieure in der computergesteuerten »integrierten Strickerei« sind einzelne Strickwaren komplett mit Kragen und Taschen in 45 Minuten herstellbar. Zudem führte die Entwicklung von Stretchfasern und -stoffen zu neuen Formen und Techniken in der Herstellung von Unterwäsche, die dadurch leicht und zugleich stabil ist, Stützfunktionen erfüllt und dabei wesentlich leichter anzufertigen ist. Vollautomatische Fertigungsstraßen gibt es auch in der Mode, insbesondere für Strumpfwaren und Sportbekleidung. Allgemein ist die Verarbeitung elastischer Stoffe durch Roboter jedoch schwierig und fehleranfällig, wenn die Arbeitsprozesse nicht überwacht werden.

Durch die Beschleunigung kleiner Prozesse gelang der Industrie eine schnelle Anpassung an die Marktanforderungen: die Just-in-Time-Produktion (**JIT**). In den 1990er-Jahren entwickelten amerikanische Hersteller zusammen mit Ladengruppen elektronische Kassensysteme (**EPOS**, Electronic Point of Sale). Mit dem **UPC**-Systems (Universal Product Code) bzw. des **EAN-Strichcodes** (Europäische Artikel-Nummerierung) in Deutschland konnte man nun Stile, Größen und Farben identifizieren, Verkäufe verfolgen und das Warenangebot kurzfristig und wesentlich effizienter ersetzen oder umstellen, was auch die Finanzplanung für die folgende Einkaufsrunde erleichterte.

Daher sind Geschäfte mittlerweile weniger dazu bereit, Finanzressourcen in großen Lagerbeständen zu binden. Sie bevorzugen schnellere, risikoärmere Lieferung zu Vorzugskonditionen oder mit Rückgaberecht. Zwischen Bestellung und Auslieferung an die Läden liegen im mittleren Marktsegment etwa zehn Wochen. Der Zeitraum verkürzt sich beträchtlich, wenn Stoffe auf Lager liegen und Fabriken in Teilmengen oder nach Größen sortiert liefern, statt die Fertigstellung der kompletten Bestellung abzuwarten.

Produktbereiche

Seit jeher ist die Absatzpolitik der Modebranche sektoral ausgerichtet, was Herstellung, Entwurf und Preisbildung vereinfacht. Ganz grob unterscheidet die Branche die drei Produktbereiche Damen-, Herren- und Kindermode. Allerdings führen neue Herstellungsverfahren und kulturelle Veränderungen, die die Zielmarktdefinition beeinflussen, zu einer fortschreitenden Fragmentierung dieser Bereiche. Etwa 30% der Bekleidungsunternehmen arbeiten im Bereich Designermode, der weniger als 10% der Gesamtumsätze erwirtschaftet.

Damenmode

Damenmode ist mit einem Marktanteil von fast 57% das größte Segment, auf das sich 75% der Designunternehmen konzentrieren. Ein Viertel aller Erträge im Großhandel gehen auf das Konto einiger weniger Unternehmen. Daher herrscht in diesem Markt extreme Konkurrenz, und die Fluktuation von Marketing- und Designfachleuten ist höher als in anderen Sektoren. Damenmode wandelt sich schneller als Herren- oder Kinderbekleidung, von daher verlangt ihr **Modezyklus** besonders nach Quick-Response- und JIT-Produktion.

Herrenmode

Der Marktanteil der Herrenmode liegt bei etwa 24%, Tendenz steigend. Sie erlebt einige der größten Veränderungen seit 100 Jahren und bietet viele interessante Aufgaben. Im letzten Jahrhundert bestanden die Modekäufe der Männer zur Hälfte aus Maßanzügen. Heutzutage, obwohl Männer im Verhältnis weniger für Kleidung und mehr für technische Spielereien, Sport und Urlaub ausgeben, kaufen viele von ihnen häufiger Bekleidung, wobei lässige Mode bevorzugt wird. Zwar ist Herrenmode europäischer Designer im Styling gewagter als solche aus den USA, dafür sind amerikanische Designer oft tonangebend bei Freizeit- und Sportmode und brachten als erste die Mauer zwischen Business- und Freizeitkleidung ins Wanken. Kennzeichnend für Herrenmode ist ein langsamer Wandel von Silhouetten und Stoffen bei viel Liebe zum Detail und hohem Wiedererkennungswert von Logo und Marke.

Kindermode

Die Kindermode, der kleinste Sektor, definiert sich durch Alters- und Größenkategorien. Die Prioritäten unterscheiden sich je nach Altersgruppe. Der Markt für Kindermode geht immer mehr in Richtung Freizeitkleidung, und der Bedarf an offizieller Partykleidung und Schuluniformen nimmt ab. Eltern stellen hohe Ansprüche an die Sicherheit, Strapazierfähigkeit und Vielseitigkeit von Kinderkleidung. Immer früher entwickeln Kinder heute ein Mode- und Markenbewusstsein. Untersuchungen belegen, dass bereits Vierjährige verschiedene Marken kennen. Daraufhin hat Gap in den USA sein Angebot um die Marken BabyGap und GapKids erweitert. Der Einfluss von Peergroups auf das Kaufverhalten wird intensiv von Marketingstrategen genutzt, die sowohl die Eltern ansprechen als auch ihre Kinder – gut informierte, anspruchsvolle und preisbewusste Konsumenten. In Großbritannien entwickelt sich der Markt für Kinder- und Teenagermode langsamer als in den USA und besitzt weder die Innovationskraft noch das Preisniveau französischer oder italienischer Modemärkte.

Produzententypen

Unabhängig vom Marktsektor oder dem Kleidungstyp ist die Zusammenarbeit des Designers mit dem Musterschneider im Rahmen der verfügbaren Möglichkeiten der modernen Herstellungstechnik unbedingt erforderlich. Der Designer muss die technischen und personellen Grenzen des Herstellers kennen. Denn nichts ist so frustrierend wie die verspätete Erkenntnis, dass ein guter Entwurf nicht in der gewünschten Qualität und zum kalkulierten Preis reproduziert werden kann.

> »Was ist eigentlich so gut an Perfektion? Ich mag sie nicht. Ich möchte etwas sehen, das ein bisschen anders ist. Ich möchte nicht, dass meine Sachen genauso sind wie die aller anderen ...«
> Designerin Shelley Fox

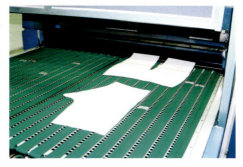

Von links nach rechts
Mehrere Stofflagen werden mechanisch ausgebreitet und mit einer digitalen Laserschneidemaschine zugeschnitten.

Schnitte werden oft auf verschiedenfarbigem Papier je nach Größe und Kollektion sortiert.

Kleidungsstücke werden aufgebügelt, bevor man sie für die Auslieferung vorbereitet.

Versandfertige Kleidungsstücke. Verschiedene Schnittstile und Größen werden für eine Bestellung »gezogen«.

Der Schnittlagenplan des Musters dient als Schablone für den Musterschneider. Um die Gewinnspanne eines Kleidungsstücks einzuhalten, ist möglichst wenig Stoff zu verwenden.

Die Modeindustrie besteht aus drei Haupttypen von Produzenten: Herstellern, Lizenzherstellern/Vertriebsfirmen und Werkvertragsunternehmen/Lohnbetrieben.

Hersteller

Vertikale Produzenten kontrollieren alle Arbeitsschritte von Stoffkauf und Entwurf bzw. Ankauf von Entwürfen über die Herstellung bis zu Verkauf und Auslieferung. Die Vorteile dieser Methode zeigen sich in guter Qualitätskontrolle und Markenexklusivität, doch häufig fallen dabei hohe Gesamtkosten an. Andere Hersteller spezialisieren sich oft auf das Angebot von Stoffen sowie modischer und **klassischer** Bekleidung für große Geschäfte und Ketten. Einige verfügen über eigene Einzelhandelsgeschäfte, aber die meisten handeln ausschließlich mit Großhandelswaren.

Hersteller können sich zu relativ großen Unternehmen entwickeln. Es gibt aber viele kleinere Unternehmen, die mit handwerklich orientierten Designern arbeiten, wie **Haute-Couture**-Salons und Maßschneidereien, die ihre Waren im Haus herstellen. Diese Unikate erfordern viele Anproben, so dass Designer und Zuschneider nahe der Fertigungsstätte arbeiten sollten. Die Produktionsmengen sind auf die Kapazitäten kleiner, hoch qualifizierter Belegschaften begrenzt und die Preise entsprechend hoch. Endausführungen, z.B. Stickereien, Knopflöcher und Aufbügeln, für die spezielle Maschinen nötig sind, erstellen meist Subunternehmen. **Couturiers** und Maßschneider haben oft nur ein Geschäft, mit dem Laden im vorderen und der Fertigungsstätte im hinteren Bereich.

Lizenzhersteller/Vertriebsfirmen (»jobbers«)

Viele der führenden Modedesignfirmen gehören in diese Kategorie: Sie erstellen Entwürfe, kaufen Material, planen Zuschnitt, Vertrieb und Auslieferung, fertigen jedoch nicht selbst. Dank dieses Systems können sie innovative Mode in kleinen Serien über Zwischenmeisterbetriebe im Unterauftrag anfertigen lassen. Kleinere Firmen riskieren dabei jedoch, bei größeren Aufträgen ans Ende der Prioritätenliste der Vertragsunternehmen zu geraten. Außerdem haben sie weniger Kontrolle über Qualität, Preis und **Imitate**. Andererseits arbeiten **Vertriebsfirmen** auf niedrigerem Lohnniveau und haben weniger technische Probleme als Hersteller. Diese müssen, um die höheren Preise ihrer Produkte durchzusetzen, mehr für Werbung, Fachveranstaltungen und elegante Geschäftsräume ausgeben.

Beachten Sie, dass der Begriff »jobber« in den USA eine andere Bedeutung hat: Dort ist ein »jobber« ein Zwischenhändler, der überzählige Lagerbestände oder Ware zweiter Wahl aufkauft und an Outlets oder in eigenen Läden verkauft.

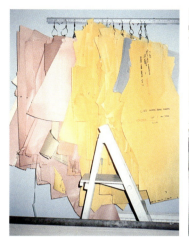   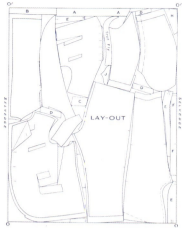

Auftrag

Bevor ein Designer oder Kunde ein Vertragsunternehmen mit der Herstellung beauftragt, vergewissert er sich, wie gut das Entwurfsmuster reproduziert werden kann. Das Vertragsunternehmen muss dann ein oder mehrere Muster zur Ansicht zuschneiden bzw. anfertigen. Wenn alle Verbesserungen, Details und Kosten abgestimmt sind, wird das gewählte Muster als festgelegtes Referenzstück mit einer Beschreibung der genauen Angaben »versiegelt«. In der Vergangenheit erhielt das versiegelte Abschlussmuster eine Metallplombe, um ein Vertauschen im Streitfall zu verhindern.

Der bestätigte Auftrag eines Designers oder Modegeschäfts an einen Hersteller wird als Produktionsauftrag bezeichnet: Das Formular enthält Angaben zu den Stückzahlen der bestellten Modelle in den verschiedenen Größen. Traditionell werden die Stückzahlen in Dutzend aufgerundet, zwölf Dutzend sind ein Gros – oft Mindestgrenze für eine Bestellung. Die Stücke werden überprüft, mit Etiketten und Anhängern versehen und verlassen dann als fertige Auftragssendung in mit Kleiderstangen ausgestatteten Lieferwagen die Fabrik. Im Lager des Großhändlers werden sie dem Bestellkunden zugeordnet und ausgezeichnet: D.h. sie erhalten Informations- oder Preisetiketten, bevor sie an die Geschäfte ausgeliefert werden.

Vertragsunternehmen/Lohnbetriebe

Vertragsunternehmen variieren in der Größe, von etablierten Großunternehmen – oft »Big Boys« genannt – über mittelgroße Zwischenmeisterbetriebe (Cut-Make-and-Trim-(CMT)-Werkstätten) bis zum einzelnen Heimarbeiter. Die großen Vertragshersteller haben ihren Sitz oft in oder in der Nähe von Industriestädten, was die Warenauslieferung erleichtert. Ihre Designteams arbeiten nach den Vorgaben der großen Modegeschäfte, die sie beliefern. Die Teams sind für alle Aspekte der Produktion verantwortlich. Dazu zählen **Musteranfertigung**, Herstellung und **Staffierarbeiten** sowie Verpackung und Auslieferung.

Vertragsunternehmen produzieren keine **Kollektionen**, sondern kleine Produktgruppen und **Zwischenkollektionen**, die Schnitte, Stoffe oder erkennbare Marktbedürfnisse thematisieren. Das Designerteam entwirft eine große Musteranzahl. Einige werden in Flagship Stores auf ihr Marktpotenzial getestet. Merchandising-Experten wählen viel versprechende Produkte aus, die dann mit dem **Label** des jeweiligen Geschäfts versehen und keinem anderen Kunden mehr angeboten werden. Diese Eigenprogramme von Einzelhändlern nennt man **Private Label**. Die Vertragsunternehmen übernehmen das Risiko für Entwurf und Herstellung, nicht aber für schlechte Verkaufszahlen. Bereits vor Beginn der Saison handeln sie komplexe revolvierende Verträge mit den Geschäftsketten aus, die sie beliefern, da ein Auftragsmangel für sie den Ruin bedeuten könnte.

Zwischenmeisterbetriebe sind meist kleine Familienbetriebe mit weniger als 30 Mitarbeitern. In Stoßzeiten werden sie oft von größeren Herstellern beauftragt, arbeiten aber auch für unabhängige Designfirmen. Die Werkstätten variieren stark in Können und Zuverlässigkeit. Einige sind spezialisiert. Lohnbetriebe bieten keine **Schnittmuster**, Stoffe oder Staffierarbeiten, können aber bestimmte Herstellungsbereiche, das Aufbügeln und das Verpacken der Waren übernehmen. Sie tragen keine Risiken für Entwurf oder Verkauf. In Stoßzeiten beschäftigen sie manchmal Heimarbeiter.

Oft sind es hoch qualifizierte Frauen, die zuhause arbeiten. Sie nähen häufig für unabhängige Designer, deren Aufträge für Lohnbetriebe zu klein sind. In der Regel erhält der Heimarbeiter ein Paket mit geschnittenen Stoffbündeln, Garnen und Posamenten für die Näharbeiten. Verteilt man einen Schnittstil auf mehrere Näher, können stilistische Übereinstimmung oder Auslieferung allerdings problematisch werden.

Auslandsproduktion

Viele Großhändler lassen heute im Ausland produzieren. Die Herstellung in Europa und den USA ist im Vergleich zum Fernen Osten und anderen Niedriglohnländern oder staatlich subventionierten Industrien teuer. Qualitätskontrolle, Produktionsgeschwindigkeit und Sorgfalt bei Veredelungs- und **Staffierarbeiten** können dabei sehr gut sein. In den 1990er-Jahren verlegte der amerikanische Designer Calvin Klein seine gesamte Produktion in den Fernen Osten. Bald folgten andere Modefirmen. Großunternehmen beauftragen oft Agenturen und Makler. Diese planen und überwachen die Produktion und kontrollieren die Einhaltung von Zeitplänen und Standards.

Die Verlagerung auf Auslandsproduktion wird weithin moralisch verurteilt. Vielen Verbrauchern missfällt es, dass bekannte **Marken** ihre Kleidung von unterbezahlten Arbeitern in »Ausbeuterbetrieben« anfertigen lassen, obgleich die meisten dennoch günstigere Kleidung vorziehen. Einige Hersteller wurden aufgrund ihrer Arbeitspolitik Opfer von Boykotts, Demonstrationen und Protesten. Dies wiederum führte zu **Einfuhrquoten**, Zollembargos und »Bananenkriegen« gegen Waren wie z.B. Kaschmirpullover.

Hongkong – damals noch britische Kolonie – war das erste Land, in das europäische und amerikanische Unternehmen die Produktion ihrer Konfektionsware verlegten. Auf der Grundlage eines sozialen Ethos für Effizienz und Kostenwirksamkeit, eines bereitwilligen Arbeitsmarkts und einer kontinuierlich aktualisierten Technologie wurde Hongkong schnell zum zweitgrößten Exporteur von Bekleidung nach Italien. Gegenwärtig gibt es ca. 10.000 Fabriken verschiedener Größe in Hongkong.

Durch die große Zahl global operierender Unternehmen steht die Kostenfrage nicht mehr an erster Stelle, sondern die Zeitplanung. Die Nachfrage nach neuer Mode ist so groß, dass diese schnell auf den Markt muss, um nicht zu veralten. Hersteller in China, Taiwan und Korea reagieren mit Schnelligkeit, Qualität und technologischer Organisation. Amerikanische Modeunternehmen erwarten von ihren Agenten in Hongkong eine Fertigstellung in etwa 1.000 Stunden, vom Aufkommen einer neuen Stilrichtung bis zur Lieferung von etwa 10.000 Kleidungsstücken aus 10.000 Meilen Entfernung.

»Wir haben vier Saisons – Frühjahr, Sommer, Herbst und Winter – und zwei Serien im Frühjahr und Herbst. Jede Serie besteht aus 170 Stücken, wovon 30% Strickwaren sind, die im Fernen Osten produziert wurden. Die Serien werden zusammengestrichen, und etwa 100 Stile fallen weg. Es ist, als ob man viermal im Jahr eine Abschlusspräsentation machen würde. Der Druck ist enorm, aber mit den richtigen Leuten macht es Spaß. Der Schlüssel ist die Organisation ...« Strickwarendesigner für Ralph Lauren

Die Lieferkette

Der weltweite Trend, im Ausland fertigen zu lassen, hat zu einer räumlichen Trennung von Entwurf, Produktentwicklung, Herstellung und Vertrieb geführt. Spezifikationen, Stoffe, Zubehör und Kleidung werden für unterschiedliche Verarbeitungsschritte an entlegene Orte und zurück geschickt. Dieses System bezeichnet man als **Lieferkette**. Ihre wichtigste Voraussetzung ist eine reibungslose Kommunikation. Kosten laufen aus dem Ruder, und die Produktion stoppt, wenn Komponenten verschwinden oder sich verspäten, wenn der Terminplan fehlerhaft ist oder Teillieferungen nicht zusammengeführt oder weitergeleitet werden können. Die Logistik von Produktionsplanung, Herstellung und Zulieferung ist der Schlüssel zu effizienter Auftragsabwicklung und hoher Kundenzufriedenheit. Im Business-to-Business-Bereich (B2B) hat das Internet die Lieferkette deutlich beschleunigt, etwa durch die zügige Weitergabe von Auftrags- und Schnittmusterdetails per Electronic Data Interchange (EDI). Die im Intranet des Handels erfassten Stock-Keeping Units (SKU) und ihre Bewegungen werden automatisch aktualisiert und können von allen Systemmitgliedern jederzeit abgerufen werden. Mögliche Engpässe lassen sich besser erkennen und Problemlösungen zügiger realisieren. Unternehmen wie Zara (Spanien) haben ihre **Vorlaufzeiten** um mehrere Monate verkürzt und bewältigen die Produktion selbst neuer Artikel bei entsprechender Nachfrage innerhalb einer Woche. Zara beschäftigt mehr als 200 Designer und betreibt über 600 Läden in 46 Ländern.

Mass Customization und Modezyklus

Der halbjährliche Produktions- und Vertriebszyklus für Prêt-à-porter entwickelte sich über einen Zeitraum von 50 Jahren und wurde bis vor kurzem von den meisten Branchenteilnehmern eingehalten. Der Einzug des Einzelhandels in das Fertigungsgeschehen stellt dieses Schema jedoch in Frage. Die Nachfrage nach seinen **Private-Label**-Kollektionen und kurzen Fertigungszeiten trägt zum Zusammenbruch des Systems bei.

Außerdem kann Kleidung heute mithilfe eines 3D-Body-Scanners nach individuellen Kundenmaßen entwickelt und per E-Mail direkt an die Fabrik gesandt werden – **E-Tailoring** und **Mass Customization** (kundenindividuelle Massenproduktion) lauten die Zauberformeln. Bei diesem innovativen Ansatz wird die Lieferkette umgekehrt: Stoff und Kleidung werden erst nach der Anprobe und Auftragsvergabe gefertigt. Früher wurden aus Gründen der Wirtschaftlichkeit Hunderte von Stoffmetern mit einem Dessin bedruckt. Heute kann per Tintenstrahldruck (Inkjet) in sehr geringer Stückzahl produziert werden – Spezialanfertigungen von Muster und Form werden möglich. So ist zu erwarten, dass der Verbraucher zunehmend sein ganz »persönliches« Stück verlangt und dass Kunden und Designer in Zukunft bei den Entwürfen kollaborieren werden. Bei Sportschuhen und Sportbekleidung wie auch bei Herrenanzügen und -hemden ist dies bereits der Fall.

Ganz oben Unabhängige Designerläden bieten persönlichen Service und ein für internationales Publikum einzigartiges Ambiente.

Oben Kleinere Geschäfte sind eher bereit, Kollektionen neuer Designer anzubieten, um sich durch ihr Warenangebot von den Filialketten abzuheben.

Zielmärkte identifizieren

Marktanalysten identifizieren Zielmärkte anhand folgender aussagekräftiger Faktoren:

Alter Anhand dieser Kategorie kann der Einzelhändler die Kaufgewohnheiten der Kunden je nach Lebensabschnitt ermitteln. Mit Hilfe der Bevölkerungszahlen innerhalb jeder Altersgruppe ist die potenzielle Marktgröße kalkulierbar. In Großbritannien und den USA nimmt die Zahl der Modebewussten in der Gruppe der 15- bis 24-Jährigen ab, während die 25- bis 34-Jährigen den größten Markt bilden.

Geschlecht Bis vor kurzem gab es separate Geschäfte für Damen- und Herrenmode. Da heute aber mehr Männer selbst einkaufen gehen, bewegt sich der Trend in großen Ketten und Geschäften für Freizeitmode hin zum Angebot beider Bereiche.

Demografie Durch das Studium der Bevölkerungsverteilung können landesweit sozioökonomische und ethnische Gruppen sowie Einkommenshöhe und Freizeitgestaltung verfolgt werden. In einer verschlafenen Kleinstadt wird andere Kleidung verlangt als in einem lebhaften Ferienort. Verschiedene ethnische Gruppen können bestimmte Farben, **Marken** oder **Accessoires** bevorzugen.

Lifestyle Die Art, wie Menschen leben und reisen, bestimmt ihre Kleiderwahl. Eine Karrierefrau benötigt **Separates**, Geschäftskleidung und Klassiker. Allein stehende Männer bevorzugen sportliche Kleidung.

Physische Merkmale Körpergröße hängt mit genetischen Faktoren zusammen, die in bestimmten Regionen vorherrschen können. Studien zeigen, dass die westliche Bevölkerung im allgemeinen größer und kräftiger wird.

Psychografik Die Psychografik untersucht die Haltung zur Mode, ob Menschen modeinteressiert sind und neue Trends früh oder aber erst spät annehmen. Stadtbewohner übernehmen neue Stilrichtungen im Allgemeinen schneller als die Landbevölkerung.

Religion Religiöse Feiern können in bestimmten Gemeinschaften über den Kauf dezenter bzw. extravaganter Kleidung oder über die Nachfrage nach teuren Hochzeitskleidern entscheiden. Dieser Faktor bedingt auch, dass in einigen Gegenden die Geschäfte an bestimmten Tagen oder zu kirchlichen Festen geschlossen sind.

Soziale Klasse Menschen möchten einer bestimmten gesellschaftlichen Schicht zugeordnet werden und mit Gleichgestellten einkaufen. Das Kaufhaus Harvey Nichols in London gilt z.B. als Inbegriff für den Stil der oberen Mittelklasse. In New York unterscheiden Marktforscher zwischen »Uptown«- und »Downtown«-Käufern. In Deutschland bieten die Modehäuser Eickhoff in Düsseldorf und Maendler in München Top-**Avantgarde**- und Designermode.

Sozialverhalten Umfassende Veränderungen der Bevölkerung, wie eine höhere Scheidungsrate oder der Trend zur Familie mit einem allein erziehenden Elternteil, können sich auf die Kaufkraft der Verbraucher auswirken.

Werte und Einstellungen Subtile Indikatoren für den Lebensstil, die Anbietern bei der Feinabstimmung von Verkäufen und Werbung helfen. Die Ergebnisse liefern Umfragen zu Themen wie Rendezvous und Sex, Film und Musik, Aktuelles und Politik.

Wirtschaftliche Situation Gehalt ist nicht dasselbe wie verfügbares Einkommen – eine gut verdienende Mittelklassefamilie gibt ihr Geld vielleicht eher für die Ausbildung der Kinder als für Kleidung aus. Die Verfügbarkeit von Krediten sowie Hypothekenzahlungen können den Kleiderkauf ebenfalls beeinflussen.

Marktsegmentierung

»Nur die Einzelhändler, die mit einem klar differenzierten und definierten Angebot eine sorgfältig ausgewählte Marktnische bedienen, werden Erfolg haben.«

MIT/EMAP-Bericht (1999)

Shopmanager leiten Kunden- und Zielgruppenprofile davon ab, welche und wie viele Personen ihr Geschäft betreten. In den 1980er-Jahren ermöglichte die Einführung des elektronischen Kassensystems (**EPOS**) die Identifizierung und Ersetzung von Artikeln, die sich gut verkaufen. Andere Artikel werden zurückgezogen, so dass Geschäfte nur die gewünschten Waren anbieten. Viel gekaufte Größen können schnell ersetzt werden. Diese Form der Verkaufsrückmeldung nennt man Matrixmarketing.

Die Auswertung von Statistiken, die auf Daten aus Volkszählungen, aktuellen Wirtschaftszahlen, Marktanalysen und der Einzelhandelsleistung basieren, kann starke Trends aufzeigen. Diese Form der Analyse hat u.a. Folgendes gezeigt: In der Damen- und Herrenmode wurde der Absatz von Anzügen und Oberbekleidung allgemein durch Sportbekleidung abgelöst; der Jeansmarkt stagniert; unabhängige Geschäfte werden von Konzessionshändlern, Modeketten und **Zweitlinien** der Haute-Couture-Häuser verdrängt; Markenbewusstsein und -loyalität sind stark verbreitet; Teenager verlangen viel häufiger nach Streetwear; größere Damengrößen sind gefragt.

In der Vergangenheit konzentrierten sich Hersteller und ihre Abnehmer auf bestimmte Produktgruppen, z.B. Tageskleider, Herrenhemden oder Abendgarderobe. Kaufhäuser verfolgten eine ähnliche Kategorisierung, z.B. fand man alle Strickwaren in einer Abteilung. Heute gruppieren die Verkaufsberater von Kaufhäusern die Kleidung nach Alter, Lifestyle und sozioökonomischen Kriterien oder auch nach Modefirmen, die häufig ein vollständiges, farblich und stofflich koordiniertes Themenambiente anbieten.

Einzelhandelstypen

Shopberichte

Studierende des Modedesign müssen lernen, Shopberichte zu schreiben. Hierdurch wird v.a. das Auge für Marktsektoren, Verkaufsumgebungen, Verbraucher und Trendentwicklungen geschärft. Es erfordert ein geübtes Beurteilungsvermögen von Trends und Produktionsvarianten, Farben und Stilen, die sich verändern oder herabgesetzt werden, sowie von **Preisschwellen** und der Einführung neuer Stoffe, Größen oder **Labels**. Ziel dieser Art von Marktbeobachtung ist es nicht, Designs zu kopieren, da diese bereits auf dem Markt sind, sondern den Zeitrahmen von Stilen und die Gefahren der Überpräsentation von Designs zu erkennen, Herstellungsmaßstäbe zu identifizieren und Inspirationen für die Entwicklung positiver Trends zu sammeln. Nehmen Sie ein Notizbuch mit, und stellen Sie Verkäufern und Kunden Fragen – natürlich immer mit der entsprechenden Diskretion.

Heute kann Einkaufen als Freizeitbeschäftigung ersten Ranges angesehen werden. Die Nachfrage nach bestimmten Bekleidungsartikeln und die bequemste oder angenehmste Art, diese einzukaufen, spiegelt sich im Erfolg oder Misserfolg bestimmter Einzelhandelsformen wider. Angehende Modedesigner müssen wissen, was die verschiedenen Einzelhandelsformen bieten wollen und wo ihre Grenzen liegen.

Unabhängige Läden

Zu diese Kategorie zählen Einzelhändler mit weniger als zehn Geschäften. Die meisten sind Einzelunternehmen mit nur einem Geschäft oder einer **Boutique**. In den USA nennt man

Marktsegmente

Europa	USA
Damenmode	
Segmentierung nach Preis, Qualität und Zielkunden	In den USA existiert eine stärkere Segmentierung
Haute Couture	High End (keine Couture)
Designer	Designer
Klassiker	Missy
Mittleres Marktsegment	Young Designer (richtungweisend)
Massenmode	Better
Preisgünstige Damenmode	Bridge
	Aktuell/trendy
	Junior
	Moderate
	Budget
	Private Label
	Massenmode
Herrenmode	
Bei Herrenmode wird deutlicher nach Lifestyle als nach Preis differenziert	US-Schneiderei orientiert sich an Europa und ist im mittleren Segment besonders erfolgreich
Maßschneiderei	Maßanfertigungen
Designer	Designer
Massenmode	Bridge
Sportmode	Herrenbekleidung (Hemden & Krawatten)
Freizeitmode	Moderate
Preisgünstige Herrenmode	Sports und Active Sports
	Popular
	Mode in Supermärkten (z.B. Wal-Mart)
Kindermode	
Verkauf in Designerläden und Shops mit mittlerem und niedrigem Preisniveau	Verkauf in Läden mit höherem, mittlerem und niedrigem Preisniveau
Neugeborene	Babyausstattung
Säuglinge	Säuglinge
Kleinkinder	Kleinkinder
Mädchen	Mädchen
Jungs	Jungs
Teens	Teens

Ganz oben, links und rechts Konzessionshändler sorgen in Kaufhäusern für Angebotsvielfalt. Das breite Warenangebot in Kombination mit dem Image von Zuverlässigkeit und gutem Service eines Kaufhauses vermittelt dem Kunden ein sicheres Gefühl.

Oben La Samaritaine, das historische Pariser Kaufhaus im Stil des Art nouveau, eröffnete 1869. Heute im Besitz der LVMH-Gruppe, wurde das Haus renoviert und konzentriert sich auf den Handel mit Mode.

sie auch »mom-and-pop stores« (Tante-Emma-Läden), da sie eine persönliche Note bieten und oft auf bestimmte Kleidung spezialisiert sind. Diese Läden unterliegen aufgrund höherer Steuern und Mietkosten einem stärkeren Druck als große Ketten. Meist befinden sie sich daher nicht in bester Lage. Unabhängige Geschäfte für Herrenmode sind seltener, obwohl dieser Sektor wächst und schon bald die rückläufige Zahl an Damengeschäften eingeholt haben wird. Um Kunden anzulocken, müssen sie andere Waren führen als die großen Geschäfte, stark innovative Mode, Designermode oder Exklusivität bieten. Lieferanten sind für sie schwieriger zu kontrollieren als für Kaufhäuser, die größere Budgets und mehr Einfluss darauf haben, wann und zu welchem Preis sie Waren kaufen oder Preise senken.

Filialketten

Dies sind einzelne oder mehrere **Ladenketten** im Besitz einer Muttergesellschaft, z.B. French Connection oder Gap. Manche Filialketten sind spezialisiert, während andere ein breit gefächertes Warenangebot bieten. Erstklassige Standorte im Stadtzentrum oder in Einkaufszentren ermöglichen hohe Umsätze. Einkäufe werden in großen Mengen getätigt oder **Eigenmarken** in Auftrag gegeben und an die Filialen verteilt. Filialketten bauen Markenbewusstsein und -loyalität über ein firmeneigenes Image und **Logo** sowie über Verpackung und Werbung auf. Der Kunde erwartet moderate Mode der mittleren Preisklasse. Zudem locken Cafés, Kundenkarten und Werbeaktionen.

Kaufhäuser

Kaufhäuser bieten auf mehreren Stockwerken bzw. in verschiedenen Abteilungen ein großes Warenangebot. Sie sind so konzipiert, dass der Kunde so lange wie möglich im Laden verweilt. Die ersten Kaufhäuser, die Ende des 19. Jahrhunderts in Erscheinung traten, bestachen durch prachtvolle Architektur und Innenausstattung sowie eine hervorragende Lage. Für gewöhnlich sind etwa 70% der angebotenen Waren Modeartikel. Viele Kaufhäuser bieten Kundenkarten, die den Einzelhändlern Informationen für ihre Kundendatenbank liefern und so Werbemaßnahmen für bestimmte Zielgruppen ermöglichen. In Kaufhäusern findet man Konzessionshändler und ein breit gefächertes Warenangebot. Zudem bieten sie Extras wie Restaurants, Kreditkarten, Geldautomaten oder Hochzeitsgeschenklisten. Heute müssen Kaufhäuser hart an ihrem altmodischen Image und Ambiente arbeiten, um die Gunst junger Kunden zu gewinnen.

Konzessionshändler

Früher bezogen Kaufhäuser sämtliche Waren vom Hersteller oder Großhändler. Die Hauptvorteile des Warenankaufs sind Produktvielfalt und der Wegfall von Herstellungskosten. Die Bindung von Finanzmitteln in großen Lagerbeständen ist riskant. Ein Kaufhaus muss innerhalb eines saisonalen Zeitrahmens Gewinne machen, um die Modeartikel für die nächste Saison zu kaufen. Verschätzen sich **Einkäufer** in ihrer Prognose oder verändern das Wetter und andere äußere Umstände das Verbraucherinteresse, so sind beim Schlussverkauf starke **Preisnachlässe** auf unverkaufte Lagerbestände erforderlich.

Konzessionshändler nehmen das Risiko aus dem **Einzelhandel**. Kaufhäuser vermieten zu einem fixen Prozentsatz des Umsatzes Verkaufsräume an Einzelhändler oder Hersteller, was gewisse Mindesteinnahmen garantiert. Konzessionshändler beschäftigen eigenes Verkaufspersonal und kümmern sich selbst um Ausstattung, Lagerbestände und Auslagengestaltung. Konzessionsverträge eignen sich v.a. für kleine Vertretungen einzelner Accessoire- oder Kosmetikfirmen. Mit einer Konzessionsvertretung in einem viel besuchten Kaufhaus können sich junge Designer im Einzelhandel etablieren und den Markt testen, ohne die Risiken eines eigenen Geschäfts zu tragen.

Franchising

Franchising ist eine risikoarme Methode des Einzelhandels. Bei Franchiseunternehmen handelt es sich im Wesentlichen um fest etablierte Firmen, die ihre Waren selbst herstellen und vertreiben sowie eigenes Werbematerial und ein **Firmenzeichen** entwickeln. Der Franchisenehmer erwirbt die Rechte für den Verkauf der Waren innerhalb eines festgelegten geografischen Rahmens gegen eine Einstandsgebühr und Lizenzgebühren. Die Preise werden für alle Franchisenehmer auf dem gleichen Niveau festgesetzt. Als Kompensation für einen kleineren Anteil am Gewinn profitiert der Hersteller vom breit angelegten Vertrieb seiner Produkte und einer einheitlichen Marktpräsenz, ohne sich um regionale Umsatz- oder Personalprobleme kümmern zu müssen.

Diskontläden

Diskontläden kaufen Waren zu herabgesetzten Preisen von einer Vielzahl internationaler Anbieter, v.a. aus Quellen mit niedrigen Herstellungskosten oder von Vertragsunternehmen, die **Restposten**, stornierte Aufträge oder Überproduktionen abstoßen. Aufgrund der attraktiven Preise haben sie in den USA einen Marktanteil von 15%. Meist werden die Labels von den Waren entfernt, um die Hersteller zu anonymisieren.

Factory-Outlet

Ihren Ursprung hatten Factory-Outlets in zu großen Lagerbeständen bzw. fehlerhaften Waren, die ermäßigt an Mitarbeiter von Herstellern verkauft wurden. Allmählich öffneten die Hersteller ihre Tore auch für die Öffentlichkeit. Die Rezession der 1980er-Jahre führte zu einer sprunghaften Ausbreitung der Factory-Outlets. Besonders in den USA wurden die Läden vom Fabrikgelände ausgelagert und bildeten mit anderen Factory-Outlets schicke »Einkaufsdörfer« außerhalb der Großstadtzentren, mit hoher Qualität zu niedrigen Preisen. Die Kunden gehören in der Mehrheit der oberen sozialen Schicht an.

Märkte

Märkte mit ihrer lebhaften und ungezwungenen Atmosphäre gelten traditionell als Fundort für Schnäppchen. Die auf Märkten verkauften Modeartikel kommen häufig aus denselben Quellen wie die der Diskontläden. Beschädigte Waren oder Ladenhüter, bekannt als zweite Wahl, werden den Markthändlern günstig angeboten. Bezahlt wird gewöhnlich in bar; die üblichen Kundenschutzbestimmungen hinsichtlich der »handelsüblichen

Einkaufszentren verbinden bequemes Einkaufen mit Schutz vor der Witterung. Viele bieten eine lebendige Architektur und Freizeitmöglichkeiten, damit Kunden angelockt werden und den ganzen Tag dort verbringen.

Straßen- und Kleinkunstmärkte sind ein günstiger Weg, erste Handelskontakte zu knüpfen und ein Gefühl für Geschäft und Kundenwünsche zu entwickeln.

Qualität« der Ware werden oft nicht streng befolgt. Einige alternative Märkte ziehen junge Designer und Studierende an, die ihr Talent zu Geld machen und ihre Zielabnehmergruppe austesten möchten. Auf Flohmärkten wie der Portobello Road in London und der Porte de Clignancourt in Paris, die auf Secondhandwaren spezialisiert sind, können sich Studierende viele Inspirationen holen und schöne alte Stoffe finden.

Versandhäuser

Eine Versandhausbestellung eignet sich für Kunden, die nicht einkaufen gehen können oder wollen. Diese Art des Einkaufs war schon bei den ersten amerikanischen Siedlern beliebt, die sich Waren auf ihre entfernt gelegenen Farmen liefern ließen. Zu den größten deutschen Versandhäusern mit breitem Modeangebot zählen Quelle (seit 1927) und Otto. Zweimal pro Jahr werden Kataloge versandt, die den Kunden attraktive Ratenzahlung bieten. Das Geschäft mit dem Einkauf per Katalog expandiert; berufstätige Frauen haben oft keine Zeit mehr für Einkaufsbummel. Viele Einzelhandelsgruppen haben eigene Versandkataloge. »Magalogues«, monatlich erscheinende Kataloge in Form von Zeitschriften, sind die neueste Marketingerfindung von Lieferanten und Kaufhäusern.

Online-Versandhandel

Der Online-Versandhandel ist eine Weiterentwicklung des postalischen Versands. Die Zahl der Modeseiten im Web steigt, und ihr Inhalt geht längst über Werbung oder den Verkauf von Standardbekleidung wie T-Shirts hinaus. Auch interaktives Shopping am heimischen Fernseher wird immer beliebter. Noch vor kurzem wurde Damenmode von diesen Medien stiefmütterlich behandelt. Doch dank höherer Übertragungsgeschwindigkeit und -sicherheit, interaktiver Abbildungen und mehr Datenschutz sehen Verbraucher kaum noch ein Risiko darin, Kleidung und Accessoires online zu kaufen. Die steigende Zahl von Frauen, die im Internet Urlaube buchen oder Spielzeug und Lebensmittel kaufen, hat die Einzelhändler überzeugt, dass das Internet ebenfalls ein Vertriebsweg für Mode ist. Läden, die anfangs die Konkurrenz des Internets fürchteten, erkannten, dass viele ein Geschäft erst online besuchen wollen, und bieten nun beides an: eine Website und den Handel vor Ort. Die Vorteile des Online-Versandhandels: Er kennt keinen Ladenschluss und gestattet dem Inhaber einer Kreditkarte bequemes Einkaufen von jedem noch so entlegenen Ort der Welt. Shopping- und Werbe-Sites für Mode sind ausgezeichnete Informationsquellen. Sie können sich über die Geschichte und die Marktstrategie eines Unternehmens informieren und seine Kollektionen analysieren.

E-Commerce
E-Commerce umfasst die zwei Hauptbereiche Business to Business (B2B) und Business to Consumer (B2C). Gegenwärtig werden im Bereich Mode die meisten der B2C-Geschäfte im Internet über Shopping-Sites abgewickelt. Erstaunlicherweise wissen Bekleidungsfirmen nur wenig über die Zufriedenheit ihrer Kunden und deren Produktwünsche. Designer und Geschäfte sehen ihre Aufgabe darin, Mode unters Volk zu bringen, nicht dessen Meinung zu erfragen. Einzig Kassenterminals geben Auskunft über Käufer, Verkaufsdatum, Preis und Menge der abgesetzten Ware. Der Kunde ist heute wesentlich anspruchsvoller und besser informiert als vor zwanzig Jahren. Von daher liegt es nahe, dass er an der Produktentwicklung stärker beteiligt ist. Der gegenseitige Informationsaustausch hilft Designern, den Markt einzuschätzen. Im B2B-Bereich ist dies bereits Realität. Hier melden der Großhandel und einzelne Teilnehmer der Lieferkette dem Kernbetrieb ihre Bestände und geben Feedback. Für kleinere Firmen bedeutet Kommunikation mehr Wachstum und Gewicht bei der Bestimmung erfolgreicher Trends. Überdies erlaubt sie Prognosen, was bei den Kunden Anklang findet. Die Aufbereitung und Weitergabe solcher Informationen an Management- und Designteams wird ein wichtiger Aspekt der Marktforschung im Modesektor werden. Der Einsatz des Internethandels in den Bereichen B2B und Liefermanagement wird schnell zunehmen.

Design- und Visualisierungs-Software
Der Bekleidungsmarkt handelt nicht nur mit Mode, er produziert und verbreitet auch eine Ware ganz anderer Art – Träume. Auf Soft- und Hardware für Schnittkonstruktion und -technik spezialisierte Branchenriesen wie Lectra, Gerber und Investronica (jetzt im Besitz von Lectra) haben Software für 3D-Design und Merchandising von Musterkleidern in ihr Angebot integriert. Das Erstellen virtueller dreidimensionaler Muster spart Arbeitskraft und Geld und ermöglicht die frühzeitige Kooperation unter den am Entwurf und Vertrieb beteiligten Designern und Merchandisern. Dank ihrer breiten Funktionalität stellt der Einsatz der Software sicher, dass Kleidung in den beauftragten Größen produziert wird, eine gute Design-Story besitzt und im Handel das Markenimage wahrt. So wird schon früh deutlich, ob eine Farbe oder ein Produkt im Übermaß vorhanden ist, oder ob man z.B. das Verhältnis von Ober- zu Unterbekleidung ändern sollte. Designer können Kollektionen über ein computergestütztes Visualisierungsprogramm Großhandelskunden vorführen. Das Ambiente virtueller Shops lässt sich auf das Design der Ware abstimmen, ohne die Stücke kaufen und in Auslagen präsentieren zu müssen. Je nach Anordnung von Kleiderständern

und Farbkontrasten kann eine aufreizende oder beruhigende Atmosphäre erzeugt werden. Und überdies lassen sich Geschäftsgestaltungen per E-Mail an andere Filialen versenden.

Infostände und -tafeln

Kauflustige kennen Infostände und -tafeln mit Stockwerkplänen und Hinweisen, die die Orientierung in Einkaufszentren und Kaufhäusern erleichtern. Viele Menschen lieben Shopping, weil sie sich gern in neuer, attraktiver Kleidung sehen. Hilfen wie Informationstafeln und tragbare RFID-Leser (Radio-Frequency-Identification-Technik, ähnlich Barcodelesern) können den Kleiderkauf sehr erleichtern. Mit RFID-Etiketten gekennzeichnete Ware kann jederzeit auf Filialen verteilt werden, in denen sie besonders gefragt oder ausverkauft ist. Auch eine Direktbelieferung des Kunden ist dank dieser Technik kein Problem. Käufer können Einzelstücke einer Kollektion in Farben oder Größen bestellen, die das Geschäft nicht führt. Gap und Prada setzen solche Systeme ein. Wie in einem virtuellen Spiegel lassen sich Vorschläge für Accessoires, Schuhe und Make-up oder ein Jackett – z.B. bei offiziellen Anlässen oder in der Freizeit – demonstrieren. Mithilfe eines Browsers können Preise markenübergreifend verglichen und Artikel miteinander kombiniert werden. Der Vorteil dieses Systems gegenüber Printmedien sind interaktive, stark personalisierte Abbildungen und eine auf den Einzelnen zugeschnittene Beratung – das so genannte One2One-Marketing. Software mit künstlicher Intelligenz (AI) speichert frühere Kaufentscheidungen und schlägt neue Produktkombinationen vor, basierend auf Stilmerkmalen, die Kunden mit ähnlichem Geschmack bevorzugten. Modedesignern und Beauty-Spezialisten bieten sich neue Möglichkeiten der Zusammenarbeit mit dem Servicepersonal, das dem Käufer die Entscheidung erleichtert.

Personalisierung

Das Konzept des One2One-Marketing ist auf dem Vormarsch: Der Kunde fühlt sich geschätzt und verwöhnt – und kommt wieder. Firmen, die sich auf Luxusware, sehr individuelle Mode oder spezielle Sportbekleidung konzentrieren, erstellen mit intelligenter Software personalisierte E-Commerce-Seiten, denen Kundenprofile, Kauf- und Servicedaten sowie Ergebnisse von Kundenbefragungen hinterlegt sind. Frauen sind eher bereit persönliche Daten preiszugeben, sofern sie sicher sein können, dass sie vertraulich behandelt werden. Doch Vertrauen wächst nicht von heute auf morgen. Kommerzielle Websites aber schaffen es – zuallererst über zufriedenstellende Einkaufserfahrungen, also über Serviceleistungen, eine zügige Belieferung und ein nachträgliches Dankeschön. Bezogen auf das Schnittstellendesign bedeutet das: Der Kunde trifft seine Wahl in dem Wissen, diese wie im Geschäft rückgängig machen und weitersuchen zu können. Shopping-Bots (spezielle Suchmaschinen), die Sprache und dreidimensionale AI-Charaktere verbinden und sich an die Vorlieben und den Lifestyle der Kunden anpassen, können diese bei ihrem Einkauf begleiten und Fragen beantworten. Die jüngere Generation kennt den Umgang mit AI-Charakteren aus Lernsoftware und Spielen. Eine vertrauensvolle Bindung fördert auch ein Angebot an Nachrichten, Wissenswertem und Klatsch aus dem Reich der Mode sowie Community-Komponenten und die Bitte um Feedback. Gezielte Werbung, auch per E-Mail, und personalisierte Angebote gelten als Vorteil für den Verbraucher, da er so von passenden Produkten oder Sonderangeboten erfährt, die ihm sonst entgehen würden. In dem Maße, wie Websites immer ausgefeilter werden, wird ihr Besuch zum netten Plausch mit einem kompetenten Verkäufer, der bei Suche oder gar Entwurf des gewünschten Stücks behilflich ist. Die Individualisierung von industriell hergestellter Kleidung wird **kundenindividuelle Massenproduktion** genannt. Sie ist ein Mix aus **Maßanfertigung** und maschineller Fertigung und erfreut sich besonders in Herrenschneiderei und Jeansindustrie, aber auch in der Damenmode wachsender Beliebtheit.

Preisschwellen

Preisschwellen für Modewaren berücksichtigen Verarbeitungsqualität, Verfügbarkeit, Designinhalte und demografische Zielgruppen. Das Verhältnis dieser Faktoren ist nicht immer leicht zu erkennen und oft recht kurios. Streetwear kann z.B. ziemlich gut verarbeitet, schwer zu bekommen, hoch aktuell und doch vergleichsweise preisgünstig sein. Grund dafür: der kleine und nicht sehr zahlungskräftige Kundenkreis.

> *»Die Preisfestsetzung ist wichtig, um ein Geschäft gut zu führen und Gewinne zu machen. Man muss auch Risiken eingehen, kalkulierte Risiken ... Unser bestverkaufter Stoff kostete im letzten Winter 52 Pfund pro Meter; nach Aufschlag des Gewinns war das sehr teuer.«* Designer Joe Casely-Hayford

Designer müssen die Preise der engsten Konkurrenten kennen. Preise müssen fair sein und den Wert der eingesetzten Stoffe und Herstellungsmethoden widerspiegeln. Auch sollte man über spezielle Anreizsysteme informiert sein, welche die Konkurrenz ihren Käufern z.B. über Kreditrahmen, Rückgaberecht, Werbeartikel und Marketingunterstützung bietet. **Einkäufer** im **Einzelhandel** stellen bei jeder saisonalen Einkaufsrunde Preisvergleiche an und kennen die Preisschwellen der Geschäfte. Sie müssen ihr Preisgefüge auf die Käufer zuschneiden, sogar im Schlussverkauf. Hohe Preissteigerungen zwingen den Kunden, sich nach günstigeren Angeboten umzusehen, während ihn starke **Preisnachlässe** am Ausgangspreis zweifeln lassen. Die Festlegung einer akzeptablen preislichen Ober- und Untergrenze ist ebenso wichtig wie der Entwurf der Kleidung selbst.

Es ist keineswegs so, dass die zahlungskräftigsten Kunden die teuerste Kleidung kaufen oder die mit dem größten frei verfügbaren Einkommen dieses für Mode ausgeben. In den letzten Jahren hat sich die Haltung der Verbraucher bezüglich Preis und Qualität grundlegend gewandelt. Auslöser sind veränderte ökonomische Verhältnisse und eine bessere Kenntnis des Angebots durch das Internet. Heute ist schick, wer beim Modekauf Geld spart. Jeder versucht zu handeln, und dem Verbraucher spürbare Qualität zu bieten ist ein guter Marketingtrick. Prominente in Topshops, Designer-**Zweitlinien** und **2-for-1**-Angebote – sie alle gehören dazu. Eine Faustregel besagt, dass sich billige Kleidung zwar in großen Mengen verkauft, dass dies jedoch nicht zwangsläufig zu höheren Gewinnen führt. Für gewöhnlich ist der Gewinn pro Stück niedriger. Manchmal mindern **Preisnachlässe** in den Augen der Konsumenten den Wert der Ware und erschweren so langfristig rentable Preise. Um sich von der Konkurrenz abzugrenzen und Kunden zu binden, entwickeln viele Unternehmen Mehrwert-Strategien wie Kundenkarten, Clubmitgliedschaften, Nachlässe sowie Kredit- und Unterhaltungsangebote.

Die Preisschwellen des Groß- und Einzelhandels differieren (etwa aufgrund der im Einzelhandel fälligen Umsatzsteuer), dennoch muss der Endpreis hier wie dort so hoch sein, dass er einen Gewinn bringt, und so niedrig, dass die Nachfrage nicht leidet. Diese Grenzen werden u.a. **Basispreis** und **Höchstpreis** genannt, dazwischen liegt die potenzielle Gewinnspanne. Diese ist bei Designermode sehr hoch. Dagegen ist sie im Lizenzverkauf von Kleidung, etwa in Flughafenläden oder Boutiquen in größeren Kaufhäusern, niedriger – zum einen, um der massiven Konkurrenz trotzen zu können, zum anderen wird sie noch zusätzlich durch Lizenzgebühren reduziert. Der Vorteil ergibt sich aus den Verkaufszahlen. In Kapitel VI finden Sie weitere Informationen zur Kostenrechnung Ihres Designprojekts und in Kapitel VII zur Ermittlung der Verkaufspreise einzelner Kleidungsstücke.

Es gibt fünf Ansätze zur Preisgestaltung:

Preisgestaltung

1 **Kostenorientierter Ansatz** (Selbstkosten plus Standardaufschlag, Break-even-Analyse und Zielgewinn)
2 **Nachfrageorientierter Ansatz** (Grundlage ist der Wert, den ein Produkt für den Käufer hat)
3 **Psychologischer Ansatz**
4 **Wettbewerbsorientierter Ansatz** (Preisgestaltung in Relation zu den Preisen der Konkurrenz)
5 **Dynamischer Ansatz** (Anpassung des Preises an die Kaufkraft des Kunden bzw. die Marktverhältnisse)

Kostenorientierte Preisgestaltung ist in der Bekleidungsindustrie gang und gäbe: Um den Großhandelspreis zu bestimmen, ermittelt man alle Produktionskosten der Kleidung – die sich aus Material, Arbeitslohn und einem Gemeinkostenanteil bilden – und addiert für den Zielgewinn einen prozentualen Aufschlag von üblicherweise 50–120%. (Der Aufschlag von Outlets für Designermode ist höher.) Der Händler setzt den Verkaufspreis fest und rundet ihn auf bzw. ab auf die nächste vertretbare Zahl. Arbeitet die Mehrzahl der Unternehmen eines Sektors nach dieser Methode, ähneln sich die Preise, und der Wettbewerb ist gering. Sie wird als fairer, unkomplizierter Weg zum Preis angesehen, da der Handel aus einer schwachen Nachfrage bzw. einem Unterangebot keinen Nutzen zieht. Allerdings funktioniert diese Methode nur, wenn der Absatz wie erwartet verläuft. Verkauft sich die Kleidung schlecht, muss sie im Preis gesenkt werden, und das Unternehmen riskiert langfristig Verluste. Der Modemarkt ist äußerst zeitkritisch. Um einen Gesamtverlust zu verhindern, muss ein Unternehmen den Break-even-Point (oder Deckungsbeitrag) erreichen, bevor die Preissenkungen beginnen.

Nachfrageorientierte Preisgestaltung beruht auf dem Wert, den ein Stück für den Käufer hat – nicht auf den realen Kosten. Sie bedeutet die Umkehrung der kostenorientierten Methode, und der Kunde bestimmt den Preis. Jeder Verkäufer weiß, dass manche Preise »richtig« klingen und manche nicht, obwohl sie nur wenige Cents voneinander abweichen.

Psychologische Preisgestaltung ist eine Strategie, die sich krummer Preise bedient – welche sich für gewöhnlich am Wert von Banknoten orientieren –, um den Verkauf zu fördern (z.B. 49,95 €). Der Einzelhandel im oberen Preissegment rundet die Werte in der Regel auf die nächste ganze Zahl auf. Das Unternehmen definiert einen Zielpreis – je nachdem, was nach seiner Ansicht der Käufer für das Produkt ausgeben möchte, und fertigt dann erst den an den Preis angepassten Artikel. Diese Methode bewertet außer der Kleidung selbst auch Service, Nachbetreuung, Verpackung und Lieferung und setzt genaue Kenntnis des Marktes und der Konkurrenz voraus. Insofern passen Modefirmen ihre Preise und Gewinnspannen an die Wertvorstellungen ihrer Kunden an. Viele Modeartikel – etwa aus Leder und Seide – wirken wertvoller, als sie tatsächlich sind, und können hohe Gewinne abwerfen. Die Herstellungskosten eines Mantels können unter denen eines Herrenhemds liegen. Kollektionen und Warenbestände eines Shops sind ausgewogen, und mit **Lockartikeln** wird unterm Strich die Gewinnzone erreicht.

Wettbewerbsorientierte Preisgestaltung orientiert sich an den Preisen der Konkurrenz – Kosten oder Nachfrage sind sekundär. Diese Methode wird von kleineren Firmen im Windschatten des Marktführers oder in Preiskämpfen angewendet. Manche Vertragshersteller stimmen in Ausschreibungen ihre Preise auf die Konkurrenz ab. Auch in Internet-Auktionen für Modeverträge gewinnt das Verfahren an Bedeutung.

Dynamische Preisgestaltung ist eine neue Methode, die zunehmend in Läden und im **Internethandel** Fuß fasst. Sie beinhaltet verschiedene Preise für unterschiedliche Kunden einer Filiale – je nach Marktbedingungen, Zeitpunkt des Einkaufs oder Käuferprofil und -budget laut Kunden- bzw. Kreditkarte – und kann große Vorteile für Firmen- und Privatkunden schaffen. Da sie aber die Speicherung und Nutzung sensibler Daten voraussetzt, hat sie auch Gegner.

Als Designer müssen Sie die Preise Ihrer größten Konkurrenten kennen. In keiner Marktanalyse darf der Blick auf die Etiketten und die Preisspannen der Wettbewerber fehlen. Preise müssen fair sein und der Material- und Verarbeitungsqualität entsprechen. Sie sollten auch einen Überblick über die zusätzlichen Kaufanreize wie Kreditangebote, Werbegeschenke und -anzeigen haben. Wenn Ihre Entwürfe für eine große Kette bestimmt sind, zählt jede Fertigungsminute im Hinblick auf den Endpreis des Produkts. Bisweilen muss eine Armee von Leuten der Fertigung eines Kleidungsstücks zustimmen, und Ihr Entwurf wird x-mal geändert, bevor er im Laden erscheint. Die Kalkulation zeigt, was alles zum Design dazugehört: Einlagen, Knöpfe, Etiketten, Verpackung usw. Vielleicht wird man Ihnen raten, mit Einkäufern über Verkaufspraxis und Käuferverhalten zu sprechen, über unterschiedliche Preislevel und darüber, unter welchen Bedingungen der Absatz von Ladenhütern steigern. Im Einzelhandel ist der richtige Preis von zentraler Bedeutung.

Preiszyklus

Mode unterliegt einem ständigen Wandel. Ist die neue Kollektion da, muss die alte aus den Regalen verschwunden sein. In der Modeindustrie regeln das bis zu einem gewissen Grad die Jahreszeiten und der **Modezyklus**. Der Verbraucher lässt sich Mode dennoch nicht gegen seinen Willen aufschwatzen: Mehr denn je bestimmt der Käufer das Marktgeschehen. Allerdings besitzt die Branche mit dem Preis eine Waffe von großer Überzeugungskraft. Im oberen Marktsegment dominiert nach wie vor der Wunsch nach Exklusivem als Statussymbol. Im mittleren Marktsegment erwacht das Verlangen nach einem Kleidungsstück, wenn es zum Budget des Kunden passt. Jeder Modegroßhandel und jedes Modehaus hat quantifizierbare Aufträge und gewinnt über Marktanalysen, Messen und Modenschauen ein Gefühl dafür, wie beliebt ein Stil werden wird. Kommt ein neuer Stil zu Beginn der Saison in die Läden, wird sein Preis auf dem höchsten gerade noch realistischen Niveau festgesetzt. Der Verkauf erfolgt zunächst über die hauseigenen Outlets oder Händler mit **Exklusivverträgen**, um durch Mangel die Nachfrage zu steigern. Später wird die Ware, vielleicht aus günstigerem Material und zu einem niedrigeren Preis, auch an andere Händler geliefert. Ist der Stil en vogue und füllt die Journale, bieten Ladenketten nach wenigen Wochen ähnliche Kleidung und Nachahmungen zu konkurrenzfähigen Preise an. Schließlich tauchen auf Märkten schlecht verarbeitete, billige Kopien auf, und die Marktsättigung tritt ein. Der Designerladen kann den ursprünglichen Preis nicht mehr halten. Allmählich kommt der Stil nun mit sinkender Nachfrage aus der Mode. Nicht verkaufte Ware wird im Schlussverkauf herabgesetzt, dann in Discountern oder auf Lagerverkäufen angeboten und schließlich zum Recycling zurückgeschickt. Designerläden müssen das Interesse der Verbraucher durch die frühzeitige Einführung neuer zukunftsweisender Trends wach halten.

Der Preiszyklus

- Nachfrage nach neuem Stil ersetzt Modetrend
- Beginn der Saison
- Einführung auf höchstem Preisniveau
- Hoher Preis; Versionen in besseren Läden
- Preis sinkt mit breiterer Verfügbarkeit
- In Ladenketten zu erschwinglichen Preisen
- Nachahmungen auf Märkten erhältlich
- Im Schlussverkauf herabgesetzt
- Verkauft sich nicht mehr
- Vom Markt genommen
- Neuer Stil erscheint auf dem Laufsteg

Firmenidentität und Branding

Designer oder Unternehmen investieren meist viel Geld, Zeit und Fachwissen in die Entwicklung neuer Mode oder innovativer Kleidung. Wenn ein Produkt entwickelt und sein Vertrieb auf einem Zielmarkt etabliert ist, strebt das Unternehmen danach, sein Produkt durch eine einzigartige, erkennbare Identität zu schützen.

Modefirmen haben ein **Logo**, **Label** oder **Firmenzeichen** (Firmenschild), um den Verkauf anzuregen und die Treue der Kunden zu fördern und zu belohnen. Für manche Verbraucher ist das Label oft wichtiger als die Kleidung selbst. Markennamen, Warenzeichen und Logos werden gegen eine Gebühr eingetragen, wodurch das Unternehmen die exklusiven Nutzungsrechte erhält. Bei Warenzeichen ist auch die internationale Eintragung möglich. Sogar Designs können eingetragen werden: Chanel ließ eine gesteppte Handtasche mit Initialen und vergoldeter Kette als Warenzeichen eintragen, Levi Strauss die Doppelnaht an den Gesäßtaschen ihrer Jeans. Durch die relativ günstige Eintragung können Marken oder Logos zu eigenständigen Vermögenswerten werden, durch die einfache Kleidungsstücke wie T-Shirts und Unterwäsche erheblich an Wert gewinnen. Nike, die ihr Logo für nur 35 US-Dollar von der Designerin Caroline Davidson kauften, zahlen mittlerweile Millionen für seine Vermarktung und seinen Schutz – so wertvoll ist seine kommerzielle und symbolische Bedeutung geworden. Die rechtswidrige Verwendung eines Logos oder seine Fälschung ist in den USA und den Unterzeichnerstaaten der EU-Verordnung zur Warenzeichenfälschung von 1986 strafbar.

Copyright

In der Welt der Mode kann es manchmal schwierig sein, die Herkunft eines Designs zu ermitteln. Neue Moderichtungen sind sehr oft verbesserte Versionen ihrer Vorgänger. Einige **klassische** Stile, etwa Herrenhemden, Faltenröcke oder Schlaghosen, sind so weit verbreitet, dass sie als Allgemeingut gelten und nicht geschützt werden können. Von Zeit zu Zeit gibt es jedoch innovative Ansätze in Materialverwendung, Zuschnitt oder der Anordnung von Kleidungsmerkmalen, die für ein Design stehen, das durch Copyright oder ein Patent geschützt werden sollte. Der Erfinder kann das Design unter seinem Namen eintragen lassen, solange er nicht für ein Unternehmen tätig ist. In diesem Fall besitzt das Unternehmen das Nutzungsrecht, normalerweise auf Lebenszeit plus 70 Jahre. Ein Modedesigner kann nur die Originalzeichnung seines Designs eintragen lassen, nicht das fertige Kleidungsstück. Die Zeichnung muss mit der Unterschrift des Designers, einem Datumsstempel und dem Copyrightsymbol versehen und bei einer Bank oder einem Rechtsanwalt hinterlegt werden. Wenn andere Firmen das Design verwenden möchten, müssen sie eine **Lizenz** beantragen und für jedes produzierte Kleidungsstück eine Lizenzgebühr bezahlen. Der Industriestandard liegt bei 3–8% des Großhandelspreises. Der französische Modeschöpfer Pierre Cardin ist König der Lizenzverträge; in den 1970er-Jahren hatte er mehr als 800 Lizenznehmer, die Mode, Accessoires und Haushaltsartikel mit seinem **Label** herstellten. Lizenzierte Waren von schlechter Qualität können der Firmenidentität jedoch auf Dauer beträchtlich schaden.

Wenn illegal Kopien angefertigt werden, gilt dies als Verletzung des Copyrights, und der Fall kann vor Gericht gebracht werden. Das kopierte Kleidungsstück nennt man **Imitat**. Leider gilt das Copyright nur innerhalb der eigenen Landesgrenzen. Ein Design mit britischem Copyright ist auch nur in Großbritannien geschützt. Die meisten Raubkopien werden im Fernen Osten hergestellt. In Indonesien, auf den Philippinen und in Taiwan wird geistiges Eigentum nicht anerkannt, und gegen Fälschungen kann nur sehr

Einer 2004 erschienenen US-Studie des National Institute of Child Health and Human Development zufolge weisen amerikanische Kinder den weltweit höchsten Anteil an fettleibigen auf. Laut der Studie sind 31% der Mädchen und 28% der Jungen in den USA fettleibig. Designer und Einzelhändler reagierten schnell – etwa mit der Umbenennung und Vermarktung der Mode von »Husky« für übergewichtige Mädchen und Jungs.

wenig unternommen werden. In den USA besteht trotz eines allgemein anerkannten Copyright-Gesetzes schon lange die Tradition, dass Couture-Kleider sofort kopiert werden, sobald sie in den Topboutiquen erscheinen. Obwohl die **Couturiers** einigen amerikanischen Herstellern Rechte einräumten, wurden diese weithin missachtet, und der Handel profitierte von der schlechten Überwachung derartiger Praktiken.

Fälschungen können schwer nachzuweisen sein. Wann folgt ein Modehaus einem Trend, wann verstößt es gegen das Gesetz? Wenn **Schnittmuster** aus der Fabrik eines Vertragsunternehmens gestohlen bzw. kopiert werden, Originalstücke oder auf Bestellung bedruckte Stoffe vorgefunden werden, ist der Fall eindeutig. Viele Unternehmen führen harte Maßnahmen zum Schutz ihres geistigen Eigentums ein, andere halten Nachahmung für die ehrlichste Form des Lobs und wenden sich neuen Designs zu.

Dennoch – überall auf der Welt laufen Marken Gefahr, von Nachahmern ihrer erfolgreichen Produkte (und denen, die sie kaufen!) zu Tode gelobt zu werden. Durch Fälschungen gehen nicht nur potenzielle Kunden verloren, sie schwächen auch das Markenprofil des Originals, indem sie sein Image abwerten, eine Kontrolle über die Verbreitung des Originaldesigns vereiteln, die Rendite des für die Designentwicklung eingesetzten Kapitals schmälern und die für eine Weiterentwicklung benötigten Einkünfte vernichten.

Junge Designer müssen sich den Unterschied zwischen dem Einfluss anderer auf die eigene Arbeit und dem bloßen Kopieren vor Augen führen. In der Ausbildung studieren Sie historische und zeitgenössische Mode, um Schnitttechniken und stilistische Details zu erlernen, und zeichnen und analysieren die Arbeiten bekannter Designer. Manche Projekte verlangen, im Stil eines bestimmten Designers oder für ein konkretes Label zu arbeiten. Inspiration durch andere ist natürlich. Wichtig ist, zwischen Einfluss, Hommage und Nachahmung zu unterscheiden. Achten Sie darauf, wenn Sie fremde Ideen »übernehmen«, die Quelle zu nennen und eigene Vorschläge zu machen, statt die Arbeit anderer als die eigene auszugeben. In der Ausbildung werden Fälschungen sehr ernst genommen, und Sie riskieren Ihr Scheitern, wenn Sie Entwürfe kopieren oder Arbeiten schreiben lassen.

Oft hört man, es gäbe nichts Neues mehr; viele Designs tauchen wieder auf und werden neu aufbereitet. In Wahrheit verwenden glaubhafte Designer moderne Stoffe, feine Veränderungen in Schnitt, Passform und der Art, wie ein Stil mit anderen Teilen kombiniert wird, um Looks zu aktualisieren und neue Trends zu kreieren. In der Ausbildung wird jedoch größter Wert auf Originalität gelegt. Gelegentlich kommt es zu Rivalitäten, wenn die Werke von Studenten, die am gleichen Thema oder an eng definierten Projekten arbeiten, Ähnlichkeiten aufweisen. Steckt böser Wille dahinter, sollten Sie dies mit Ihren Tutoren besprechen, doch meistens handelt es sich um natürliche Parallelen. Das passiert überall in der freien Wirtschaft. Eine Mode wird erst geboren, wenn sich genug Leute für die gleichen Formen und Ideen begeistern. Die meisten Akademien betrachten Ihre praktischen Arbeiten als Ihr geistiges Eigentum. Sie sollten jedoch prüfen, ob das auch für Ihre Schule gilt. Stammen Material und Zubehör aus fremden Quellen, wird Ihre Arbeit möglicherweise als Gemeinschaftsprojekt gesehen. Wenn Sie von einem Unternehmen gesponsert werden oder ein Preisgeld erhalten, sollten Sie immer schriftlich vereinbaren, was von Ihnen erwartet wird. Erkundigen Sie sich nach Vorschriften zur Aufzeichnung, Archivierung, Lagerung und Entsorgung von Arbeiten, die verhindern, dass Sie sie mitnehmen oder verkaufen können. Machen Sie Fotokopien aller Entwürfe, die an Wettkämpfen teilnehmen. Manchmal werden Arbeiten monatelang nicht zurückgesandt und nehmen Schaden, oder Elemente, die in der Schule benotet werden sollten, fehlen.

Weiterführende Literatur und zusätzliche Quellen

Albaum, Michael, *Das Kundenbuch. Menschen und ihr Einkaufsverhalten bei Bekleidung*, Frankfurt/M., Dt. Fachverlag, 2000

Blanchard, Tamsin, *Fashion and Graphics*, London, Laurence King, 2004

Bohdanovicz, Janet & Liz Clamp, *Fashion Marketing*, Oxford, Blackwell Science, 1995

Formatschek, Wolfgang & Stefan Rinderknecht, *Praxisorientiertes Marketing im Textileinzelhandel*, Frankfurt/M., Dt. Fachverlag, 2001

Hermanns, Arnold, Wißmeier, Urban & Jost Krebs, *Internet und Mode-Marketing*, Frankfurt/M., Dt. Fachverlag, 1997

Klein, Naomi, *No Logo*, New York, Harper Collins, 2000

Stephens Frings, Gini, *Fashion – From Concept to Consumer*, Upper Saddle River, Prentice Hall, 2002

White, Nicola & Ian Griffiths, *The Fashion Business. Theory, Practice, Image*, London, Berg Ltd, 2004

Marketing und Marktanalysen
Verdict Research   www.verdict.co.uk – Einzelhandelsanalysen und Berichte
Key Note Market Reports   www.keynote.co.uk – Unternehmens- und Marktanalysen
European Business Information   www.euromonitor.com – Weltweite Marktforschung

The Department of Trade and Industry   www.dti.gov.uk
Informationsplattform der britischen Regierung für fairen Welthandel

Copyright
Anti Copying in Design Ltd   www.acid.uk.com
Acid ist ein britischer Wirtschaftsverband, der gegen Urheberrechtsverletzungen vorgeht. Er unterstützt international tätige Unternehmen, Studenten, Nachwuchsdesigner und Freiberufler.

Copyright Licensing Agency   www.cla.co.uk
Die Copyright Licensing Agency Ltd ist die britische Verwertungsgesellschaft.

Modenschauen
London Fashion Week, Terminplan und News   www.londonfashionweek.co.uk
Streetfashion- und Einkaufsführer für London   www.fuk.co.uk
Informationen zur Prêt-à-porter Paris   www.pretparis.fr
Französische Couturiers und Designer   www.modeaparis.com
New Yorker Modeportal   www.7thonsixth.com
»Die« US-Quelle für Mode-Adressen weltweit   www.thenationalregister.com

Quellen der Branche
Kemps British Clothing Industry Yearbook
Jahrbuch mit Unternehmen, Messen und Markennamen von A – Z, außerdem nach Kategorien getrennte Übersichten: Herrenmode, Damenmode, Kindermode, modische Accessoires, Stoffe und Gewebe, Posamenten, Maschinen und Hilfsausrüstung, Dienstleistungen

Fashion Monitor
Kalender mit Events und Marketingdaten
27–29 Macklin Street
London WC2B 5LX
Tel. 0044 (0)20 7190 7788

WGSN   www.wgsn-edu.com – Informationen, Nachrichten und Ressourcen der Modebranche

Fashion UK   www.widemedia.com/fashionuk/fashion/ – Marketing und Events

Hoover's   www.hoovers.com – Daten international tätiger Unternehmen

Der Körper III

Inspirierende Körper

Schon früheste Aufzeichnungen belegen, dass Menschen, die sich mit der Herstellung von Kleidung befassten, für neue, funktionale und dekorative Körperbedeckungen vom Körper selbst und seiner Wechselwirkung mit Materialien inspiriert wurden. Für den Entwurf effektiver, bequemer, gut sitzender Bekleidung muss der Designer den menschlichen Körper als bewegliche Struktur begreifen. Die Evolution der Kleidung, wie wir sie kennen, dauerte viele Jahrhunderte. Sie ging einher mit der Fähigkeit, die menschliche Silhouette zu vermessen, bildlich darzustellen und diese Informationen weiterzugeben.

Visualisierung des Körpers

Um Mode zu entwerfen, benötigen Sie solides anatomisches Wissen – wie Muskeln und Skelett miteinander verbunden sind und wie sie bei Bewegungen funktionieren. Diese Grundformen entscheiden darüber, wie ein Stoff sitzt, ob er sich harmonisch mit dem Körper oder abweichend bewegt. Bestimmte innere Einstellungen – Schwäche, Stärke, Energie oder Trägheit – können durch die Körperhaltung, etwa eine schräge Kopfhaltung oder die Fußstellung, ausgedrückt werden. Der Modedesigner muss sich den Körper visuell vorstellen können, bevor er an einer **Kollektion** arbeitet.

Die physische Struktur des Körpers ist symmetrisch um eine vertikale Achse angeordnet. Der Kopf bildet den zentralen Höhepunkt einer Silhouette, die von vorne und in Bewegung von der Seite betrachtet dreieckig ist. Im täglichen Leben erkennen wir Körper von vielen Blickwinkeln aus sowie in Bewegung. Bildliche Darstellungen zeigen den Körper jedoch meist von vorne und in passiver Haltung, obere Körperhälfte und Gesicht stehen dabei im Mittelpunkt. Männliches und weibliches Körperschema unterscheiden sich stark. Alle Dimensionen der weiblichen Form sind abgerundeter, was der Archetypus der Stundenglasfigur vereinfacht und oft übertreibt. Der flache Umriss des männlichen Körpers stellt sich mit breiteren Schultern als »umgekehrtes Dreieck« dar.

Die komplexere, rundere Form der reifen Frau ist leichter zu zeichnen, aber schwieriger zu bekleiden: eine größere Herausforderung für den Schneider. Durch Korsetts, Fußbandagen und Einschnürungen haben Frauen über Jahrhunderte Schmerzen ertragen, um den Idealen sexueller Attraktivität zu entsprechen. Soziologen und Bekleidungswissenschaftler sind sich einig, dass die Forderung nach Kleidung, die der Figur schmeichelt oder sie betont, je nach Epoche von Männern oder Frauen stammt.

Schöne Körper

Jede Epoche, aber auch Gesellschaftsgruppe hat ihr eigenes Schönheitsideal. Schon von Kindesbeinen an vergleichen wir uns mit anderen; wir objektivieren unseren Körper und den anderer. Diese Eindrücke werden von der kollektiven Meinung gestützt. Schlankheit und eine muskulöse Figur gelten als Indikatoren für Jugend, ein aktives Leben, Selbstbeherrschung des Körpers und sexuelle Vieldeutigkeit oder Frische. Größe impliziert Überlegenheit im wörtlichen Sinne: Große Menschen müssen auf andere hinabsehen. Das Ideal ist meist gesund und glücklich, mit gepflegtem Haar und großzügigen, symmetrisch angeordneten Gesichtszügen. Das vergangene Jahrhundert verzeichnete jedoch auch starke Trends hin zu flachbrüstigen, kränklich und unglücklich wirkenden Models. Twiggy verkörperte in der Überflussgesellschaft der 1960er-Jahre den Look der unterentwickelten, unschuldigen und übermütigen jungen Frau, die den männlichen Beschützerinstinkt ansprach und so der neu gefundenen Freiheit und finanziellen Unabhängigkeit der Frauen zuwiderlief. Ihr »blasser und interessanter« Look war Vorläufer der Models der 1990er-Jahre mit ihrer Aura eines vernachlässigten Kindes.

Oben Herstellung von Schaufensterpuppen 1950: Ein Wachsmodell wird mit Zellulose-Lack besprüht. Gestalt und Material von Schaufensterpuppen betonen, welcher Aspekt des Körpers jeweils als schön gilt.

Gegenüber Modeillustration setzt Anatomiekenntnisse voraus und eine Vorstellung davon, wie das Zusammenspiel von Knochen und Muskulatur eine Pose erzeugt.

Das Knochengerüst

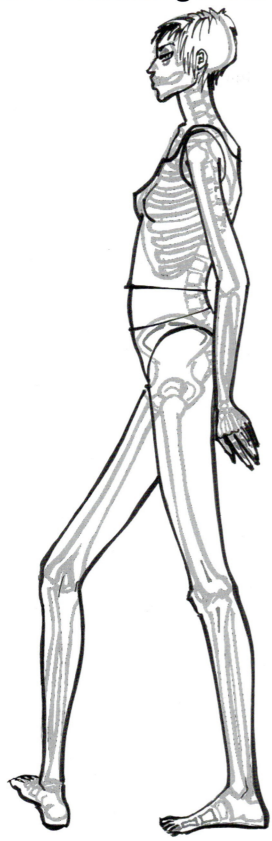
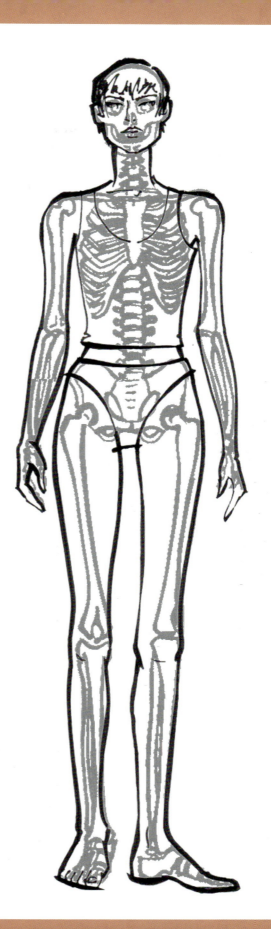

Bis vor drei Jahrzehnten war die Mode ein Lebensausdruck der weißen, westlichen Gesellschaft, und schwarze, asiatische oder orientalische Models waren in den Medien eine Seltenheit. Gegenwärtig sieht man jedoch häufiger »ethnische« Models auf den berühmten Laufstegen und an Plakatwänden. Sie verkörpern feine, aber deutliche Veränderungen in der Ästhetik der physischen Form. Models wie Iman oder Naomi Campbell ebneten den Weg für die afrikanische Schönheit Alek Wek.

Idealmaße sind von Natur aus selten, so dass die von uns Auserwählten nicht die breite Masse repräsentieren. Weniger als 5% der Frauen haben Modelmaße. Ein Model wiegt heute 23% weniger als der Durchschnitt; vor 20 Jahren waren es noch 8%. Wir sind

Links Seit den 1960ern produziert die Firma Adel Rootstein Schaufensterpuppen, die Idealkörper, Haltung und Look der derzeitigen Mode verkörpern. Von Zeit zu Zeit tritt der unbeholfene Teeny-Look an die Stelle des eleganten, weiblichen Stils.

Unten, von links nach rechts
Ausschließliche Bekleidung der Extremitäten zieht den Blick auf den Torso.
Die kurvenreiche Modelfigur wird durch die kontrastierenden Einsätze im Kleid betont.
Heute sieht man alle Altersklassen und Ethnien auf dem Laufsteg.

Gegenüber Madonna hat eine Reihe von Körpermerkmalen wie den Bauch und den athletischen weiblichen Körperbau populär gemacht, indem sie sich selbst durch Training umformte.

Gegenüber unten Kate Moss für Stella McCartney. Die Wahl des Models ist wichtig für die Vermittlung der nonverbalen Botschaft.

so daran gewöhnt, in Zeitschriften und in der Werbung unnatürlich schlanke Models zu sehen, dass viele ihre durchschnittliche Figur für abnorm halten. Zahlreiche Kritiker klagen die Medien und insbesondere die Modebranche für diese Vermarktung unwirklicher Körper an. Viele der in den Medien gezeigten perfekten Körper existieren überhaupt nicht. Die Werbeindustrie kreiert durch digitale Bildmanipulation unmögliche Standards weiblicher Schönheit. Der Blick wird intensiver, die Zähne werden heller, Taillen schmäler, Beine länger und Zellulitis, Fältchen und Makel korrigiert Airbrush.

Emotion und Gestik

Ebenso wichtig wie die visuelle und ästhetische Erscheinung des Körpers sind die Haltung und die Erscheinung des Körpers in Bewegung. Zwar werden Aktmodelle schon seit Jahrhunderten in der Malerei eingesetzt, doch fordert die Natur dieser Kunstform in erster Linie bewegungslose Posen. Die Modefotografie erschuf eine neue Sprache der Gestik. Ein Studium der Arbeiten von Fotografen wie Cecil Beaton und Juergen Teller, Rankin und Corinna Day verdeutlicht die Bedeutung bestimmter Posen in verschiedenen Epochen. Durch die Verinnerlichung dieser gestischen Übertreibungen der Körperbewegung lernen Models, zu gehen, zu stolzieren, zu schmollen und eine Reihe von Gefühlen auszudrücken, die nonverbal verstanden werden. Madonna schuf hierfür den Ausdruck »Vogueing«. Mit der bereitwilligen Hilfe von Modedesignern – allen voran Jean-Paul Gaultier, der 1990 die fetischistischen Korsetts für ihre Tour »Blonde Ambition« entwarf – erfindet sie sich und ihren Körper immer wieder neu.

Ideal

Designer, Modeschöpfer und Fotografen suchen häufig ein bestimmtes Model oder eine Persönlichkeit, die sie inspiriert oder ihr Ideal verkörpert. Sie möchten ihre Kleider von den aktuell begehrtesten Körpern präsentiert wissen oder dass ihr Model eine unwiderstehliche Haltung verkörpert. Beim Casting für eine Modenschau werden die Models aufgefordert, zu »gehen«, einige Schritte zu machen, sich umzudrehen, zu posieren und zurückzukommen – eine Simulation dessen, was auf dem Laufsteg von ihnen erwartet wird. Manchmal sollen sie ein bestimmtes Outfit tragen, um zu sehen, wie es mit der Bewegung interagiert. Stoffe können sich beim Tragen sehr unterschiedlich verhalten – sie können wehen, rascheln, federn und schleifen, schimmern und glitzern.

Was gefragt ist, hängt vom Designer ab und vielleicht auch von der **Kollektion**. Einige Designer bevorzugen ein selbstbewusstes, aufreizendes Stolzieren, andere ein langsames, teilnahmsloses Schreiten. Freizeitmode erfordert eine andere Haltung als Abendgarderobe. Akzentuiert eine Kollektion einen bestimmten Körperteil, z.B. den Rücken, braucht der Designer lange, makellose Rücken. Als Vivienne Westwood die Aufmerksamkeit auf die Brust und die weiblichen Formen lenken wollte, fand sie in der üppigen Figur von Sophie Dahl das perfekte Trägermedium für ihre Entwürfe. Allgemein hängt und fällt Kleidung gut von geraden, breiten Schultern. Lange Beine betonen die Kürze eines Rockes und erlauben eine größere Menge an Stoff bei einem langen Kleid. Posen werden durch längere Gliedmaßen stärker hervorgehoben.

Manchmal möchten Designer auch andere Attribute wie »Natürlichkeit« oder »Intelligenz« ausdrücken. Issey Miyake setzte 50- und 60-jährige Männer und Frauen ein, um seinen Kollektionen Würde zu verleihen. Alexander McQueen überraschte die Modewelt mit seiner Vorliebe für Aimée Mullins – Model, Leichtathletin und zweifach Amputierte. Er entwarf sogar ein Paar handgeschnitzter Beine, auf denen sie den Laufsteg hinunterlief.

Zeichnung und Illustration

Als Modedesigner muss man sich entscheiden, für welche Körperform man entwirft: welche Merkmale man betonen oder verstecken möchte und wie viel nackte Haut gezeigt werden soll. Ein Gespür dafür, wie Stoffe sich um den Körper drapieren, kann durch das Studium von Gemälden und Skulpturen sowie der Geschichte der Mode erworben werden. Noch besser ist es jedoch, die menschliche Figur direkt zu studieren und das Skizzieren und Malen sowie das Drapieren von Stoffen am Aktmodell zu üben.

Man kann Menschen in fast allen Situationen beobachten und zeichnen. Nehmen Sie ein kleines Notizbuch mit und skizzieren Sie **Silhouetten**, Linien und Details, die Ihnen auffallen. Um einen interessanten Aspekt festzuhalten, sollten Sie lieber übertreiben als originalgetreu kopieren. Bis zu einem gewissen Grad werden Sie neben Kleidern auch eine Idealfigur entwerfen. Sie können eine Muse wählen und Ihre Entwürfe an deren Körper optimal zur Geltung bringen, indem sie sie entsprechende Posen und Haltungen einnehmen lassen. Vergessen Sie jedoch nie, dass es keinen Modemarkt für den perfekten Körper gibt. Wie auch immer das Ideal eines Designers aussehen mag: Fundierte Kenntnisse des menschlichen Körpers und seiner Interaktion mit Stoffen und Kleidern sind für eine realistische Sichtweise unbedingt erforderlich.

Ein Modedesigner muss oft schnell etwas skizzieren, um spontane Ideen festzuhalten, flüchtige Bewegungen einzufangen und so genügend Einfälle für ein in sich geschlossenes Ganzes zu sammeln. Illustratoren von Modenschauen wie Gladys Perint Palmer und Colin Barnes beherrschen die Kunst, mit einigen ausdrucksvollen Linien Formen, Stoffeigenschaften und Stimmungen wirkungsvoller einzufangen als die Kamera.

In der Ausbildung wird viel Zeit auf das Erlernen der Mode- und Aktzeichnung verwendet. Auch der Fähigkeit, Ideen visuell und originell auszudrücken, kommt große Bedeutung zu. Die Modezeichnung in ihren vielen Formen ist ein hoch geschätztes Werkzeug für die Vermittlung sowohl technischer als auch ästhetischer Informationen. Das Modezeichnen und -malen folgt eigenen spezifischen Regeln, die erlernt und geübt werden wollen, bis eine gewisse natürliche Fertigkeit erworben ist. Zudem wird die Entwicklung einer eigenen **Handschrift** erwartet: Sie setzt sich aus einer persönlichen Note, der Körperform, für die man entwirft, und schließlich den eigenen Designs zusammen.

Ganz oben Illustrationskurs mit Modell

Oben Der Dozent des Zeichenkurses bietet Rat und Unterstützung.

Aktzeichnen

Kurse für Aktzeichnen bieten Ihnen die Gelegenheit, Anatomie aus erster Hand zu studieren und das harmonische Zusammenspiel von Muskeln und Knochen bei verschiedenen Posen zu beobachten. Hier erlernen Sie das Zeichnen von Formen und Umrissen sowie den überzeugenden Einsatz von Linien und Schattierungen. Sie können diverse Medien ausprobieren, darunter weiche Bleistifte, Pastellstifte, Ölfarbe und Collage. Sie werden feststellen, dass sich einige Medien besser für Ihren natürlichen Stil und Ihre Gestik eignen als andere, und dass Sie einen bestimmten Maßstab oder eine bestimmte Papiersorte vorziehen. Beschränken Sie sich nicht, und bleiben Sie offen für verschiedene Ansätze. Einige bevorzugen saubere, detaillierte Zeichnungen; andere verwenden kräftige, ausdrucksstarke Farben. Der Kursleiter wird möglicherweise Empfehlungen aussprechen, z.B. wird er vorschlagen, einen anderen Blickwinkel oder einen härteren Bleistift für die Außenkonturen zu testen. Es gibt jedoch keine richtige oder falsche Herangehensweise. Sie müssen Ihren eigenen Stil entdecken.

»Einige Studierende lieben das Zeichnen und Malen mehr als das Entwerfen. Es ist keine akademische Sache; es ist wie spielen, Spaß haben, viel Schmutz machen – es muss nicht realistisch sein, man kann sich auf dem Papier selbst verwirklichen und seine Originalität zum Ausdruck bringen.«

Illustrator und Dozent Howard Tanguy

Die Modeillustration unterscheidet sich stark vom normalen Aktzeichnen und -malen. Im Wesentlichen gibt es zwei Ansätze der Modeillustration: freie Illustration und schematisches Zeichnen. Mit viel künstlerischem Geschick angefertigt, besitzt die Modeillustration die magische Fähigkeit, Intention und Essenz eines Designs festzuhalten und zu zeigen, wie es getragen wird. Harte Arbeit und viel Übung sind erforderlich, um Designideen genau darstellen zu können und einen eigenen Stil zu entwickeln.

Freie Illustration

Die freie Illustration ist dem Aktzeichnen sehr ähnlich. Viele Ausbildungsstätten bieten Kurse für Modeillustration. Die Modeskizze ist kein exaktes Abbild; sie soll Stimmungen, einen »Look« einfangen. Models sind wesentlich größer und schlanker als der Durch-

Oben links Flüchtige Bleistift- und Kohlezeichnungen können Linie und Volumen von drapierten Stoffen einfangen.

Folgende Doppelseite Vorder- und Rückseite von Mann und Frau zeigen die Verteilung der Proportionen in Modeillustrationen. Der Körper des Models ist in der Regel acht- bis neunmal so groß wie sein bzw. ihr Kopf. Die Taille liegt rund zwei Fünftel der Gesamtlänge unterhalb des Scheitels (beim Mann niedriger). Das Bein der Frau wird verlängert dargestellt. Es ist wichtig, sich Oberflächenmerkmale und ihre Lage zueinander einzuprägen. Deshalb werden zentrale Punkte wie Knie, Knöchel und Vertiefungen an Hals und innerem Ellbogen angedeutet, damit die Zeichnung an Profil gewinnt.

Proportionen für Modeillustrationen

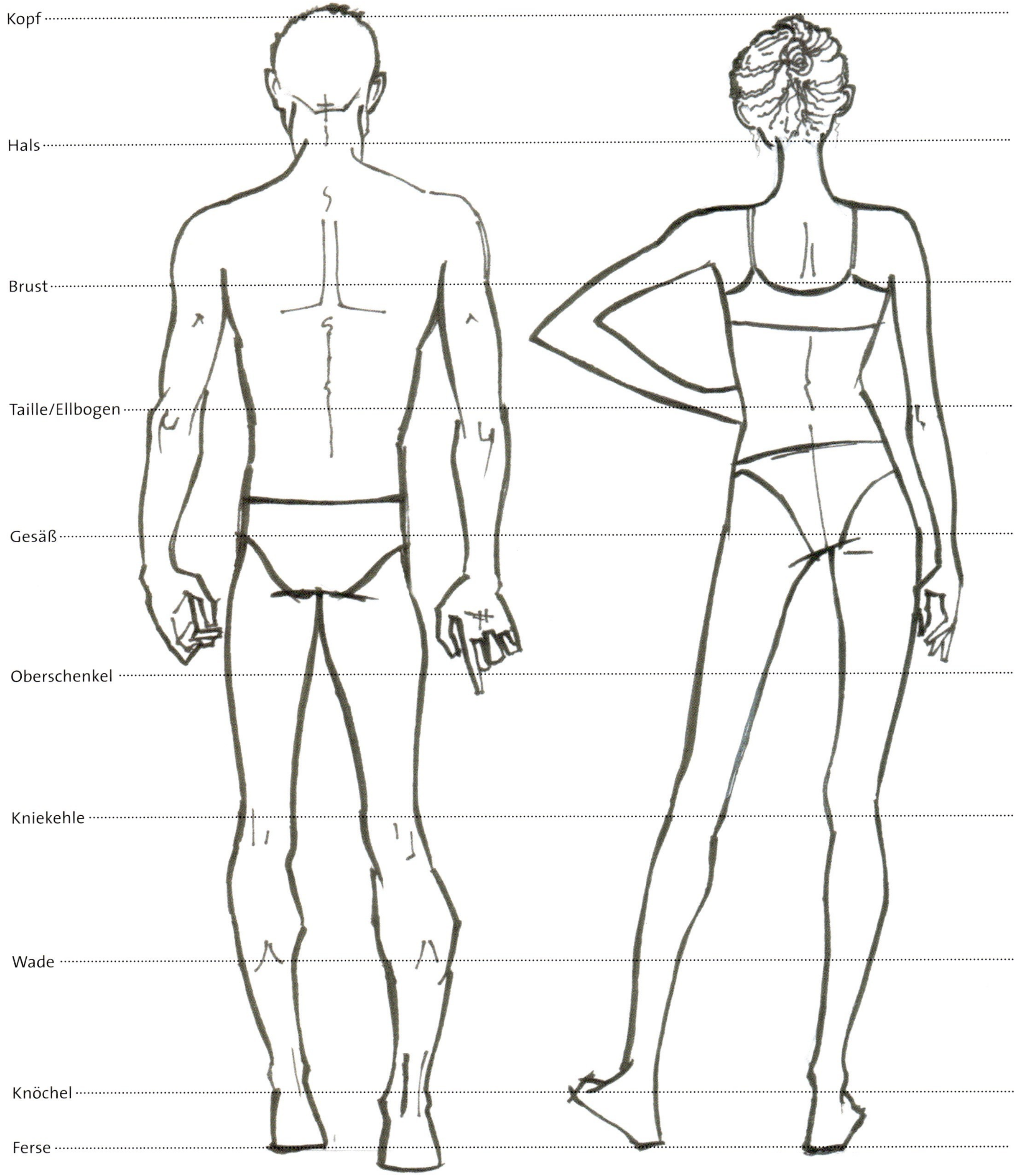

Kopf

Hals

Brust

Taille/Ellbogen

Gesäß

Oberschenkel

Kniekehle

Wade

Knöchel

Ferse

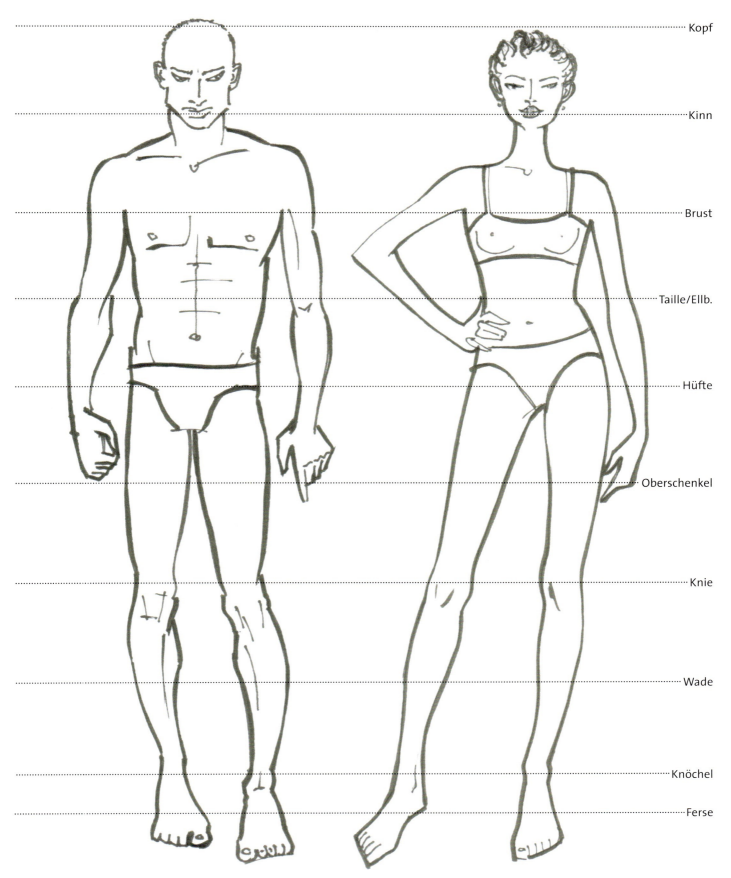

Die Modelpose

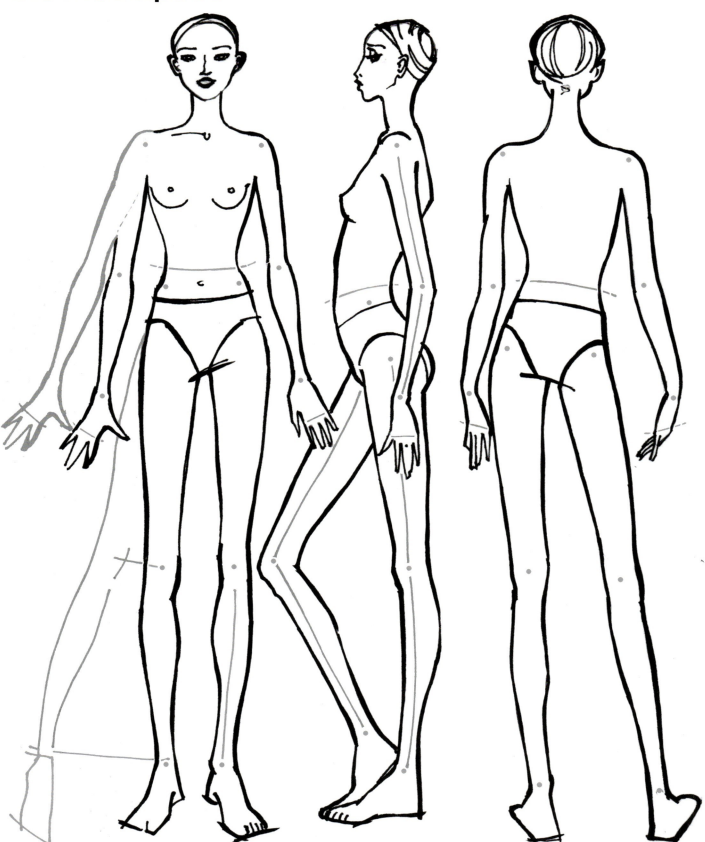

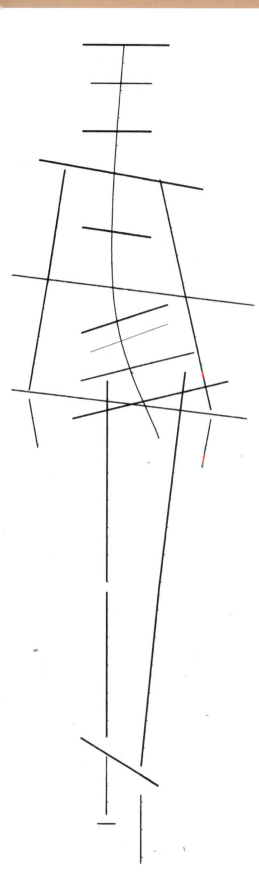
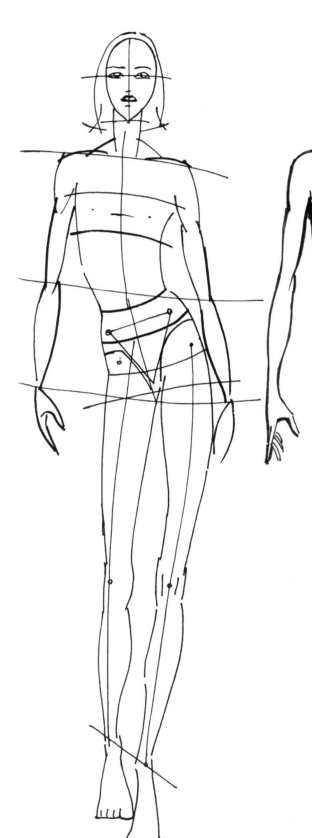

III: Der Körper 87

Die Branche verlangt eine Menge
Modeausbildungen sind sehr viel pr
der einzelnen Bereiche zugeschnitt
Herausforderung für einen Bewer
größten Aufgaben des Designers
Wahl von Form, Farbe oder Stoff i
von der Berufswahl. Jane Rapley OBE, Dekan der School of
Recherche ... aber vergessen Sie nich
David Kappo, Designer Eine Kollektion ist zu zwei Dr
Und doch weiß ich, dass es die Fant
normale schwarze Hose für den k
mein Konto füllt. Alexander McQueen, Designer Farbe zu
vorstellbar. Man muss sie sehen, ihr
und im Verhältnis zu anderen Far
Farbbibliothek in großen Glasgef
Stoffreste ... eine komplette Farbpa

unterschiedlicher Fähigkeiten, und
ser als früher auf die Anforderungen
Meiner Meinung nach besteht die
in der großen Auswahl. Eine der
die Entscheidungsfindung ... Die
schwer genug, ganz zu schweigen
and Textiles, Central Saint Martins Recherche, Recherche,
Recherche kann man nicht anziehen.
eln Kunst, zu einem Drittel Geschäft.
, das Künstlerische ist, das die ganz
ufer so begehrenswert macht und
Beispiel – Farbe ist nicht wirklich
Wirkung in verschiedenen Geweben
. Deshalb besitze ich eine riesige
en – hauptsächlich Bänder oder
tte in Gläsern. John Galliano, Designer Junge Genies

Seiten 86/87 Dank drehbarer Gelenke wie Hüften und Schultern lässt sich der Körper in den unterschiedlichsten Haltungen abbilden. Kopf und Standbein sollten eine vertikale Achse bilden, damit die Figur ausbalanciert ist. Perspektive verkürzt Gliedmaßen, die sich auf einer anderen Ebene befinden. Eine leicht gehobene Schulter oder ein geneigter Kopf lassen die Skizze lebhafter wirken. Beobachten und Üben sind die Schlüssel zu Geschwindigkeit und Stil.

Studierende üben das Zeichnen des Körpers aus verschiedenen Perspektiven, wobei sie die Winkel übertreiben, um ihr Gefühl für dreidimensionale Formen zu schärfen.

schnitt; oft ist ihr Knochenbau erkennbar. Einzelne zentrale Punkte (»Landmarks«) werden betont, um der Zeichnung Aussagekraft zu verleihen.

Achten Sie darauf, wie sich über eine schräge Achse, z.B. das Becken, Haltung und Position anderer Körperteile verändern. Perspektivisch verkürzte Gliedmaßen müssen scheinbar die gleiche Länge haben. Anders als beim klassischen Aktzeichnen sind die Körperproportionen verzerrt, der Kopf wird kleiner, Nacken und Beine länger gezeichnet. Der Kopf, dessen Größe sich seit der frühen Kindheit kaum verändert, kann über sein Verhältnis zum Körper der Festlegung des Alters dienen. Beim normalen Frauenkörper berechnet sich das Verhältnis des Kopfs zur Körpergröße, indem die Größe durch 7,5 geteilt wird, bei Modezeichnungen wird sie durch etwa 8,5 bis 9 dividiert. Die Beinlänge wird stärker übertrieben als der Torso. Da die Betonung auf der Kleidung liegt, wird die Figur etwas verlängert, um mehr Raum für Details zu haben, z.B. Taschen und Säume. Es darf jedoch nicht übertrieben werden, da die Kleidung sonst unrealistische Ausmaße annimmt. Die Beine der Männer werden nicht so stark verlängert wie die der Frauen, und der Oberkörper dominiert. Die Pose von Männern sagt weniger über ihre »Einstellung« aus als die von Frauen.

Der Körper wird meist stehend, von vorne und in entspannter Pose skizziert. Dynamischere Posen verwendet man für Freizeit- und Sportbekleidung. Dreiviertelposen können nützlich sein, um Seitennähte oder Rückendetails zu zeigen. Wenn die Rückenpartie eines Kleidungsstücks wichtig ist oder deutlich vom Anzunehmenden abweicht, wird eine einfache Zeichnung des Rückens beigefügt. Die Arme werden normalerweise nicht anliegend gezeichnet, um den Körper nicht zu verdecken. Gesicht, Hände und Füße gibt man nur dann detailliert wieder, wenn sie für das Design von Bedeutung sind.

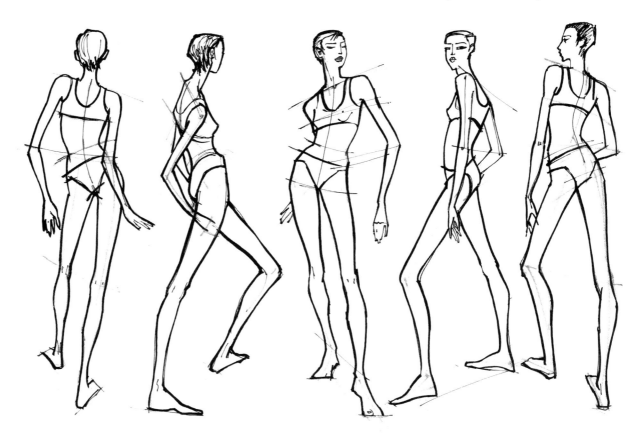

Vereinfachung ist ein Schlüsselelement der Modeskizze. Schattierungen sind nicht wesentlich, können dem Stoff aber Tiefe und den Eindruck von Schwere verleihen oder **Silhouetten** betonen. Knöpfe, Reißverschlüsse und wichtige Details werden in der Skizze gezeigt, Stoffstruktur und -farbe jedoch nur hier und da angedeutet. Farbtünche, Schattierungen und Markierstifte verwendet man häufig, um die nackte Haut vom Stoff abzuheben. Kürzel verweisen auf Falten, Plissees und Stoffarten wie Pelz, Strickwaren oder Denim. Hintergrund und Boden werden oft völlig vernachlässigt oder nur durch eine Linie angedeutet, damit die Figur nicht aussieht, als würde sie schweben.

Während des Studiums fertigen Sie Zeichnungen und Darstellungen an in Form von **Rohentwürfen**, Entwurfsentwicklungen und vollständigen Illustrationen (auch bekannt als **Croquis**). Zeichnungen werden nicht ausgearbeitet. Ziel ist es, eine Linie, ein Merkmal oder eine Stimmung mit schnellen eleganten Strichen zu vermitteln. Geschwindigkeit verleiht den Abbildungen eine gewisse Spontaneität und Sicherheit. Daher wird man Sie ermuntern, Posen und die darin eingefangenen zentralen Designlinien zügig zu Papier zu bringen. Modefotos und -journale sind gute Quellen für Posen und liefern nützliche Hinweise, wie sich Falten und Verschlüsse darstellen lassen. Beim Zeichnen stehen sich die Studenten oft gegenseitig Modell. Wenn Sie ein paar gute Posen haben, können Sie sie als Vorlagen für Rohentwürfe und Entwurfsentwicklungen einsetzen.

Rohentwürfe

Halten Sie Ihr **Skizzenbuch** oder ein Ringbuch bereit, um Ihre Ideen zu notieren. Manche Leute breiten sich gern auf einem großen Bogen aus, andere füllen lieber systematisch Blatt für Blatt. Kümmern Sie sich in dieser Phase nicht um perfekte Figuren oder Farben. Versuchen Sie, Silhouette und Designelemente in einer kleinen Skizze einzufangen, fügen Sie Bilder und Gewebe hinzu, und spielen Sie damit. Je entspannter Sie an einen Rohentwurf herangehen, desto flüssiger wird Ihr Strich – und Silhouette, Material und Proportionen des Designs entwickeln sich wie von selbst.

Entwurfsentwicklungen

Gehen Ihre Ideen in eine bestimmte Richtung, stellen Sie eine Auswahl der besten zu »Storys« zusammen. Diese arbeiten Sie systematisch durch, zeichnen und ergänzen sie, experimentieren mit Proportionen, Ausschnitten, Ärmelformen, Verschlüssen usw. Denken Sie dabei an Vorder-, Rück- und Seitenansicht. Durchsichtiges Layoutpapier erleichtert Ihnen die Arbeit. Auf die vielversprechendsten Entwürfe verwenden Sie dann mehr zeichnerische Sorgfalt. Entwurfsentwicklungen sollten klare, in den Proportionen korrekte und leicht lesbare Arbeitszeichnungen sein. Einzelheiten von Körper und Gesicht, Accessoires oder Frisuren sind nicht nötig. Wenn Sie eine ganze Serie von Stücken entwerfen, brauchen Sie für diese »Story« ein ästhetisches Thema, das Ihre Zeichnungen wie ein roter Faden durchzieht. Sie finden es, wenn Sie sich auf die grundlegenden Design-, Farb- und Stoffelemente konzentrieren, die am Körper den Look erzeugen, der Ihnen vorschwebt. An dieser Stelle sollten Sie auch an die Techniken und Fertigkeiten denken, die das Handling der Kleidung erfordert, und Fachleute befragen. Sobald Sie wissen, welche Entwürfe sich als Vorlagen für Muster eignen, kann die Auswahl des Materials beginnen.

Vollständige Illustrationen

Vollständige Illustrationen besitzen den höchsten Grad der Perfektion. Meistens werden sie auf Papier oder Karton spezieller Größe für ein **Portfolio** angefertigt. Sie sollten verschiedenartige Medien einsetzen, um unterschiedliche Zeichenstile und Darstellungs-

Die geschickte Darstellung von Füßen und Schuhen hängt vom Winkel des Fußes und dem Standpunkt ab. Je höher der Hacken, umso länger und schlanker erscheint der Fuß von vorn, und umso kürzer sieht er von der Seite aus. In vielen Modeillustrationen werden Schuhe stilistisch vergrößert dargestellt.

Diese Zeichnungen haben einen naiven Charme, den das mädchenhafte Design widerspiegelt.

Kopf und Gesicht

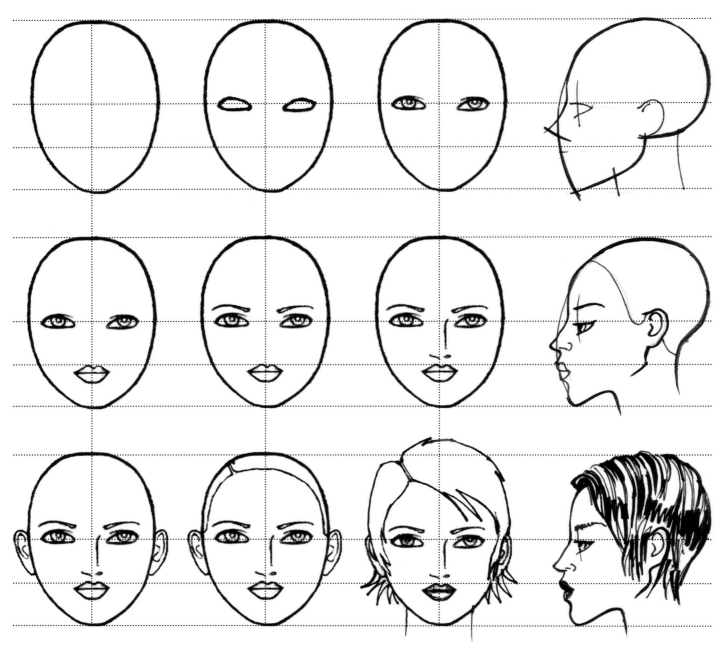

Der Kopf wird schrittweise gezeichnet, er ist eiförmig und am Kinn leicht spitz zulaufend. Unterschiede in Kopfbreite und Augenabstand ergeben verschiedene »Persönlichkeiten«. Die Augen liegen an der Mittellinie, die Pupillen sind zentriert. Der Mund sitzt auf halbem Weg zwischen Augen und Kinn; oberhalb des Mundes ist die Nase angedeutet. Die Ohren liegen auf Höhe der Nase, aber ihre Position kann unterschiedliche Blickwinkel andeuten. Zum Schluss werden die Frisur und ihre typischen Merkmale ergänzt.

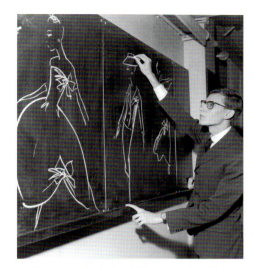

Oben Yves Saint Laurent 1957 in einem Atelier des Hauses Dior in Paris, wo er gerade zum Nachfolger des Couturiers Christian Dior ernannt worden ist. Das Bild zeigt ihn bei der Arbeit mit Kreide und Tafel. Die schnelle Modeskizze, auch *Croquis* genannt, erfasst das für den Designer Wesentliche in Silhouette und Haltung.

weisen für Stoffe ausprobieren zu können. Die ersten Versuche gelingen selten; planen Sie daher für vollständige Illustrationen reichlich Zeit am Projektende ein. Ihre Zeichnungen sollten Look und Stimmung eines Outfits so dezent, aber elegant wie möglich vermitteln. Um zu überzeugen, müssen Sie Materialmerkmale, Struktur und die Qualität des Gewebes genau zeigen – ohne die Abbildung jedoch zu verkomplizieren. Überladen Sie die Blätter nicht – zwei Outfits pro Seite reichen. Farben müssen nicht grundsätzlich sein, sind aber oft wünschenswert und manchmal notwendig. Behalten Sie die Anforderungen des Projekts oder des Kunden im Blick. So können Sie einschätzen, wie realistisch oder impressionistisch Ihre Zeichnung sein darf. Einer abstrakten vollständigen Illustration sollte eine knappe Beschreibung hinzugefügt werden. Seiten- und Rückansicht werden, um Verwirrung zu vermeiden, heller dargestellt oder beschriftet. Manchmal werden zusätzliche Stoffmuster verlangt. Hintergründe u.Ä. sollten nur angedeutet werden, da sie vom eigentlichen Design ablenken. Variieren Sie Medien oder Umfang Ihrer Projekte; es ist wichtig, einen eigenen Stil zu entfalten. Die Blätter einer Serie von Illustrationen sollten von einheitlicher Größe sein und die Proportionen der Figuren zueinander passen. Beschriften und nummerieren Sie alles korrekt, und bewahren Sie es in Kunststoffhüllen auf. Modepräsentationen stärken Ihr Selbstvertrauen gegenüber Kritikern, in Interviews und Prüfungssituationen.

Oben links und oben Modezeichner nutzen unterschiedliche Medien zur Darstellung von Stofftextur, Struktur der Kleidung und leuchtenden Farben.

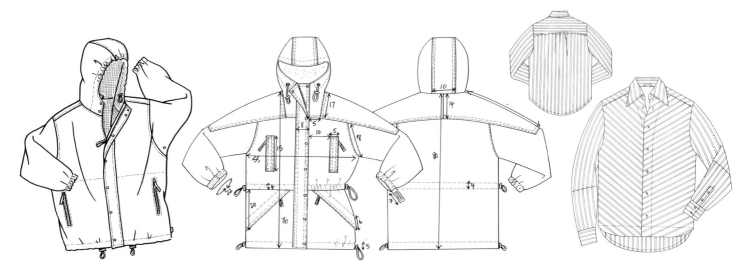

Oben, von links nach rechts
Eine »animierte« technische Zeichnung, angefertigt mit dickem Filzstift und feinem Zeichenstift. Gebeugte Arme und angedeuteter Faltenwurf machen die Zeichnung lebhafter.

Eine technische Zeichnung beinhaltet Maßangaben und zeigt jedes Detail in der richtigen Proportion.

Diese technischen Zeichnungen von Hemden zeigen die Verwendung eines gestreiften Stoffs, der vorne winkelförmig geschnitten ist, sowie versteckte Details an Passe und Manschetten.

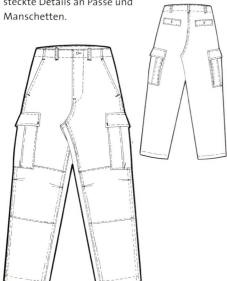

Oben Cargo-Hosen für Männer. Technische Zeichnungen von Hosen sollten die vorderen Gabel- und Seitennähte zeigen, besonders bei abgesetzten Steppnähten. Eine kräftige Umrisslinie verleiht der Zeichnung Nachdruck.

Oben Bei technischen Zeichnungen von Strickwaren werden Kürzel verwendet, um die Maschentextur zu zeigen.

Strichzeichnungen zeigen prägnante Details von Maßkleidung und Freizeitmode. Sie lassen sich vektorisieren und am Computer bearbeiten. Mit »Cut and Paste« kann der Designer Produktgruppen erzeugen, ohne jedes Mal neu zeichnen zu müssen.

Einige wenige Talente machen die Modeillustration zu ihrem Metier. Die meisten professionellen Designer nutzen die Illustration jedoch für **Rohentwürfe** oder die Entwurfsentwicklung. Vollständige Illustrationen fertigen sie nur an, um die **Aufstellung** für eine Modepräsentation zu zeigen oder Journalisten eine Vorschau auf eine neue **Kollektion** zu bieten. So mancher sorgt sich über mangelndes Talent auf diesem Gebiet; letztlich ist die Fähigkeit, Kleidung zu entwerfen, jedoch wesentlich relevanter.

Schematisches Zeichnen: technische Zeichnungen

Einige Studierende arbeiten lieber mit der schematischen Form der Illustration, den **technischen Zeichnungen**. Diese stellen die klarste Form der Modelldarstellung dar: Arbeitszeichnungen für die Erstellung eines Kleidungsstücks in Form sauberer Grafiken, die technische Details eindeutig wiedergeben. Hierfür werden keine Körper gezeichnet. Es ist wichtig, die Proportionen nicht zu übertreiben und jede Naht sowie alle Verarbeitungs- und Besatzdetails in einer flachen, unschattierten Grafik aufzuzeigen, um Produktionsfehler zu vermeiden. Für die Industrie ist diese Zeichenart leichter zu interpretieren als die freie Illustration.

Das schematische Zeichnen wird konstant weiterentwickelt. Es lässt sich gut mit neuen Technologien verbinden. So kann eine Grafik leicht eingescannt und digital bearbeitet, per Fax an Lieferanten geschickt und auf **CAD/CAM**-Laserschnittmaschinen übertragen werden, ohne Details zu verlieren. Kern dieser Form der Modeillustration ist die Informationsvermittlung – eine internationale Sprache, die besonders für Herrenmode, Freizeit- und Sportbekleidung sowie Strickwaren von Bedeutung ist.

Technische Zeichnungen werden normalerweise per Hand in einem ungefähren Maßstab erstellt. Der Einsatz von Computerprogrammen für Vektorgrafik (s.S. 97) ermöglicht jedoch höhere Präzision. Z.B. korrespondieren der Abstand und die effektive Anzahl von Knöpfen mit den tatsächlichen Abmessungen. Körper, Schulterlänge, Ärmelbreite, Kragenweite und Taschengröße müssen proportional korrekt sein. Abgesetzte Steppnähte werden durch eine fein punktierte Linie entlang des Nahtrands angezeigt, der als durchgezogene Linie dargestellt wird. Aufwendige Details können vergrößert neben der Vorlage abgebildet werden. Der Einsatz von Farben ist möglich, ebenso ein wenig künstlerische Freiheit, um die Weichheit des Stoffs, Falten oder gar einen »unsichtbaren« Körper anzudeuten.

Eine technische Zeichnung enthält Maßangaben und technische Herstellungsdetails direkt bei der Zeichnung oder auf einem Laufzettel, der Posamenten, Innenfutter, Fäden und Namen bzw. **Label** aufführt. Geeignet sind blankes oder kariertes Papier (Millimeterpapier). Bei kariertem Papier sollte man auf ein geeignetes Verhältnis von Karos zu Zentimetern achten. Beginnen Sie mit den geraden Linien und Kanten, um dann die Rundungen einzufügen. Ratsam ist, zuerst einen Entwurf mit weichem Bleistift anzufertigen und diesen dann mit Rapitograph nachzuziehen. Verwenden Sie verschiedene Spitzenstärken: z.B. 0,9 für den Umriss, 0,7 für Schnittkanten und Nähte, 0,5 für abgesetzte Steppnähte. Ist alles korrekt, radiert man den Bleistift aus. Ein Kurvenlineal erleichtert das Zeichnen von Rundungen und Formen.

Technische Zeichnungen werden vielfältig eingesetzt: als Begleitinformation zu einer Lieferung von Zuschnitten, in der Produktion und im Musterraum. Beim Nähen werden sie den freien Illustrationen vorgezogen, da sie die Fehlerquote reduzieren. Verkäufern dienen sie beim Kollektionsverkauf und als visuelles Archiv einer Kollektion oder Produktreihe.

»Normalerweise beginne ich meine Zeichnungen auf der Rückseite einer Busfahrkarte, dann kopiere ich das und fertige schließlich eine richtige technische Zeichnung an. Ich benutze keine Skizzenbücher; dafür fliegen überall kleine Papierzettel herum.«
Designer Joe Casely-Hayford

Einsatz von Computern

Textildesigner, Grafikdesigner und Illustratoren nutzen den Computer schon seit längerem als Designwerkzeug. Modedesigner gaben hingegen bis vor kurzem den manuell erstellten Skizzen und den technischen Beschreibungen den Vorzug. Enorme Verbesserungen in der Qualität, der Benutzerfreundlichkeit und im Preis von Computersystemen und Software für den Modesektor haben aber in der Zwischenzeit die Einstellung von Modedesignern gegenüber dem Einsatz von Computern in ihrer Arbeit verändert.

In den 1980er-Jahren wurde ein großer Teil der Hardware (und Software) für die Modeindustrie in Form isolierter Systeme verkauft, auch bekannt als **CAD/CAM** (Computer Aided Design/Computer Aided Manufacturing). Diese konnten nicht nur den Designprozess beschleunigen, sondern auch einzelne Maschinen wie Webstühle oder Laserschnittgeräte steuern. Häufig konnten diese Computereinheiten nicht miteinander vernetzt werden und die Software hatte eine spezifische Benutzeroberfläche, die gezielte Schulung erforderte. Nach wie vor werden diese Systeme effektiv genutzt und in vielen Modestudios und Produktionsstätten eingesetzt. An diesen Geräten werden Sie vermutlich während der Ausbildung oder im Rahmen eines **Praktikums** arbeiten.

Windows von Microsoft hat sich im Modedesign zum Standard entwickelt, auf dem ein Großteil der Programmsoftware basiert. Hinzu kommt, dass zunehmend Programme von Drittherstellern oder serienmäßig produzierte Anwendungen verfügbar sind. Dies bedeutet wiederum, dass Sie sich Computerkenntnisse aneignen werden, die Sie in den meisten Arbeitsverhältnissen äußerst nutzbringend einsetzen können.

Durch den Einsatz von Computern hat sich der Fachjargon in hohem Maße um neuen Wortschatz und verwirrende Akronyme erweitert. Da diese Sprache beibehalten werden wird, sollten Sie zumindest ein wenig davon kennen, um sich die Kommunikation mit Druckern, Herstellern und Grafikdesignern zu erleichtern.

Gewebe lassen sich einscannen und am Computer zu realistischen 2D-Grafiken skalieren.

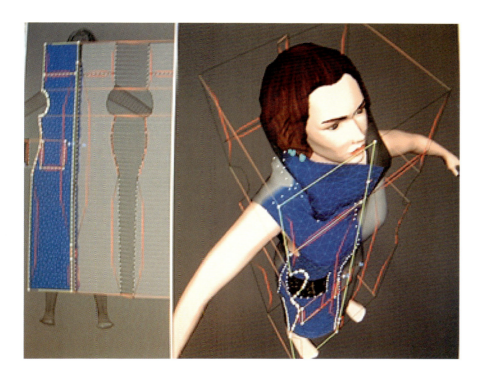

Technische Zeichnungen werden im Musterraum und im Vertrieb verwendet. Sie demonstrieren, wie sich eine Kollektion zusammensetzt und welche Stoffe und Posamenten zur Verfügung stehen.

Ein Computer kann auf zwei unterschiedliche Arten mit visuellen Informationen arbeiten: Vektoren und Bitmaps.

Vektoren

Die bekannteste Form der Computerillustration sind **technische Zeichnungen**. Im Entwurfsprozess reduzieren sie die Gefahr einer Fehlinterpretation durch den Hersteller. Am effektivsten arbeitet man am Computer mit einer mathematischen Sprache, den »objektorientierten Vektoren« oder einfach »Vektoren«. PostScript, eine Vektorsprache von Adobe, eignet sich ideal für das Zeichnen von Linien, Kurven und geometrischen Formen, da sie unabhängig vom Vergrößerungsgrad eines Bildes stets die schärfsten, gleichmäßigsten Linien ohne ausgefranste Ränder produziert, die Bildschirm oder Drucker darstellen können. Vektordateien benötigen wenig Speicher; Veränderungen der Abmessungen sind ohne Qualitätsverlust möglich. Muster und technische Zeichnungen können so weltweit versandt, schnell heruntergeladen und exakt vergrößert werden.

Die vektorbasierte Illustration bedarf einiger Praxis, erweist sich aber als wertvolles kreatives und technisches Werkzeug. Kommerzielle Vektorprogramme wie Adobe Illustrator, CorelDRAW und Macromedia Freehand haben Funktionen wie Farbfüllung, Abstufungen, Text und Textumlauf, nahtlose Musterwiederholung, individuell einstellbare Stifte und Hunderte von Filtern eingeführt. Manuell erstellte Zeichnungen können eingescannt und in Vektorzeichnungen umgewandelt werden. Vektorbasierte Illustrationen und technische Zeichnungen werden besonders in der Herrenmode sowie in der Herstellung von **Logos** und Aufsätzen für Sportbekleidung und T-Shirts eingesetzt.

Bitmaps

Bitmap- oder Punktrasterprogramme (z.B. Adobe Photoshop) eignen sich am besten für realistische Bilder wie Fotos. Eine Bitmap ist die Sammlung von Bildpunkten (»Pixel«). Punktrasterbilder sind auflösungsempfindlich, d.h. vor Beginn der Arbeit muss feststehen, in welchem Maßstab das Ergebnis dargestellt wird. Arbeiten, die vergrößert wer-

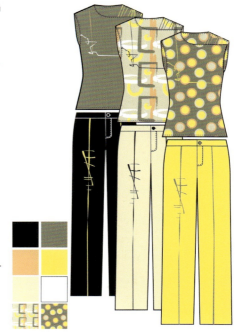

Mit Software für computergestütztes Design (CAD) können Designer aus eindimensionalen Mustern virtuelle Prototypen von Kleidung mit realistischen Materialeigenschaften entwickeln.

den, können »ausgefranst« wirken, bei Verkleinerung können Details verloren gehen. Punktrasterbilder haben auch viele Vorteile. Da jedes einzelne Pixel veränderbar ist, eignen sie sich gut für die Feinabstimmung von Nuancen in Ton und Farbe. Zweidimensionale Skizzen, Fotografien und Textilmuster werden eingescannt, als Bilddatei gespeichert und dann verändert. Auch kleine, flache Objekte, z.B. Knöpfe, Posamenten oder Garne, werden eingescannt, verkleinert und für das Bild verwendet. Scans von Linienzeichnungen dienen als Vorlagen, von denen mit Hilfe des Druckers eine unbegrenzte Zahl seitenverkehrter oder gedrehter Varianten erstellt wird. Zeitschriftenbilder von Posen, Materialien und **Accessoires** dienen als Basis für schnelle Collage-Entwürfe. Der Hintergrund wird ausgeblendet und z.B. durch exotische Umgebungen ersetzt.

> »Ich illustriere seit mehr als 25 Jahren und habe mir immer geschworen, nie am Computer zu arbeiten, doch jetzt bekommt man mich nicht mehr von meinem weg. Man verschwendet so viel weniger Zeit für Änderungen, die der Kunde wünscht, und kann immer noch dasselbe dafür berechnen. Die Ausgabe hat sich in jedem Fall gelohnt. Der große Durchbruch kam mit dem digitalisierten Stift und dem Zeichentablett – genau wie mit einem Filzstift oder Pinsel.« Modeillustrator Neil Greer

Viele Designer verwenden die Maus oder das empfindlichere Grafiktablett mit drucksensitivem Stift und zeichnen direkt in den Computer. Das Ergebnis ist genauso intuitiv wie bei einer Zeichnung per Hand, jedoch viel sauberer. Auch braucht man nicht all die Materialien, die die Arbeit im **Atelier** erfordert. Es gibt keinen Abfall, keine eingetrocknete Tinte oder Farbe und keine zusätzlichen Ausgaben für Zeichenmaterial. Man muss auch nicht mehr täglich eine große Kiste mit Zeichenutensilien mit sich herumschleppen.

Andere Verwendungen

Im Entstehungsprozess einer **Kollektion** kann der Computer genutzt werden, um täglich eine Collage der einzelnen Arbeitsschritte zu erstellen. Dies ist besonders bei der Arbeit im Team von Nutzen. Die verschiedenen Stadien können als Fortschrittsbericht dienen, und das gesamte Bildmaterial kann anschließend als Teil einer Marketingpräsentation verwendet werden. Dreidimensionale Objekte und Kleidungsstücke in den verschiedenen Produktionsstadien oder als fertige Produkte können umgehend mit einer digitalen Kamera festgehalten und eingespeist werden. Einige Designer nutzen diese Technik als einen Aspekt der Recherche und des Designprozesses.

Mit der Sicherheit in der Nutzung dieses Potenzials wächst auch die Kontrolle über die Präsentation der eigenen Arbeit. Studierende des Modemarketing und der Werbung erstellen mit Hilfe des Desktop Publishing (DTP) Layouts in druckreifer Qualität inklusive professioneller Bildbearbeitung und -präsentation. Durch die Integration von Text und sogar Tonmaterial entsteht so eine dynamische, aussagekräftige Botschaft. Web-Editing-Tools dienen nicht nur der Entwicklung von Websites, sondern auch für interaktive Berichte und Videopräsentationen, indem Mitschnitte von Modenschauen oder Fototerminen auf auswechselbaren Speichermedien festgehalten und an die potenziellen Verlage oder Kunden geschickt werden können.

Der virtuelle Laufsteg ist nicht mehr weit entfernt. Schon jetzt ist es möglich, 3-D-Models in die eigenen Kreationen zu kleiden. Einige Studierende streben vielleicht eine Karriere in den neuen Bereichen des Video- und Tonschnitts in der Modebranche an. In der Zukunft werden die meisten Modestudenten und freiberuflichen Designer Computer zumindest für die Erstellung digitaler Mappen und Lebensläufe nutzen.

Oben Für diese Illustrationen wurde gescanntes Material mit Bildern kombiniert, die am Computer als Stoffidee kreiert und manipuliert wurden.

Designelemente

Design bedeutet, bekannte Elemente innovativ zusammenzustellen, um neue Kombinationen und Produkte zu kreieren. Die Hauptelemente des Modedesigns sind Silhouette, Gestaltung und Textur. Die Arten, in denen diese Elemente verwendet werden können, nennt man Prinzipien. Diese sind: Wiederholung, Rhythmus, Graduierung, Strahleneffekt, Kontrast, Harmonie, Gleichgewicht und Proportion. Der Einsatz dieser Variablen ruft eine – manchmal starke, manchmal unterschwellige – Reaktion beim Betrachter oder Träger hervor. Diesen Mechanismus zu kontrollieren ist eine Grundvoraussetzung für gutes Design. Es ist nicht immer eindeutig, warum ein Design ankommt oder nicht. Manchmal kann ein Design sogar Widerwillen hervorrufen oder schockieren, wobei das Element des Schockierens unter modischen Gesichtspunkten sogar positiv sein kann.

Die Artikulation und Analyse dessen, was mit einem Kleidungsstück passiert, ermöglicht Korrektur, Ausführung und Weiterentwicklung des Designs. Ein Großteil aufregender Entwürfe entsteht durch Zufall. Von großem Vorteil ist jedoch die Fähigkeit, die Auswirkungen der eigenen Arbeit zu überdenken, zu analysieren, welche Teile intendiert waren, und zu beurteilen, wie nah man dem gewünschten Ergebnis gekommen ist. Die Kenntnis der Designelemente und -prinzipien hilft auch bei der Bewertung der Stärken anderer Designer und beim Erkennen von Trends und Marktveränderungen.

Einige Ausbildungsstätten vermitteln die beschriebenen Designelemente und -prinzipien formell, andere integrieren sie in die Projektarbeit oder ermöglichen selbstständiges Entdecken durch die Studierenden.

Silhouette

Kleidung ist dreidimensional. Oft wird angenommen, Gesamtumriss und Form eines getragenen Stücks bilden die Silhouette. Tatsächlich verändert sich diese aber, sobald das Kleidungsstück aus allen Perspektiven eines 360°-Winkels betrachtet wird – in Bewegung, in der Beugung und im Gesamtumfang. (In den USA bezeichnen Designer die Silhouette sogar als »bodies«, also »Körper«.) Aus der Entfernung betrachtet, bevor Einzelheiten erkennbar werden, ist die Silhouette fast immer der erste Eindruck eines Kleidungsstücks. Eine **Kollektion** sollte eine Silhouette nicht zu häufig variieren, da dies den Gesamteindruck und die zu vermittelnde Botschaft abschwächt. Die Betonung der Taille bei Damenkleidung teilt die Silhouette: obere und untere Form müssen visuell und proportional ausgeglichen sein, um ein harmonisches Ganzes zu bilden.

Eng mit der Silhouette verbunden ist das Volumen. Weite und Größe eines Schnittstils werden normalerweise anhand der Silhouette erkennbar. Kleidungsstücke können aber auch aufgrund von schweren, wattierten oder durchscheinenden Stoffen ein Gefühl von Leichtigkeit bzw. Schwere vermitteln. Die Lebensdauer solcher Stilrichtungen hängt von der jeweils idealisierten weiblichen Form ab.

In bestimmten Epochen der Geschichte wurde der Kleidersilhouette große Bedeutung beigemessen. Im 15. Jahrhundert trugen verheiratete Frauen Kleider mit hoher Taille und vielen Stoffschichten unterhalb des Brustkorbs, um so die Illusion von Schwangerschaft und Fruchtbarkeit anzudeuten. Die Reifröcke der 1740er- bis 1780er-Jahre waren flach und so breit, dass es für Frauen schwierig war, durch Türen oder auf der Straße aneinander vorbei zu gehen. 1947 schockierte Christian Dior die Welt mit dem »New Look«, einer Damenkollektion, die nach den Entbehrungen und der Stoffrationierung während des Zweiten Weltkriegs Wespentaille und voluminöse Röcke zurückbrachte. Seit den 1920er-Jahren zeigte frau immer mehr Bein. In den 1960ern wanderte der Rocksaum bis

Silhouetten

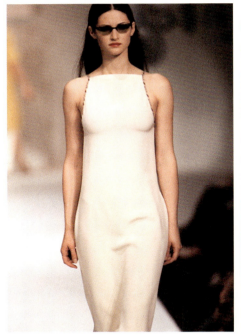

Gerades Etui

Natürliche Silhouette

Trapez

Glockenform

Ei- oder Kokonform

Schulterkeil

Linie

Die breite Außenlinie betont die Größe dieses Mantels.

Bruch aller Regeln für vertikale und horizontale Linien

Eine lange, schlanke Linie mit plastischem Effekt

Textur

Ein steifer Baumwollhosenanzug

Weiche Strickwaren für die Herrenmode

Weiches Mohair und Stahlnägel erzeugen einen aufregenden Texturkontrast.

Proportionen und Länge von Separates

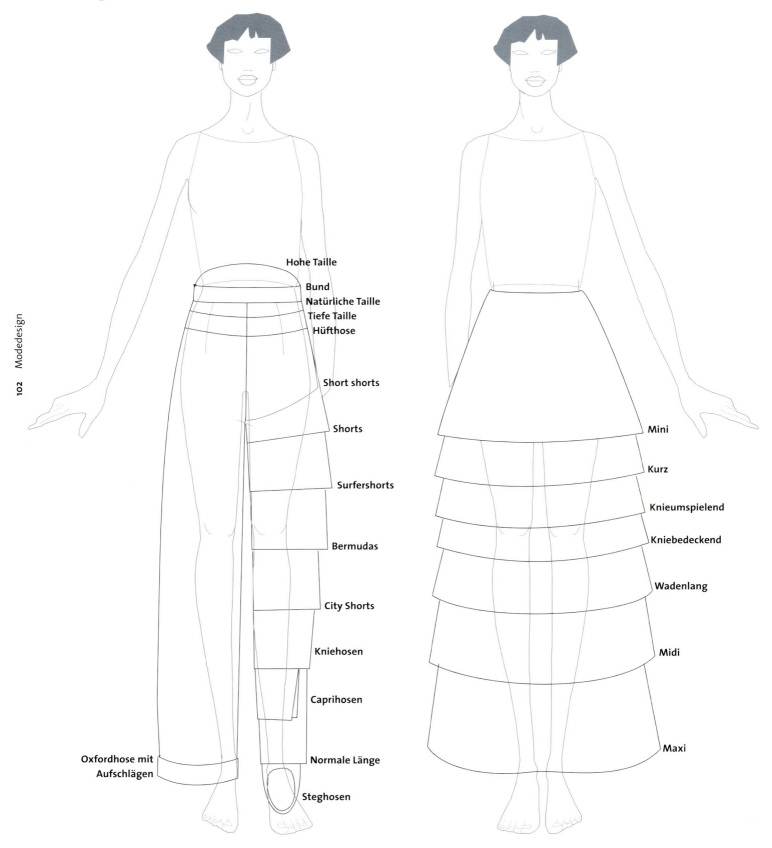

zum Gesäß, unterstützt durch die Erfindung der Strumpfhose, die ein neues Marktgenre zur Folge hatte. Zusammen mit der zunehmenden Akzeptanz der Damenhose erweiterte dies das Potential der weiblichen Silhouette enorm.

Gestaltung

Die Modellgestaltung verursacht verschiedene emotionale und psychologische Reaktionen. Linien, wie Nähte, Falten, Abnäher und Säume, können hart oder weich sein und so Steifheit bzw. Flexibilität implizieren. Sie kann sich in verschiedene Richtungen bewegen, was den Blick des Betrachters lenkt – quer, von oben nach unten oder um den Körper herum; sie kann Merkmale betonen bzw. kaschieren, die Illusion von Enge oder Volumen erzeugen. Vertikale Nähte vermitteln Länge und Eleganz, da sie das Auge von oben nach unten am Körper entlang führen. Horizontale Linien lassen den Körper kürzer und breiter erscheinen. Beim **Schrägschnitt** (auch »Bias Cut«) verläuft die Nahtlinie schräg über und um den Körper, wodurch der Stoff fließende, dynamische Qualität erhält. Zusammen- oder auseinander laufende Linien vermitteln starke Richtungswirkung. Geschwungene Linien verstärken den Eindruck von Fülle und Weiblichkeit; sie werden oft eingesetzt, um die Taille zu verschmälern sowie Brust und Hüften zu betonen. Ausgewogenheit der Entwurfslinien ist eine der ersten Aufgaben, die Sie beim Zeichnen und Skizzieren bewältigen müssen.

Textur

Stoffe oder Materialien, die visuellen und sinnlichen Elemente des Modedesigns, können über den Erfolg eines Schnittstils entscheiden, der auf dem Papier oder in **Nessel** gut aussieht. Die meisten Designer wählen den Stoff aus, bevor sie ihre Entwürfe anfertigen, lassen sich lieber von Textur und Verarbeitung inspirieren als den passenden Stoff zu einer Skizze zu suchen. Ein Designer benötigt viel Erfahrung darin, wie ein Stoff sich verhält. Stoffe werden nach Saison, gewünschter **Linie** und **Silhouette**, dem Preis für den Zielmarkt und der Farbe ausgewählt. Während die Farbe häufig zu einem späteren Zeitpunkt im Kollektionsaufbau durch die Veränderung der Farbangaben angepasst werden kann, bleiben Stofftextur und -eigenschaften bestehen.

Designprinzipien

Die Prinzipien des Modedesigns werden nicht immer gelehrt; dennoch werden sie in der Projektvorstellung diskutiert oder bewusst angewandt. Sie sind ein wichtiger Teil des ästhetischen Werkzeugs und helfen Designern bei der Feinabstimmung von Schwerpunkt und Wirkung der Entwürfe. Das Wissen um diese Prinzipien und ihrer Wandelbarkeit erleichtert die objektive Betrachtung von Designs, über deren Erfolg oder Misserfolg sie für gewöhnlich auch entscheiden. Das bewusste Spiel mit diesen Prinzipien ist für die Vermittlung einer Botschaft ebenso wertvoll wie ihre sorgfältige Einhaltung.

Wiederholung

Unter Wiederholung versteht man die mehrfache Verwendung von Designelementen, Details oder Posamenten bei einem Kleidungsstück. Ein Merkmal kann regelmäßig oder unregelmäßig wiederholt werden. Diese Mehrfachwirkung kann genutzt werden, um ein Design zu vereinheitlichen. Einige Beispiele der Wiederholung, wie gleichmäßig angeordnete Knöpfe, sind so weit verbreitet, dass wir sie erst dann bemerken, wenn wir eine ungleichmäßige Variante sehen. Da der menschliche Körper symmetrisch ist, scheinen einige Wiederholungen unvermeidbar.

Wiederholung kann sich auch auf die Struktur von Kleidung beziehen, z.B. die Plisseefalten und Einsätze eines Rocks oder Stoffmerkmale wie Streifen, Druckmotive oder

Ein Schnittmuster und eine Silhouette können effektiv für viele verschiedene Stoffe verwendet werden, von Tages- über Abendgarderobe bis hin zu auffallenden Effekten, ohne den Grundgedanken einer Kollektion zu gefährden. Durch die Modelinien mancher Unternehmen ziehen sich erfolgreiche Schnitte wie rote Fäden.

Designprinzipien

Rhythmus Auf diesem Oberteil sorgt das durchbrochene Argyle-Muster für Rhythmus.

Graduierung Knopf- und Kragengröße graduieren, was das Hemd interessanter macht.

Strahleneffekt Bänder strahlen bei dieser Fallschirmbluse von einem zentralen Punkt aus.

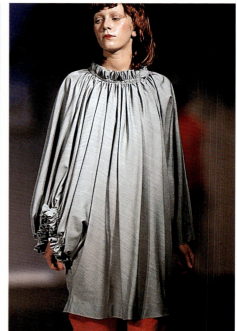

Wiederholung Geraffte Kragen und Ärmel sind ein Wiederholungsprinzip.

Kontrast Weiche, pinkfarbene Wolle und harte Metallverschlüsse kontrastieren hier.

Harmonie Abgerundetes Top zum geraden Rock: harmonisch, raffiniert und elegant

Asymmetrie demonstriert an einem handgefertigten Unikat aus Filz

Proportion Das Spiel mit Proportionen gibt dem maskulinen Look weiblichen Touch.

Schnittformen und Details

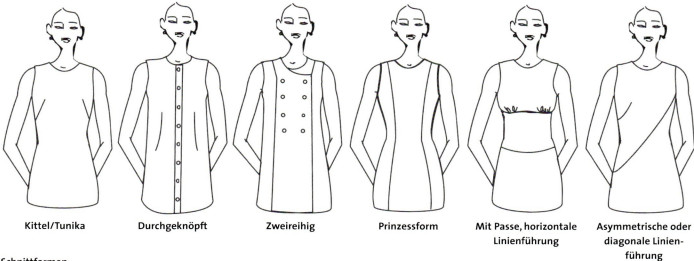

Kittel/Tunika   Durchgeknöpft   Zweireihig   Prinzessform   Mit Passe, horizontale Linienführung   Asymmetrische oder diagonale Linienführung

Schnittformen
Säume und Ausschnitte können eine starke visuelle Wirkung haben, beispielsweise können sie die Trägerin eines Kleids schlanker machen oder den Blick auf Brust oder Gesicht lenken. Dies sind die gebräuchlichsten Schnittformen für Oberteile, Kleider und Jacketts.

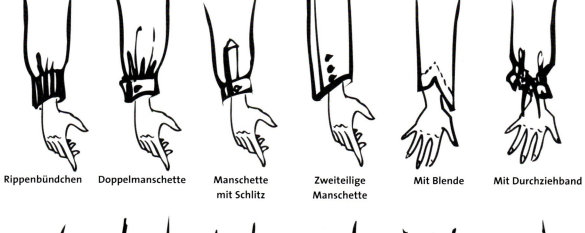

Rippenbündchen   Doppelmanschette   Manschette mit Schlitz   Zweiteilige Manschette   Mit Blende   Mit Durchziehband

Ärmel
Die Form der Armkugel und die Art, wie sie am Oberteil angesetzt ist, haben großen Einfluss auf die Silhouette.

Mit Rüsche   Mit Riegel   Mit Reißverschluss   Mit Gummizug   Schlitz mit Verschluss   Tunnelzug und Bindeband

Manschetten

Details wie Manschetten und Taschen müssen zum Stil insgesamt und zur Silhouette des Kleidungsstücks passen.

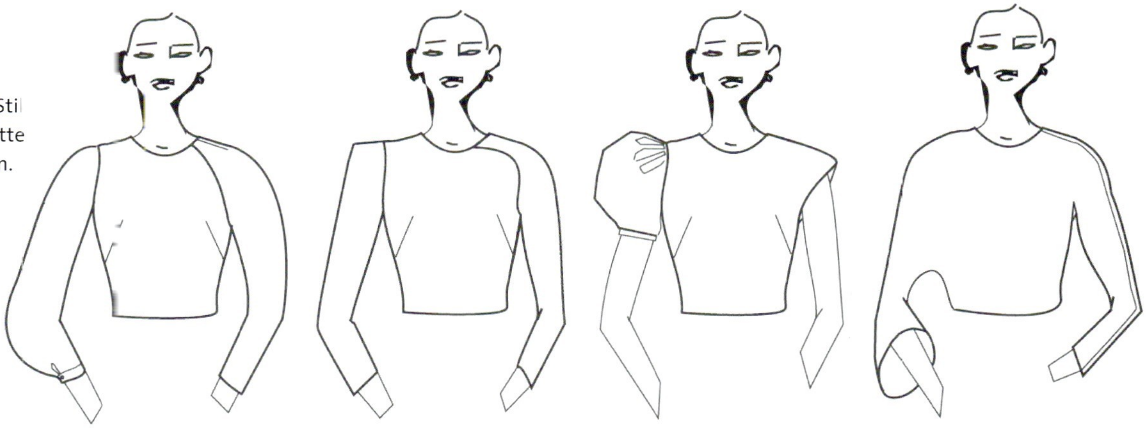

| Eingesetzter Ärmel | Raglanärmel | Rechtwinkliger Ärmelansatz | Zungen-raglan | Puffärmel | Angeschnitte-ner Ärmel | Fledermaus-ärmel | Dolman-Ärmel |

| Rundhals | Boot | V-Ausschnitt | Schlitz | Turtle | Rollkragen |

| Windsorkragen | Bubikragen | Lord-Byron-Kragen | Reverskragen | Schalkragen | Matrosenkragen |

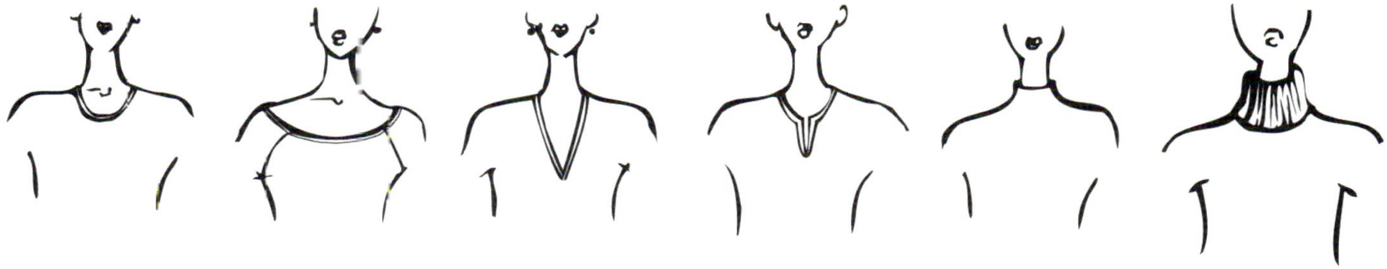

Ausschnitte

Die Form des Ausschnitts bzw. des Kragens hängt auch vom Gewebetyp ab, von der Jahreszeit, dem Anlass und davon, wie das Kleidungsstück geschlossen wird. Ausschnitt und Manschetten aus Jersey sind leichter zu veredeln als solche aus Webstoffen.

| Drapé | Kapuze | Jabot | Stehkragen |

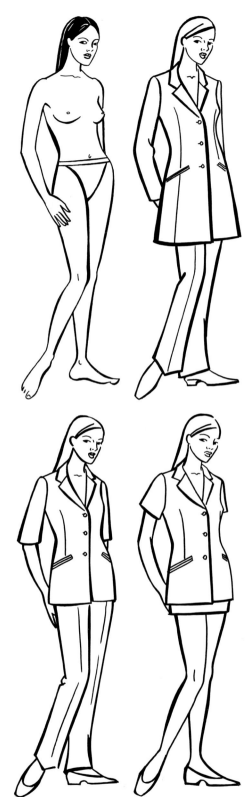

Die Positionierung horizontaler Nähte hat starken Einfluss auf die Körperproportionen.

Besätze. Als Gegenreaktion auf die Naturgesetze kommen von Zeit zu Zeit asymmetrische Kleidungsstücke in Mode, etwa einarmige Tops oder Röcke, die auf einer Seite länger sind. Der Bruch einer Wiederholung hat eine störende, auffällige Wirkung.

Rhythmus

Wie in der Musik kann der Rhythmus auch in der Mode eine starke Wirkung hervorrufen, ob durch die Wiederholung bestimmter Merkmale, Farbplatzierungen oder durch die Motive bedruckter Stoffe.

Graduierung

Bei dieser komplexeren Form der Wiederholung werden Merkmale eines Kleidungsstücks in aufsteigenden oder abfallenden Größen oder Schritten verwendet. So kann z.B. der Saum eines Abendkleids dicht mit Pailletten besetzt sein, die nach oben hin immer weniger werden. Ein Stoff kann zwischen den Schulterblättern stark gerafft sein und sich zu den Seiten hin glätten. Das Auge verfolgt die Abstufungsstadien, so dass durch Graduierung bestimmte Körpermerkmale betont oder versteckt werden können.

Strahleneffekt

Linien, die sich fächerförmig von einem zentralen Punkt ausbreiten, erzielen einen sonnenstrahlenartigen Effekt. Ein Rock mit Sonnenplissee ist hierfür ein gutes Beispiel, doch gibt es bei drapierten Kleidern auch subtilere Formen.

Kontrast

Kontrast ist eines der effektivsten Designprinzipien, da es das Auge zwingt, Blickpunkte gegeneinander abzuwägen. Kontrast belebt den Gesamteindruck, z.B. bei einem Kleid, das mit einem kontrastierenden Gürtel getragen wird. Farben ziehen die Aufmerksamkeit auf sich sowie auf Merkmale und Details, die von ihnen umrahmt werden. Die Anordnung kontrastierender Merkmale erfordert Sorgfalt, da sie zum Blickpunkt werden. Kontraste in der Textur von Stoffen erhöhen die Wirkung des Materials, z.B. in der Kombination eines Tweedjacketts mit einer Seidenbluse. Kontraste müssen nicht extrem sein. Man spricht z.B. von einem »feinen Kontrast« in der Wirkung, wenn ein Hosenanzug entweder mit flachen oder aber mit hochhackigen Schuhen getragen wird.

Harmonie

Harmonie ist zwar nicht das genaue Gegenteil von Kontrast, impliziert aber eher Ähnlichkeit als Unterschied: Farben und Stoffe passen gut zueinander. Weiche Stoffe und runde Formen eignen sich hierfür besser als kantige Schnitte oder steife Kleidung. Die italienische Mode ist für die harmonische Verwendung von weichen Stoffen und Farben sowie organische, behutsame Verarbeitung bekannt. Harmonische Kollektionen sind leicht zu kombinieren und verkaufen sich meist ohne Beratung durch Verkaufspersonal.

Gleichgewicht

Der Körper ist von vorne und hinten symmetrisch um eine vertikale Achse angeordnet. Unser Körper strebt nach Gleichgewicht, und so verfolgen wir dieses Prinzip auch in der Bekleidung. Vertikales Gleichgewicht besteht für uns in der gleichmäßigen Merkmalswiederholung von links nach rechts: gleiche Revers, gleich große Taschen auf selber Höhe, gleichmäßig angeordnete Knöpfe. Oberlastigkeit oder Unterlastigkeit stören das horizontale Gleichgewicht, z.B. ein zu stark betonter Ausschnitt oder ein Rock, der zu groß ist oder zu viele Volants hat. Der zentrale Blickpunkt eines asymmetrischen Designs benötigt oft ein ausgleichendes kleineres Detail an anderer Stelle. Wir sehen ein Kleidungsstück nicht nur von vorne oder hinten, sondern auch aus anderen Blickwinkeln. Alle Aspekte müssen dem Gleichgewichtsprinzip genügen oder etwas über ihre Missachtung der Ordnung aussagen, wie die postmoderne japanische und belgische Mode.

Proportion

In Kunst, Architektur und Design wurde schon so viel über die Proportion geschrieben, dass es fast anmaßend wirkt, sie als Regel oder Werkzeug in der Mode anzuwenden. Diese Prinzipien entscheiden jedoch auch hier auf subtile Weise, ob ein Design funktioniert. Proportion steht für die Art, auf die wir alle Teile eines Ganzen zueinander in Beziehung setzen. Dies geschieht durch Abmessen – nicht unbedingt mit einem Maßband, sondern mit dem Auge. Wir können Körperformen vortäuschen, indem wir die Proportionen von Designmerkmalen verändern oder Nähte und Details verschieben.

Als Modedesigner müssen Sie festlegen, für welchen Körpertyp Sie arbeiten, welche Partien Sie betonen und welche Sie überspielen wollen, wie viel nackte Haut Sie zeigen und was Ihre Zielgruppen anspricht. Sie wählen Ihre Muse und zeigen Ihre Kleidung an diesem Körpertyp, skizzieren die Posen und Haltungen, die Ihre Entwürfe am besten zum Ausdruck bringen. Vergessen Sie nie, dass Mode nicht nur für Modefreaks und ein paar perfekte Körper gemacht wird. Männer und Frauen, egal wie sie gebaut und wie alt sie sind, möchten sich modisch kleiden. Wenn Sie Kleidung in Stückzahlen entwerfen oder verkaufen, die wirtschaftlichen Erfolg versprechen, müssen Sie die tatsächlichen Größen, Maße und Bedürfnisse »echter« Menschen kennen.

> »Einen Großteil der Zeit entwirft man nicht für ›Modefreaks‹, sondern für ganz normale Menschen, die sich etwas leisten können. Viele haben Komplexe, was ihren Körper betrifft, also macht das drapierte Schulterfreie keinen Sinn – sie werden es nicht tragen. Man kann sich seine Kunden nicht aussuchen – sie suchen dich aus.«
> Designerin Suzanne Clements

Von der Wahl des Materials hängt sehr viel ab, und verschiedene Stoffe erzeugen am Körper ganz unterschiedliche Wirkungen oder Gefühle. Ein einfarbiger Stoff eignet sich gut als Hintergrund für interessante Nähte oder Verschlüsse und macht schlank. Ein Muster kann eine Silhouette verwischen. Designer nutzen solche Effekte, um die Herstellung zu vereinfachen und Proportionen wie auch ästhetische Elemente einer Kollektion zu wahren. Gleichzeitig soll eine Auswahl an Stoffen und Tragevarianten geboten werden, die möglichst vielen verschiedenen Kundentypen stehen.

Wahrnehmung am Körper

Kleidung wird mit den Augen wahrgenommen, aber auch gespürt und ertastet. Es ist wichtig, einen Stoff zu »begreifen« und am Körper zu testen, wie er sich anfühlt und wozu er sich eignet. Gegensätzliche Gewebe betonen den Unterschied zwischen der Kleidung und der Haut unter ihr. Sie verleihen Stimmung, Stil und das gewisse Etwas. Details an Ausschnitt und Manschetten unterstreichen diese Grenzen. Unser Tastsinn wird durch Materialien wie Kaschmir, Seide, Pelz und Leder angeregt. Sehr enge oder weite Kleidung kann ein Gefühl von Sinnlichkeit oder Erotik auslösen. Für den rundlicheren Körper der Frau bevorzugt die Mode Stretch und glatte Gewebe, die den Wunsch nach Berührung wecken und der Haut schmeicheln. Wir spielen mit Stoffen, um die sinnliche und visuelle Botschaft unserer Kleidung zu verstärken. Es lohnt sich, Ihr zeichnerisches Können um die Kunst, mehrere Materialien zu kombinieren, zu ergänzen. Händler und Designer schätzen gut gemachte Kombinationen und Kontraste und wissen, in welchem Verhältnis sie diese in eine Modelinie oder ein Sortiment integrieren müssen.

Der Designer muss also, wie auch immer das Ideal gerade aussieht, den realen menschlichen Körper im Zusammenspiel mit dem Material im Auge behalten. Genaues Beobachten, das Studium von Modefotos (und -filmen) und die Kunst des Skizzierens helfen ihm zu verstehen, wie sich der Körper bewegt und mitteilt und wie Nuancen in Schnitt, Passform und Stoff seine Silhouette und Form in immer wieder neuem Licht erscheinen lassen. Durch die Arbeit mit Körper, Haut und Haarfarbe kann man seine Entwürfe im kreativen Umgang mit Stoff, Textur und Farbe entwickeln und verfeinern.

Weiterführende Literatur und zusätzliche Quellen
Abling, Bina, *Fashion Rendering with Color*, Prentice Hall, New York, 2001
Allen, Anne & Julian Seaman, *Fashion Drawing: The Basic Principles*, London, Batsford, 1996
Borelli, Laird, *Illustrationen der Mode: Internationale Modezeichner und Ihre Arbeiten*,
    Stiebner, München, 2000
Borelli, Laird, *Illustrationen der Mode II: Die Visionen der internationalen Modezeichner*,
    Stiebner, München, 2004
Borelli, Laird, *Stylishly Drawn*, Harry Abrams, New York
Boyes, Janet, *Essential Fashion Design: Illustration Theme Boards, Body Coverings, Projects, Portfolios*,
    London, Batsford, 1997
Mackrell, Alice, *An Illustrated History of Fashion: 500 Years of Fashion Illustration*,
    New York, Costume and Fashion Press, 1997
Seaman, Julian, *Professional Fashion Illustration*, London, Batsford, 1995
Stipelman, Steven, *Illustrating Fashion: Concept to Creation*, New York, Fairchild, 1996
Tain, Linda, *Portfolio Presentation for Fashion Designers*, New York, Fairchild Publications, 1998
Tate, Sharon Lee, *The Complete Book of Fashion Illustration*, New Jersey, Prentice Hall, 1996
Tatham, Caroline & Julian Seaman, *Modezeichnen: Grundlagen, Technicken, Übungen*,
    Stiebner, München, 2004

Illustration und Fotografie
http://folioplanet.com/illustration/fashion/

Körperwahrnehmung
http://www.ourbodiesourselves.org/bodyim.htm
www.about-face.org
www.i-shadow.net

Neue Techniken in der Mode
www.fashion-online.org
www.virtual-fashion.com
www.snapfashun.com
www.horizonzero.ca

Zeichnungen
cwctokyo.com
art-dept.com
artandcommerce.com

Farben und Stoffe IV

Farbgrundlagen

Untersuchungen von Garn-, Textil- und Bekleidungsherstellern und Einzelhändlern zeigen, dass Verbraucher zuerst auf Farben reagieren. Danach erst folgen ein Interesse für Design und Beschaffenheit des Kleidungsstücks sowie schließlich die **Beurteilung** des Preises. Die Wahl der Farben oder einer **Farbpalette** für eine Modelinie ist eine der ersten Entscheidungen beim Entwurf, da dies die Stimmung oder den saisonalen »Ton« der **Kollektion** bestimmt und sie so von ihrer Vorgängerin absetzt.

Menschen reagieren intuitiv, emotional und sogar physisch auf Farben. Blau- und Grüntöne – die Farben von Himmel und Gras – haben sich als blutdrucksenkend erwiesen, während Rot und andere intensive Farben den Herzschlag erhöhen können. Weiß kann ein Gefühl der Kälte vermitteln; Gelb ist eine sonnige, freundliche Farbe; Grau wirkt businesslike oder aber depressiv. Das »Kleine Schwarze« steht für Kultiviertheit und Eleganz, während das kleine rote Kleid Spaß und Verführung symbolisiert. Stadtmenschen reagieren auf eine andere Farbpalette als die Landbevölkerung oder Bewohner tropischer Regionen. Situationen oder Lichtbedingungen, z.B. düsteres Tageslicht oder das Neonlicht eines Geschäfts, bewirken unterschiedliche Wirkungen derselben Farbe. Farbtechniker kennen dieses Phänomen und empfehlen etwa für Manchester eine andere Farbintensität und Lichtechtheit als für Miami oder Bombay.

»Rosa ist das Marineblau Indiens.«
Diana Vreeland, Chefredakteurin bei der amerikanischen *Vogue* von 1963 bis 1971

Auch Saison und Klima beeinflussen die Farbwahl. Im Herbst und Winter fühlen sich die Menschen zu warmen, fröhlichen Farben hingezogen oder zu dunklen Farben, die die Körperwärme speichern helfen. Weiß (welches Wärme reflektiert) und Pastelltöne werden hingegen häufig im Frühjahr und Sommer getragen. Farben sind mit gesellschaftlichen Konventionen und symbolischen Bedeutungen verhaftet. In Teilen der westlichen Welt gilt Grün häufig als Symbol für Unglück, aber auch für Natur und Gesundheit. In Indien ist Scharlachrot und nicht Weiß die Hochzeitsfarbe. In China ist Weiß und nicht Schwarz die Farbe der Trauer. Beim Entwurf einer Kollektion muss daher der Kontext des Zielmarktes in jedem Fall berücksichtigt werden.

Farbdefinition

Das menschliche Auge kann durchschnittlich zwar etwa 350.000 Farben unterscheiden, nicht jede dieser Farben hat jedoch einen Namen. Wenn wir Farben beschreiben, können

Von links nach rechts
Das »Kleine Schwarze« ist immer in Mode. Ein Schwarzweißkontrast wirkt chic und ordentlich, Weiß allein oft steril und dramatisch.

wir nur ungefähre Angaben machen und hoffen, dass andere die Farbe genauso sehen. Einige Systeme wurden entwickelt, um Farben wissenschaftlich zu identifizieren und zu definieren. 1666 entwarf der englische Physiker Sir Isaac Newton das erste dieser Systeme. Er entdeckte, dass alle Farben im natürlichen Licht enthalten sind und voneinander getrennt werden können, wenn man das Licht durch ein Prisma leitet. Er identifizierte die Farben des Spektrums – die sieben Spektralfarben – Rot, Orange, Gelb, Grün, Blau, Indigo und Violett. Außerdem glaubte er an eine Beziehung dieser Farben zur Tonleiter und sprach von »Farbtönen« und »Farbharmonien«. Seither werden Farben häufig mit Begriffen aus der Musik beschrieben. Zudem entwickelte Newton einen Farbkreis mit sechs Teilabschnitten (Indigo und Blau wurden vermischt), der noch heute für die Beschreibung von Pigmenten und substraktiven Farben verwendet wird. 1730 entdeckte Jacques-Christophe Le Bon, dass durch die Mischung von zwei Primärfarben (Rot, Gelb und Blau) die Sekundärfarben (Orange, Grün und Violett) und bei anderen Mischverhältnissen weitere Zwischentöne entstehen. Mischt man alle Primärfarben, entstehen die Tertiärfarben: verschiedene Braun- und Graunuancen über das ganze Spektrum bis hin zu Schwarz (siehe Farbterminologie, S. 116).

Neben der Benennung einer Farbe beschreiben wir ihre Eigenschaften auch anhand der Maßeinheiten Schattierung, Wert und Intensität. Die Schattierung verweist auf die Grundfarbe wie Blau, Rot oder Grün. Es gibt relativ wenig reine Schattierungen. Der Wert bezieht sich auf die Helligkeit oder Dunkelheit einer Farbe, die auf einer Skala von Weiß

Die Wirkung von Farbe

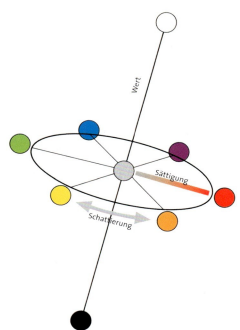

Die drei Größen des Farbraums: Schattierung, Wert und Sättigung.

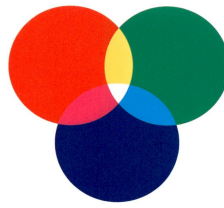

Additive Farben System der Mischung physikalischer Primärfarben (Licht). Gemeinsam projiziert, ergeben Rot, Blau und Grün weißes Licht.

Substraktive Farben Die Mischung der Pigmente Rot, Gelb und Blau ergibt die Sekundärfarben: Orange, Grün und Violett.

Farbkreis A
Designer benötigen eine große Vielfalt an Pigmenten und Farbstoffen für ein breites Spektrum an Farben.

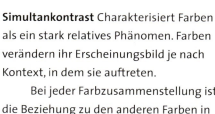

Farbkreis B
Das Mischen von Farben wie Smaragdgrün und Violett ist unter Verwendung von Primärfarben nicht möglich.

Simultankontrast Charakterisiert Farben als ein stark relatives Phänomen. Farben verändern ihr Erscheinungsbild je nach Kontext, in dem sie auftreten.

Bei jeder Farbzusammenstellung ist die Beziehung zu den anderen Farben in der Komposition ebenso wichtig wie die Intensität der Farbe selbst. Eine matte Farbe kann aufgehellt, eine kräftige Farbe abgeschwächt werden. Eine individuelle Farbe kann ihre Intensität abhängig von den sie umgebenden Farben auf viele Arten verändern.

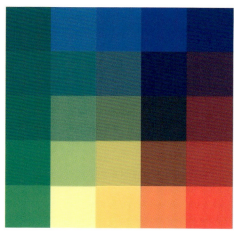

Spektrum Das vollständige Farbspektrum von Violett bis Rot entsteht, wenn weißes Licht durch ein Prisma geleitet wird.

Primärfarben Rot, Gelb und Blau lassen sich nicht durch die Mischung anderer Farben herstellen.

Komplementärfarben Farben wie Rot-Grün, Blau-Orange, Gelb-Violett, die einen optischen Gegensatz bilden. Sie sind auf dem Farbkreis einander gegenüber angeordnet.

Analogfarben Farben mit gemeinsamer Schattierung, die auf dem Farbkreis benachbart liegen, z.B. Blau-Violett, Violett und Rot-Violett usw.

Sekundärfarben Orange, Grün, Violett – Farben, die durch Mischung von zwei Primärfarben entstehen. Gelb und Rot ergeben Orange usw.

Wert Misst die Graustufen und bezeichnet, wie hell oder dunkel eine Farbe ist. Jeder Ton kann im Wert variieren – Rot kann zu Hellrosa oder dunklem Kastanienbraun werden.

Vibrierende Farben Wenn Komplementärfarben von gleichem Wert nebeneinander angeordnet sind, erhalten sie eine visuelle Intensität, die ihre reale Intensität übersteigt. Dies nennt man auch Simultankontrast.

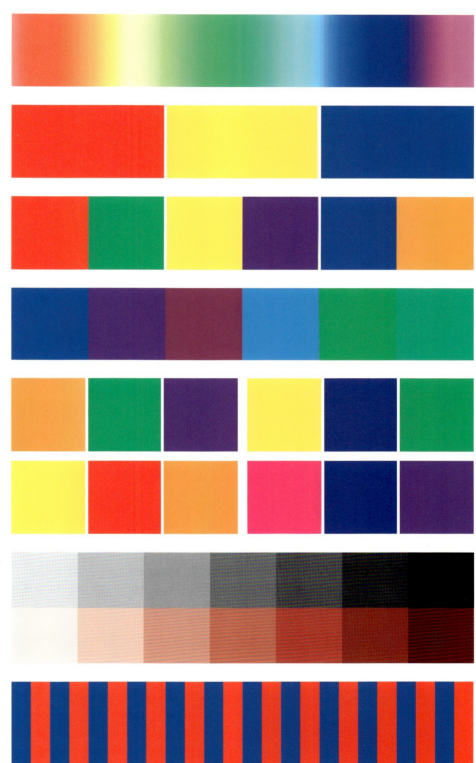

IV: Farben und Stoffe

Eine einzige Farbe besitzt starke Aussagekraft.

(Summe und Quelle aller Farben) bis Schwarz (völlige Abwesenheit von Licht) bewertet wird. Hellere Werte nennt man Töne, dunklere Nuancen. Mit Intensität bezeichnet man die relative Stärke (Reinheit) oder Schwäche (Unreinheit) einer Farbe. Wird ein Pigment mit Wasser verdünnt, verliert es an Intensität. Rot wird z.B. erst zu Rosarot, dann zu Blassrosa.

Farbterminologie

Im Folgenden einige allgemeine Begriffe, die von der Farb- und Modeindustrie für die Unterscheidung und Kombination von Farben verwendet werden:

Abtönung Eine »ergraute« Farbe
Konzentriert Eine intensive, satte Farbe
Pastell Eine Farbe, die mit Weiß aufgehellt wurde
Warme Farben Farben, die mit Feuer, Sonnenlicht, Leidenschaft assoziiert werden (z.B. Rot, Orange, Gelb, Purpur)
Kalte Farben Farben, die mit Himmel, Meer, Eis, Ruhe assoziiert werden (z.B. Blau- und Violetttöne, Weißschattierungen)
Neutrale Farben basieren auf den Tertiärfarben (Beige, Grau, Braun, Khaki, Olivgrün)
Gedeckte Farben Farben, die durch den Zusatz von Schwarz, Weiß, Grau oder von Komplementärfarben aufgehellt oder abgedunkelt werden (z.B. Gelb mit einem Hauch von Violett ergibt dunkles Gold)
Monochromfarben Farben auf einer einzelnen Spektrallinie von Schwarz nach Weiß
Grundfarben Dominante Hintergrundschattierungen, -nuancen oder -töne
Akzentfarben In kleinen Mengen genutzte Farben mit starker visueller Wirkung
Harmonien Zwei oder mehr Farben, die zusammen ausgeglichen und angenehm wirken
Kontrastfarben Farben, die nebeneinander stark unterschiedlich wirken; häufig sind diese auf dem Farbkreis einander gegenüber angeordnet (z.B. Blau und Orange)
Komplementärfarben Fast gegensätzliche Farbtöne, deren Zusammenstellung harmonischer als der Kontrast ist, da ein warmer mit einem kalten Ton kombiniert wird.
Analogfarben Schattierungen und Töne, die auf dem Farbkreis eng beieinander liegen
Substraktive Farben Farben, die aus Pigmenten und Farbstoffen gemischt werden
Additivfarben Farben, die mit Hilfe von Licht oder Lichtabsorption gemischt werden
Optische Mischungen Diese changierenden Farben entstehen, wenn zwei verschiedene Farben, meist als Kett- und Schussfaden, zusammengestrickt oder -gewebt werden, so dass die Stofffarbe aus verschiedenen Blickwinkeln unterschiedlich wirkt. Optische Mischungen verwendet man für mehrfarbigen Jersey, Cambric und Seide.
Flüchtige Farben Farben, die auswaschen oder ausbluten (d.h. nicht farbecht sind)
Simultankontrast Tritt auf, wenn sich die Intensität einer Farbe je nach Wertigkeit des Hintergrunds oder im Rahmen mehrerer Farben zu verändern scheint. Häufig bei Streifen und Drucken; auch beim Kontrast zwischen Hauttönen und Kleidung.

Wissenschaftliche Farbbeschreibungen können jedoch das Gefühl oder die emotionale Wirkung einer Farbe nicht vollständig vermitteln. Daher benennen wir Farben auch nach uns vertrauten Dingen – nach Tieren (z.B. Elefantengrau, Kanariengelb), Blumen und Früchten (Flieder, Erbsengrün, Tomatenrot), Süßigkeiten und Gewürzen (Karamell, Safrangelb), Mineralen und Edelsteinen (Perlweiß, Koralle, Jade) und vielem mehr.

Diese assoziative Benennung von Farben hilft dabei, sich an Schattierungen zu erinnern und eine Palette zu beschreiben, aber sie reicht nicht aus, um einem Spezialisten einen konkreten Ton zu beschreiben, der passen soll. Zu diesem Zweck wurden einige stan-

Links Eine elegante Palette changierender Analogfarben

Ganz oben Abgestufte Pastelltöne geben diesem Outfit einen festlichen Look.

Oben Metallische Farben wie Gold und Silber verleihen transparenten Stoffen Glanz.

Oben Farblinien und wiederkehrende Muster werden für einen Textilsiebdruck ausgearbeitet und auf einem Lichtkasten in transparente Schablonen zerlegt.

Gegenüber Im Labor werden Pigmente und Farbrezepturen zum Bedrucken von Stoff gemischt.

dardisierte Farbsysteme entwickelt. Die im Mode- und Textilbereich am häufigsten verwendeten Systeme sind das PANTONE Professional Color System und das SCOTDIC-System (Standard Color of Textile Dictionaire Internationale de la Couleur). Sie basieren auf dem Konzept von Albert H. Munsell, der Farben nach Schattierung, Wert und Sättigung klassifizierte. Pantone entwickelte mit »The Right Color™« eine spezielle Methode zur Farbabstimmung bei Geweben. Sie kalibriert eine sechsstellige Zahl, welche die exakte Position der Farbe auf dem Farbkreis anzeigt (die ersten beiden Ziffern), diesen Wert mit Schwarz und Weiß vergleicht (die mittleren beiden Ziffern) und ihren Wert benennt (die letzten beiden Ziffern). Viele Computerdesign-Softwarepakete beinhalten dieses System. Mit seiner Hilfe können Sie dem Drucker oder Färber exakte Spezifikationen für die Reproduktion Ihres Bildmaterials geben.

Farbstoffe und Druckfarben besitzen eigene chemische Bezeichnungen und Nummern, die Intensität und Variationsbreite auf einer kalibrierten **Farbskala** anzeigen. Viele Farbenhersteller sind Tochtergesellschaften großer Chemiekonzerne wie Bayer und BASF, und immer mehr Färbereien spezialisieren sich auf »umweltfreundliche« Verfahren.

Farbprognose

Prognosen im Farbbereich sind zu einem lukrativen Geschäft geworden. Dies gilt nicht nur für den Bekleidungssektor, sondern auch für Kosmetik, Einrichtungsgegenstände und die Automobilindustrie. Die Farbenindustrie kann sich keine kostspieligen Fehler erlauben und muss rechtzeitig die Nachfrage befriedigen können, teilweise bis zu zwei Jahre vor der Verkaufssaison im **Einzelhandel**. Farbprognostiker für die Modebranche stellen Informationen aus der ganzen Welt über Verkaufszahlen und Veränderungen im Verbraucherinteresse in Bezug auf Farben zusammen. Zweimal im Jahr finden Konferenzen in Europa und den USA statt, auf denen die Trends der Branche zusammengefasst und definiert werden.

Als wichtigste Farbberatungsgremien sind die *International Colour Authority (ICA)*, die *Color Association of the United States (CAUS)*, die *Color Marketing Group (CMG)* und die *View on Colour* von Studio Li Edelkoort zu nennen. Der Prozess der Datenanalyse beinhaltet auch die Beobachtung und Interpretation des zugrunde liegenden sozialen und kulturellen Kontexts sowie Zukunftsprognosen. Dies alles gibt Auskunft darüber, in welche Richtung sich Farben in der Mode entwickeln werden. In der ersten Hälfte der 1990er-Jahre etwa machten sich viele Verbraucher Gedanken über die Umweltschäden durch chemische Farben. Farbprognostiker empfahlen den Herstellern, sich auf natürliche Töne und Rezepturen zu konzentrieren. Dies rief kurzfristig eine Rückbesinnung auf zartere, »natürliche« Farbstoffe und eine Vorliebe für ungefärbte und ungebleichte Materialien in der Mode hervor.

Farbprognostiker untersuchen gesellschaftliche bzw. kulturelle Events und den Markt auf Vorlieben für *Stimmungen* und *Farbfamilien* hin. Und sie sagen voraus, welche Modestile und Farbtrends gefragt sein werden, um früher oder später wieder abgelöst zu werden.

Das PANTONE Textile Color System™ umfasst über 1900 Farben in chromatisch organisierten Farbfamilien. Die Color Chips entsprechen verfügbaren Farbstoffen und werden in der Modeindustrie zur Bestimmung von Farbmustern für Garn und Bekleidung eingesetzt.

»Jede Saison frage ich mich: Was kann ich nicht mehr sehen? Was ist mir aufgefallen? Ein Beispiel: Hellgrün ist gerade ein bisschen out, aber Rosa für Männer ist im Kommen.«
Farbguru Sandy MacLennan

Für ihre Prognosen nutzen Prognostiker ihre Kenntnisse, Erfahrungen und die Mathematik. Wenn die Wirtschaft boomt, sind leuchtende und ungewöhnliche Farben beliebt, während in kargen Zeiten dunkle, konservative Töne vorherrschen. Beobachtungen zufolge wechseln sich etwa alle sieben Jahre warme und kühle Farbtöne ab, und alle 15–25 Jahre steigt die Mode um von einem farbenfrohen auf einen eher gedämpften Stil mit Grautönen und neutralen Farben. In der Damenmode ändern sich die Farben schneller als in der Herrenmode. Ein Moderevival wie das der Rock-and-Roll-Mode der 1950er Jahre erweckt für gewöhnlich auch die Farbfamilie zu neuem Leben, die einst dazugehörte. Wie Modestile werden Farben auch durch Prominente oder Sportarten populär. So bringen die Olympischen Spiele zuverlässig alle vier Jahre modische Grundfarben auf den Markt der Freizeitkleidung und Jugendmode. Weiß ist fester Bestandteil der Sommerfarben. Im Winter werden erdige und herbstliche Töne vom unvermeidlichen Schwarz, der beliebtesten aller Modefarben, abgelöst. Die Frische von Pastelltönen wird mit Frühling und neuem Leben assoziiert.

Die Farbe und der Designer

Solange man nicht in Unternehmen arbeitet, die sich eigene Farbpaletten leisten können, muss man mit dem vorliebnehmen, was die Textilfabriken anbieten: für gewöhnlich die Klassiker Schwarz, Weiß, Marineblau, Rot und ihre Varianten sowie die Modefarben, die die Farbgurus prognostizieren und die Färbereien interpretieren. Es kann 6–18 Monate dauern, bis die von ihnen gewählten Farben als zusammengehörige Farbpalette im Handel erscheinen. Diese Verzögerung wird Vorlaufzeit genannt. Aktuelle technische Neuerungen haben zu kürzeren Vorlaufzeiten geführt: Farbentscheidungen lassen sich auf die Saisonmitte verlegen, um direkt auf die Nachfrage reagieren zu können. Computergesteuerte Färbverfahren beschleunigen Farbbestimmung und Fertigung in geringen Stückzahlen. Durch das Färben fertiger Kleidungsstücke lässt sich feste, einfarbige Bekleidung losgelöst von ihrer Farbe gestalten. Auch Strumpf- und Maschenwaren sowie Sport- und Freizeitmode ohne Verzierungen eignen sich gut für dieses Verfahren. Benetton verdankt den Erfolg seiner Marke United Colours of Benetton der zügigen Lieferung von Strickwaren in Modefarben und der Herausgabe des Magazins Colors – eine Hommage an die Bedeutung von Farbe und Kultur.

Entwicklung einer Farbpalette

Der freizügige Umgang mit Farbe ist bisweilen einer der interessantesten und befriedigendsten Aspekte von Modedesign, besonders dann, wenn der Markt nach traditionellen Formen und Silhouetten verlangt. Richten Sie Ihr eigenes »Farbarchiv« aus Stoff- und Papierfetzen ein. Es erleichtert Ihnen das Verständnis, welche Farben auf natürliche Weise miteinander harmonieren und wie eine Ausgewogenheit von Grund- und Akzentfarben entsteht.

Ein Modefarbpalette (oder Gamme) umfasst für gewöhnlich vier bis zehn Farbtöne. Einige dominieren meistens als Grundfarben, andere kommen zurückhaltender oder in Drucken zum Einsatz. Textilfarben müssen die Wirkung von Haut-, Haar- und Augenfarbe berücksichtigen. Farbtöne wie Gelb und Grün lassen manchen Teint recht unvorteilhaft gelblich oder grünlich schimmern. Daher werden sie meistens als Akzentfarben oder für Accessoires verwendet. Auch Beige und Hellrosa passen nicht zu jedem Hauttyp, und manch einer sieht darin blass aus. Ihre eigene **Farbskala** sollte zur Altersstruktur und den vorherrschenden Farben Ihres Zielmarktes passen. Helle und mitteltonige Kombinationen erzeugen eine ruhige, zurückhaltende Atmosphäre. Mit Kontrasten und kräftigen Farben zieht man die Blicke anderer auf sich. Bei Kleidung dient Farbe auch als Designelement, das eine Körperzone betont und Brennpunkte schafft oder überspielt. Daher ist es gut zu wissen, in welchen Kombinationen Farben in den Vorder- oder eher in den Hintergrund treten. Modemedien geben viele Stil- und Farbempfehlungen. Es lohnt sich, die Kernregeln zu beherzigen und mit diesem Wissen im Blick bewusst zu schauen, inwieweit Topdesigner den Regeln folgen oder sie brechen.

Falls Sie Zugang zu einem Farblabor haben, sollten Sie mit Farbschattierungen und -kombinationen experimentieren, um so zu Ihrer eigenen Farb-, Stoff- und Garnpalette zu kommen. Notieren Sie Ihre Farbrezepturen sowie Färbe- und Drucktechniken. Neue Farbstoffe und Farbkombinationen haben schon oft den Lauf der Mode verändert.

Verschiedene Klassen von Farbstoffen haften beim Färben unterschiedlich stark am Stoff. Eine Farbe ist »farbecht«, wenn sie nicht auswäscht. Manche Fasern nehmen nur bestimmte Farbtöne an, da es bisher an geeigneten Chemiefarben fehlt. Erkundigen Sie sich nach verschiedenen Techniken wie Bleichen, Ätzen, Überfärben, Knoten- und Kreuzfärbung für interessante Mehrfarbeffekte.

Fasertypen

Die Merkmale einer Faser, ihre Wärme, ihr Gewicht, Aussehen und Verhalten bestimmen den Verwendungszweck, für den Stoffe gewebt oder gestrickt und verarbeitet werden.

Garne kommen je nach Einsatzort in verschiedenen Formen in den Handel: als Garnrollen, Haspeln, einfache oder Kreuzspulen, Knäuel oder Docken.

Acetat Halbsynthetische Faser aus Zelluloseacetat, als Acetat-Rayon im Trockenspinnverfahren produziert. Erstmals 1921 als Kunstseide im Handel.

Acryl Wollähnliche Chemiefaser mit hohem Gasanteil, in den 1940er Jahren von DuPont entwickelt. Eine leichte, billige und pflegeleichte Faser.

Alpaka Feine Wolle der südamerikanischen Lama-Art Alpaka. Sehr hochwertige Mischgarne.

Angora Feine, leichte Haare des Angorakaninchens. Ausgefallene Mischgarne.

Baumwolle Faser aus der Samenkapsel der Baumwollpflanze. Eine kostengünstige, variantenreiche und weit verbreitete Anbaufrucht mit hohem Pestizid. Vielseitig, weich, leicht zu färben und zu waschen.

Botany Sehr hochwertige Wolle des Merinoschafs aus der Botany Bay, Australien.

Cool-Wool Kammgarn für Anzugstoffe. Trockener Griff, nur für leichte Sommergewebe.

Crêpe Crêpegarne können in S- oder Z-Richtung gedreht sein. Die Z-Drehung verleiht dem Gewebe die typische lebhafte Crêpestruktur.

Elastomerfasern In der Regel aus Polyurethan hergestellte Garne mit hoher Elastizität.

Filz Textil aus Garn oder Fasern, das bei Herstellung durch Walken hoch verdichtet wird.

Flammengarn Ausgefallenes Effektgarn mit langen Strähnen ungewöhnlicher Fasern.

Flachs Pflanze, aus der Leinen und weitere strapazierfähige Gewebe hergestellt werden.

Garnlagen Die Anzahl der Lagen eines Garns, z.B. dreifach, zeigt Faserlänge, Gewicht und Qualität an und dient Kennzeichnung und Vertrieb.

Garnstärke Feinheitsbezeichnung von Garn, Kammgarn, Wollgeweben.

Gauge (Abkürzung gg, auch G) Maß für die Maschendichte in der Maschinenstrickerei und das entsprechende Garn, so entsprechen 10 gg 10 Nadeln auf 2,54 cm (1 Zoll).

Geelong Hochfein, Erstschur von maximal acht Monate alten Lämmern des Merinoschafs.

Hanf Faser der Hanfpflanze. Kräftiges, geschmeidiges Garn für Säcke und Matten.

Jersey Maschinell hergestellte Maschenware. Flach, schlauchförmig, Single Jersey, Doppeljersey (Interlock).

Jute Bastfaser aus den Stängeln der Jutepflanze.

Kamelhaar Kamele verlieren ihr Haar von selbst. Eine rubuste, schwere, warme Luxusfaser.

Kammgarn Glattes, haltbares Garn aus längeren, parallel gekämmten Wollfasern.

Kaschmir Feine Unterwolle der jungen asiatischen Kaschmirziege – ein Luxusprodukt.

Lammwolle Garn und Textilien aus 100 Prozent Schurwolle, die zu mindestens einem Drittel von Lämmern stammt, die noch gesäugt werden.

Leinen Haltbares, kühles, saugfähiges Gewebe aus den Stängeln der Flachspflanze.

Lurex Flache, metallisch glitzernde Faser in Stoffen für Abendgarderobe.

Lycra Die erste hochelastische Chemiefaser, entwickelt und patentiert von DuPont.

Melangegarn Vor der Verarbeitung zu Stoff bedruckte oder besprühte Faser.

Meliertes Garn Aus zwei verschiedenfarbigen Fäden gesponnenes Garn.

Merino Das Merinoschaf (Herkunft Spanien) liefert Wolle von höchster Qualität.

Mikrofaser Feinstfaser aus Nylon für sehr feine Gewebe mit weichem Griff.

Mineral Fasern aus Asbest, Kohlenstoff, Glas und Metall. Sie werden für Inneneinrichtung und Möbelstoffe verwendet.

Mohair Haar der Angoraziege – lang, lockig, glänzend, robust. Luxusstrickwaren, Anzüge.

 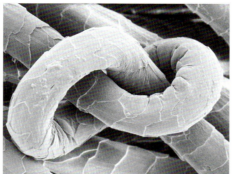 

Fibrillierte Viskose; die Fasern können nach dem Weben aufgebürstet werden, um einen weichen Warengriff zu erzielen.

Knoten in einer Wollfaser. Die Schuppen auf den Wollfasern öffnen sich in warmem Seifenwasser, die Fasern verbinden sich und verfilzen.

Die Struktur von Baumwolljersey ermöglicht eine Dehnung des Stoffs in beide Richtungen, also längs und quer.

  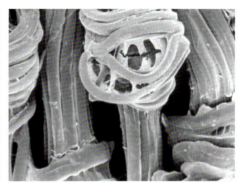

Künstliche Polyesterfaser in einer Tuchbindung

Wollgabardineköper

Mit Natriumcarbonat angelöste Seidenfasern.

Nylon Erste vollständig synthetische Faser. Von DuPont 1934 entdeckt, entwickelt und als Nylon, Bri-Nylon bzw. Celon vertrieben. Reißfest und vielseitig einsetzbar.

Polyamid Nylon ist eine von mehreren Polyamidfasern – glatte Faser mit hoher Scheuer-, Reiß- und Biegefestigkeit. Viele Unterarten, verbreitet bei Strümpfen und Unterwäsche.

Polyester Preiswerte pflegeleichte Chemiefaser, 1941 von ICI und DuPont entwickelt und als Terylen, Dacron und Crimplen vertrieben, als Polarvlies aus Kunststoffbehältern recycelt. Oft in Mischungen mit anderen Fasern.

PVC Polyvinylchlorid, ein gern für wasserfeste Kleidung verwendeter Kunststoff.

Ramie Bastfaserpflanze. Gewebe ähnelt Leinen.

Shetlandwolle Frühe eine günstige, strapazierfähige Wolle von den Shetlandinseln, heute der Oberbegriff für verschiedene Web- und Strickwaren.

Silk Feines, reißfestes glänzendes Garn aus dem Kokon der Seidenspinnerraupe (ein Faden von ca. 4 000 m Länge). Verwendet für sehr teure Edelmode.

Spandex Chemiefaser mit 85 Prozent Polyurethan und hoher Elastizität.

Tencel Eine »grüne« Kunstfaser (aus Zellulose), fester als Baumwolle, seidig-fließender Fall.

Vikunja Feines, elastisches Haar des in Südamerika lebenden geschützten Vikunja (Lama).

Viskose Halbsynthetische, glänzende, vielseitige Faser, unter Zusatz von Natriumcarbonat aus Zellstoff gewonnen.

Wollgewebe Volle, weiche schwere Stapelfasergarne, nicht parallel gesponnene Wollen.

Zellulose Faser oder Bogen, als Zellstoff aus Pflanzenfasern oder Holz gewonnen.

Stoffe

Was für den Maler die Farben sind für den Modedesigner die Stoffe: das Medium des kreativen Ausdrucks. Einige Designer arbeiten direkt am Stoff, andere entwerfen auf Papier und suchen dann nach dem passenden Material. Die Auswahl des geeigneten Stoffs ist der Schlüssel zu erfolgreichem Design. Dabei zählt nicht nur, was optisch gefällt; relevant sind zudem Gewicht und haptische Eigenschaften, Preis, Verfügbarkeit, Leistung, Qualität und zeitliche Planung. Die Eignung eines Stoffs ergibt sich aus der Kombination von Faktoren wie Garn, Machart, Gewicht, Textur, Farbe, Handhabung und Dessin sowie zusätzlicher Leistungsfaktoren wie Wärmeeigenschaften, Fleckempfindlichkeit und Pflegeleichtigkeit. Der Designer muss realistisch einschätzen, wie sich ein Stoff verhalten wird. Es ist nicht möglich, einem Stoff einen Schnittstil aufzuzwingen, der weder praktisch noch visuell mit den Stoffeigenschaften vereinbar ist.

Modedesigner sollten fundierte Kenntnisse über Stoffqualitäten, Bezugsquellen, Preisstrukturen und die Eignung für verschiedene Verwendungszwecke besitzen. Legen Sie zu diesem Zweck ein separates Notizbuch an. Auch gibt es einige Organisationen, die beim Studium der Stoffe Unterstützung bieten (siehe Anhang, S. 219), in Deutschland neben anderen Textilforschungs- und Prüfanstalten, z.B. das Bekleidungsphysiologische Institut Hohenstein.

Internationale Pflegekennzeichnungen

Laut Gesetz muss Bekleidung Hinweise zur Materialzusammensetzung enthalten. Es ist strafbar, Textilien ohne diese Angaben zu vermarkten. Das Strafmaß reicht von Geld- bis Gefängnisstrafen. Die Materialien werden nach Prozentanteilen absteigend aufgelistet. Dekoratives Zubehör mit einem Anteil am Kleidungsstück von unter 7% muss nicht genannt werden. Neben den Angaben zur Materialzusammensetzung finden sich Wasch- und Pflegehinweise (manchmal auf einem gesonderten Etikett). Mit Blick auf die weltweite Produktion einigten sich die Länder auf eine ISO-Kennzeichnungsnorm. Das europäische Kennzeichnungssystem der GINETEX, der internationale »Pflegekennzeichnungs-Code auf der Basis von Symbolen«, wird von allen größeren Produktionsländern angewandt. Waschmaschinen und Trockner für Privathaushalte werden jetzt mit den gleichen Icons ausgerüstet.

Zu wissen, woraus ein Stoff besteht, erleichtert das Identifizieren, das Einschätzen seiner Trage- und Pflegeeigenschaften und das Beurteilen, ob er für den geplanten Zweck geeignet ist. Verfahren wie z.B. Bedrucken oder Plissieren setzen geeignetes Material voraus.

Immer mehr Fasern und moderne Gewebe werden von ihren Herstellern markenrechtlich geschützt mit gut wiedererkennbaren Symbolen, die Qualität und Echtheit signalisieren. Das Fälschen von Stoffen ist ein großes Problem für die Modeindustrie. Kaufen Sie beim Hesteller, erhalten Sie eine Stoffprobe, der Sie Einzelheiten wie Gewicht und Materialzusammensetzung entnehmen können. An Marktständen sind diese Informationen schwerer zu bekommen. Fragen Sie stets nach Materialbezeichnung und -zusammensetzung sowie nach Preis und Breite. Viele Modeschulen archivieren Stoffe, was die Identifikation von Material erleichtert. Die beste Lösung ist jedoch, selbst eine Sammlung anzulegen. John Galliano wird nachgesagt, er bewahre Reste von allen seinen Stoffmustern in Gläsern auf.

Fasern

Fasern oder Garne sind das Rohmaterial der Stoffe. Fasern werden in drei Hauptkategorien unterteilt: tierisch (Haare), pflanzlich (Zellulosefasern) und mineralisch (synthetische Fasern). Erfahrene Designer können die Grundfaser oft durch Anfassen und genaues Betrachten erkennen. Heute gibt es sehr viele anspruchsvolle Mischfasern und Markenkunstfasern. Die Länge der Garnfaser (auch **Stapel** genannt), die Methode der Verspin-

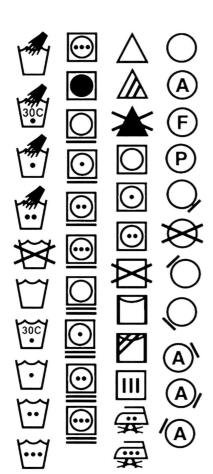

Der internationale Pflegekennzeichnungs-Code ist ein weltweit anerkanntes System von Hinweisen zu Reinigung und Pflege von Kleidung für Verbraucher. Unsachgemäßer Umgang mit Kleidung führt zu Schäden und Retouren, die die Branche teuer bezahlt.

Das Wollsiegel ist ein Zeichen für Qualität und garantiert Echtheit.

nung zu einem Garn und ihr Durchmesser entscheiden über die Gewebeeigenschaften. Bei Mischgeweben verändert sich die Charakteristika der Hauptfasern. Beispielsweise sind Baumwolle und Leinen saugfähig und knittern leicht, mit Polyester gemischt trocknen sie jedoch schneller und lassen sich leichter bügeln.

Stoffherstellung

Wichtigste Herstellungsmethoden von Stoffen aus Garnen sind Weben, Wirken und Stricken. Anders produzierte Textilien, z.B. Kunstpelz, Tüll, Spitze und Textilverbundstoffe, klassifiziert man als Vliesstoffe. Modedesigner sollten die Grundstrukturen der Materialien kennen, um Verwendungs- und Bearbeitungsmöglichkeiten zu beurteilen.

Webstoffe entstehen durch die rechtwinklige Verkettung vertikaler Fäden (**Kettfäden**) mit horizontalen Fäden (**Schussfäden**). Diese Fäden nennt man auch den Längs- bzw. Querstrich des Stoffs. Die Gewebedichte oder Gewebefestigkeit richtet sich nach der Anzahl von Kett- und Schussfäden pro Zentimeter (oder Zoll). Der Geweberand wird normalerweise mit einer höheren Anzahl von Fäden oder stärkeren Fäden gewebt, um dem Stoff Stabilität zu verleihen. Dies wird als **Webkante** bezeichnet. Da der Kettfaden vorverstreckt wird, um eine gleichmäßige Webstruktur zu erhalten, besitzen Webstoffe meist gute Längsstabilität. Daher werden die Teile für Kleidungsstücke üblicherweise parallel zur Webkante zugeschnitten, so dass der Längsstrich vertikal zum Körper verläuft. Die zusätzliche Dehnbarkeit des Querstrichs unterstützt die Elastizität des Stoffs an Stellen wie Gesäß, Knien und Ellbogen.

Gewebearten

Durch die Veränderung der Garnfarben oder -typen des Kett- und Schussfadens in der Gewebestruktur kann eine unbegrenzte Vielfalt von Stoffen hergestellt werden. V.a. die Bindungsart bestimmt über den Fall und sonstige Eigenschaften des Stoffs.

Tuchgewebe Die einfachste Gewebestruktur. Wenn Kett- und Schussfaden derselben Größe eng miteinander verkreuzt werden, stellt diese Bindung die festeste Bindungsart dar. Beispiele für die Tuchgewebe sind Kattun, merzerisierte Baumwolle, Flanell, Gingham und Crêpe-Chiffon.

Köpergewebe Bei der Köperbindung kreuzt der Schussfaden mindestens zwei Kettfäden, bevor er unter einer oder mehrere Kettfäden gehoben wird. So entsteht ein Gewebe mit diagonaler Schrägrippe. Gabardine, Drillich, Whipcord und der v.a. für Anzugstoffe verwendete Fischgratköper sind bekannte Köpergewebe.

Atlas- und Satingewebe Weiche, glänzende Stoffe mit guten Fall- und Dehneigenschaften. Die Fäden an der Gewebeoberseite liegen flott – bei Atlas auf der Kettfadenoberfläche, bei Satin auf der Schussfadenoberfläche.

Samtgewebe Webart, bei der ein zusätzlicher Schussfaden auf der Gewebeoberseite aufgebracht und verschlungen wird. Die Schlaufen können geschlossen bleiben, wie bei Frotteestoff, oder aufgeschnitten bzw. geschoren werden, wie bei Kord, Samt und Pelzimitaten. Stoffe mit hohem Flor, wie Frottierplüsch, werden in einem speziellen Nadel- oder Schusstufting-Prozess hergestellt, bei dem der Flor auf die Trägerware aufgebracht wird.

Jacquardgewebe Komplexes, gemustertes Gewebe, das auf einem Jacquardwebstuhl angefertigt wird. Die einzelnen Fäden werden über eine Lochkarte, ähnlich einer Pianolarolle, angehoben oder verbleiben am Platz; heute computergesteuert. Jacquardstoffe wie Brokat oder Damast verwendet man z.B. für festliche Kleidung.

Bedrucktes Schaffell kombiniert Exotik mit Behaglichkeit.

Leinwandbindung   Fischgratbindung

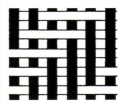

Atlasbindung   Gewebe mit triaxialer Struktur

Köperbindung   Jacquardbindung

Gemangelte fertige Maschenware benötigt weniger Material als genähte Bekleidung. Zudem können Einzelstücke auf Bestellung schnell angefertigt werden, da sie nur wenige Prozessschritte durchlaufen müssen.

Strickwaren entstehen aus ineinander greifenden Garnschlingen. Horizontale Reihen nennt man Maschenreihen, vertikale Reihen Maschenstäbchen. Sie sind in beide Richtungen dehnbar, neigen aber eher zur Querdehnung. Ihre Elastizität verleiht ihnen gute Fall- und Knittereigenschaften; andererseits können sie bei häufigem Tragen und Waschen je nach Material ihre Form verlieren. Da die Struktur von Maschenwaren relativ offen ist, können sie »atmen« und den Körper je nach Garn warm oder kühl halten. Sie werden v.a. für Unterwäsche oder Sportbekleidung verwendet. Feinmaschiges Gestrick kann eng anliegend sein und für Abendgarderobe verwendet werden. Wie beim Weben können auch beim Stricken Farb- und Mustereffekte eingearbeitet werden.

Grundlage für die Entwicklung des Maschinenstricks ist die Kunst des Handstrickens. Heute können moderne Maschinen Strickstoffe und gestrickte Kleidungsstücke, die komplexer sind, als man dies per Hand erreichen könnte, in Hochgeschwindigkeit produzieren. Ein vollständig fertig gestellter Pullover kann in 45 Minuten hergestellt werden. Dennoch gibt es in der Mode nach wie vor einen Platz für die einzigartigen Qualitäten und den Charme eines handgestrickten Stücks. Die Palette maschinengestrickter Textilien reicht vom dünnsten Seidengarn für Wäsche bis zum dicksten Zopfmuster aus Wolle. Die Feinheit von Strickmaschinen (Gauge) wird anhand des Nadelabstands, also der Anzahl von Nadeln pro Zentimeter (oder Zoll), gemessen.

Single Jersey

Jacquard

Doppeljersey

Intarsienstrick

Fair Isle

Kettenwirkware

Maschenwarenarten

Single Jersey Die Schauseite (rechte Seite) ist glatt, während die Rückseite (linke Seite) vergleichsweise rau und daher saugfähiger ist. Wenn eine Masche fallen gelassen wird oder ein Loch entsteht, bildet sich eine Laufmasche entlang der Maschenstäbchen. Single Jersey neigt dazu, sich an den Kanten aufzurollen. Der Stoff ist leicht und eignet sich ideal für T-Shirts und Wäsche.

Doppeljersey Für diesen Stoff wird eine doppeltes Nadelbett verwendet, um eine beidseitig glatte Oberfläche zu erreichen. Doppeljersey ist stabil.

Rippenstrick Hierbei wird eine vertikale Anordnung der Nadeln verwendet, die abwechselnd rechte und linke Maschen stricken, wodurch ein dehnbares, beidseitig verwendbares Gestrick entsteht. Das Rippenmuster wird eingesetzt, um den Stoff an Taille, Kragen und Manschetten eng am Körper anliegen zu lassen. Bei Sportbekleidung wird Rippware auch als Bortenbesatz an Webwaren verwendet.

Interlock Eine spezielle feine und glatte Rundstrickware, die für Wäsche und Shirts eingesetzt wird.

Fair Isle Ein Single-Jersey-Stoff mit kleinen Mustern, für den zwei verschiedenfarbige Garne verwendet werden. Als Vorlage dienten Pullovermuster von den Shetlandinseln.

Intarsienmaschenware Vielfarbige geometrische Muster und Bildstrickmuster. Da die Herstellung noch aufwendiger als bei Fair Isle oder Jacquard ist, wurden diese Stoffe bis zur Einführung computergesteuerter Maschinen ausschließlich für den Markt für kostspielige Luxuswaren und Kaschmirpullover hergestellt.

Kettware Beim Kettwirken, einer Mischform aus Stricken und Weben, wird ein Kettfadenstrang von sich bewegenden Nadelbarren verstrickt. Kettware zerfasert nicht und ist laufmaschensicher. Sie kommt bevorzugt für Bademoden, Sportbekleidung und Wäsche zum Einsatz.

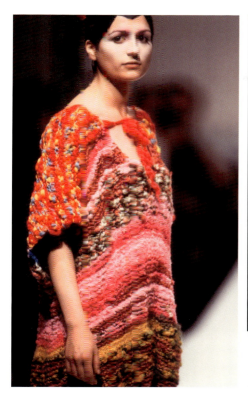  

Die älteste Methode der Stoffherstellung ist die Verbindung von Fasern im Klebspinnverfahren oder durch Spinnmattieren. Wird feuchte, warme Wolle zusammengedrückt, verbinden sich die Fasern zu Filz. Dieser Prozess wurde weiterentwickelt: Heute produziert man thermoplastische Kunststoffe in einem Schmelzverfahren. Diese haben keinen Strich, so dass sie in jeder Richtung geschnitten werden können und nicht ausfransen oder sich aufziehen. Einige dieser Materialien sind dehnbar und können, wie Kaninchenhaarfilz, über Dampf geformt werden, um Hüte zu machen. Bei Unterwäsche verwendet man thermoplastische Strickware (kehrt nach dem Waschen in die gewünschte Form zurück) für BH-Körbchen sowie Fuß- und Wadenpartie von Strümpfen.

Stützgewebe (Vlieseline), wie Einlagen und Zwischenfutter – die an Belastungspunkten Festigkeit und Form bieten – bestehen oft aus Textilverbundstoffen. Meist sind sie unter ihren Markennamen bekannt, wie etwa Staflex oder Vilene. Schmelzbare Zwischenfutter werden mit Leim beschichtet und haften am Stoff, wenn sie heiß aufgebügelt werden. Wattierungen sind hochgarnige Stoffe aus aufgeplusterten, spinnmattierten Fasern, die als Steppfutter und Füllungen für mehr Volumen oder Wärmeisolation sorgen.

Tüll und Spitze werden mittels technisch ausgefeilter Maschinen hergestellt, bei denen die Fäden verdreht oder diagonal verlaufen. Spitzenstoffe haben meist einen gezahnten Spitzenrand, die Längenmaße sind auf die Maschinenbreite beschränkt. Tüll und Spitze fransen für gewöhnlich nicht aus, jedoch erfordert die offene, grobe Oberflächenstruktur einiger Spitzenstoffe eine Unterlegung mit Futter. Gummi und Plastik setzt man oft für ausgefallenere Designs ein. Aus dem Latex (Milchsaft) des Gummibaums gewonnen, kann flüssiges Gummi in eine Form oder direkt auf den Körper gestrichen werden. Gummibogen können zugeschnitten und vernäht oder verklebt werden.

Von links nach rechts

Die Kunst des Handstrickens ist eine wichtige Facette des Marktes für Luxusware. Sie gibt dem Designer Raum, mit Farbe, Form und Textur zu gestalten und dabei einzigartige und doch haltbare Mode zu kreieren.

Strickwaren können maschinell in dreidimensionaler Form ohne Nähte erstellt werden. Diese Technik verstärkte hier den Warenfall der schweren, weichen Wolle.

Sehr feiner Jerseystoff besitzt einen schönen Fall. Hier bewirken die transparenten Schichten bei jedem Schritt des Models einen changierenden Moiré-Effekt.

Oben Garnqualitäten und neue Farbpaletten werden entwickelt und den Modegroßhändlern zweimal im Jahr angeboten.

Unten Viele Musterkleider und Fertigungsverfahren werden von Stoff- und Garnherstellern in Kooperation mit Modeschulen für die Präsentation auf Fachmessen entwickelt.

Es gibt sie in durchscheinenden, kräftigen oder metallischen Farben sowie bedruckt. Auch Plastik, Polyäthylen und Cellophan werden in der Modeindustrie eingesetzt.

Stoffentwicklung und Appreturen

In der Textilindustrie werden kontinuierlich neue Stoffe und Behandlungsmethoden entwickelt. Tencel, Tactel, Sympatex, Supplex, Polartec, Aquatex, Viloft und Coolmax sind aktuell neu entwickelte synthetische Materialien. Viele Verfahren, auch **Appreturen** genannt, werden nach der Herstellung und Einfärbung des Stoffs angewandt. Man verbessert seine praktischen Leistungsmerkmale, indem man ihn fest, feuersicher oder knitterfrei macht. Oder aber man wertet ihn haptisch oder visuell auf, etwa durch Bürsten, Perlen- oder sonstige Stickereien. Appreturen – ursprünglich für Militär-, Industrie- und Haushaltstextilien entwickelt – werden heute von kreativen Designern bei Sportbekleidung und modischen Textilien eingesetzt. Unternehmen lassen sich neue Verfahren patentieren, und die geschützten Markennamen dienen der Werbung und Vermarktung der Stoffe.

Gewebedruck ist schon lange eine der beliebtesten Formen der Appretur und Verzierung einfarbiger Stoffe. Es gibt viele Druckmethoden wie Batik, Gewebefilmdruck und Thermodruck (Sublistatic). Berücksichtigt man die vielen Standardformen des Drucks, wie Blumenmuster, geometrische und abstrakte Formen, Bilddrucke (»Conversationals«) und andere Motive, wächst die Zahl der möglichen Dessins ins Unendliche.

»Ich glaube, Druck muss man wirklich lieben, er stellt einen vor die schwierigste Entscheidung. Er kann die gesamte Kollektion definieren, kann aber auch von allem anderen ablenken, wenn er zu dominant ist.« Designerin Sonja Nuttall

Der Zyklus der Stoffentwicklung

Die Vermarktung von Stoffen in ihrer heutigen Form unterscheidet sich stark von dem staatlicherseits geschützten Handel mit Naturfasern vergangener Zeiten. Chemiegiganten

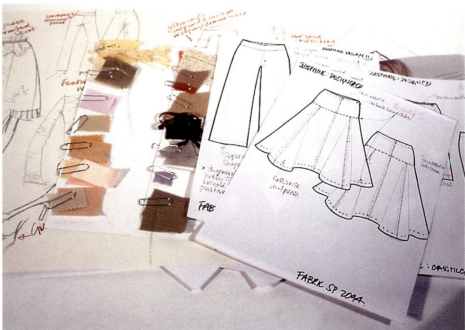

Nach dem Besuch einer Fachmesse stellt der Designer Stoffe und Farben für den Kollektionsaufbau und die Koordination der Musterstoffe zusammen. Einige Stoffe werden dabei aussortiert.

haben sich in der Textilbranche etabliert und investieren riesige Summen in die Entwicklung von »Hochleistungsfasern«, die sie intensiv bewerben. Die Naturfaserproduzenten wehren sich, indem sie Interessenverbände schließen, um ihre Innovations- und Marketingstrategien zu stärken. Der Markt hat das Sagen, und heute sind die Kollektionen der Modedesigner das Ergebnis intensiver Forschungs- und Entwicklungsarbeit in den Branchen Chemie, Farben, Maschinenbau, Textilien und Zubehör, die der Mode um fünf Jahre voraus sind. Um der Entwicklung Konsistenz zu verleihen, sammeln Fachleute Informationen, treffen sich zweimal im Jahr und beschließen zukünftige Produktlinien. Stoff- und Textildesigner präsentieren ihre Linien rund 18 Monate, bevor der europäische Modemarkt sie zu Gesicht bekommt. Stoffhändler und Appreteure sind dem Markt je nach Volumen, Produktionsfreundlichkeit und Nachfrage ca. drei bis zwölf Monate voraus. Es ist gut möglich, dass Sie später mit der Entwicklung neuer Stoffe zu tun haben und die langen Vorlaufzeiten schätzen werden, die Sie für Tests und Änderungen Ihres Produkts bis zu dessen Marktreife benötigen.

Neue mechanische und computergesteuerte Maschinen können unverbrauchte Stile und innovative Arten von Bekleidung kreieren, z.B. Polarvlies aus recycelten und gesponnenen Kunststoffabfällen, mit Rundstrickmaschinen gefertigte nahtlose Unterwäsche und wasserfeste Jacken, mit Polymeren beschichtet und thermoplastisch geformt. Als Designer haben Sie es in der Hand, neue Textilien und Verfahren zu entwickeln oder auch Verbesserungen und Modifikationen an Maschinen anzuregen, um genau die Verfahren zu realisieren, die Ihnen vorschweben. In Frankreich, Italien und Japan ist die Branche besonders empfänglich für die Wünsche und Ideen von Designern – einer der Gründe für die Überlegenheit dieser Länder bei dekorativen und funktionellen Geweben. Verzierungen sind mit die wirkungsvollsten Methoden, Kleidung ein neues Aussehen zu verleihen, etwa mit Farb- und Textureffekten, Strickoptik, Mustern und Motiven

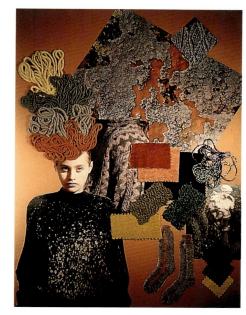

Bei Strickwaren werden Farben und Texturen für den Aufbau einer Themenkarte gemeinsam ausprobiert.

Unten Technisch ausgefallene Einzelstücke werden wegen ihrer Eigenwilligkeit bewundert, eignen sich jedoch meistens nicht für die Massenfertigung.

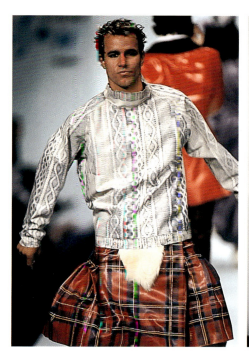

Hier wurde Gummi mit Aran-Strickmuster und Schottenkaros bedruckt.

Verschiedene Drucke erzielen hier eine modische, überraschende Wirkung.

Der Modezyklus

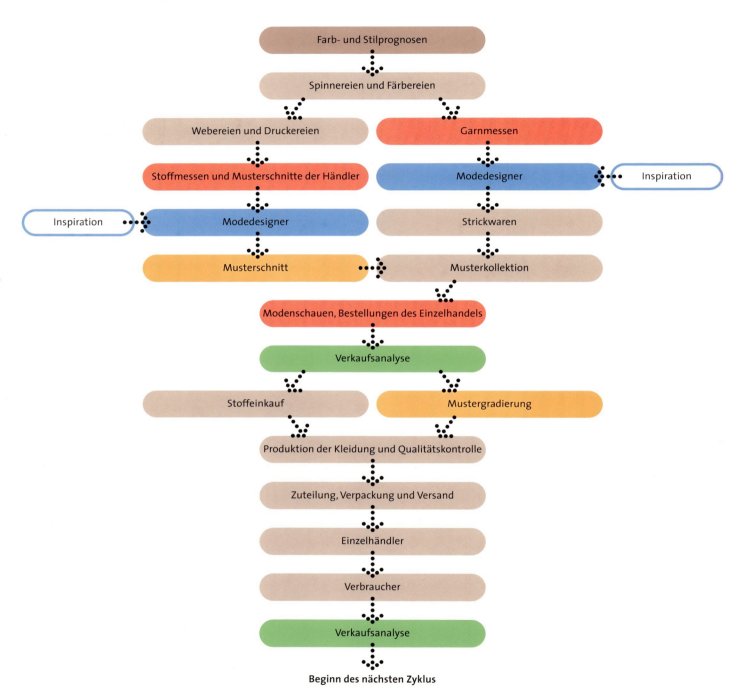

oder mit Sieb- oder Tintendruck. Herstellung und Lieferung von Web-, Strick- und Druckstoffen im Kundenauftrag sind aufwendiger. Meistens werden Stoffe in mehreren Farbvarianten oder »Farblinien« produziert. Modehäuser können Exklusivrechte an Farblinien erwerben oder die gewünschten Farbkombinationen genau definieren. Auf Englisch heißen Stoffproben »lengths«, eine kurze Probe bedrucktes Gewebe nennt man »strike-off«. Eine weltweit einheitliche Begrifflichkeit existiert nicht. Prägen Sie sich daher möglichst viele Begriffe und Techniken aus dem Bereich dekorativer Gewebe ein: Als Designer werden Sie auf internationalem Parkett Stoffe einkaufen und Fachgespräche mit Technikern führen.

Der Modezyklus

Mode ist ein zeitkritisches Saisongeschäft, das in mehreren ineinander verzahnten Zeitplänen abgewickelt wird. Der Modedesignprozess muss rationell ablaufen, daher enthalten die Pläne Zeitfenster für Marktforschung, Musterentwicklung, Auftragsvergabe, Herstellung und Vertrieb. In jedem Betrieb wird das Timing dieser Phasen bestimmt durch das Material, die Arten von Kleidung, die Marktsektoren und die Nachfrage in den Outlets eines Unternehmens. Eckdaten im Kalender der Hersteller sind regelmäßige Termine wie Stoffmessen und Prêt-à-porter-Wochen sowie andere Daten, etwa der Labour Day in den USA oder der Valentinstag, die für den Einzelhandel eine Rolle spielen. Der Starttermin des Zyklus ist nicht vom eigentlichen Kalender abhängig und für einzelne Orte und Arbeiten der Branche verschieden, da die **Vorlaufzeiten** der einzelnen Warenkategorien nicht identisch sind. Die meisten Haute-Couture-Häuser richten sich nach den in Kapitel I erläuterten Jahreszeiten: Frühjahr/Sommer und Herbst/Winter. März bis September werden Entwürfe, Kollektionen und Muster geplant und erstellt, im September die Frühjahrs- und Sommerlinien verkauft. Entsprechendes gilt für die Herbst- und Winterlinien: Oktober bis Februar entstehen Entwürfe, Kollektionen und Muster, ab Februar folgt der Verkauf. Dieser Zyklus bietet keinen zeitlichen Spielraum und wird zudem Stück für Stück von großen Kaufhäusern aufgeweicht, deren Kundschaft noch häufiger nach neuer Ware verlangt. Computergesteuerte Systeme tun ihr Übriges, die Produktions- und Lieferkette noch weiter zu beschleunigen. In den USA ist der Absatz von Mode stärker untergliedert durch zwei zusätzliche »Übergangszeiten« und Verkäufe von Urlaubsbekleidung. Bademode für »Kreuzfahrer« kommt beispielsweise direkt nach Neujahr in die Regale. In Frankreich heißt der September *la rentrée* – die Rückkehr aus dem dort üblichen einmonatigen Sommerurlaub. Die Läden haben dann zweckmäßige Berufskleidung und Anzüge im Angebot. Designer sind also häufig gezwungen, mit anderen – beispielsweise Strickwarenherstellern – zu kooperieren, deren Zyklen nicht mit den eigenen übereinstimmen. Sie müssen von daher an bis zu drei Jahreszeiten und Zyklen gleichzeitig arbeiten.

> »Der Modezyklus kennt keine Gnade. Helen Storey und ich nannten ihn das ›Hamsterrad‹. Manchmal hat man das Gefühl, im Kreis zu laufen und nirgendwo anzukommen.« Chef-Designerin Caroline Coates

Kontinuität in Design und Fertigung ist ökonomischer und günstiger für den Cashflow und bedeutet gleichmäßige Auslastung der Mitarbeiter. Doch Designer haben nun einmal nicht pausenlos neue Ideen. Daher sind zu Beginn des Zyklus Markt- und Designforschung besonders wichtig für den Designprozess. Dieser beginnt mit der Inspiration – selten für ein Einzelstück, eher für eine Stimmung oder einen Look. Dabei benötigt der Designer in allen Phasen des Musterentwurfs Entwurfsskizzen, Stoffe und Materialien sowie Kennt-

Ganz oben Zur Vermarktung neuer Linien senden Textilhersteller und Importeure Stoffmuster an wichtige Kunden, damit diese Musterstoffbahnen oder -schnitte bestellen können.

Oben Branchenveröffentlichungen informieren über Produkte, Marktrückmeldungen, Trends.

Leitfaden zur Stoffauswahl

Drücken Sie den Stoff einige Male in der Hand zusammen, um die Oberfläche zu spüren und seine Wärme, Kühle, Trockenheit oder Glätte usw. zu prüfen. Welche Persönlichkeit hat der Stoff? Aus welchen Fasern besteht er?

Wie bildet sich der Stoff nach dem Griff zurück? Prüfen Sie mit den Daumen Dehnbarkeit und Rückbildung. Ziehen Sie sanft entlang des Strichs und schräg zum Fadenverlauf. Falten oder Drapieren zeigen die Falleigenschaften. Ziehen Sie an den Fäden, um zu prüfen, ob sie sich auseinander ziehen lassen oder leicht ausfransen.

Überprüfen Sie entlang der Webkanten, ob der Stoff gerade ist. Stoffe, die nicht dem Strich folgen, fallen nicht richtig; bei Farbgeweben und Plaids werden Saumkante und entsprechende Nähte nicht ausgerichtet verlaufen.

Suchen Sie nach Gewebe- und Farbunregelmäßigkeiten. Prüfen Sie den Stoff gegebenenfalls gegen das Licht. Farben wirken in künstlichem Licht oft anders als bei Tageslicht. Die Farbabstimmung sollte daher unter verschiedenen Lichtquellen erfolgen.

Strickwaren und Wollstoffe neigen zum Filzen. Durch Reiben auf der Oberfläche können Sie testen, ob sich Fasern ablösen oder Knötchen bilden.

Bedruckte Stoffe sollten auf die Regelmäßigkeit und die Ausrichtung des Dessin geprüft werden. Halten Sie den Stoff gegen den Körper und auf Armeslänge von sich entfernt, um zu sehen, wie der Maßstab des Dessins auf Sie wirkt.

Teils behandelt man Seide und billige Baumwolle beim Web- oder Appreturprozess mit einer bestimmten Stärke (»Schlichte«). Diese wäscht sich später aus, und der Stoff wird schlaff. Prüfen Sie, ob sich beim Reiben der Oberfläche feiner Puder bildet.

Wenn Informationen zur Pflege oder zu Appreturen erhältlich sind, notieren Sie diese. Sie können später nicht reklamieren, wenn Sie den Stoff falsch behandelt haben.

---

nis über die Abläufe. Diese Abfolge wird Ihnen in den Designprojekten Ihrer Ausbildung begegnen. Händler, Einkäufer und Geldgeber studieren Haushaltspläne und Gewinnzahlen, Verkaufsstatistiken und andere Marktdaten, bevor sie in neue Kollektionen investieren. Marketingstudenten lernen, wie man Bilanzen liest und aus guten wie schlechten Zahlen zukunftsfähige Entscheidungen ableitet.

Die erste Etappe des Zyklus – die Analyse von Markt- und Designmerkmalen – findet für gewöhnlich auf Faser- und Stoffmessen statt, wo die Hersteller von Stoffen und Posamenten für zukünftige Trends und Farben werben und das Sammeln der Materialproben beginnt. Garne für die Bemusterung von Maschenware werden eingekauft. Deren **Vorlaufzeiten** sind länger als die genähter Bekleidung, da die Maschinen programmiert werden müssen und die Fertigung lange, bevor die Kollektionen auf den Markt kommen, festgelegt wird. Oft bestimmen Strickwarendesigner die Farbpalette einer ganzen Modelinie, da sie als erste an den Start gehen. Einfarbige und bedruckte Wirkwaren werden gewählt, bestellt und getestet. Die Zusammenstellung der Kollektion beginnt, sobald die ersten Ideen und Stoffmuster vorliegen.

Modedesign ist Teamarbeit. Geschäftsleitung, Designer, Assistenten und Fertigungsleiter treffen sich mehrmals, um **Farbskalen**, Stoffe, Designstorys, Kosten und Werbung festzulegen. Bei der Entwicklung von Prototypen (auch »Toile« oder Nessel genannt) und ersten Mustern arbeiten Designer und Musterschneider bzw. Näherinnen in der Regel eng zusammen. Nehmen die Toiles Gestalt an, durchlaufen sie eine Reihe interner Auswahlverfahren, in denen Management und Vertrieb gemeinsam ihr Einverständis für Stoffe, Kalkulation und miteinander harmonierende »Storys« erklären. Die getroffene Auswahl geht dann an die Fabriken, in denen Kopien entstehen. Diese dienen der Überprüfung von Qualität, Kostenrechnung und Timing und werden der Öffentlichkeit vorgestellt. Das Designteam muss zügig und systematisch arbeiten, damit die Kleidung pünktlich fertig wird. Die Stücke, die den ersten Durchlauf überstanden haben, passieren auf den Prêt-à-porter-Schauen und bei anderen Terminen die Auswahlverfahren der Groß- und Einzelhändler. Sind die Aufträge platziert, wird der größte Teil der Stoffe und Posamenten gekauft und die Fertigungsleitung übernimmt. Die erste Kollektion erscheint im Handel, wenn die zweite dem Großhandel präsentiert wird. In diesem Moment beginnt der Designer mit der Stoffauswahl für die nächste Kollektion.

Auswahl

Bei der Auswahl der Stoffe für die Kollektion müssen Sie nicht nur die optischen und technischen Eigenschaften des gelieferten Materials berücksichtigen, sondern auch

Eine raffinierte Kombination aus üppigem Struktursamt-Patchwork, Glöckchen und Smiley-Knöpfen weckt die Erinnerung an Mode im »Rock-Chic«-Style.

seinen Griff. Oberflächenmerkmale, Gewicht und Fall können Sie nur beurteilen, wenn Sie den Stoff in die Hand nehmen. Die Auswahl des Materials macht viel Spaß, erfordert aber auch Wissen, Erfahrung und Geschmack. Ganz links ein Leitfaden zur Stoffauswahl.

Einige Händler und Hersteller gestatten ihren Kunden, Stoffproben zu nehmen. Dies ist sinnvoller als spontane Käufe. Zu leicht erliegt man dem Zauber des Exotischen oder Märchenhaften, nur um später feststellen zu müssen, dass ein einfacherer Stoff besser zum Design passt.

Notieren Sie Preise und Breiten. Dies ist hilfreich für die Kalkulation Ihres Bugets und der Mengen, die Sie für Ihren Schnitt benötigen.

Kollektionsaufbau

Beim Entwurf müssen verschiedene Stoffarten kombiniert werden – dies gilt nicht nur für Kollektionen sondern auch für einzelne Stücke. Das Spektrum reicht von der einfachen Auswahl unterstützender Stoffe wie Innenfutter oder **Zwischenfutter** bis zur Zusammenstellung einer **Themengruppe** aus verschiedenen Gewichten und Qualitäten für den Aufbau einer Kollektion. Der Kollektionsentwurf erfordert ein ausgewogenes Gleichgewicht zwischen der Zahl geplanter Stücke, den Grundstoffen und den passenden Akzent- und Highlight-Stoffen. Zu viele Stoffe und Farben lassen die Kollektion unkoordiniert erscheinen, zu wenige erzeugen Eintönigkeit oder Monotonie. Einige Stoffe sollten einfach und klassisch sein, um die Aufmerksamkeit auf die Schnitte zu lenken.

Diese präzise Skizze zeigt, wie ein Designer Separates zu einer »Story« kombiniert. Durch gut aufeinander abgestimmte Farben und Materialien sowie einheitliche Stil- und Nahtdetails lassen sich Kleidungsstücke gruppieren und kombinieren. Auch Herstellung und Präsentation im Handel sind so einfacher.

Vergleichen Sie die Stoffmuster mit Ihren Entwürfen. Vergegenwärtigen Sie sich dabei Körpertyp und Lifestyle Ihrer Zielgruppe. Im Entwurfsraum eines Modeunternehmens sind Konzeptentwurf und Erstellung einer **Themenkarte** wichtige Teile des Kollektionsaufbaus, die regelmäßig überarbeitet werden. Zu teure oder zu »schwierige« Stoffe werden aussortiert. Es wird sich zeigen, dass Sie eigene stilistische Vorstellungen von Stoffen und Posamenten haben. Die Umsetzung Ihrer **Handschrift** erfordert Sorgfalt und Beständigkeit; nur so etablieren Sie Ihr Image und Ihre individuelle Identität. Viele berühmte Modedesigner sind für ihre Vorliebe für bestimmte Stoffe bekannt: Coco Chanel etwa zunächst für komfortable Zweiteiler aus Jersey, später aus tweedähnlicher Wolle, Issey Miyake für die Verwendung von Filz und plissiertem Polyester.

Entwurf und Stoffauswahl sollten nicht miteinander konkurrieren, sondern einander ergänzen. Der Kollektionsaufbau muss den allgemeinen Designprinzipien – Proportion, Rhythmus und Bewusstsein für Körperbewegungen – folgen, nicht nur in einzelnen Stücken, sondern im gesamten Look. Soll Ihre Kollektion auf dem Laufsteg präsentiert werden, gehen Sie im Geiste die Reihenfolge durch, in der Ihre Outfits optimal zur Geltung kommen. Eine Probeaufstellung der Modelle hilft bei der ausgewogenen Kollektionsanordnung: Teile können ausgetauscht, **Accessoires** und Styling bestimmt werden. Bei kommerziellen Kollektionen wird das Sortiment anhand von Farben und Schnitten in Themengruppen unterteilt, um Käufern die Vermarktung zu erleichtern. Kleine Farbskizzen oder Fotos der fertigen Stücke, sowohl einzeln als auch zusammen als Outfit getragen, sind für den Aufbau und den Verkauf der Kollektion sehr hilfreich.

Stofflieferanten

Die Bezugsquellen für Stoffe müssen zuverlässig und wettbewerbsfähig sein. Preise, Lieferzeiten, Importgesetze, Währungsschwankungen und Qualitätsbeständigkeit sind Schlüsselthemen. Der Erfolg einer Designlinie basiert auf guten Beziehungen zu Lieferanten. Hersteller und Bezugsquellen unterscheiden sich in ihrer Zugänglichkeit und

Oben Ungewöhnliche Materialien erzeugen sinnliche Effekte, die für aussagekräftige Modebotschaften nutzbar sind. Das Korbkleid wurde wie beim Korbflechten als dreidimensionale Form gewebt. Das leichte Wogen des Kleids erinnert an die Bewegungen eines Tintenfischs.

Oben rechts Hier erinnern große Mengen eines günstigen Materials auf atemberaubende Weise an eine Krinoline.

Rechts Traditionelles und Einzigartiges wie Kaschmir und Pashmina-Schals, alte Stickereien und französische Jacquardstoffe liefern Textildruckereien und Webereien viele wertvolle Ideen.

Ganz rechts Als Student können Sie in kleinen Mengen erhältliche extravagante Gewebe wie Brokat und Spitze in Einzelstücken verarbeiten.

Großzügigkeit gegenüber Studierenden. Da Ihre Entwürfe nicht in großem Umfang produziert werden müssen, können Sie Stoffe in kleinen Mengen, von ungewöhnlichen Bezugsquellen oder im **Einzelhandel** kaufen.

Größere Stoffhersteller unterhalten Showrooms in den Modezentren von Großstädten. Bisweilen sponsern sie Studenten mit Angeboten an billiger oder kostenloser Ware aus Lagern oder Altbeständen. Ein möglicher Weg, an brandneue Stoffkollektionen und -linien aus der Werbung zu kommen, ist es, bei jeder öffentlichen Präsentation die Stoffquelle zu nennen. Webereien verkaufen zudem oft überzählige oder fehlerhafte Stoffe in eigenen Outlets. Geliefert wird in Rollen (Röhren) oder Ballen (flache Pappen), so dass nicht gebügelt werden muss. Jersey gibt es in den Varianten flach oder schlauchförmig – bezahlt wird meistens nach Gewicht. Bewahren Sie ein paar dieser Röhren auf, um Stoffe aufrollen zu können, so sparen Sie Zeit und Mühe.

Textilhersteller

Die Stoffe aus Textilbetrieben werden direkt an Bekleidungshersteller oder Großhändler verkauft bzw. über Agenten vertrieben. Diese Betriebe sind häufig auf ein Verfahren oder eine Stoffart spezialisiert, z.B. Baumwollstoffe für Oberhemden, anspruchsvolle Wollstoffe für Anzüge und **Separates** oder Jacquard-Seidengewebe für Abendgarderobe. Der Stoffkauf direkt vom Hersteller ist oft preisgünstiger als über eine Agentur, setzt jedoch oft die Abnahme großer Mengen voraus. Bei speziellen Wünschen können Modedesigner direkt mit Stoffdessinateuren und Textilbetrieben zusammenarbeiten.

Zwischenbetriebe

Zwischenbetriebe kaufen unfertige Waren (**Rohgewebe**) von Textilherstellern und lassen diese von Vertragsunternehmen gemäß ihrer Marktprognosen bedrucken, färben, imprägnieren usw. Zwischenbetriebe kooperieren eng mit Herstellern und Designern.

Importeure

Arbeitskosten, Verfügbarkeit und Urheberrechte erfordern den Import mancher Stoffe. Oft müssen diese im Voraus über einen Auslandsauftrag oder als Importkontingent bestellt werden, um Handelszyklen gerecht zu werden und Chancen nutzen zu können. Importeure lagern die Ware, die bei Bestellung bezahlt oder ab Lager verkauft wird. Die Arbeit mit Importeuren erleichtert Probleme, die durch Verschiffungsformalitäten, Einfuhrzölle, Währungsschwankungen, Feiertage und Sprachschwierigkeiten entstehen.

Agenten

Agenten sind Vertreter von Textilherstellern. Sie selbst lagern keine Ware, helfen aber bei Verhandlungen sowie der Organisation von Warenbestellung und -auslieferung aus dem Inland oder über Importeure. Agenten sind teils zwar raffinierte, profitorientierte Geschäftsleute, können aber auch zu besseren Konditionen beim Lieferanten verhelfen.

Großhändler

Diese Lieferanten kaufen Fertigwaren von Textilherstellern und Zwischenbetrieben und bieten diese an, bis die Lagerbestände aufgebraucht sind. Manchmal sind die Betriebe auf bestimmte Stoffe spezialisiert. Teils variiert das Angebot der Großhändler in Bezug auf Farben und Textilarten. Etablierte Modeunternehmen können Bestellungen aufgeben und Kreditbedingungen aushandeln. Studierende hingegen müssen den Großhändler oft selbst aussuchen, die Waren umgehend bezahlen und selbst transportieren.

Vertriebsfirmen (Jobbers)

Neutrale Stoffe sind oft auch noch in der nächsten Saison aktuell. Material aus Stornos, Über- oder Fehlproduktionen sowie abgelehnte Farbpartien und modische Extravagan-

zen müssen jedoch schnell verkauft werden, um die Investition in einen Gewinn zu verwandeln. Hersteller halten ihre Lagerbestände möglichst klein, da Stoffe verderblich sind, aus der Mode kommen und Lagerkosten verursachen. Vertriebsfirmen, auch »Jobbers« genannt, sind darauf spezialisiert, Materialüberhänge zu vergünstigten Preisen aufzukaufen oder als Agenten für Hersteller aufzutreten. Die Waren bieten sie Einzelhändlern, Marktstandbesitzern und kleinen Firmen zu niedrigen Preisen und mit sofortiger Lieferung an. Stoffe und Kleidungsstücke, die daraus entstehen, nennt man **Restposten**.

Einzelhändler

Textilfachgeschäfte und Kaufhäuser beziehen ihre Waren meist von den oben genannten Quellen. Einzelhändler ermöglichen den Kauf kleiner Mengen und bieten große Auswahl, doch sind ihre Preise fast dreimal so hoch wie im **Großhandel** inklusive Steuern.

Stoffmessen

Die wichtigste Aufgabe von Stoffmessen ist es, Verkäufer und Käufer zusammenzubringen. In zweiter Linie dienen sie als Plattformen, auf denen frühzeitig neue Trends prognostiziert und gefördert werden. Für die Branche spielen sie eine wichtige Rolle, und doch mehren sich die Anzeichen für einen Bedeutungsverlust. Die meisten Hersteller bemühen sich um persönlichen Kontakt zu ihren Kunden und um die Präsentation ihrer Kollektionen in lebendiger, attraktiver Atmosphäre. Die Einkäufer möchten Stoffe und Kleidung berühren und prüfen können, bevor sie sie bestellen. Überdies führen die neuen Möglichkeiten elektronischer Kommunikation und weltweiter Fertigung zu einem zunehmend saisonlosen und zersplitterten Markt. Als Folge der Terroranschläge vom 11. September 2001, (die mit der Fashion Week in New York zusammenfielen) und Ende Juli 2005 in London, schrecken Einkäufer vor Reisen zurück und suchen nach Alternativen. Videokonferenzen und günstige Kurierdienste ermöglichen Geschäfte rund um die Uhr, sieben Tage die Woche. Viele Hersteller gehen heute vorsichtig an die Markteinführung von Ware heran, angesichts des Tempos, mit dem Fälschungen auftauchen. Die Zahl großer Messen sinkt, und kleinere Events boomen. An ihnen teilzunehmen ist teurer oder nur auf Einladung möglich. Und immer mehr Präsentationen finden in Hotelsuiten statt oder an inoffiziellen Veranstaltungsorten und zu Zeiten, die auf spezielle Zielgruppen abgestimmt sind.

Eine der wichtigsten Modemessen ist die zweimal jährlich in Paris veranstaltete *Première Vision*, auch PV genannt, die unmittelbar nach den französischen Prêt-à-porter-Schauen im März und September stattfindet. Auf der PV wird unter dem Namen *Indigo* eine Messe der Stoffdesigner abgehalten, die sich an Appreteure, Druckereien und Strickwarenhersteller wendet. Die Aussteller sind dem Markt um bis zu 18 Monate voraus, und einige aufregende Ideen haben hier Premiere. Für Studenten interessant ist, dass europäische Mode- und Textilschulen auf der *Indigo* die Entwürfe ihrer Designstudenten neben denen der Profis zeigen können. Dies ist eine gute Gelegenheit, mit eigenen Entwürfen etwas Geld zu verdienen, ohne hohe Standmieten zahlen zu müssen, die Funktionsweise des Handels kennen zu lernen und Kontakte in diesem besonderen Ambiente zu knüpfen.

Studentische Besucher von Stoffmessen müssen damit rechnen, nicht automatisch Zutritt zu den Ständen zu erhalten. Außendienstmitarbeiter zeigen Muster und Stoffproben professionellen Designern und Einkäufern, die sich für Stoffproben und Ordergrößen interessieren. Garn wird nach Gewicht oder Musterspule bestellt. So kaufen Studenten

Stoff- und Garnmessen finden zweimal jährlich in verschiedenen Modemetropolen statt. Die Première Vision in Paris und die Interstoff in Frankfurt sind die größten und prestigeträchtigsten Messen. Spinner und Weber beauftragen Modedesigner mit der Anfertigung von Werbekollektionen für ihre Ausstellungsstände.

kaum Stoffe und Garne. Wenn Sie jedoch großes Interesse an Proben haben, sollten Sie, entweder über Ihre Schule oder nach der Messe, Kontakt zum Hersteller bzw. seinem Agenten aufnehmen. Messekataloge sind wertvolle Informationsquellen – nicht ganz billig vielleicht, doch nützliche Helfer beim Aufbau von Kontakten und Karriere. Zum Anfordern von Proben benutzen Sie am besten eine Visitenkarte mit Ihrer Anschrift. Bestellen Sie niemals im Namen Ihrer Akademie oder zur Lieferung an die Schuladresse, ohne vorher entsprechende Absprachen getroffen zu haben. Manche Firmen gewähren Studenten großzügige Nachlässe, einige andere arbeiten auf Sponsoringbasis und machen die Auftragsannahme von einem Studiennachweis oder einer Empfehlung Ihrer Schule abhängig.

Es ist sinnvoll, ein Notizbuch zu führen, in dem Sie Ihr Fachwissen über Materialkategorien, deren Quellen und Preise sowie Ideen für Einsatzmöglichkeiten sammeln. Manchmal, besonders am letzten Tag einer Messe, ergibt sich die Gelegenheit, kostenlose Muster und Kataloge zu ergattern, die ein Agent nicht wieder mitnehmen will. Größere Faser- und Stoffhersteller unterhalten Stoffarchive und Informationsdienste und veröffentlichen Schulungsmaterialien für Ihre Kunden. Manche veranstalten auch kostenlose Mode- und Trendschauen, auf denen sie demonstrieren, wie sich ihre Produkte in die vorausgesagten Analysen integrieren lassen. Diese Fachpräsentationen können zukünftige Trends stark beeinflussen. Im Auftrag der Organisatoren der PV analysiert eine Expertengruppe regelmäßig Motive, **Farbskalen** und Trends und fasst sie zu bildlichen und audiovisuellen Präsentationen zusammen, und veröffentlicht täglich Informationsblätter über wichtige Käufe. Manche Kritiker glauben, dass diese Gurus die Mode mehr beeinflussen als die Designer. Andere wiederum meinen, Trendkurven würden die Mode banalisieren und uniformieren.

Weiterführende Literatur und zusätzliche Quellen
Black, Sandy, *Mode gestrickt*, München, Stiebner, 2002
Braddock, S.E. & M. O'Mahony, *Techno Textiles: Revolutionary Fabrics for Fashion & Design*, London, Thames & Hudson, 1998
Handley, Susannah, *Nylon: The Manmade Fashion Revolution*, London, Bloomsbury, 1999
Hofer, Alfons, *Stoffe Band 1: Rohstoffe, Fasern, Garne, Effekte*, Frankfurt, DVL, 2000
Hofer, Alfons, *Stoffe Band 2: Bindung Gewebe, Veredelung*, Frankfurt, DVL, 2004
McQuaid, Matilda, *Extreme Textiles*, Katalog Cooper-Hewitt National Design Museum, London, Thames & Hudson, 2005
Schoeser, Mary, *International Textile Design*, London, Laurence King, 1995
Storey, Joyce, *Manual of Textile Printing*, London, Thames & Hudson, 1977

Zeitschriften
International Textiles Magazine
Selvedge
Textile View
Textil Wirtschaft

Farben
www.dylon.co.uk   Farben und Stofffarben
www.fashioninformation.com   Nachrichten und Prognosen
www.pantone.com   Farbsysteme und Prognosen
www.lectra.com/en/fashion_apparel/products/color_management_fashion.html
Farbreproduktion in der Mode

Informationen über Stoffe (siehe auch Liste der Bezugsquellen im Anhang)
www.whaleys-bradford.ltd.uk   Musseline, Toile und natürliche Rohware zum Bedrucken
www.fashiondex.com   Weltweite Liste mit Stofflieferanten
www.fibre2fashion.com   Stoffe- und Mode-Nachrichten
www.thefabricofourlives.com   Fasern und Textilien
www.yarnsandfibers.com
www.woolmark.com
www.oneworld.at/cck

Halbjährlich stattfindende Stoffmessen
Première Vision, Paris, Frankreich – September und März, Tissu Premiere, Lille, Frankreich
Interstoff, Frankfurt a.M., Deutschland
Eurotuch, Düsseldorf, Deutschland – März und Oktober
Moda In, Mailand, Italien – Februar und Juli
Idea Como, Como, Italien – April und November (Seiden und Dessins)
The International Fashion Fabric Exhibition (IFFE), New York, USA
Interstoff Asia, Hongkong
Material World, Miami Beach, USA
Los Angeles International Textile Show (TALA), Los Angeles, USA

In den USA werden fünf »Messewochen« abgehalten, in denen Stoffhersteller ihre Linien in Showrooms zeigen.

Halbjährlich stattfindende Garnmessen
Pitti Immagine Filati, Florenz, Italien – Februar und Juli
Expofil, Paris, Frankreich – Dezember und Mai

Im Atelier V

Atelier

Das Entwurfsatelier an Ihrer Ausbildungsstätte kann – abhängig von der Lehrplanstruktur und dem Zahlenverhältnis der Studierenden zu technischen Beratern und Lehrern – wie ein Entwurfsatelier oder wie eine kleine Fabrik eingerichtet sein. Einige Ausbildungstätten stellen Ihnen einen eigenen Arbeitsplatz zur Verfügung, andere verteilen den Platz nach dem Prinzip: »Wer zuerst kommt, mahlt zuerst.« Wenige Ausbildungsstätten sind rund um die Uhr geöffnet, obwohl die Arbeit in einem Großraumatelier abends oder am Wochenende wesentlich stimulierender sein kann als montags früh. Was auch immer Sie bevorzugen – Sie sollten in jedem Fall immer dann präsent sein, wenn Lehrpersonal da ist. Zur Ausbildung gehört es übrigens auch, sich Maschinen und Arbeitsraum gerecht mit anderen zu teilen.

Grundausstattung

Zentraler Punkt eines Entwurfsateliers ist der Schnittmustertisch, der üblicherweise auf die Durchschnittsgröße einer Frau ausgelegt ist: Er ist 92 cm hoch und circa 120 cm breit, um die ganze Breite der Stoffbahn bearbeiten zu können. Außerdem muss er lang genug sein, um das Muster eines langen Kleides in voller Länge schneiden zu können – etwa vier Meter oder mehr. Der Tisch wird sowohl für die Schnittentwicklung als auch für den Zuschnitt der Stoffe genutzt. Er hat eine sehr glatte Oberfläche, damit sich seidige und empfindliche Stoffe nicht an der Oberfläche verhaken.

Die Maschinen eines Ateliers entsprechen überwiegend dem Industriestandard. Zudem gibt es Spezialausrüstungen wie Nähmaschinen für Pelz und Leder, Overlockmaschinen, Maschinen für Blindstich und Nahtriegel sowie Dampfbügeleisen und Bügelpressen oder auch Stick- und Strickmaschinen. Die technische Ausstattung hängt davon ab, in welchem Verhältnis Ihre Ausbildungsstätte technische Praxis und Entwurfspraxis

Das traditionelle Symbol des Damen- und Herrenschneiders ist die Schere. Für Schnittkonstruktion und Zuschnitt brauchen Sie eine Vielzahl wichtiger Werkzeuge, die Sie – Qualität und gute Pflege vorausgesetzt – ein Leben lang begleiten.

Manchmal wird Ihnen ein Raumteil zur Verfügung gestellt, den Sie mit Ihren eigenen Bildern und Ihren Arbeiten kreativ gestalten können.

Der Schnittmustertisch und die Schneiderpuppe sind wesentliche Teile der Atelierausstattung.

Für Kleidungsentwürfe mit kommerziellem Standard sollten Sie die Herstellung mit Industriemaschinen beherrschen.

anbietet. Die Maschinen sind nicht ungefährlich: Lassen Sie sich in die Sicherheitsvorschriften einweisen, und benützen Sie die Maschinen nur unter Aufsicht.

Die meisten Ausbildungsstätten beschäftigen zwar technisches Personal, doch sollten Studierende ihre Kleidung auch selbstständig herstellen können. Eine eigene Nähmaschine wird meist vorausgesetzt. Dozenten für die Schnittentwicklung zählen zum festen Lehrpersonal. Der Unterricht findet durch Demonstration im Atelier, individuelle Beratung in der Stunde oder in informellen Einzelsitzungen statt.

Die Schneiderpuppe

Die Schneiderpuppe spielt eine zentrale Rolle bei der Entscheidung, ob ein Entwurf oder Muster realisierbar ist. Sie besteht meistens aus einem Kunststofftorso mit einer dünnen Polsterung und einem eng anliegenden Leinenbezug und ist höhenverstell- und drehbar, was die Beurteilung der eigenen Arbeit erleichtert. Es gibt eine Vielzahl von Schneiderpuppen für Damen, Herren und Kinder, für verschiedene Größen und Altersgruppen, für lange Hosen, Abendgarderobe, Umstandsmode und Unterwäsche. Manche eignen sich dank abnehmbarer Arme gut für Jackenentwürfe, andere lassen sich mit Extrapolstern an Sondergrößen anpassen.

Im Lauf der Entwurfsentwicklung werden Sie immer wieder an einer Schneiderpuppe arbeiten. Wirkung und Staffelung von Stoffen – besonders von Streifen, Drucken und Einfassungen – lassen sich vor der Anfertigung des Musters gut an der Puppe beurteilen. Sie können Silhouette, Sitz und Fadenlauf vor dem Zuschnitt des Nessels auf dem **Schnittmuster** prüfen und Nähte und Abnäher während der Anfertigung von Nesselentwürfen oder Kleidung modifizieren. Eine Puppe hilft, Knickpunkt und Umbruch eines maßgeschneiderten Kragens festzulegen und in Form zu dämpfen. Sie können mit Details wie Taschen und Knöpfen experimentieren und Innenfutter, Schulterpolster oder Ähnliches in das Kleidungsstück auf der Schneiderpuppe einnähen. Stoffe im Schrägschnitt werden festgeheftet und in Form gezogen, bevor der Nessel überarbeitet oder der Saum geschnitten wird, der sich durch Drehen der Puppe gut vom Boden aus markieren lässt. Für die Techniken des Drapierens und Modellierens ist eine Schneiderpuppe unverzichtbar. Ihre Oberfläche ist durch vertikale Nähte in acht Felder unterteilt, mit denen man die Passform der meisten Kleidungsstücke kontrollieren kann. Die Lage der Felder lässt sich mit einem dünnen, schwarzen Band verändern, das mit Stecknadeln (der kleinsten Größe) festgesteckt wird, die sich mühelos wieder entfernen lassen. Klebeband, das durch den Nessel zu sehen ist, erleichtert die korrekte und ausgewogene Platzierung der Abnäher. Auch Hals- und Armausschnitt können mit Band markiert und verändert werden, bis sie richtig sitzen. Dennoch ist eine Schneiderpuppe kein Alleskönner: Viele Fehler offenbaren sich erst, wenn der Entwurf einen lebenden Körper kleidet. Wenn Sie für einen bestimmten Kunden oder Figurtyp entwerfen, müssen Sie Maß nehmen und Puppe und Schnitt entsprechend anpassen.

Maß nehmen und Muster erstellen

In der Geschichte der Schneiderei wurde beobachtet, dass der menschliche Körper grob kategorisiert und passende Kleidung entworfen werden kann, wenn man einige Proportionsrichtlinien befolgt. Im 19. Jahrhundert wurde die Schneiderkunst zur Wissenschaft. Zeichnungen von Charles Darwin und die neue Dokumentarfotografie inspirierten die Schneider, den menschlichen Körper zu katalogisieren und zu vermessen. Die Wissenschaft der Anthropometrie, die exakte Bestimmung der Körpermaßverhältnisse, wurde entwickelt. Man führte Methoden zur Vermessung des Körpers ein, bei denen Schablonen

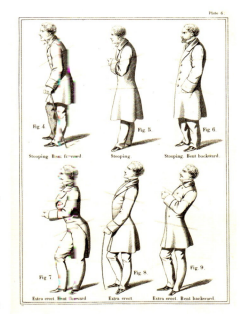

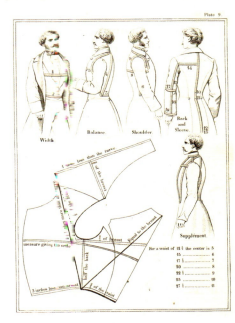

Ganz oben Die Kunst des Schneiderns liegt auch darin, Kleidung herzustellen, die die Unvollkommenheiten eines Körpers versteckt.

Oben Standardmaße werden regelmäßig überarbeitet, da sich die durchschnittliche Körperform durch den gesundheitlichen Zustand und die Ernährung der Menschen ständig verändert.

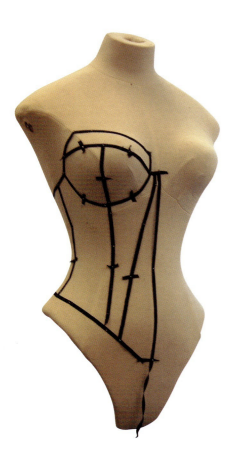

oder **Schnittmuster** zur Anwendung kamen. Diese Methoden basierten auf der Unterteilung des Körpers in symmetrische Abschnitte (z.B. vorderer Torso, Ärmelansatz, unterer Ärmelteil). Heute sind diese Daten aufgrund moderner Technologien wie 3-D-Bodyscanner, welche die exakten Abmessungen festhalten, wesentlich genauer und liefern die tatsächlichen Größenverhältnisse verschiedener geo-demografischer Gruppen.

Standardgrößen

Aufgrund großer Betriebe und umfangreicher Produktreihen entwickelten sich Verfahrensweisen für eine standardisierte Größeneinteilung, Schnittentwicklung, **Gradierung** und Kennzeichnung. Diese Methoden variieren je nach Land, doch ist es nun dank der British Standards Institution und des US-Handelsministeriums möglich, Kleidergrößen international zu kennzeichnen. In den USA gibt es eine größere Bandbreite an Größen mit englischen Maßeinheiten als in Europa: Yards, Feet und Inches. In Europa und im Fernen Osten werden Kleidungsstücke im Allgemeinen in Zentimetern gemessen. Daher sollten Sie immer nachfragen, ob der Hersteller Ihrer Wahl mit metrischen oder englischen Maßeinheiten arbeitet.

Eine Frau in Großbritannien, den USA und Mitteleuropa ist durchschnittlich 163 cm groß (5 cm größer als vor 50 Jahren), hat eine eher birnenförmige als stundenglasförmige Körperform und trägt D-Größe 38–40, (GB-Größe 12–14, US-Größe 8–10). Die meisten Modefirmen produzieren Damenbekleidung in den Größen 8–14, in Deutschland 38–44. Bei der Herrenbekleidung ist die Bandbreite der Größen weiter. Hersteller verkaufen die Kleidung in einem Größenbereich, der vom Zielmarkt abhängt. Jugendliche haben andere Ansprüche und Erwartungen an den Sitz ihrer Kleidung als Verbraucher mittleren Alters. In Deutschland bieten wenige Hersteller Kleiderlinien speziell in Übergrößen oder für sehr zierliche Menschen an. **Klassische** Hosen oder Strümpfe werden oft in verschiedenen Beinlängen, Badeanzüge und Bodys in verschiedenen Rumpflängen angeboten.

Trotz zwei Jahrhunderten akkuraten Vermessens empfinden es Verbraucher nach wie vor als schwierig, passende Kleidung zu finden. Eine Umfrage des Marktforschungsinstituts Kurt Salmon zeigte, dass in den USA Kleidung im Wert von 28 Milliarden US-Dollar aufgrund des schlechten Sitzes umgetauscht wird. Wenn der Sitz besonders entscheidend ist, z.B. bei Sportbekleidung, müssen bestimmte Bewegungsformen berücksichtigt werden. Manche Modestile erfordern erneutes Maßnehmen durch die Hersteller. Ein Beispiel hierfür sind »Hipster«-Hosen oder -Röcke, die an der Hüfte tiefer geschnitten sind und daher eine entsprechende Abstimmung von Unterwäsche und Strumpfhosen nach sich ziehen. Die Ergebnisse solcher Messungen werden in **technischen Zeichnungen** festgehalten und auf Entwurfsillustrationen vermerkt, um Doppeldeutigkeiten bei Zuschnitt oder Herstellung zu vermeiden.

In der Ausbildung arbeiten Sie voraussichtlich mit **Schnittmustern** für ein Modell der Größe 38–40, (GB-Größe 12–14, US-Größe 8–10). Sie sollten aber nicht vergessen, dass Sie nach der Ausbildung Kleidungsstücke für verschiedene Größen entwerfen werden, bei denen Details wie Taschen und Nähte auch in engeren oder weiteren Größen im richtigen Verhältnis sitzen müssen.

Auch wenn Sie kein Meister des **Musterschnitts** werden wollen, ist das Vermessen und Übertragen der Maße auf ein Muster wichtig, um Skizzen anzufertigen, Linien zu entwerfen und Ihre Arbeit zu strukturieren. Ein umfassendes Grundwissen in der Schnittentwicklung für die Hauptkleidungstypen ist für die erfolgreiche Arbeit eines Designers unbedingt notwendig.

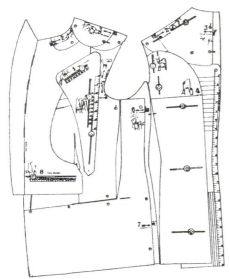

Ganz oben Um Verlauf und Balance der Nähte eines Abendkleids zu markieren, wird ein Band auf der Schneiderpuppe festgesteckt.

Oben Dieser patentierte Musterschnitt kann in zwei Minuten nach den Maßen des Kunden zu einem Maßschnitt modifiziert werden.

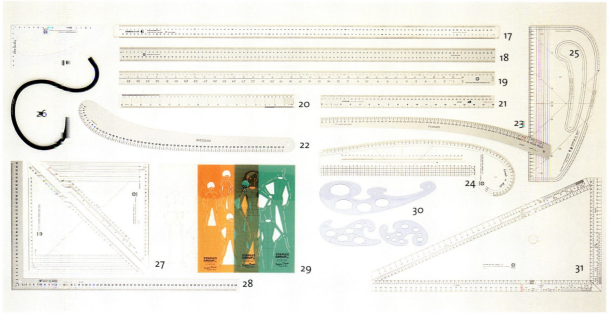

Die wichtigsten Werkzeuge für die Schnittentwicklung
1 Schnittmusterklammer
2 Kerbschnittzange
3 Kopierrädchen
4 Rollschneider mit Klinge
5 Pinzette (zum Einfädeln an der Nähmaschine)
6 Revolverlochzange
7 Ahle oder Pfriem
8 Handlocher
9 Stahlstecknadeln
10 Papiermesser mit Schnappmechanismus
11 Papiermesser mit feststellbarer Klinge
12 Nahttrenner
13 Knopflochschneider
14 Maßband mit zwei Maßsystemen
15 Schneidunterlage
16 Viertelmaß (Maßstab 1 : 4)
17 Stockmeter
18 Alu-Lineal
19 Plexiglas-Lineal mit 2 Maßsystemen
20 Plexiglas-Lineal mit Größenmarkierer
21 Plexiglas-Lineal mit zwei Maßsystemen
22 Contour-Master
23 Kurvenmarkierung
24 Größenlinie
25 Pattern master™
26 Kurvenlineal
27 Gradier Dreieck (metrisch/imperial)
28 L-Lineal
29 Zeichenschablonen
30 Burmesterkurven
31 Zeichendreieck, mehrere Maßsysteme

Maß nehmen

Maß nehmen

Name	Körpergröße		
		Links	Rechts
A	Halsansatzumfang		
J	Vordere Länge		
O-P	Rückenlänge		
C-C	Vordere Schulterweite		
C-C	Rückenbreite Schulterblatt		
D-C	Schulterbreite		
A-J	Schulterabfall/-neigung		
D-B	Brusthöhe		
B	Länge Brustabnäher		
U	Unterbrustumfang		
B	Brustumfang		
D-E	Vordere Taillenlänge		
F	Armloch		
E	Taillenumfang		
E-N	Seitenlänge (Taille–Fußsohle)		
G	Bauchumfang		
H	Hüftumfang		
I	Äußere Hosenlänge		
M-N	Innere Hosenlänge		
E/G-K	Vordere Schrittlänge		
E/G-M	Hintere Schrittlänge		
C-L	Armlänge		
	Schuhgröße		
	Hutgröße		

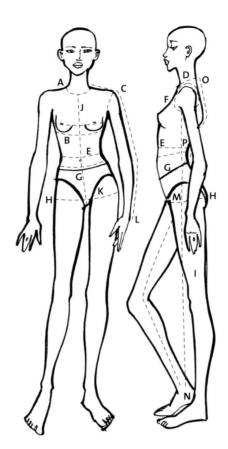

Bei der Anprobe mit einem Model oder der Anfertigung von Couture ist zu beachten, dass der menschliche Körper nur selten symmetrisch ist. Sind etwa Schultern und Brüste unterschiedlich hoch bzw. groß, müssen linke und rechte Körperhälfte einzeln vermessen werden. Überdies ist es sinnvoll, für die Saumlänge Körpergröße, Kopfumfang und Kniehöhe zu ermitteln.

Bezugspunkte markieren
Benutzen Sie beim Messen einen Filzstift oder Klebepunkte zum einheitlichen Markieren von Bezugspunkten. Kontrollieren Sie die Schnittstellen. Alle horizontalen und vertikalen Linien sollten sich schneiden, so dass die Lage der vorderen und hinteren Mitte und der Seitennähte exakt festgelegt werden kann. (Achtung: Die vordere Taillenmitte muss nicht identisch mit dem Nabel sein.)

A. Der Halsansatzumfang
Bestimmen Sie den natürlichen Ausschnitt mit einer kurzen Kette knapp unterhalb der Grube am Halsansatz. Markieren Sie die vordere Mitte des Halsausschnitts mit einem kleinen Punkt. Versehen Sie den vorspringenden Wirbel am oberen Ende der Wirbelsäule entsprechend mit einer Markierung. (Bei nach vorn gebeugtem Kopf ist der Wirbel besser zu sehen.) Setzen Sie an den Halsseiten je einen Punkt hinter dem Ohrläppchen auf einer Linie mit der Grube.

B. Brüste und Brustkorb
Messen Sie den Brustumfang an der weitesten Stelle, und zwar von einer Seitennaht zur anderen quer über die Vorderseite des Brustkorbs. Nehmen Sie zusätzlich unterhalb der Büste Maß, wenn Sie eng anliegende Kleidung entwerfen.

C. Der Schulterpunkt
Bestimmen Sie den Schulterpunkt, indem Sie den Arm heben, bis sich eine Vertiefung bildet. Ertasten Sie an dieser Stelle den Schulterknochen. Markieren Sie ihn mit einem Punkt.

D. Die Schulternaht
Messen Sie vom Punkt an der Halsseite am Schulterkamm entlang bis zum Schulterpunkt. Notieren Sie Schulterabfall und -neigung.

E. Der Taillenumfang
Je nach Körperproportionen unterscheiden wir zwei Taillenlinien: die natürliche sowie, bei Menschen ohne natürliche Taille, die Gürtellinie, auf der Rock- und Hosenbund sitzen. Ist die natürliche Taille einer Person nicht erkennbar, schlingen Sie ein Gummiband um ihren Bauch und bitten sie, sich seitlich hin- und herzubeugen, bis das Band um die Körpermitte liegt; dort messen Sie den Taillenumfang. Im Rücken liegt die Taille häufig höher als am Bauch. Natürlich verläuft der Rocksaum trotzdem parallel zum Boden.

F. Das Armloch
Messen Sie die Rundung vom Schulterpunkt bis hinunter in die Achselhöhle auf der Vorder- und Rückseite des Körpers. Die vordere Rundung ist stärker ausgeprägt als die hintere.

G. Der Bauchumfang
Messen Sie parallel zum Boden den maximalen Bauchumfang. Dies gilt besonders für Hüfthosen und -röcke, die diese Weite unterschreiten müssen, um nicht herunterzurutschen.

H. Der Hüftumfang
Ermitteln Sie die breiteste Stelle des Unterkörpers, indem Sie in Hüfthöhe ein Maßband umlegen und es abwärts gleiten lassen. Beachten Sie, dass das die breiteste Stelle beim einen nur ein kleines Stück (wenige cm), beim anderen über 30 cm unterhalb der Taille liegen kann.

I. Die Beinlänge
Vermessen Sie die Beinaußenseite von der Taille bis zum Knöchel. Messen Sie die Beininnenseite vom Schritt (M) bis zum inneren Knöchel.

J. Vordere und hintere Mitte
Messen Sie von der Halsgrube bis zur Taille. Messen Sie vom hinteren unteren Halsansatz bis zur rückwärtigen Taille.

K. Vordere und hintere Schrittlänge
Messen Sie den Abstand von der vorderen Taille bis zum Schritt. Messen Sie den gesamten Abstand von der vorderen bis zur hinteren Taillenmitte.

L. Die Armlänge
Winkeln Sie den Arm auf 45° an, und messen Sie vom Schulterpunkt bis zum Handgelenksknochen.

Schnittentwicklung

Werkzeuge

Für die Schnittentwicklung benötigt man eine Reihe von Werkzeugen, die Sie in speziellen Kurzwarengeschäften oder von Branchenlieferanten kaufen können:

- Harte Bleistifte (2H–6H) für Entwürfe
- Bleistiftspitzer und Radiergummi
- Filzstifte, rot und schwarz, für die Markierung von Mustern
- Kurvenlineal (für das Zeichnen und Messen von Kurven)
- Geodreieck (um den Schrägstrich zu finden)
- Transparentes Lineal (mit Schlitzen für das Messen von Knopflöchern und Plissees)
- Metermaß (am besten mit beiden Maßsystemen)
- Maßband
- Kopierrädchen
- Papierschere
- Einkerbzange
- Ahle oder Pfriem
- Lochzanger
- Transparentes Klebeband und Abdeckband
- Stecknadeln
- Schwarzes Nahtband

Die **Musteranfertigung** wirkt oft etwas eintönig und mathematisch, bis man die unbegrenzten Möglichkeiten kleiner Veränderungen sieht, die einen großen Unterschied im Kragenfall oder der Ausgewogenheit des Kleidungsstücks ausmachen. Ihr Selbstvertrauen beim Entwurf wird wachsen, wenn aus Ihren Zeichnungen schnell und effektiv richtige Kleidungsstücke entstehen. Es gibt zwei Wege zu einer Schnittform, die Sie in der Ausbildung lernen: die Anfertigung eines Papierschnitts und das **Drapieren**.

Papierschnitt

Schnittmuster sind präzise Zeichnungen, für die man exakte Maßangaben, Proportionen, eine saubere Strichführung und dreidimensionale Vorstellungskraft benötigt. **Klassische Kleidungsstücke** haben eine eigene logische Struktur und erfordern oft versteifende Stoffe und Watterungen. Diese und andere Kleidungsstücke, die den Körperkonturen folgen, werden am besten mit einem Papierschnitt hergestellt, der normalerweise aus einem Satz von standardisierten Grundschnitten (s.u.) entwickelt wird. **Schnittmuster** können auch am Computer mit Hilfe spezieller Software gezeichnet werden, bei der anhand der eingegebenen Maße eine Zeichnung entsteht. Sehr eng anliegende Kleidungsstücke wie Korsetts und Büstenhalter, die Teile des Körpers formen, sollten zunächst gezeichnet und dann als **Nesselmodell** am realen Körper angepasst werden.

Schnittmuster

Es gibt verschiedene Ansätze zur Anfertigung von Schnittmustern. Der zweidimensionale Ansatz ist schnell, wirtschaftlich und unverzichtbar für die Modeindustrie. Sie lernen gelegentlich, Musterformen (auch **Musterschnitte**) selbst zu entwickeln, können aber auch mit Standardformen für Oberteile, Jacken, Hosen und Röcke arbeiten.

Schablonen sind Grundschnitte, die für eine bestimmte Figur erstellt wurden. Sie werden als Grundlage zur Interpretation und Herstellung eines Schnittmusters für ein neues Design verwendet. Normalerweise bestehen sie aus starkem Schnittkarton oder -folie. Mit diesen Schablonen erstellte Schnittstile können sich grundlegend unter-

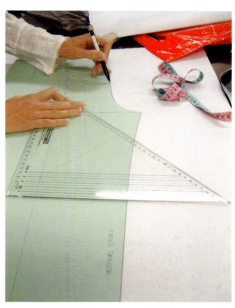

Ganz oben Sportbekleidung kann ein faszinierender und kreativer Bereich des Designs sein, da sie sich ständig weiterentwickelt. Hier wurde eine Hose geschickt unter einem Rock versteckt, um den Anstand der Dame beim Reiten im Damensitz zu wahren.

Oben Beim Zeichnen eines neuen Schnittmusters verwendet der Designer eine Grundschnittform als Grundlage.

scheiden, die Passform entspricht jedoch der ursprünglich verwendeten Grundform. Meist werden die Standardformen zusammen mit dem Nesselschnitt des jeweiligen Kleidungsstücks verwendet, damit die Passform erkannt und angeglichen werden kann. Käufer von **Haute Couture** und maßgefertigter Kleidung lassen sich Schnittmuster nach ihren Maßen anfertigen, nach denen geschneidert wird. Musterstücke werden meist in D-Größe 38–40 (GB-Größe 12–14, US-Größe 8–10) angefertigt, teils mit 3,5 cm Zugabe im Rücken und an den Beinen, um überdurchschnittliche Größen zu berücksichtigen.

Entwicklung des Schnittmusters

Beim Anfertigen von Skizzen wird voraussichtlich von Ihnen erwartet, in verschiedenen Stadien des Entwicklungsprozesses Ihre Entwurfsideen mit anderen zu diskutieren. Technische Mitarbeiter können beispielsweise auf Schwierigkeiten oder Einschränkungen hinweisen, die Sie nicht bedacht haben, so dass Sie die Zeichnung überarbeiten müssen.

Wenn Sie den Entwurf überarbeitet haben, wird Ihnen gezeigt, wie man ein erstes **Schnittmuster** aus Papier anfertigt. Der Musterzeichner kopiert die Form, indem er das Papier entlang ihrer Umrisse markiert. Dann überträgt er die Schnittlinien des neuen Kleidungsstücks auf diese Grundform. Es ist wichtig, möglichst viele Details von der Grundform auf das neue Schnittmuster zu übertragen, darunter die vordere Mitte, die hintere Mitte und die Taillen- und Hüftenlinien. Manchmal muss das Muster verändert, mit Schlitzen versehen, verschoben oder neu gezeichnet werden. Dabei ist es wichtig, die Auswirkungen auf den Strichverlauf des Stoffs zu beachten.

Die Illustrationen unten Mitte zeigen, wie man die Abnäher eines Oberteils bei gleichem Grundschnitt verändern kann. Die Abbildungen links und rechts illustrieren den Einsatz von Schnitt- und Nahtlinien sowie Abnähern, um dem Stück Form zu geben. Genauso wird bei Röcken und Hosen der Bereich zwischen Taille und Hüfte geformt.

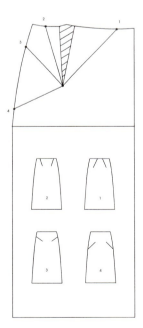

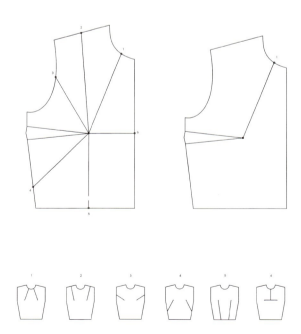

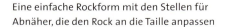

Eine einfache Rockform mit den Stellen für Abnäher, die den Rock an die Taille anpassen

Die Form für Oberteile mit den häufigsten Stellen für Abnäher, die das Oberteil formen

Verschiedene Arten, die Vorderseite des Oberteils mit dekorativen Abnähern zu verändern

Ganz oben und oben Nessel- und Mustermodellentwicklung für einen Plisseerock

In diesen vier Beispielen ist der Grundschnitt mit fetten Linien gekennzeichnet. Für ein neues Design wird er durchgepaust. Linien und Nähte werden ergänzt, Form und Abnäher modifiziert – und ein neuer Schnitt ist geboren.

Modifikation des Nesselmodells

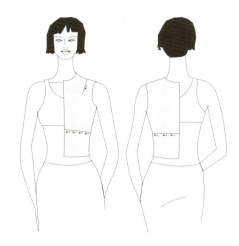

Um die Länge eines Oberteils zu verändern, steckt man das überschüssige Material unter dem Brustkorb ab oder fügt zusätzliches Material mit Klebeband ein.

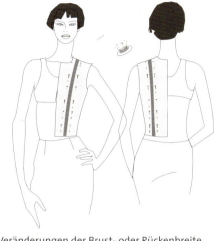

Veränderungen der Brust- oder Rückenbreite können durch vertikale Zusätze oder Abzüge von der Brustmitte zur Taille oder entlang der Schulterblattlinie vorgenommen werden.

Ein flacher Rücken erfordert eine horizontale Anpassung und eine Stoffentnahme unter dem Arm.

Für eckige Schultern oder für Schulterpolster fügen Sie Stoff hinzu.

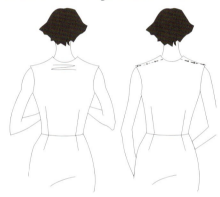

Ein Zuviel an Stoff durch rechtwinklige Schultern oder einen vorwärts geneigten Hals wird in den Schulternähten ausgeglichen.

Kleine Abnäher nehmen überschüssigen Stoff aus der Kragenlinie.

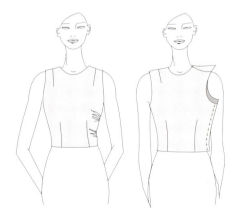

Eckige oder schräge Schultern können den Sitz der Seitennähte beeinflussen.

Für einen langen Körper müssen Taillen- und Hüftlinie angepasst und Abnäher verlegt werden, um Falten in der Magenregion zu vermeiden.

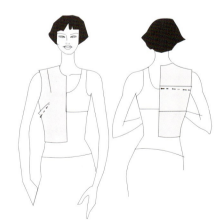

Bei kräftigem Körperbau ist der Rücken oft gerundet, daher muss besonders auf Büste und Bauch geachtet werden. Achten Sie darauf, dass vordere und hintere Schnittteile ausgewogen sind.

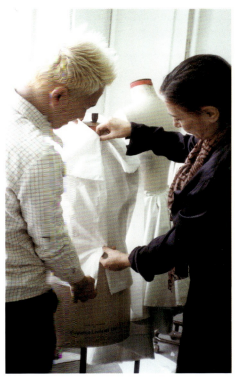

Eine Dozentin hilft bei der Ausrichtung des Nessels für eine bessere Passform.

Bord-à-Bord-Mantel mit Schalkragen

Kleid mit asymmetrischem Saum

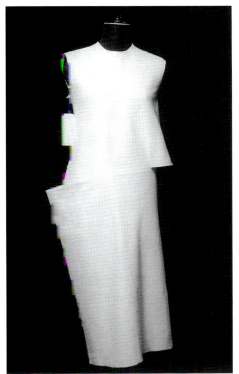

Versetzter Etui-Schnitt, der auf der Hüfte eine Tasche erzeugt

Tunika-Kleid mit Applikationen

Reifrock mit Korsett

V: Im Atelier

Standardgrößentabellen

Die Tabellen rechts zeigen die **Messpunkte** und durchschnittlichen Maße der vier meistverkauften deutschen Herren- und Damengrößen. Entsprechende Angaben gelten für die USA, Kontinentaleuropa und Japan. Umgerechnete Maße (metrisch/imperial) wurden auf die jeweils nächste ganze Zahl aufgerundet. Unterschiedliche Kleidergrößen werden je nach **Messpunkt** in verschieden großen Schritten gradiert. Inzwischen erfolgt die präzise Gradierung von Grundschnitten am Computer. Beachten Sie, dass die Figuren von Frauen mit identischen Brust-, Taillen- und Hüftmaßen völlig verschieden sein können, da Körperhaltung, Rückenkrümmung, Hüftstellung und Form der Büste, Beine usw. variieren. Nach Maß gearbeitete Mode und solche, die in kundenindividueller Massenproduktion gefertigt wird, weicht nur geringfügig von diesen Grundgrößen ab, wohingegen die echte Maßschneiderei und die Haute Couture alle Kundenmaße ermitteln und ein individuelles Maßprofil anlegen, von dem dann alle Schnittmuster und Kleidungsstücke abgeleitet werden.

Damengrößen (metrisch)

Kleidergröße	34	36	38	40
Körpergröße	157,2	159,6	162	164,4
Brustumfang	80	84	88	93
Taillenumfang	60	64	68	73
Hüftumfang	87	90,5	95	99,5
Umfang obere Hüfte	79,5	84	89	94
Halsumfang	34	35	36	37
Unterbrustumfang	61	66	71	76
Rückenlänge	38,8	40,4	41	41,6
X Rücken	31,8	32	33	34,2
X Brustkorb	28	29,8	31	32,2
Schulterbreite	11,5	11,7	11,9	12,1
Armlänge	56,2	57,1	58	58,9
Unterarmlänge	42,8	43,1	43,5	43,9
Armloch	38,6	40,6	42,6	44,6
Oberarmumfang	22,9	24,7	26,5	28,3
Handgelenkumfang	15	15,2	16	16,6
Äußere Hosenlänge	99	100,5	102	103,5
Innere Hosenlänge	74	74	74,5	74,5
Schrittlänge	26,8	27,9	29	30,1
Hüfte bis Knie hinten	61	61	61,5	61,5
Hüfte bis Knöchel hinten	94	94	95	95
Halswirbel bis Fußsohle	136	138	140	142

Herrengrößen (metrisch)

Kleidergröße	46	48	50	52
Körpergröße	174	176	178	180
Brustumfang	92	96	102	107
Taillenumfang	76	81	87	92
Hüftumfang	94	99	104	109
Rückenlänge	44,5	46	46,5	47
Sakkolänge	79	80	81	82
X Rücken	42	43,5	44,5	45,5
Schulterlänge	16	16	16,5	17
Armlänge	62	62	63	63
Ärmellänge	84	84	87	87
Kragenweite	37	38	39	40
Handgelenkumfang	16	16,5	17	17,5
Innere Hosenlänge	80	81	82	83
Schrittlänge	26,2	26,6	27	27,4

Deutschland	32	34	36	38	40	42	44	46	48
GB		6	8	10	12	14	16	18	20	22
USA			4	6	8	10	12	14	16	18	20
Frankreich		34	36	38	40	42	44	46	48	50
Italien			38	40	42	44	46	48	50	52	54
Japan		3	5	7	9	11	13	15	17	19

Schuhgrößen

Europa	35½	36	37	37½	38	38½	39	39½	40	40½	41
GB	3	3½	4	4½	5	5½	6	6½	7	7½	8
USA	5½	6	6½	7	7½	8	8½	9	9½	10	10½
Japan	21½	22	22½	23	23½	24	24½	25	25½	26	27
China	36	37	37½	38	39	39½	40	40½	41	41½	42

»Wenn wir Schnittmuster machen, berate ich sie. Ich sage: Nun, du könntest es so machen, aber vielleicht wäre es so besser, und wir arbeiten wirklich im Team zusammen. Ich muss also die einzelnen Studierenden kennen lernen und ihnen auf ihre eigene Art helfen – ich möchte sie nicht zu sehr beeinflussen.« Schnittmuster-Lehrer Jacob Hillel

Nessel (Toile)

Die Schnittmuster müssen in einem Stoff, der dem später verwendeten ähnelt, ausprobiert werden. Das erste Stoffmuster nennt man **Nesselmodell** (auch **Toile**, gesprochen »toal«, frz. für einen leichten Baumwollstoff). Weißer Nessel ist leichter zu bearbeiten als dunkles oder gemustertes Material, da man ohne diese Ablenkung den Schnitt und die Passform besser erkennen kann. Die vordere und hintere Mitte sollte durch lange, gerade Linien markiert werden (Bleistift auf gewebten Stoffen und Filzstift auf Strickwaren), Taille und Hüfte sind als Bezugspunkte für die Anprobe und Änderungen wichtig.

Der Nessel wird an einer Puppe oder Person ausprobiert. Die Nähte sind nicht versäubert, so dass das Kleidungsstück schnell auseinander genommen und überarbeitet werden kann. Änderungen werden vorgenommen und Anleitungen mit Stift oder Schneiderkreide auf dem Nessel vermerkt. Papier- oder Stoffteile können am Nessel befestigt werden, um Details, z.B. Revers, neu zu gestalten. Die Schnittlinien können neu gezeichnet und später mit einem Kopierrädchen auf das Papiermuster übertragen werden. Aufgrund der Bewe-

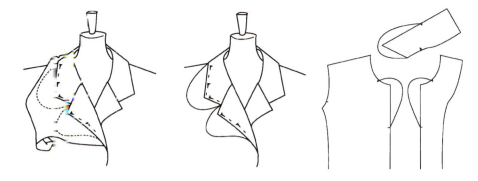

gung und Dehnbarkeit von Stoffen ist eventuell eine Anpassung des Musters notwendig, um dem Rapport bzw. speziellen Stoffeigenschaften gerecht zu werden. Dies trifft v.a. auf Jerseystoffe und drapierte Schnitte zu, die oft mehrfach überarbeitet werden, um Fall und Schrägverzug zu korrigieren, die für leichte Materialien typisch sind. Bei symmetrischen Kleidungsstücken ist es manchmal sinnvoll, nur einen halben Nessel anzufertigen.

Wird eine **Kollektion** zusammengestellt, ist es üblich, dem Dozenten eine **Aufstellung** der Nesselmodelle zu präsentieren. So können Ausgewogenheit und Umfang der Kollektion oder **Linie** diskutiert und vor dem Stoffzuschnitt verändert werden. Für die Herstellung von Nesselmodellen benötigen Sie Stoffscheren, kleine scharfe Stickscheren, einen weichen Bleistift, Buntstifte oder dünne Filzstifte, Stecknadeln, eine Nähnadel, ein Trenn-/Anreißmesser, Klebeband, Abdeckband, eine Nähmaschine und Faden.

Drapieren an der Schneiderpuppe

Drapieren – das Modellieren an der Schneiderpuppe – bezeichnet das Anbringen eines Nesselstoffs (ein feiner Baumwollbatist) auf einer passenden Schneiderbüste oder an einem realen Körper. Wenn Schnittform und Sitz stimmen, wird der Nessel entfernt und auf Schnittmusterpapier oder Pappe übertragen. Drapiertechniken sind bei Jerseystoffen und großen Mengen von weichem Material sinnvoll, z.B. wenn Stoffe im Schrägschnitt bearbeitet werden, damit sie sich der Körperform flexibel anpassen.

Drapieren ist wie Bildhauerei mit Stoffen. Es gelingt am eindrucksvollsten mit weichen Materialien in relativ großer Menge. Der Stoff kann eng am Körper drapiert und mit unsichtbaren Stichen fixiert oder lose gehängt werden. Der Stoff kann am echten Modell drapiert werden, wobei es teils relativ lange dauert, bis die gewünschte Wirkung erzielt ist. Daher ist für den Großteil der Arbeiten eine Schneiderpuppe vorzuziehen. Zwar kann das Drapieren sehr frustrierend sein, ist jedoch in jedem Fall die Mühe wert, wenn es funktioniert. Es ist wichtig, Gewicht und Elastizität des jeweiligen Materials in die Arbeit einzubeziehen. Ein Stoff, der schräg oder über Kreuz zum Stoffstrich (Fadenlauf) drapiert wird, dehnt und verhält sich ganz anders als bei einer Drapierung entlang des Stoffstrichs. Es kann faszinierend sein, mit den Stoffrichtungen zu experimentieren.

Es ist sinnvoll, beim Drapieren Aufnahmen mit einer Polaroid- oder Digitalkamera zu machen, da man sich nur schwer an alle Variationen erinnert. Machen Sie ein Foto, wenn Ihnen eine Form gefällt, um dann alle Varianten zu betrachten und die besten auszuwählen. Zudem kann das Bildmaterial als Arbeitsbeleg im Skizzenbuch dienen.

Sind Sie mit dem Design zufrieden und haben alles mit Nadeln fixiert, folgt der Test am lebenden Model. Hier fängt der Spaß erst an. Drapierte Stücke haben die Angewohn-

Markierungen und Kerben im Schnittmuster

Sind alle Angaben auf dem Schnittmuster korrekt, wird seine Endfassung erarbeitet:

Markieren Sie alle Strichlinien. Diese werden fast ausnahmslos parallel zur Webkante, zur vorderen oder zur hinteren Mitte gezeichnet. Strichlinien auf Ärmeln und ausgestellten Rockeinsätzen verlaufen meist durch die Mitte. Soll ein Stoff mit Musterrichtung oder einem Florgewebe wie Samt verwendet werden, markieren Sie den Fadenlauf mit Pfeilen, um die Richtung des Flors anzuzeigen.

Die Nahtlängen werden ausgerichtet und überprüft, Nahtzugaben ergänzt und markiert.

Markieren Sie die Lage von Abnähern, Taschen und Besätzen mit einer Ahle oder Lochzange. Die beiden Seiten eines Abnähers müssen stets gleich lang sein. Manchmal markiert man Knopflöcher mit einer feinen Öffnung, durch die Kreide oder ein Cutter hindurchpasst.

Damit die Kleidung gerade hängt, kerbt man »Gleichgewichtspunkte« in einem Winkel von 90° zur Kante ein, um den Fadenlauf der vorderen und hinteren Mitte zu markieren. Nahtverbindungspunkte werden nie auf, sondern stets neben die Naht gezeichnet, damit das nächste Teil nicht versehentlich verkehrt herum angenäht wird. Dies ist besonders bei schmalen Röcken mit Einsätzen wichtig. Einzelkerben werden für Schnittteile der Vorderseite verwendet – doppelte für die Teile der Rückseite. Bei Entwürfen mit mehreren Einsätzen werden für jeder weiteren zusätzliche Kerben gemacht – bis zu vier Stück an der hinteren Mitte (s. Zeichnung). Ferner markieren Kerben die Position von Abnähern und Reißverschlüssen und mindern die Spannung in runden oder schrägen Nähten.

Vermerken Sie Bezeichnung, Kleidergröße und Anzahl der Teile, die zuzuschneiden sind, z.B. »Tasche 4 x«. Benennen oder nummerieren und versehen Sie das Schnittmuster mit Ihrem Namen.

Legen Sie dann alle Musterteile übereinander, und stanzen Sie etwa 10 cm unterhalb der oberen Kante ein Loch hinein. Den Stapel können Sie an einen Ständer hängen oder gefaltet in einen Umschlag stecken, der mit Ihrem Namen und der Beschreibung oder Zeichnung gekennzeichnet ist.

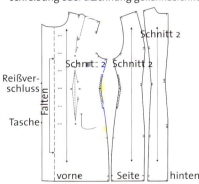

 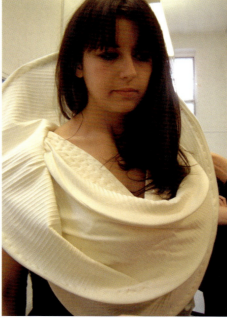 

Drapieren ist die Kunst, gemeinsam mit Stoff und Körper zu arbeiten. Sie ist nicht leicht zu beherrschen und daher hoch angesehen. Das Kunststück besteht darin, mit minimalem Schnitt- und Nähaufwand vorteilhafte Linien zu kreieren.

heit, auseinander zu fallen, sobald sich das Model bewegt. Sie können aber auch unerwartete Formen annehmen und so auf völlig neue Pfade lenken. Ist der Schnitt gezähmt, nehmen Sie den Nessel vom Model bzw. der Schneiderpuppe und legen ihn flach hin. Alles muss peinlich genau markiert werden. Vielleicht müssen Sie Stoff hinzufügen, wenn Sie schräg geschnitten haben und das Material zur Neige geht. Die Faltenrichtung zeigen Sie mit Hilfe von breitem Klebeband und Filzstiften. Markieren Sie vordere Mitte, Schulterlinie, Nähte und Armlöcher. Überstände schneiden Sie ab. Nun müssen der Stoffstrich begradigt und skizzierte Linien mit Kurvenlineal bzw. Lineal nachgezogen werden, um die Stücke dann mit Stift oder Kopierrädchen auf Schnittmusterpapier zu kopieren. Drapierte Schnitte haben oft merkwürdige Formen. Daher müssen Sie obere und untere Saumkante markieren und eventuell zahlreiche Kerben und Pfeile einfügen, um die Faltrichtung der Teile anzuzeigen. Nähen Sie das Stück so schnell wie möglich zusammen, denn vieles vergisst sich leicht über Nacht.

Das Wichtigste bei der Schnittentwicklung ist Sorgfalt und Methodik bei der Markierung des endgültigen **Schnittmusters**, egal, wie chaotisch der Prozess bis dato war. Stecken Sie das Muster sorgfältig in einen Umschlag, auf dem die Illustration aufgeklebt ist. Wochen später möchten Sie nicht mit einem zerknitterten Stück Papier voller Klebestreifen arbeiten.

Die Schnittentwicklung besteht zum Großteil aus flachem **Musterschnitt** und Drapieren. Auch wenn Sie Schablonen verwenden, ist eine Schneiderpuppe sehr nützlich, wenn man den Sitz eines Rollkragens oder den Fall eines ausgestellten Rocks ermitteln möchte. Es gibt keinen richtigen oder falschen Weg, Ihre Zeichnungen in Stoff umzusetzen. Einige Stile können sehr schwierig zu realisieren sein und erfordern drei oder vier Schnittmuster oder Nesselmodelle, um »eben gerade so« zu funktionieren.

Drapierte Kleidungsstücke werden auf Papier oder Karton übertragen und mit Anleitungen versehen.

»Es ist nicht so einfach, wie es aussieht. Ich beginne mit der Vorstellung einer Bewegung, und diese Saison schwebte mir die Nonchalance von etwas Fallendem vor. Ich verändere gern Bewegungen, die Art, wie etwas fällt. Es ist, als ob man der Kleidung durch den Schnitt eine eigene Haltung verleiht.« Designerin Ann Demeulemeester

Der Fadenlauf

Für eine gute Passform muss der Entwurf eines Kleidungsstücks die Struktur und Dynamik des Gewebes berücksichtigen. Zwar verhält sich eine Faser je nach Art des Gewebes unterschiedlich, der wichtigste Faktor ist hierbei jedoch stets der Fadenlauf. Mit **Fadenlauf** (oder Stoffstrich) bezeichnet man den Verlauf eines Gewebes bzw. seiner langen Kettfäden parallel zur Webkante. Bei den meisten Stoffen sind die Kettfäden dicker und stehen stärker unter Spannung als die quer dazu verlaufenden Schussfäden. Liegen die Schnittteile längs zum Fadenlauf, ist die Gefahr geringer, dass das Stück in der Länge schrumpft. Der **Schussfaden** verläuft meistens waagerecht um den Körper. Einige einfache Stoffe mit der gleichen Art und Anzahl von Kett- und Schussfäden erlauben es, die Schnittteile in der einen oder anderen Richtung zu platzieren. Strickstoffe haben keinen Fadenlauf, sie dehnen sich in der Breite stärker als in der Länge und werden wie die meisten Webstoffe verarbeitet. Bei einem Großteil der Kleidung muss die senkrechte Mittellinie von Vorder- und Rückseite (bei Hosen die Beinmitte) genau auf dem **Stoffstrich** verlaufen, damit das Stück senkrecht fällt. Diese Ausgewogenheit ist entscheidend bei Standardentwürfen. Sobald Sie das Prinzip verstanden haben, können Sie die Regeln brechen und fantastische Effekte erzeugen.

Die Schräge

Unter der Schräge versteht man die Diagonale, die Kette und Schuss im 45°-Winkel schneidet. Im Schrägschnitt verarbeiteter Stoff ist grundsätzlich dehnbar und lässt sich auf vielfältige Weise drapieren oder bei eng anliegender Kleidung wie Strickstoff am Körper formen. Vor allem schräg zugeschnittenes Gewebe bauscht sich zu eindrucksvollen Volants und feinen Rüschen auf. Sie können die Dehnfähigkeit eines Stoffs prüfen, indem Sie ihn mit Zeigefinger und Daumen in diagonaler Richtung ziehen oder im Winkel von 45° zum Fadenlauf halten. Der Entwurf von Mode im Schrägschnitt ist eine hohe Kunst, denn Webstoffe verhalten sich oft ganz unerwartet. Glatter Satin, Seide und Sheers wie Crêpe de Chine und Crêpe Georgette sind prachtvoll im Schrägschnitt, aber äußerst dehnbar und schwer zu verarbeiten. Mit Streifen lassen sich sensationelle Effekte erzeugen, doch ihre

Grundregeln des Drapierens

Markieren Sie den geraden Stoffstrich (Fadenlauf) und die Schräglinie des Nessels mit verschiedenfarbigen Filzstiften.

Stecken Sie den Stoff an der vorderen (oder hinteren) Mitte der Schneiderpuppe fest, und gestalten Sie den Halsausschnitt. Prüfen Sie die Position der Schulternähte, und stecken Sie sie fest. Stecken Sie die Seitenteile fest, und schneiden Sie die Saumzugabe der Armlöcher ein. Stecken oder kleben Sie sämtliche Falten uns Plissees fest.

Nun treten Sie zurück und betrachten das Ergebnis. Ist der Schnitt gezähmt, nehmen Sie den Nessel von der Schneiderpuppe und breiten ihn flach aus. Alles ist peinlich genau zu markieren. Eventuell müssen Sie Stoff ergänzen, wenn Sie mit Schrägschnitt arbeiten. Die Faltenrichtung kennzeichnen Sie mit breitem Klebeband und Filzstift.

Markieren Sie vordere Mitte, Schulterlinien, Nähte und Armlöcher, Überstände schneiden Sie ab. Nun richten Sie den Fadenlauf aus und glätten skizzierte Linien mit Burmesterkurven oder Lineal. Anschließend übertragen Sie die Teile mit einem Kopierrädchen auf Schnittmusterpapier. Drapierte Schnitte haben oft merkwürdige Formen, daher müssen Sie obere und untere Saumkanten bezeichnen und wahrscheinlich viele Kerben und Pfeile ergänzen, die die Faltenrichtung anzeigen.

Nähen Sie das Stück so bald wie möglich zusammen, denn vieles vergisst man über Nacht.

Unten Gerader Fadenlauf (A), schräger Fadenlauf (B) vom Fadenlauf unabhängig (C – weder gerade noch schräg).

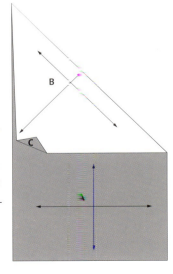

springen nicht vollendet aus dem
braucht Zeit, seine Ausbildung ab
journalen dieser Welt zu heben u

Modejournalist   Wenn jemand ein Kleidungs
lung, was bis zu diesem Moment
kompliziert die ersten Phasen des
Materialwahl, Schnittgestaltung
den Gefühl, in den Stoff zu schne
Einzelteile zu einem lebendigen
stück. Für mich ist jede dieser Pha
Karl Lagerfeld bat uns, ein paar Ent
of Art]. Ich hatte keine rechte Lust
lichen Arbeit riss. Wie auch imm
Strick und Spitze – und Karls Komr
keine Karl-Lagerfeld-Kleider. Das
Chanel.‹   Julien Macdonald, Designer   Dies ist nicht das E

choß einer Schule … Ein Designer
chütteln, den Blick aus den Mode-
auf eigenen Füßen zu stehen. Colin McDowell,
ick anzieht, hat er keine Vorstel-
es passiert ist. Er weiß nicht, wie
twurfs sind, hat keine Ahnung von
d -anordnung, von dem knistern-
n, vom Zusammenfügen lebloser
nzen – dem fertigen Kleidungs-
 etwas Besonderes. Charlie Watkins, Schnittkonstrukteur für Hussein Chalayan
rfe anzufertigen [am Royal College
u, weil es mich aus meiner eigent-
ich entwarf einige Modelle mit
ntar: ›Mr. Macdonald, das hier sind
 Haute Couture aus dem Hause
 – eigentlich ist es der Anfang. Examenskandidat

Rechts Bei dieser Jacke sorgt eine Kombination aus Schnitt- und Drapiertechniken für Passform und Fall.

Ganz rechts Fotografieren Sie den Werdegang Ihrer Arbeit mit einer Polaroid- oder Digitalkamera. So behalten Sie den Überblick an der Schneiderpuppe und können schnell kleinere Änderungen vornehmen.

Anordnung muss wohl durchdacht sein. Schrägschnitte können viel Stoff verbrauchen, daher muss die benötigte Materialmenge sorgfältig kalkuliert werden. Einfache Baumwollstoffe, Popeline und steife Gewebe eignen sich kaum für Schrägschnitte.

Im Mittelalter waren Strümpfe und Roben bisweilen im Schrägschnitt gearbeitet – einer Technik, die im Lauf der Geschichte wiederholt eingesetzt wurde. Richtig zur Geltung kam sie jedoch Anfang des 20. Jahrhunderts, als Madeleine Vionnet in Paris geschmeidigen Seidensatin, Samt und den gerade erfundenen Rayon dafür verwendete. Im Schrägschnitt wirken diese Materialien extrem fließend und leicht. Der Stoff haftet auf verführerische Weise am Körper, ohne die Bewegungsfreiheit einzuschränken. Es heißt, die Tänzerin Isadora Duncan, die mit dem Nähmaschinen-Erben Paris Singer verheiratet war, hätte sie inspiriert. Vionnets Kleidung erforderte feinste oder gar keine Unterwäsche, und ihre erste Kollektion wurde von barfüßigen Models präsentiert. Für ihre Zeitgenossen war Vionnet eine Revolutionärin, und ihr Look wurde schließlich durch die Hollywoodstars der 1930er Jahre populär. Verglichen mit den geometrischen Schnitten der 1920er-Jahre war er aufregend figurbetont. Zudem reflektierte er das Licht und ließ sich wunderbar fotografieren.

Vionnet ist ein gutes Beispiel für eine Designerin, deren Entwürfe von der Natur des Materials bestimmt wurden, nicht umgekehrt. Sie entwickelte ihre Modelle an einer kleinen Holzpuppe, die besten Stücke vergrößerte sie. Neue Techniken oder Stoffe können zu originellen Einsatzmöglichkeiten anregen. Schrägschnitt erfordert keine geraden Nähte, sondern Entwürfe mit flüssiger Linienführung, da die Kleidungsstücke beim Tragen länger und schmaler werden. Sie müssen daher erst einige Tage aushängen, bevor die Säume festgelegt werden. Da sich Reißverschlüsse und Knopflöcher schwer in dehnbare Nähte einarbeiten lassen, sind viele Stücke im Schrägschnitt nur zum Hineinschlüpfen.

Arbeiten Sie auf einer großen, ebenen Unterlage, damit sich der Stoff nicht verzieht. Sie schneiden genauer, wenn der Stoff liegt und der Schnitt statt mit Nadeln mit Fixier-

Oben von links nach rechts Die Herstellung eines Kleidungstücks umfasst die Markierung von Nähten und Details, die Durchführung von Änderungen und wiederholte Anproben.

gewichten in Position gehalten wird. Auch genäht wird anders als sonst üblich. Arbeiten Sie am besten mit der Dehnung. Vertikale Nähte sollten Sie der Schwerkraft folgend vom Halsausschnitt in Richtung Saum nähen. Ausschnitte und horizontale Nähte nähen Sie von der Mitte nach außen. Schräg geschnittene Kanten fransen zwar nicht aus, doch sie weiten sich, und es muss daher mehr Nahtzugabe eingerechnet werden. Dehnen Sie den Stoff ein wenig beim Nähen, er zieht sich beim Bügeln wieder zusammen. Sie vermeiden Falten, wenn Sie die Naht jeweils in Stichrichtung bügeln. Nähte lassen sich leichter bügeln, wenn sie nicht überwendlich genäht sind. Versäubern kann man sie nachträglich. Mit einem Mix aus schrägem und geradem Zuschnitt lassen sich interessante Effekte erzeugen. Sie sollten jedoch eine Schneiderpuppe einsetzen, um die Wirkung der Schwerkraft auf das Material zu sehen. Beim Zusammennähen von schräger und gerader Kante sollte die gerade Kante oben liegen: So fügen sie sich durch den Vorschub der Maschine besser aneinander. Säume sollten knapp bemessen und gerollt oder eingefasst werden, sonst bilden sich Falten. Zum Abschluss von Säumen und als Verzierung wird oft Schrägband eingesetzt, da es sich gut in Rundungen und Ausschnitte fügt und Einlagen überflüssig macht.

Florgewebe

Prüfen Sie bei der Auswahl des Stoffs, ob er einen Flor hat. Ein Stoff ohne Flor besitzt keine wahrnehmbare Richtung in Gewebe, Textur oder Musterung. Die Schnittteile können in beide Richtungen liegen – normalerweise parallel zum **Fadenlauf** –, was den Stoffverbrauch niedrig hält. Gewebe mit Flor hat einen Flaum, der sich je nach Streichrichtung glatt oder rau anfühlt, oder eine sichtbare Druckrichtung (z.B. zeigen alle Blütenköpfe nach oben). Auch diagonale Web- und Strickstoffe können einen Flor haben. Für den Zuschnitt müssen alle Schnittteile in die gleiche Richtung zeigen (ein Stück mit Flor sollte so wenig Nähte wie möglich haben). Wenn Sie Florgewebe wie Samt oder Kordsamt in mehrere Richtungen zuschneiden, kommt es zu sog. »Schattierungen«. Bei langflorigen Geweben

Nadel	Gewebe
60/8	Chiffon, Georgette, Habotai-Seide
70/10	Baumwollmusselin, Rayon, Satin
80/12	Baumwollpopeline, Kattun, leichte Crêpegewebe und Wollstoffe, Leinen
90/14	Gabardine, Wolle, Unter-/Stützstoffe
100/16	Jeans, Segeltuch, Mantelstoffe, Tweeds

sollte der Flor in Richtung Saum laufen. Samtstoffe wirken prächtiger und dunkler, wenn der Flor nach oben zeigt. Samtvorhänge etwa werden für gewöhnlich so zugeschnitten. Kleidung dagegen – besonders Hosen und Röcke – neigen dazu, am Körper »hinaufzukriechen«. Florgewebe sind schwer zu bügeln, da sie leicht Schaden nehmen. Kaufen Sie zu diesem Zweck ein Brett mit sehr feinen Nadeln, oder legen Sie Samt unter das Bügelgut. Kalkulieren Sie stets eine Reserve ein, wenn Sie mit Florgeweben arbeiten.

Zuschnitt des Musterstücks

Wenn das Nesselmodell korrekt ist und alle Änderungen am Papierschnittmuster vorgenommen wurden, können Sie ein Mustermodell aus dem vorgesehenen Stoff schneiden. Karierte und bedruckte Stoffe erfordern ein sorgfältiges Auslegen der **Schnittmuster**, um gute Wirkung zu erzielen. Einige Stoffe, z.B. Kord, haben einen **Strich** oder eine Florrichtung, die einen Schattierungseffekt hervorruft. Die Schnittmuster müssen alle in einer Richtung ausgelegt werden. Stretchstoffe können sich in eine oder mehrere Richtungen dehnen; schneiden Sie diese Materialien also in ihrem »entspannten« Zustand.

Nun rollt oder breitet man den Stoff auf dem Zuschneidetisch aus, legt die Schnittmuster flach auf den Stoff und fixiert sie mit schweren Metallbarren, da Stecknadeln zu zeitaufwendig sind, den Stoff verknittern und zu Ungenauigkeiten führen können. Prüfen Sie die Schnittmusteranordnung: Wie viel Stoff benötigen Sie? Ist die Anordnung verbesserbar? Wer die Anordnung der Stücke skizziert, während diese auf den Stoff gezeichnet werden, spart Zeit beim erneuten Auslegen für ein weiteres Musterstück. Fällt beim Zuschnitt zu viel Materialverlust an, muss eventuell das Schnittmuster oder sogar der Entwurf selbst verändert werden. Achten Sie darauf, dass für Teile, die doppelt gebraucht werden (Ärmel, Taschen usw.), jeweils zwei Stücke ausgelegt sind.

Der Umriss der Schnittmuster wird mit weichem Bleistift oder Kreide nachgezeichnet. Löcher im Schnittmuster markieren Abnäher und Taschenpositionen. Musterstücke und Nesselmodelle werden mit der Schere geschnitten, wobei bei geraden Kanten die volle Länge der Scherenklinge genutzt und der Stoff nicht angehoben wird. Je nach Art des Kleidungsstücks können auch Besätze, schmelzbare Einlagen und Posamenten dazugehören, die eingearbeitet werden müssen. Schneiden Sie diese zu, und stimmen Sie sie mit den jeweiligen Stücken ab. Die Stoffstücke werden zusammen aufgerollt und gemeinsam mit einem Reststück des Materials und allen Reißverschlüssen oder Posamenten

Rechts Muster und Nessel werden von Hand mit der Schere zugeschnitten, wobei die volle Länge der Klinge ausgenutzt wird. Drücken Sie beim Zuschnitt die Musterteile mit der flachen Hand fest auf den Stoff. Die Kerben schneiden Sie immer gleich mit.

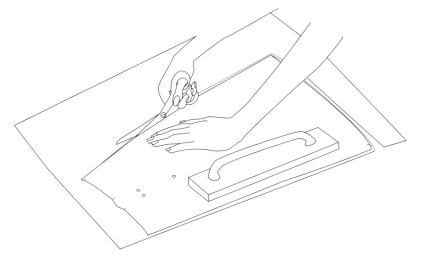

sowie einer Skizze des Designs zu einem Bündel gebunden. Zusammenrollen eignet sich hierbei besser, da weniger Falten entstehen. Das Bündel wird nun zum Nähen weitergegeben; vor dem Nähen werden alle Aspekte Ihres Entwurfs besprochen.

Nähen

Ein zentraler Aspekt Ihrer Modeausbildung besteht darin, Fertigkeit im Nähen zu erwerben. Einige Studierende haben bereits vor der Ausbildung Kleidungsstücke mit der Nähmaschine hergestellt, andere haben noch nie einen Faden eingefädelt. So mancher stellt sich vor, Kleidung könne ausschließlich am Zeichenbrett entworfen werden. Richtiges Entwerfen lernt man jedoch nur, indem man Ideen anhand eines **Nesselmodells** umsetzt und so technische Probleme wie Nahtvolumen und -dehnung erkennt.

Mit industriellen Nähmaschinen arbeitet es sich schneller, gleichmäßiger und spezifischer als mit den herkömmlichen. Umgang und effektives Arbeiten mit diesen Maschinen müssen erlernt werden. Nähen erfordert Geduld und Geschick, und nicht jeder hat Spaß daran – doch ein gut gelungenes Kleidungsstück sorgt für Motivation. Professionelle Nähkenntnisse stärken später Ihre Glaubwürdigkeit, helfen Ihnen dabei, einer Fabrik genaue Anweisungen zu geben und sind praktisch, um zu ungewöhnlicher Stunde einen genialen Einfall umzusetzen oder für Fotoaufnahmen etwas zu korrigieren.

> »Es erstaunt mich, wie schnell ich jetzt nähen kann. Ich habe diese Geschichten über John Galliano nie geglaubt, in denen er Kleider für Kunden schnell in der Mittagspause zusammengenäht hat, damit er es sich leisten konnte, abends auszugehen. Aber mittlerweile habe ich ein paar Sachen für mich selbst schnell zusammengenäht und es fühlt sich wirklich gut an, wenn die Leute fragen, wo ich das herhabe, und ich sage: ›Naja, eigentlich...‹.«   Studierender im zweiten Jahr

Bestimmte Nähtechniken assoziiert man mit verschiedenen Ebenen der Modeherstellung. Die kostbaren Stoffe der **Haute Couture** verlangen nach anspruchsvoller Nähkunst sowie mehr Handarbeit bei Appreturen, Einfassungen und Innenfuttern. Im unteren Marktsegment ist Handarbeit aus Kosten- und Zeitgründen dagegen selten.

Bei ungewöhnlichen Materialien wie Kunststoff und Leder setzt man teils Seidenpapier oder Silikonspray ein; bei anderen ist Erfindergeist gefragt. Manche Stücke müssen an Spezialfirmen für Appreturen geschickt werden. Einige Maschinen können Einfassungen einschlagen und anbringen, Kappnähte nähen oder dehnbare Bänder um Ausschnitte und Armlöcher befestigen. Doppelnadelmaschinen verstärken die Nähte von Jeans und Arbeitskleidung. Blindstichmaschinen nähen den Saum mit unsichtbaren Stichen um. Studierende, die sich mit Strickwaren beschäftigen, werden lernen, wie man Strickstoffe mit industriellen Kettelmaschinen verbindet.

Nadel und Faden

Nadel und Faden sind die einfachsten, billigsten und doch wichtigsten Werkzeuge der Näherin. Die Qualität Ihrer Arbeit hängt auch davon ab, ob Sie die für ein Material geeignete Nadel benutzen. Ist die Nadel zu dick oder stumpf, kräuselt sich die Naht möglicherweise. Man unterscheidet Näh-, Stick- und Stopfnadeln. Nähnadeln verwendet man für Wirkwaren – Stick- und Stopfnadeln für Strickstoffe. Universalnadeln sind vielseitige, leicht gerundete Nadeln, die für beide Gewebearten eingesetzt werden können. Sie sind in verschiedenen Nadeldicken von sehr fein (60/8) bis dick (100/16) erhältlich. Je zarter der Stoff, desto feiner muss die Nadel sein.

Gerade Overlocknaht, ausgebügelte offene Naht, einfache Kappnaht, doppelte Kappnaht

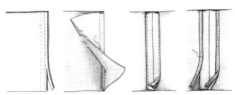

Französische Naht (Doppelnaht), versäuberte Naht, mit Schrägband eingefasste Naht

Flach eingenähter Reißverschluss, verdeckter Reißverschluss, Hosenschlitz mit Sicherungshaken

unsichtbarer Reißverschluss (Nahtverschluss), zweiteiliger Reißverschluss, Deko-Reißverschluss

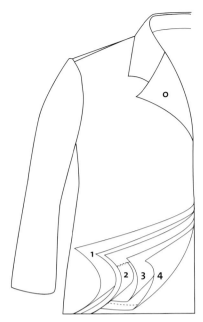

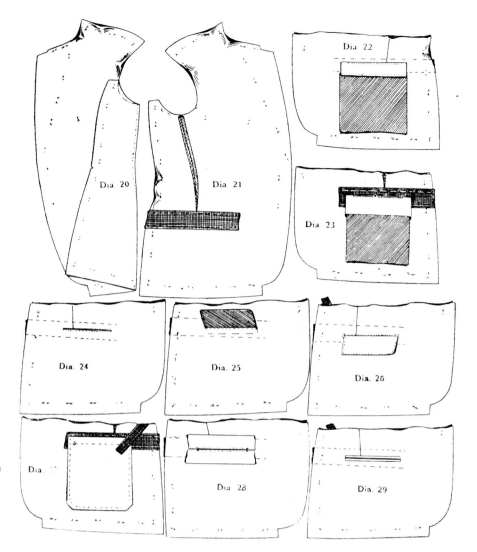

Futterstoffe

0. Blenden
An Schnittkanten von vorderer Knopfleiste, Saum, Hals- und Armausschnitt sowie von Manschetten werden Stoffstreifen mit dem Saum nach innen gegengenäht, damit diese Bereiche glatter liegen. Solche Blenden können auch aus dekorativem Material bestehen.

1. Einlagen
Einlagen sind funktionelle Gewebe, die kritischen Stellen wie der Knopfleiste, dem Kragen und den Manschetten Stabilität verleihen. Man unterscheidet Bügeleinlagen und Näheinlagen.

2. Zwischenfutter
Sehr dünnes Gewebe wird durch Zwischenfutter steifer und undurchsichtiger. Es wird so zugeschnitten wie der Oberstoff und vor dem Zusammennähen der Teile an diesem befestigt. So werden Stoff und Zwischenfutter bei der Verarbeitung wie eine Einheit behandelt.

3. Innenfutter
Gefütterte Kleidung wirkt auch an der Innenseite gut verarbeitet. Sie franst nicht aus und knittert nicht so stark. Für Innenfutter verwendet man überwiegend seidenartige Stoffe, damit sich die Kleidung gut an- und ausziehen lässt. Das Futter wird nur an Bund, Halsausschnitt und Blenden befestigt, manchmal auch am Saum. Ansonsten hängt es lose, damit die Bewegungsfreiheit nicht eingeschränkt wird.

4. Futter
Futter ist ein zusätzliches Gewebe, das Wärme spendet, ohne aufzutragen. Es wird am Oberstoff oder am Innenfutter befestigt. Viele Wintermäntel sind mit einem gesteppten oder herausnehmbaren Futter ausgestattet.

Für besonders anspruchsvolle Materialien gibt es Spezialnadeln. Nadeln für Microtex und Mikrofaserstoffe sind teflonbeschichtet, was eine statische Aufladung durch Polyester- und Nylongewebe verhindert. Ein aufgeladener Faden klebt an der Nadel, so dass Stiche ausgelassen werden. Sticknadeln haben ein größeres Öhr und bieten metallischen Fäden und Seidengarnen Schutz vorm Zerfasern. Metafilnadeln sind speziell für metallische Fäden. Sie verhindern, dass das Garn bricht. Ledernadeln haben eine scharfe Dreikantspitze, die das Leder durchsticht, ohne es zu durchlöchern. Die Stichlänge sollte bei Leder größer sein als bei Baumwolle oder Wollstoffen. Für wasserfeste Stoffe wie Gore-Tex und schwere Nylongewebe empfiehlt sich der Einsatz von Leder- oder feinen Microtexnadeln (80/12). Bewahren Sie Ersatznadeln in einer Schachtel in Folie auf. Ein Einfädler und eine Pinzette sind bei der Arbeit mit sperrigen Maschinen hilfreich.

Die Faustregel lautet: Faden und Kleidung sollten aus dem gleichen Material sein. Wenn das nicht möglich ist, reichen Polyester bzw. Baumwolle. Gesponnener Polyesterfaden ist billig, gibt jedoch beim Nähen nach und verursacht gekräuselte Nähte. Er verträgt keine Hitze und kann beim Bügeln schmelzen, so dass die Naht aufgeht. Voluminöser Polyesterfaden eignet sich gut für Overlocknähte, da er Schnittkanten gut bedeckt.

Gegenüber Paspeltaschen, und Taschenklappen zählen zu den schwierigsten Teilen, da Größe und Position genau übereinstimmen müssen. Die Knopflöcher stellt man oft als letztes Detail eines Maßanzugs fertig. Steht Ihnen kein Knopflochautomat zur Verfügung, setzen Sie die Nadeln vorsichtig ein, um den Stoff nicht zu beschädigen.

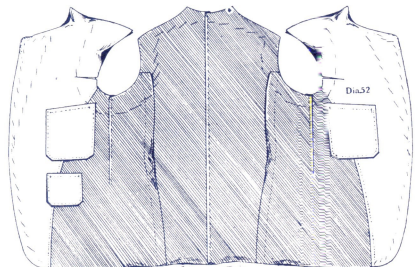

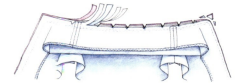

Oben Die vielen Futter und Zwischenfutter eines Jacketts werden vorsichtig am Rand abgeschnitten, um wulstige Nähte zu vermeiden.

Rechts Ein großer Teil der Arbeit an einem maßgeschneiderten Jackett ist auf der Innenseite versteckt. Ein Jackett erfordert Besätze, Einlagen, Innenfutter, Schulterpolster und Nahtbänder.

Schneidern

Schneidertechniken sind eine Erweiterung des Nähhandwerks. Sie kommen am häufigsten bei Herren- und Damenoberbekleidung zum Einsatz. Die Methode besteht im Kombinieren und Formen von Stoffen, um am Körper die gewünschte Form zu erzielen. In der Praxis ist es eine Mischung aus Wattieren, Nähen von Ziernähten und Bügelpressen. Trägergewebe und Futter sorgen für zusätzliche Festigkeit und Komfort. Das Mehr an Handarbeit und Detailgenauigkeit macht maßgeschneiderte Kleidung kostspieliger. Wollstoffe lassen sich besonders gut verarbeiten, da sie von Natur aus dehn- und formbar sind. Doch auch andere Gewebe wie Leinen und Brokate dienen dem Schneiderhandwerk als willige Grundstoffe.

Die meiste Schneiderarbeit steckt in Businessanzügen für Damen und Herren, Mänteln und Oberbekleidung. Ein Sakko kann aus 40 bis 50 Einzelteilen bestehen. Anzüge variieren je nach Verarbeitung erheblich im Preis. Ein **maßgeschneiderter** (und in Handarbeit gefertigter) Herrenanzug von Savile Row kann bis zu 6.000 € kosten. Die meisten Anzüge wechseln jedoch in Kaufhäusern und Ladenketten den Besitzer und kosten rund 700–1.200 € oder, wenn es sich um **Konfektionsware** handelt, rund 300–700 €. Die Maßanfertigung von Mittelklasseanzügen kann maschinell erfolgen (auch **Maßkonfektion** genannt). Dazu werden die Kunden per Hand oder mit einem 3D-Body Scanner vermessen und individuell an Basismaße angepasst (kundenindividuelle Massenproduktion). Ein einzelner Anzug wird in einem halbautomatischen Verfahren – das italienische Hersteller entwickelten – zugeschnitten, »gebaut« und auf Kundenmaße gepresst. Preisgünstigere Anzüge werden meistens in mehreren Standardgrößen gefertigt. CAD-/CAM-Systeme, automatisierte Nähverfahren und **schmelzbare** Zwischenfutter sollen Handarbeit so weit es geht überflüssig machen.

In den letzten zwei Jahrzehnten ist der Markt für Maßanzüge durch die rasant wachsende Beliebtheit von Herrensport- und Freizeitkleidung, teilweise sogar am Arbeitsplatz, unter Druck geraten. Um konkurrenzfähig zu bleiben, mussten die Preise für Maßkleidung gesenkt und die Fertigung von Anzügen spürbar beschleunigt werden. Bis zur Auslieferung eines Maßanzugs sind mehrere Anproben und Dutzende verschiedener Näharbeiten erforderlich, die bis zu vier Monate dauern können. Ein Maßschneider heftet die Teile eines Anzugs für die erste Anprobe lose zusammen. Sind alle Änderungen besprochen, wird er in einer Kombination aus Hand- und Maschinenarbeit zusammengenäht. Früher waren handgenähte Knopflöcher – der letzte Fertigungsschritt – das Markenzeichen eines Qualitätsanzugs. Heute ist in der Fertigung von Herrenbekleidung Akkordarbeit am Fließband üblich, und das Schneiderhandwerk verliert an Bedeutung. Das hohe Arbeitstempo der Näherinnen, besonders in Japan, ist typisch für die Fertigung in Fernost. In Hongkong oder Bangkok kann ein Geschäftsmann 24 Stunden, nachdem Maß genommen wurde, seinen fertigen Anzug – in der Regel mit zwei Paar Hosen – abholen. Modische Variationen, etwa der Reversbreite, der Bügelfalten und der Taillenhöhe, tragen ihren Teil dazu bei, dass Langlebigkeit oder gute Verarbeitung kaum noch gefragt sind.

In den vergangenen zehn Jahren haben weniger strenge Kleidervorschriften am Arbeitsplatz und der Einfluss von Modeschöpfern wie Armani, besonders durch Filme wie *American Gigolo* (1980), *Die Unbestechlichen* (1987) und *Gangs of New York* (2002) mit Kostümen von Sandy Powell, zu mehr Toleranz im Hinblick auf Stil und Machart des traditionellen Anzugs geführt. Flexible, waschbare Stoffe erobern den Markt, dehnbare synthetische Außenseiten erhöhen den Tragekomfort, und Polster haben ausgedient. Die Auswahl des Materials erfolgt nach praktischen Gesichtspunkten.

Oben Der »Schneidersitz« ist die traditionelle Sitzhaltung des Schneiders – obwohl es nicht so erscheint, ist sie sehr bequem; der Stoff kann über den Schoß gebreitet werden, und die Knie können eine Grundlage bieten, um den Stoff für die richtige Form zu entspannen oder zu dehnen.

Ganz links Ein Schneider macht eine Anprobe der ersten »gehefteten« Version eines Maßanzugs.

Links Ein fertiger Anzug auf dem Laufsteg

Kurzwaren

Posamenten und Verzierungen von Bekleidung werden Kurzwaren genannt. Auch Borten, Litzen, Fransen und elastische Bänder gehören zu den Posamentierwaren. Verzierungen und Besätze wandeln sich mit der Mode und haben großen Einfluss auf die Wirkung und den Sitz von Kleidung. Sie können über Erfolg oder Misserfolg eines Kleidungsstücks entscheiden. Daher ist ihr Einsatz in technischer, ästhetischer und ökonomischer Hinsicht sorgfältig zu planen.

Knöpfe sind die gängigsten Posamenten. Ihre Größe, Zahl und Qualität können die Wirkung eines Entwurfs maßgeblich beeinflussen. Ausgefallene Exemplare treiben den Verkaufspreis eines Stücks spürbar in die Höhe. Anfang des 20. Jahrhunderts begannen die Knopfpreise mit der Erfindung der Kunststoffe Celluloid und Galalith aus dem Milcheiweiß Casein zu sinken. Zwei- und Vierlochknöpfe in Normgrößen und Knopflöcher ließen sich bald maschinell an- und einnähen, was Kosten und Fertigungszeiten in der Textilindustrie verringerte. Knöpfe ersetzten die unpraktischen Bänder und Schnüre, mit denen Damen- und Kinderkleidung bis dahin geschlossen worden war, und konnten sogar mit dem beliebten neumodischen Reißverschluss konkurrieren. Ist ein Knopf zu schwer, zieht er am Stoff des Kleidungsstücks. Daher eignen sich für feine bis mittelschwere Gewebe leichte, flache Knöpfe am besten. Die Position der Knöpfe eng anliegender Kleidung sollte an einem echten Körper getestet werden. Hemd-, Blusen- und Kleiderknöpfe müssen fest sitzen und so platziert sein, dass der Stoff nicht sperrt. Für Unterwäsche sind kleine flache Knöpfe optimal, die nicht zu spüren sind. Für schwere, dicke Stoffe benötigt man größere Knöpfe mit Ösen, die stärkeren Zug aushalten.

Für eng anliegende Kleidung und Hosen ist der Reißverschluss die optimale Lösung. Er wurde 1890 von Whitcomb Judson, USA, erfunden und patentiert, doch sein Siegeszug begann erst 1923. Besonders beliebt wurde er in den 1960er Jahren, als es gelang, Reißverschlüsse aus Nylon passend zur Kleidung zu färben. Täglich werden Tausende Kilometer Reißverschlüsse produziert. Verschiedene Einsatzvarianten und Schiebertypen können

2-Loch-Knopf · Knopf mit Rand · Knebelknopf
4-Loch-Knopf · Ösenknopf · Kugelknopf
Fischaugenknopf · Knopf mit Öse und Ring · Vierteiliger Nietenknopf

Für Knöpfe werden seltsame Größenangaben benutzt, die von dem französischen Wort *ligne* stammen – dem Innendurchmesser eines »flach gedrückten Dochts«. Dieser wurde Anfang des 18. Jahrhunderts zum Standardmaß deutscher Knopfhersteller und ist mittlerweile international gebräuchlich. Ein Ligne (L) entspricht einem Zentimeter, dividiert durch 2,2558. Knöpfe sind in Größen von vier Millimetern bis Tellerformat erhältlich.

Häufige Knopfgrößen

Ligne	mm	Zoll
18	12	3/8
20	13	1/2
22	14	9/16
24	15	5/8
28	17	11/16
30	19	3/4
32	20	5/6
34	21	6/7
36	23	7/8
40	25	1
60	38	1 1/2

Rechts Knöpfe und Kamm in Übergröße sehen witzig aus; durch sie wirkt das Model wie eine überdimensionale Puppe.

Ganz rechts Fransen im Überfluss, sogar auf den Schuhen, schaffen ein Outfit, das bei jedem Schritt sinnlich vibriert.

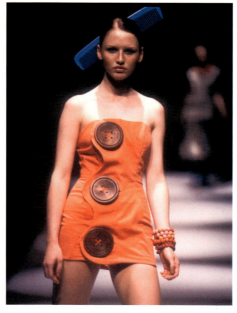

ihren Nutzen noch steigern. Im Allgemeinen sitzt der Reißverschluss in einer Naht oder verborgen in einem Schlitz. Bei mancher Mode soll er aber auch sichtbar sein. Jeans sehen nur mit Knöpfen und Nieten aus Metall wie Arbeitskleidung aus.

Velcro™, der Name des 1951 patentierten Verschlusssystems des Erfinders George de Mestral (Schweiz), ist abgeleitet aus dem französischen *velours* (Samt) und *crochet* (Haken). Dieses praktische Material wurde zunächst für Skibekleidung verwendet. Heute sind Klettverschlüsse in vielen verschiedenen Breiten und Formen erhältlich und verleihen besonders Kinder-, Sport- und Schuhmode ein zeitgemäßes und praktisches Aussehen.

Besatzartikel wie unterschiedliche Bänder und Borten werden auch »Schmalgewebe« genannt und können praktischen und dekorativen Zwecken gleichzeitig dienen. Viele werden mit Spezialmaschinen für besondere Anwendungen gefertigt. Die meisten Besätze und Verzierungen müssen den hohen Temperaturen und dem Abrieb durch wiederholtes Waschen, Reinigen und Bügeln widerstehen. Empfindlicher Besatz wie Pailletten, Strass, Perlen, Federn und Fransen, z.B. an Abendgarderobe, muss vor der Reinigung eventuell abgetrennt werden. Manche Verzierungen sind mit hohen Steuern belegt und verteuern Import und Verkauf der Luxuskleidung noch zusätzlich.

Anprobe und Präsentation

Der Erfolg von Kleidung steht und fällt mit den letzten Korrekturen vor der Show, mit denen der Entwurf am Körper des Models präpariert wird. Viele Nähte, Blenden und Abnäher müssen bei Fertigstellung eines Kleidungsstücks in Form gedämpft werden. Diesen Vorgang nennt man »Dressieren«. Einige Hochschulen verfügen über industrielle Dampfbügelautomaten. Auf Bügelkissen und Ärmelbrettern werden mit Dampf Volumen und Geschmeidigkeit von Woll- und Anzugstoffen optimiert. Anzüge können vorsichtig auf der Schneiderpuppe gedämpft werden. Paspelknopflöcher, Paspeltaschen, Säume und Nähte werden gepresst, damit die Kanten gerade und steif sind. Kragenspitzen, Manschetten, schräg zusammenlaufende Ecken, Gesäßtaschen und Bünde werden zum Bügeln mit einem spitzen Gegenstand nach außen gewendet. An Knöpfen und Besätzen muss besonders sorgfältig gebügelt werden. Dampf kann Maschenware Fülle verleihen. Freizeit- und Sportmode sollte natürlich aussehen. Hemden und Strickwaren eignen sich nicht für Plisseefalten. Vorsicht bei Bügelfalten in Hosen: Überlegen Sie genau, wo sie verlaufen sollen. Einmal gebügelt sind sie kaum noch zu ändern.

Das Wissen um Materialzusammensetzung und Pflege erleichtert die erfolgreiche Oberflächenbehandlung eines Kleidungsstücks (s. Anhang, Materialarten und internationale Pflegekennzeichen). Leicht knitternde Stoffe wie Baumwolle und Leinen müssen gepresst werden, um wirklich fertiggestellt auszusehen. Nylon und manche synthetischen Mischgewebe haben einen niedrigen Schmelzpunkt, und Appreturen können bewirken, dass ein Material leicht ansengt. Leder und Wildleder lassen sich schonend bügeln. Bisweilen muss ein Material mit Stärke, Silikon oder Imprägnierung vorbehandelt werden, damit es sich glätten lässt. Empfindliches Gewebe wird von links gebügelt, damit es nicht glänzt, und die Bügeltemperatur sollte erst auf einem Stoffrest getestet werden. Ist die Temperatur des Eisens zu niedrig für die Dampferzeugung, tropft Wasser auf die Kleidung. Für spezielle Materialien und komplexe Entwürfe müssen Sie auch schon mal Ihre eigene Bügeltechnik entwickeln, doch meistens reicht es aus, die Kleidung mit einem feuchten Baumwolltuch zu schützen. Zusammengelegte warme Bügelwäsche bildet Falten, hängen Sie sie zum Abkühlen auf.

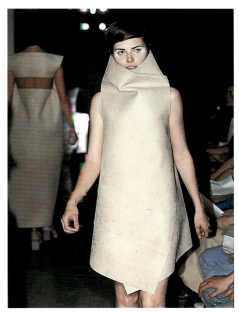

Einfache gemusterte Stoffe, die zusammengefügt und um den Körper gewickelt werden, sind die Grundlage dieser Kollektion, die an Holzpuppen entwickelt wurde.

Einige Schnitte sollten am Körper ausprobiert und auf Passform und Dehnung überprüft werden

Nach dem Bügeln sollten Sie das Aussehen Ihres Entwurfs am Körper testen: Bitten Sie das Model zu gehen, zu sitzen, sich zu strecken und Komfort und Sitz zu beschreiben. Manche mögen großzügige Schnitte, andere eher enge Kleidung. Zweckmäßige Tageskleidung bietet meistens Bewegungsfreiheit. Abendkleider mit Trägern sind genauer zu prüfen als Modelle mit Dekolletee und zum Überziehen. Drapierte Stücke muss man in Bewegung sehen – oft sind noch Änderungen oder ein paar Stiche nötig, die dem Ganzen besseren Halt geben. Auf jeden Fall muss avantgardistische oder sehr eigenwillige Mode anprobiert werden, um Überraschungen zu vermeiden. Aber auch Klassiker sollten am Körper beurteilt werden, da klar definiert ist, wie sie fallen und sitzen müssen.

Sind Sie mit allen Änderungen fertig und zufrieden, hängen Sie die Kleidung in einer Kleiderhülle auf einen passenden Bügel. Ihr Namensschild und ein Labelanhänger geben Ihrem Outfit eine professionelle Note und verhindern, dass es verschwindet oder vertauscht wird.

Ganz oben Wenn Sie die Grundlagen der Schnittentwicklung und des Nähens beherrschen, können Sie sich an ungewöhnliche Schnitte und Materialien wagen. Hier werden Spiegelscherben auf einem Rahmen befestigt, der einem Reifrock ähnelt.

Oben Das fertige Kleid, von schimmernden Diamanten inspiriert, wurde zur Feier des ausgehenden Jahrtausends getragen.

Weiterführende Literatur und zusätzliche Quellen
Schnitt und Fertigung
Carr, Harold and Latham, Barbara, *The Technology of Clothing Manufacture*, Oxford, Blackwell, 2001
Cooklin, Gerry, *Bias Cutting for Women's Outerwear*, Oxford, Blackwell, 1994
Crawford, Connie Amada, *Guide to Fashion Sewing*, New York, Fairchild, 2000
Doyle, Robert, *Waisted Efforts. An Illustrated Guide to Corsetry Making*, Stratford, Sartorial Press, 1997
Kim, Injoo & Mykyung Uti, *Apparel Making in Fashion Design*, New York, Fairchild, 2002
Kraft, Kerstin, »kleider. schnitte«, In: Mentges, Gabriele & Heide Nixdorff, *Textil – Körper – Mode, Band 1: zeit.schnitte. Kulturelle Konstruktionen von Kleidung und Mode*, Dortmunder Reihe zu kulturanthropologischen Studien des Textilen, Dortmund, edition ebersbach, 2001
Mooney, Sian-Kate, *Making Latex Clothes*, London, Batsford, 2004
Morris, Karen, *Sewing Lingerie That Fits*, Newton, Taunton Press, 2001
Shaeffer, Claire, *Sewing for the Apparel Industry*, Upper Saddle River, Prentice Hall, 2001
Shep, R.L. & Gail Gariou, *Shirts and Men's Haberdashery (1840s–1920s)*, Fort Bragg, R L Shep, 1998
Shoben, Martin M. & Ward, Janet P., *Pattern Cutting and Making Up – The Professional Approach*, Burlington, Elsevier, 1991
Spencer, David J., *Knitting Technology*, Cambridge, Woodhead, 2001
Tellier-Loumagne, Francoise, *Mailles – les mouvements du fil*, Paris, Minerva, 2003

Schnitte und Nähhinweise
http://sewingpatterns.com   Kleiderschnitte
http://www.freepatterns.com   Kostenlose Schnitte
http://home.earthlink.net/~brinac/Patterns.htm   New York City Costuming Resources – Schnitte
http://www.mccall.co   Vogue, Butterick, McCall Schnitte
http://www.costumes.org/HISTORY/100pages/18thpatterns.htm   The Costumer's Manifesto

Historische Schnitte
http://www.yesterknits.com   Yesterknits

Altmodische Strickmuster
www.shapelyshadow.com/html/scan.htm   Shapely Shadow
Produktion von Schneiderpuppen mit Hilfe von Body Scannern

Das Projekt **VI**

Was ist ein Projekt?

Die beliebteste und erfolgreichste Unterrichtsmethode ist das Projekt. Dies ist eine längerfristige Arbeitsaufgabe, meist über zwei bis sechs Wochen, die Recherche und praktische Tätigkeiten beinhaltet. Titel, Aufgaben, Absichten und Zielsetzungen des Projekts werden im Projektauftrag festgehalten. Teilweise muss das erste Projekt während der Ferien vor Unterrichtsbeginn ausgeführt werden. Dieser erste Auftrag ist eine Einführung in den Entwurfsprozess und später, im Rahmen der kritischen Bewertung oder **Projektkritik**, in die Präsentation der Arbeit vor Dozenten und Kommilitonen. Der Umfang eines Projekts ist abhängig vom Spezialgebiet und dem Ausbildungsabschnitt, in dem Sie sich befinden. In einer Einsatzbesprechung stellen die Dozenten das Projekt und die Erwartungen an Sie vor. Der Projektauftrag legt Aufgabe, Lehrpersonal und Prüfer fest, stellt die Bewertungskriterien dar, führt die vorzulegenden Arbeiten auf und bestimmt Termin und Art der **Beurteilung**.

Sinn eines Projektauftrags ist es, die eigene Kreativität im Rahmen bestimmter Vorgaben zu entwickeln. Oft werden dabei die Anforderungen simuliert, die einen Modedesigner innerhalb verschiedener Marktsektoren erwarten. Im Projekt können Sie die Fähigkeiten praktisch anwenden, die nach Studienabschluss am Arbeitsplatz von Ihnen erwartet werden. Es gibt jedoch erhebliche Unterschiede bei den Projektansätzen.

Projektarten

Individuelles Projekt

Der individuelle Projektauftrag kann durch festes Lehrpersonal oder von Gastdozenten erteilt werden. Es kann zum Problem werden, allen Studierenden eines Jahrgangs einen Auftrag zu erteilen oder eine Aufgabe zu stellen, die auf die jeweiligen Kandidaten und die Verbesserung ihrer Fähigkeiten zugeschnitten ist. Bei der Lösung der Aufgaben muss ein persönlicher Ansatz entwickelt werden. Die Lösung wird bewertet und sämtliche vergebenen Noten dienen als Maßstab für den Fortschritt des Prüflings.

Gesponsertes Projekt

Das gesponserte Projekt wird von einem Unternehmen ausgeschrieben – meist (aber nicht immer) einer Textil- oder Modefirma. Manchmal bespricht das Unternehmen die Anforderungen mit dem Lehrpersonal. Die Ergebnisse werden von einem Team aus Dozenten und Mitarbeitern des Unternehmens ausgewertet, das entsprechende Noten oder Auszeichnungen vergibt. Teils differieren die von der Ausbildungsstätte verteilten Noten und die Bewertung durch den Sponsor, da verschiedene Erwartungen bezüglich der Projektergebnisse bestehen – akademische versus kommerzielle Gesichtspunkte.

Wettbewerbsprojekt

Modewettbewerbe in Form eines Wettbewerbsprojekts werden von Unternehmen oder externen Organisationen meist landesweit an Hochschulen und Akademien ausgeschrieben. Sie sind ein beliebtes Werbemittel. Die Preise bestehen aus Dotierungen, Reisestipendien oder/und Praktikumsplätzen. Ein Team des Unternehmens wertet die Ergebnisse aus. Wer nicht gewinnt, erfährt die Beurteilung kaum. Die eingereichten Arbeiten erhält man nicht immer zurück; daher sollte man Fotokopien für die **Mappe** anfertigen.

Teamprojekt

Bei einem Teamprojekt arbeiten Studierende in einer Gruppe zusammen. Die umfangreichen Projekte erfordern oft die Berücksichtigung von Aspekten wie Marketing, Kennzeichnung und Preisfestsetzung. Die Rollen der Teilnehmer werden von der Gruppe selbst definiert. Man erwartet **Brainstormings** sowie Teamwork in einer simulierten

Ganz oben Für diese Kombination aus klassischer Schneiderkunst und extravagant-femininem Rock wurde Miguel Freitas 2004 von L'Oréal für den besten Total Look ausgezeichnet.

Oben »Smirnoff hat wirklich Spaß gemacht. Ich wollte mich nur amüsieren. Ich dachte wirklich, ich hätte keine Chance, zu gewinnen. Ich habe in meinem Leben noch nie etwas gewonnen, also war der Preis eine ganz große Ehre, besonders bei so berühmten Juroren.« Nick Darrieulat, Sieger

Arbeitssituation. Der Druck ist groß, teilweise werden die Studierenden aufgefordert, den eigenen Beitrag zum Team und den der anderen zu beurteilen. Manchmal werden Teamprojekte von anderen Fachbereichen der Ausbildungsstätten oder, häufiger, von Unternehmen und Sponsoren ausgeschrieben, die mit diesen zusammenarbeiten.

Anforderungen des Projekts

Das Projekt soll Sie inspirieren. Es wird aber auch erwartet, dass Sie verschiedene Parameter berücksichtigen: Manche von diesen beziehen sich auf die Umstände des realen Modemarkts, andere hingegen sind ausbildungstechnischer Natur. Vermutlich werden Ihnen nicht alle Projekte Spaß machen. Meist erläutert der Projektauftrag die allgemeinen Projektziele und die Ergebnisse, die Sie am Ende vorlegen sollen und anhand derer Sie eigene Fortschritt messen können.

Absichten und Zielvorstellungen

Die Zielsetzungen und -vorstellungen werden bei jedem Projekt anders gesetzt. Allgemein werden die Kriterien für das Lernziel, das demonstriert werden soll, wie folgt definiert:

   Die Fähigkeit, Entwürfe zu analysieren und umzusetzen sowie Entwurfsprobleme zu erkennen und zu formulieren
   Kreatives und intellektuelles Hinterfragen sowie risikofreudige Entwurfslösungen
   Geschicklichkeit, Fantasie und Originalität beim Einsatz von Techniken, Materialien, visueller Symbolik und Farbe
   Die Fähigkeit zur Synthese eigener Ideen innerhalb des gewählten Ausbildungswegs
   Gute Auffassungsgabe für industrielle/professionelle Rollen und Methodik
   Die Fähigkeit, als Individuum oder im Team zu arbeiten
   Gute Arbeitspraktiken und Ausdrucksfähigkeiten in visueller, mündlicher oder/und schriftlicher Form
   Effektive Zeiteinteilung, selbstständiges Arbeiten und Selbstbeurteilung
   Die volle Nutzung des eigenen kreativen und intellektuellen Potenzials sowie die Umsetzung eigener Interessen und Entwurfsvorstellungen innerhalb der Parameter des Projektauftrags und des Lehrplans

Im Rahmen des Projektauftrags werden Sie aufgefordert, eine spezifische Aufgabe oder eine Auswahl an Aufgaben zu lösen. Teilweise wird diese Aufgabenstellung klar formuliert. Manchmal kann der Auftrag auch ziemlich schwer verständlich sein; ein wesentlicher Teil der Übung besteht dann in der Auflösung des Rätsels. Im Projektauftrag werden die Bedingungen oder Parameter formuliert, die Sie beachten müssen. Einige mögliche Beispiele werden im Weiteren beschrieben.

Anlass und Saison

Sie müssen wissen, für welchen Anlass Sie Entwürfe anfertigen sollen. Dieser Anlass kann durch eine Situation, eine Tageszeit oder die Saison definiert werden. Oft wird im Projektauftrag die jeweilige Saison oder Veranstaltung genannt. Von den Studierenden wird erwartet, dass sie vorausschauend denken. Modedesigner müssen Trends eher kreieren und bestätigen, als ihnen zu folgen.

> »Wenn ich etwas über Yves Saint Laurent las, dachte ich: ›Was ist es, das ihn so neurotisch macht?‹ Aber jetzt verstehe ich ihn. Alle sechs Monate muss man durch einen Feuerreifen springen.« Designer Paul Frith

Ganz oben Sieger-Outfit eines von Adidas gesponserten Wettbewerbs für Sportbekleidung

Oben »Bei diesem Projekt war gut, dass man ein bisschen von allem tun musste. Keines der Outfits stammt von nur einer Person, wir sind alle beteiligt, und wir haben uns wirklich gut kennen gelernt. Wir sind praktisch eine Familie geworden.« Josh Castro, Studierender im zweiten Jahr

Straßenmärkte können eine gute Quelle für schöne und preiswerte folkloristische Stoffe sein. Oft muss man jedoch einen ganzen Sari oder ein Batikstück kaufen und bekommt keine Meterware.

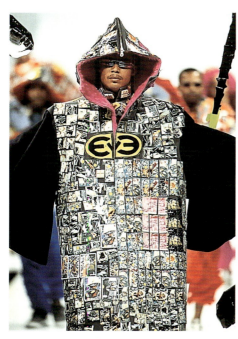

Ein Streetwise-Outfit, das durch Sammelaufkleber und -abzeichen an Wert gewinnt

Muse oder Kunde

Manche Projektaufträge fordern einen Entwurf für einen bestimmten Verbrauchertyp – bestimmte Größen, Altersgruppen oder Geschlechter – oder für eine bestimmte Person, die einem physischen Ideal entspricht oder eine Inspirationsquelle darstellt. Hierbei kann es sich um einen Freund oder eine Freundin, ein Model, einen Filmstar etc. handeln. Voraussichtlich muss ein Kundenprofil erstellt werden, das Elemente wie Arbeit, privates Umfeld, Lebensstil und Kaufkraft berücksichtigt. Die Idee ist, eine Person auszuwählen, die nach Ihrer eigenen Vorstellung ein Design optimal zur Geltung bringt.

Zielmarkt

Wichtiger Teil der Designausbildung sind Kenntnisse zu den verschiedenen Marktsektoren. Oft müssen sie Marktanalysen erstellen und Entwürfe in diesen Kontext stellen. Die Beweggründe, für einen bestimmten Zielmarkt zu entwerfen, variieren stark. Für manche Designer ist das Entwerfen für den mittleren Marktbereich Freude und kreative Herausforderung. Andere beschäftigen sich mit den subtilen Veränderungen **klassischer** Bekleidung und erlangen über viele Saisons hin ihre eigene **Handschrift** und treue Kundschaft. Wenige legen den Schwerpunkt auf Nischenmärkte wie Sportbekleidung, Damenunterwäsche oder Abendkleidung. Projekte werden in Zusammenarbeit mit Geschäften oder Designern vergeben, die aus erster Hand Feedback zur Eignung Ihrer Entwürfe für ihren Markt geben können.

Material- und Stoffauswahl

Die Materialauswahl ist oft die Grundlage eines Projekts. Sie ist das zu lösende »Problem«. Manchmal wird Ihnen eine Themenauswahl vorgegeben, die Sie untersuchen sollen, eine Liste von aktuellen Ausstellungen, die Sie besuchen sollen, oder ein bestimmter Stoff, der Sie inspirieren soll. Gewisse auferlegte Einschränkungen sollen Ihre Überlegungen fokussieren und Ihren kreativen Einfallsreichtum fördern. Die häufigste Form der Einschränkung ist die Begrenzung auf eine Kleidungsgattung oder die Auswahl des zu verwendenden Materials oder Stoffs. Sie können z.B. mit einem »Hemdprojekt« oder dem »Kleinen Schwarzen« betraut werden. Ersteres erfordert den Erwerb technischer Fähigkeiten beim Nähen normaler Hemdmerkmale, wie Taschen und Kragen, in einer unbegrenzten Auswahl von Stilen und Stoffen. Letzteres bedeutet den Entwurf eines Outfits in nur einer Farbe, das für einen bestimmten Anlass gedacht ist.

Alternativ dazu kann die Auswahl aber auch offen sein. Die meisten Ausbildungsstätten haben ein Materialarchiv, mit Hilfe dessen Sie sich mit Stoffeigenschaften vertraut machen können. Es wird von Ihnen erwartet, mit neuen Materialien und Techniken zu experimentieren und zu arbeiten. Auch werden Sie ermutigt, durch Stricken, Drucken oder die Oberflächenbehandlung von Materialien Ihre eigenen Stoffe herzustellen.

Preisfestsetzung

Die Preise für Modeartikel in den Geschäften werden meist vom Stoff- und Herstellungspreis sowie durch die vom Einzelhändler aufgeschlagene Gewinnspanne bestimmt. Bei der Preisfestsetzung für ein Kleidungsstück können wenige Zentimeter in der Stoffbreite einen enormen Unterschied im Gesamtpreis machen, so dass **Schnittmuster** gegebenenfalls umgeändert werden müssen. Posamenten können die Kosten für ein Kleidungsstück drastisch steigern, so dass sie zum Zeitpunkt des Verkaufs im **Einzelhandel** um das Vierfache höher liegen und der Preis nicht mehr marktfähig ist. Obwohl diese finanziellen Gesichtspunkte im Unterricht kein wesentlicher Teil des Entwurfsprozesses sind, werden sie meist berücksichtigt. Sie sollten in der Lage sein, die Herstellung eines Artikels zu kalkulieren und so die Vereinbarkeit mit den Marketingvoraussetzungen des Projektauftrags abwägen. Eventuell müssen Sie **Kostenaufstellungen** sowie **technische Zeichnungen** anfertigen, um diese Fragen zu klären.

Im Designersektor liegt der **Gewinnaufschlag** etwa im Bereich von 80–120%. (Der Einzelhändler schlägt etwa weitere 120–160% auf.) Berechnen Sie den voraussichtlichen Einzelhandelspreis, um dessen Angemessenheit einschätzen zu können. Die Preisfestsetzung für eine **Kollektion** zielt stets auf das Gleichgewicht zwischen dem Wert der Kleidung und der Summe, die der Kunde bereit ist zu zahlen.

Not ist die Mutter der Innovation. Projektaufträge setzen selten voraus, dass die Studierenden viel Geld ausgeben. Inspirationen in preiswerten Stoffen werden höher bewertet als fantasieloses Design in teuren Stoffen. Wiederverwertung, in Secondhandläden und auf Märkten erstandene Waren sowie neue Ideen in der Verwendung werden von den Studierenden wirkungsvoll eingesetzt. Wer jedoch plant, im Bereich von **Haute Couture** bzw. anspruchsvoller Mode tätig zu werden, sollte sich an den couragierten Umgang mit luxuriösen Stoffen gewöhnen. Manchmal werden Studierende von Stoffherstellern gesponsert, die ihre Waren in der Öffentlichkeit präsentieren möchten.

Praktische Aufgaben

Komplexität und Umfang eines Projekts variieren je nach Lerninhalten Ihres Studiengangs und der Zahl der bereits absolvierten Semester. Im Projektauftrag ist festgelegt, welche Leistungen von Ihnen erwartet werden: Art und Anzahl der Stücke, anzuwendende Techniken und Art der Illustration oder Präsentation der Ergebnisse. Bisweilen wird auch ein Bewertungsschlüssel genannt, anhand dessen Sie erkennen können, wo der Projektschwerpunkt liegt und welche besonderen Anforderungen gestellt werden. Manchmal sind bis zum Projektende noch Schnitt- und Nähtechniken oder auch gestalterische Fertigkeiten zu erlernen. Professionelle Designer begnügen sich selten damit, Ideen nur zu zeichnen. Die Beherrschung praktischer Fähigkeiten wirkt sich sehr auf Ihr Entwurfstalent aus. Klären Sie, auf welche Unterstützung Sie durch technisches Personal zählen können. Aus praktischer Sicht ist auch ein reibungsloser visueller und verbaler Austausch wichtig, der den Änderungs- und Korrekturaufwand gering hält.

Zeitmanagement

Im Projektplan steht, wann Ihnen Lehrer und technisches Personal zur Verfügung stehen, und wann und wo Sie Werkstattflächen nutzen können. Behalten Sie den Projektplan gut im Auge, damit Sie nichts und niemanden verpassen – auch Planänderungen und ergänzende praktische Hinweise nicht. Je nach Aufgabe werden Sie für sich oder als Mitglied einer Gruppe betrachtet. Nehmen Sie sich zu einem Termin mit einem Dozenten Arbeit mit, um Wartezeiten zu überbrücken. An einigen Hochschulen werden Projektpläne und -hinweise in einem Intranet veröffentlicht bzw. Nachrichten per E-Mail ausgetauscht. Manche bieten auch E-Learning-Kurse an. Erkrankungen und Absenz sind anzeige- und nachweispflichtig – unentschuldigtes Fehlen kann Sie Punkte und Glaubwürdigkeit kosten. In Phasen des Studiums, in denen Sie selbstständig arbeiten, sollen Sie lernen, sich bei Recherche- und Entwurfstätigkeiten, wie es später in der Praxis üblich ist, selbst zu organisieren.

Führen Sie einen Terminkalender, und versuchen Sie, diese Planung einzuhalten. Denken Sie dabei auch an so profane Dinge wie Hausarbeit. Machen Sie sich bewusst, wie Sie selbst funktionieren, wann, wo und wie Sie am kreativsten sind, am besten praktisch arbeiten und am wenigsten gestört werden. Vergessen Sie nicht, dass andere Studenten auch Unterstützung und Nähzeit beanspruchen und allzu ehrgeizige oder unfertige Arbeiten zu Punktverlust führen. Ein Projekt ist immer auch eine Übung in termingerechtem Arbeiten!

Ganz oben Diese handbestickten Tuniken wurden von alten Kreuzstich-Handarbeiten inspiriert.

Oben Das Recyceln von Secondhandkleidung und ihre individuelle Umgestaltung sind bei Studierenden beliebte Methoden, um mit einem kleinen Budget auszukommen. Hier wurde ein Malerkittel aus Papier zum »Trash Look« umgestaltet.

Inspiration

Mode ist Ausdruck des **Zeitgeists**, Spiegel gesellschaftlicher Veränderungen. Auf der Suche nach Inspiration müssen Designer Augen und Ohren offen halten: in Shows, Geschäften, Clubs, Cafés, Galerien und Filmen, bei der Lektüre von Zeitschriften, Zeitungen und Romanen, auf Partys und in der Musik ... Sie müssen aber v.a. Menschen beobachten und die feinen, wachsenden ästhetischen Veränderungen in der Gesellschaft wahrnehmen. Der Schlüssel zur Kreation neuer Ideen ist, verschiedene Einflüsse in einem Skizzenbuch festzuhalten, zu vermischen und diese Inspiration dann mit den wachsenden Kenntnissen zu Stoffen, Modedetails und Zielmärkten zu verschmelzen. Diese konstante Feinabstimmung von Signalen verbessert Ihre Ausgangsposition für die Projektaufgabe, zu der Sie Ihre individuelle und zeitnahe Sichtweise beitragen können.

> »Ein guter Designer ist ein Spiegel der Gegenwart ... ich gehe nie auf Partys, aber ich beobachte Menschen und lese – z.B. darüber, wie das Leben der Menschen durch die Technologie beherrscht wird –, und ich reagiere darauf.« Designer Joe Casley-Hayford

Ausbildungstätten ermutigen Studierende, als Primärquelle für Entwürfe lebende Objekte und Motive aus der Natur zu zeichnen und zu malen. Genaue Beobachtung schärft den Blick für das, was wir in unserer Umgebung als inspirierend, störend oder schön empfinden. Beliebte visuelle Motive sind Blumen, Tiere, Landschaften oder urbane Themen wie Architektur. Im Atelier kann auch ein Stillleben oder ein Modell mit Hintergrund als Übungsobjekt für abstrahierende Farb- und Zeichenstudien dienen.

Projektrecherche
Als Ausgangspunkt für die Projektrecherche dienen häufig:
Museen, Galerien, Kostümsammlungen und Büchereien; historische und folkloristische Kostüme können sich als besonders ergiebige Bereiche erweisen. Interesse für Kunsthandwerk, folkloristische Kunst und Hobbys – z.B. Spielzeug, Stickerei, Flora und Fauna. Gesellschaftliche Einflüsse – z.B. Kultbewegungen, Musik, Film, Literatur und Poesie, Theater und Tanz. Lifestyle-Themen – z.B. Architektur, Innenarchitektur, gesellschaftliche Anlässe. Prêt-à-porter- und Haute-Couture-Modenschauen, Zeitschriftenberichte und -prognosen, Stilbücher.

John Gallianos Abschlusskollektion (1984) war von einer Kostümrecherche der »Macaronis« und »Incroyables« in den Jahren vor und nach der Französischen Revolution inspiriert und regte den »New Romantic Look« an, der im Jahr 1984 in London aufkam.

Drei Entwürfe – inspiriert von dem blauen Morpho-Schmetterling, von japanischen Fächern und vom Retro-Punk.

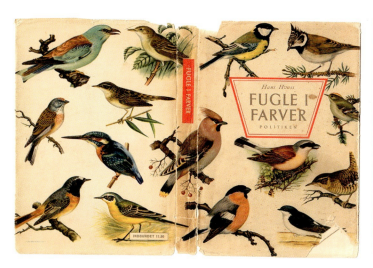

Oben Projektrecherche kann das Studium von Hintergrundliteratur und die Auseinandersetzung mit der Geschichte und den Eigenschaften von Stoffen und Besätzen erforderlich machen.

Gegenüber links Das Konzept für dieses Outfit begann mit der Lektüre des Romans *Das Parfum* von Patrick Süskind. Das Model trägt eine Jacke in Form eines Kabinettschranks mit Parfumflakons in den Regalen. Der Ventilator auf ihrem Kopf verteilt den Duft ins Publikum.

Kreativität und persönlicher Stil

Studierende des Modedesigns lernen, wie die Kenntnis **klassischer** Kleidung und ihrer Details als Basis für die Kreation neuer Mode dient. Fundiertes Wissen allein genügt jedoch nicht. Modedesigner müssen über das Existierende hinausblicken und neue Ideen- und Materialkombinationen finden, die den Wünschen der Menschen gerecht werden. Innovation entsteht mit der Vision und dem Mut, die Regeln spielerisch zu verändern.

Zu Beginn Ihrer Designerlaufbahn ist Ihr Geschmack, ebenso wie Ihre Persönlichkeit, durch Ihre Herkunft, Ihre soziale Stellung und Ihre Erfahrung geprägt. Dies ist der Kern Ihrer einzigartigen Ausdrucksform. Beim Projektauftrag möchten die Dozenten Ihren eigenen, ehrlichen Stil erkennen, nicht den Ihrer Lieblingsdesigner. Dieser Stil entsteht über die Jahre hinweg durch leidenschaftliches Eintauchen in die Arbeit und starkes Interesse am kreativen Schaffen von Kommilitonen und professionellen Designern.

Obwohl Originalität hoch geschätzt wird, muss eine gesunde Balance bestehen. Mode, die ihrer Zeit zu weit voraus ist oder bis zur Schwelle der Missachtung schockiert, kommt nicht an. Sie werden Ihre Ideen in einem kreativen Umfeld diskutieren, vorstellen und realisieren sowie von anderen unterstützt und inspiriert werden.

> »Jeder macht sein eigenes Ding. Einige machen romantische Sachen, andere sind eher konzeptionell, andere wieder kommerziell. Man kann uns nicht vergleichen, weil wir machen, was wir wollen. Wer zu viel Konkurrenzdenken hat, wird sich selbst verrückt machen, weil es hier so viele gute Studenten gibt.«
>
> Studierender im zweiten Jahr

Links Inspiriert wurde dieser eklektische Look durch die fröhliche Mischung von Pullovern aus Billigläden mit landestypischer Kleidung, wie sie der Studierende während eines **Praktikums** in Afrika gesehen hatte.

Kreativität erschließen

Es gibt viele Techniken, um kreatives Potenzial zu erschließen; einige sind erlernbar, andere findet man selbst. Psychologen haben zwei Arten des Denkens identifiziert, die für die Problemlösung nützlich sind: konvergentes und divergentes Denken. Bei konvergentem Denken konzentriert sich das Bewusstsein auf bereits bekannte Aspekte der Aufgabe und reduziert das Problem auf eine Ebene, auf der es durch Geschick, logische Kombination und Organisation lösbar ist. Manchmal setzt kreative Problemlösung bestimmte Werkzeuge, Tricks, Verfahrensweisen oder Analysemethoden voraus.

Divergentes Denken erfordert einen weiter gefassten Schwerpunkt, das Eintauchen ins Unbewusste und die Nutzung visueller Bildersymbolik für die Vermittlung von Ideen. Dies meint nicht dasselbe wie Tagträumen, sondern eher die Fähigkeit, für Eindrücke offen und empfänglich zu sein. Haben Sie den Mut, ins Unbekannte vorzudringen, auch wenn Sie nicht wissen, wohin Sie dies führt oder ob dieser neue Weg eine Lösung verspricht. Probieren Sie Ideen aus, die zunächst vielleicht weniger Erfolg versprechen als definierte Ansätze. Viele Modedesigner verwenden Zeit darauf, Stoffe auf ähnlich meditative Art auszuprobieren und kennen zu lernen. Die Antwort, wie und wo man den Stoff am besten einsetzt, kann dann plötzlich deutlich werden.

Es kann die Kreativität fördern, sich in andere Personen oder Situationen hineinzuversetzen. So kann ein Projekt darin bestehen, im Stil eines bekannten Designers bzw. einer bestimmten Epoche oder Schnittmethode zu entwerfen. Dieser Bezugsrahmen ermöglicht es, erwiesenermaßen erfolgreiche Techniken und Schnitt- und Detailkombinationen zu testen. Sie erhalten Einblick in das Talent und den Geschmack anderer sowie das Selbstvertrauen, Ihre Kreativität noch weiter auszuschöpfen. Versuchen Sie dabei, ein Gleichgewicht zwischen diesem Ansatz und Ihrer eigenen Arbeit herzustellen.

Vermeiden Sie eine emotionale oder egoistische Fixierung auf Ihren eigenen Stil; der Lernprozess erfordert Flexibilität. Bestimmte Entwurfsthemen und -eigenschaften oder intellektuelle Ideen, die Sie besonders faszinieren, werden zur Basis Ihrer kreativen Stärke, zu Ihrer **Handschrift**. Letztere sollte sich auch – dem von Ihnen entworfenen Kleidungstyp angemessen – in Ihren Illustrations- und Präsentationstechniken zeigen.

»Guter Geschmack« in der Mode ist ein weit gefasstes Konzept: zeit- und kontextsensitiv, teils instinktiv, teils anhand von Grundregeln erlernt, oft eher intuitiv wahrnehmbar als logisch zu analysieren. Eine absichtliche Missachtung kann schockieren oder amüsieren. So setzte sich z.B. Alexander McQueen immer wieder über geschmackliche Vorstellungen hinweg und galt doch als modisch. Bedenken Sie also: Grenzen verschieben sich extrem schnell.

Rechts Blumenmuster sind fast immer in Mode, manchmal klein und diskret, manchmal groß und dramatisch. Hier sind sie Teil einer Themenkarte (Storyboard) für den Entwurf behaglicher Strickwaren.

Gegenüber Bei diesem Trägerkleid wirkt das Rosenmotiv frisch und sommerlich.

VI: Das Projekt

»Als McQueen im College war, wurde Galliano verworfen. Als ich im College war, wurde McQueen verworfen. Und als ich das College im letzten Jahr besuchte, haben sie mich verworfen.«
Designer Andrew Groves

Positives Denken

Kritik und Beurteilungen sind wichtig, um Fortschritte zu machen und die eigenen Leistungen zu verbessern. Verwechseln Sie Kritik an Ihrer Arbeit nicht mit einem Angriff auf Ihre Person. Halten Sie Ihr Ego unter Kontrolle. Designs können Menschen nicht aufgezwungen werden, sie müssen von ihnen angenommen werden.

Arbeiten Sie nicht zu hart. Geben Sie Ihr eigenes Tempo vor – Sie brauchen Energie, um kreativ zu sein. Lange, intensive Konzentration, Schlafmangel oder falsche Ernährung können kontraproduktiv wirken und den kreativen Fluss verlangsamen. Es ist sehr unangenehm, sich in einer Phase des Stillstands zu befinden oder keine Entscheidungen treffen zu können, während alle anderen fleißig arbeiten. Manchmal setzen Geduld, Hilfe, eine Pause oder ein inspirativer Durchbruch die Räder wieder in Bewegung.

Oben Humor hat seinen Platz in der Mode. Diese maßgeschneiderte Kollektion wurde von Bauchrednerpuppen inspiriert.

Rechts Hussein Chalayan setzte bei seiner Abschlusskollektion 1993 auf Risiko. Für seine Kleider verwendete er Papier, Metall und Magneten, die er für sechs Monate in der Erde vergrub, um sie verrotten und verrosten zu lassen. Unter dem Laufsteg wurden Elektromagneten eingesetzt, damit der Stoff überraschend vibrierte und sich verzog.

Präsentation

Skizzenbücher

Skizzenbücher und visuelle Notizbücher sind ein wichtiger Teil der Studienausrüstung. Regelmäßig geführt und mit einer Kamera kombiniert, entsteht so ein »Aktenordner«, der alles enthält, was Sie inspiriert. Skizzenbücher sollten die Entwicklung Ihrer Interessen dokumentieren: Impressionen von Kunst, Körperposen, Kleidung, Farben und Aspekte der Umwelt. So entstehen ein Archiv und eine Ideensammlung, aus der Sie schöpfen können.

Es lohnt, stets eine Auswahl an Skizzenbüchern bei sich zu tragen. Wählen Sie je nach Bedarf verschiedene Größen und Papierqualitäten. In ein kleines Buch können Sie kleine Skizzen zeichnen, Stoffproben einkleben und interessante Designdetails notieren, die Ihnen in Geschäften oder unterwegs auffallen. Größere Skizzenbücher können für Zeichnungen von lesenden Objekten oder für die Ausarbeitung komplexerer Ideen verwendet werden. Manchmal verleiht ein größerer Maßstab einer Idee Gewicht. Strukturiertes Zeichenpapier ist aufgrund seiner fast durchsichtigen Qualität gut geeignet, um Körperhaltungen und Silhouetten schnell nachzuzeichnen und Details zu verändern.

Ein gutes Skizzenbuch bietet dem Betrachter einen Einblick in Ihre Denkprozesse und gibt Aufschluss über die Herkunft Ihrer Entwurfsideen. Dozenten werfen von Zeit zu Zeit einen Blick in die Skizzenbücher. Möglicherweise werden sie auch am Ende eines Projekts oder zu bestimmten Zeiten während des Studiums bewertet. Eventuell müssen Sie Bücher mit einem klarer definierten Zweck anfertigen: z.B. ein **visuelles Tagebuch** bei Auslandsbesuchen bzw. eines zu einer bestimmten Recherche. Studierende des Strick- und Druckdesigns führen Notizbücher zu Experimenten mit Farben und Farbstoffen.

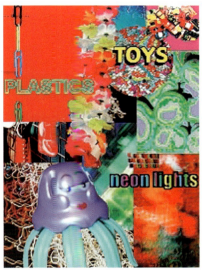

Quellensammlung

Eine Quellensammlung besteht aus Bildern, die aus Zeitschriften, Zeitungen, Ausstellungsprogrammen, Postkarten etc. ausgerissen wurden. Sammeln Sie Bilder, die Ihnen gefallen, um damit interessante Stimmungen oder einen Look besser definieren zu können, nicht aber, um sie direkt zu kopieren. Diese Quellen müssen nicht unbedingt zeitlich aktuell sein. Secondhandbuchläden sind z.B. eine gute Quelle für ungewöhnliches Bild- und Referenzmaterial. Auch Fotokopien sind nützlich, achten Sie aber darauf, nicht zu viele zu verwenden, da Ihre Arbeit sonst zu sehr »aus zweiter Hand« wirkt.

Stimmungscollagen (Mood boards)

Haben Sie genügend Bilder und Ideen gesammelt, können Sie mit der Entwurfsentwicklung beginnen. Möglicherweise sollen Sie eine Stimmungscollage zusammenstellen. Hierbei handelt es sich um eine eher formale Darstellung Ihres Konzepts und Ihrer Intentionen mit Hilfe von Bildern und Stofffetzen, die Sie wie für eine Zeitschrift sorgfältig zusammenstellen. Häufig werden die Gegenstände an eine Pinnwand gesteckt, seltener aufgeklebt. Pinnwände sind leicht und tragbar, stabil genug für das Gewicht von Stoffen und Posamenten und können so als Mittelpunkt der Diskussion Ihrer Ideen mit den Dozenten dienen.

Entwurfsskizzen

In den Anfangsstadien der Projektbearbeitung sollten Sie Ihre Ideen spontan skizzieren. Dies wird auch als **Rohentwurf** oder Entwurfsentwicklung bezeichnet. Markieren oder wählen Sie diejenigen Rohentwürfe, die Ihnen am besten gefallen, sowie jene, die Elemente enthalten, die Sie ausbauen möchten. Arbeiten Sie diese Skizzen weiter aus, um dann eine erneute Auswahl zu treffen. Sie können die Entwürfe nach verschiedenen Kriterien sortieren, etwa nach Stoffen, **Silhouetten**, Details usw. Einige Entwürfe entstehen wie von selbst, andere suchen Sie sich mühselig zusammen. Einige entstehen beim Drapieren an der

Spielzeug und Puppen sind beliebte Ideengeber: Auf den Skizzen und Storyboards lässt sich verfolgen, wie Farben, Stoffe, Maße und Schnitt eines Teddys zu einem Entwurf verarbeitet werden.

Eine Idee wird zeichnerisch festgehalten, dann in Miniaturform und schließlich in Originalgröße angefertigt.

Schneiderpuppe, andere beim Anblick eines Nesselmodells auf einem Körper. Eine Sofortbildkamera leistet gute Dienste bei der Archivierung verschiedener Varianten. Manche Ideen kreiert der pure Zufall. Werfen Sie eine ungeliebte Arbeit nicht fort: Vielleicht erscheint sie Ihnen oder Ihrem Lehrer eine Woche später ansprechender als gedacht. Designdozenten und technisches Personal helfen Ihnen, Ideen zu formulieren und zu untermauern. Denken Sie daran, dass auch inoffizielle Gespräche mit Lehrern sehr instruktiv sein können. Sie verfolgen die Methodik Ihrer Arbeit und Ihr Engagement lange, bevor das Projekt vorgestellt wird.

Themenkarten (Storyboards)

Es ist allgemein üblich, dass Studierende im Rahmen eines Projekts Ideen anhand von Bildmaterial, Prototypen oder fertigen Kleidungsstücken präsentieren. Themenkarten bestehen aus fertigen Präsentationsbögen oder Pinnwänden, welche das gesamte Thema des Projekts darstellen. Normalerweise gehören dazu eine Stimmungscollage, Abschlussillustrationen, koordinierte Stoffmuster und Posamenten sowie ein kurzer Text, der Thema, Farben und Zielmarkt erläutert. Die Schulen vertreten unterschiedliche Ansätze für diese Art der Präsentation. Zum Teil werden den Studierenden große Freiheiten bei der Materialzusammenstellung für die Bewertung eingeräumt. Diese Arbeit bildet häufig das Kernstück einer Mappe.

Gegenüber Ungewöhnliche Fotos können die Vorstellung eines Outfits oder einer Kollektion abrunden. Styling, Ambiente und Details können einen Look in immer wieder neues Licht tauchen. Dieses Bild macht die Stimmung während der Aufnahmen regelrecht fühlbar.

Projektkritik

Eine Projektkritik besteht in der Beurteilung der studentischen Projektlösungen durch den Dozenten. Sie stellt sowohl eine objektive als auch eine subjektive Bewertung dessen dar, in welchem Maß Sie den Anforderungen des Projekts gerecht geworden sind. Zudem wird diese Gelegenheit für den Ideenaustausch genutzt. Abhängig vom Projektauftrag kann die Kritik auf unterschiedliche Art durchgeführt werden. Manchmal ist es eine persönliche Beurteilung vor einem Gremium von Dozenten. In anderen Fällen handelt es sich um eine kleine Modenschau, bei der Models die Entwürfe präsentieren. Bei diesen Veranstaltungen können alle anderen Studierenden oder aber eine Auswahl an Studierenden sowie Dozenten, technische Mitarbeiter und Gastdozenten anwesend sein. Das Gremium achtet nicht nur darauf, ob die im Projektauftrag gestellten Aufgaben gelöst wurden, sondern legt auch Wert auf Ausgewogenheit, Harmonie und Originalität sowie eine gute Wahl von Stoffen und **Zubehör**. Zusätzlich möchte man eine Weiterentwicklung Ihrer Fähigkeiten im Entwurf und in der Realisation erkennen.

Hin und wieder werden nur ausgewählte Entwürfe umfassend diskutiert, um den teilweise sehr langwierigen Prozess der Kritik zu beschleunigen. So ist es z.B. möglich, dass lediglich die erfolgreichsten oder misslungensten Aspekte Ihrer Projektarbeit erläutert und diskutiert werden. Schließlich erfolgt die Benotung der Präsentation Ihrer Arbeit; dabei wird sowohl auf die praktische Ausführung als auch auf die Form, in der Sie Ihre Projektlösung erläutert und begründet haben, Bezug genommen.

> »Während der Kritik müssen die Studierenden aufmerksam zuhören und lernen, nützliche Informationen und Fakten aus den persönlichen Meinungen zu ziehen ... Eine Kritiksituation hat die gleiche Dynamik wie eine Gruppentherapie; sie ist normalerweise sehr positiv, aber oft gibt es auch Schuldbekenntnisse und Tränen. Wir lernen alle davon.« Sally Calendar, Dozentin für Studierende des Modedesigns im zweiten Jahr

Die meisten Studierenden und Dozenten sehen die Kritik als schönen Projektabschluss. Es ist ein sehr befriedigendes Gefühl, seine Entwürfe in fertiger Form an Models zu sehen und zu erleben, wie andere dieselben Themen bearbeitet und vollkommen andere Schlüsse gezogen haben. Oft gibt es widersprüchliche bzw. unterschiedliche Sichtweisen dazu, wie erfolgreich Sie Ihre Zielvorstellungen verwirklicht haben. Wenn Sie gut vorbereitet sind und Ihre Präsentation geprobt haben, sollte dies kein Problem sein. Sinn und Zweck der Kritik ist es, Ihnen Ihren eigenen Fortschritt vor Augen zu führen und Sie bei der Bewältigung potenzieller zukünftiger Probleme zu unterstützen.

Gegenüber Vorbereitung und Diskussion der von Models vorgeführten Entwürfe und Werke.

Rechts Die parallele Betrachtung der Nesselmodelle vor Zuschnitt und Verarbeitung des richtigen Stoffs erleichtert die Entscheidungsfindung. Überdies erkennt der Designer so, ob die Kollektion noch Lücken hat, und kann Änderungen an Gesamtbild und Ausgewogenheit der Linie vornehmen.

Ganz rechts Die Entstehungsgeschichte eines Entwurfs lässt sich gut mit mehreren Fotos dokumentieren, besonders, wenn sich die Arbeit klar erkennbar weiterentwickelt hat.

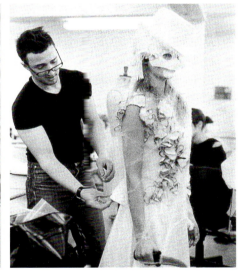

VI: Das Projekt

»Wenn man weiß, was man machen will und alles durchdacht hat, sollte sich eine innere Logik und konzeptionelle Stimmigkeit ergeben – wenn alle Elemente stimmen, legt man Form und Farbe fest. Von da an ist es eine geradlinige Produktion. Wenn man erst tagelang darüber brütet, kann man alles verderben.« Studierender im Abschlussjahr

Bewertung

Das Bewertungsschema für benotete Projekte variiert je nach Hochschule und Studiengang. Einige Schulen benutzen ein System von Buchstaben oder Zahlen, denen prozentuale Bewertungen entsprechen. Dem Studienbuch ist zu entnehmen, welcher Wert welchem Leistungsniveau entspricht. In einigen Fächern werden benotete Scheine vergeben. Die entsprechenden Punkte werden gesammelt und gewähren Zugang zu anderen **Studienmodulen** oder dem nächsten Semester. Die Noten geben Auskunft über Ihren Fortschritt und Ihr Stärken-Schwächen-Profil, das in der Mappe thematisiert werden kann. An den meisten Hochschulen studieren Sie unter Anleitung eines Tutors, der Ihren Werdegang schriftlich und mündlich kommentiert. Sollten Sie sich zu irgendeinem Zeitpunkt ungerecht benotet fühlen, sollten Sie dies mit ihm besprechen. Normalerweise findet in entscheidenden Phasen Ihrer Ausbildung zusätzlich eine formelle Beurteilung statt. Vielleicht werden Sie aufgefordert, Ihre bisherigen Arbeiten oder eine **Mappe** einzureichen. Bewertung ist Ansichtssache, nicht bloßes Addieren von Punkten. Im Allgemeinen werden Projekte von mehreren Leuten zu verschiedenen Gelegenheiten benotet. Sie entscheiden nach eigenem Ermessen im Rahmen eines moderierten Gesprächs. Die Moderation ist ein wichtiger Bestandteil des Verfahrens, durch den Umstände, die im Lauf des Jahres Ihre Leistung oder Beteiligung an Projekten beeinflusst haben, Berücksichtigung finden, sofern sie bekannt sind. Am Ende der Examenszeit werden Sie durch ein Gremium von Dozenten benotet, die Ihre Arbeit oft über einen längeren Zeitraum mitverfolgt haben. Häufig gehört dieser Runde ein **externer Prüfer** an, der aus der Wirtschaft oder von einer anderen Hochschule kommt und gewährleisten soll, dass es gerecht zugeht und alle Standards eingehalten werden. Die Noten schriftlicher Arbeiten wie **Diplomarbeiten** oder Geschäftsberichte fließen in der Regel in die Endnote ein. Die Gewichtung kontextueller Arbeiten variiert je nach Ausbildungseinrichtung. Einige Ausbildungen stellen Examenskandidaten eine Reihe von Kombinationen aus praktischen und schriftlichen Arbeiten als Benotungsgrundlage zur Wahl. Auch die Lehrkräfte sind an einem guten Abschneiden ihrer Studenten interessiert.

Weiterführende Literatur und zusätzliche Quellen
Genders, Carolyn, *Sources of Inspiration*, London, A&C Black, 2002
Loan, Oei & Cecile de Kegel, *The Elements of Design*, London, Thames & Hudson, 2002
Sparke, Penny, *As Long as it's Pink – The Sexual Politics of Taste*, London, Harper Collins, 1995
Vrontikis, Petrula, *Inspiration=Ideas. Creativity Sourcebook*, Rockport, Mass, Rockport, 2002

Galerien und Websites für Mappen
www.artshole.co.uk/arts/fashion.htm
www.arts.ac.uk/ntouch
www.wgsn-edu.co.uk
www.showstudio.com
www.zoozoom.com
www.sowear.com
www.firstVIEW.com
www.inMode.com
www.mythos-mappe.de

Die Abschlusskollektion
– und danach VII

Abschluss-/Diplomkollektion

Das letzte Projekt, auch »Abschluss-« oder »Diplomkollektion« genannt, sollte auf den individuellen Erfolgen aufbauen, die in der Ausbildung erreicht wurden. Dies ist die **Kollektion**, mit der Sie in die Berufswelt eintreten werden. Im Wesentlichen erarbeiten Sie Ihre Abschlusskollektion selbst. Vielleicht müssen Sie Ihre Intentionen schriftlich begründen oder erklären, was Ihnen bei den Entscheidungsprozessen helfen soll. Diese Texte werden den Dozenten und eventuell externen Prüfern oder anderen Gästen mit Ihren Zeichnungen, der Stoffauswahl und allen weiteren relevanten Daten vorgelegt, damit Ihre endgültige Kleiderauswahl und die Präsentation diskutiert werden können.

Eine Diplomarbeit besteht aus einem schriftlichen Teil von ca. 40 bis 80 Seiten, meist mit Abbildungen und gebunden, sowie einem praktischen Teil in Form einer Kollektion von etwa sechs Outfits. Bei diesem praktischen Teil werden Entwürfe, Ausführung und häufig auch die Präsentation beurteilt.

An diesem Punkt Ihres Modestudiums kennen Sie Ihren Zielmarkt und die Personengruppe, für die Sie entwerfen möchten. Über die Jahre haben Sie eine Entwurfsidentität entwickelt. Sie verfügen über Kenntnisse der komplexen, wettbewerbsorientierten Industrie für die Sie sich entschieden haben. Das Begleitmaterial in Ihrer **Mappe** – Fotos und Illustrationen – zeigt, dass Sie für Ihren ersten professionellen Auftrag bereit sind. Sie behandeln Stoffe, Farben sowie die **Silhouetten** und Entwurfsdetails mit herangereiftem Selbstvertrauen. Anhand der Vielzahl erworbener Fähigkeiten und technischer Kenntnisse stellen Sie Kleidung her, die zu Ihrem Spezialgebiet passt.

Ihre aussagekräftige Abschluss-/Diplomkollektion sollte richtungsweisende Ideen und weniger auffällige Stücke umfassen. Wurden Ihre Entwürfe in der Präsentationskritik positiv beurteilt, beginnt die Mustererstellung. Vermutlich sind Veränderungen nötig, bevor die Kollektion Form annimmt und die **Nesselmodelle** bei der Präsentation oder der nochmaligen Kollektionsprüfung Zustimmung finden. Dann erfolgt die Anfertigung. Für einige ist die praktische Herstellung der Kollektion der schönste Teil des Prozesses.

> »Eine Kollektion kann am Ende ganz anders aussehen, als man sich das vorgestellt hat. Sie ist schwer zu kontrollieren; sie hat ein Eigenleben; sie springt aus Ihren Händern. Sie sehen sie sich am Tag der Präsentation an, wenn alles zusammengestellt ist, und sie hat sich verändert. Sie denken: ›Wie konnte das passieren?‹«
>
> Designerin Suzanne Clements

Modenschau

Die Modenschau eines etablierten Designers unterscheidet sich stark von der eines Studierenden. Erstere bietet Einkäufern im Einzelhandel und der Presse einen ersten Blick auf eine neue, kommerziell erhältliche Kollektion. Zudem ist sie eine PR-Veranstaltung, die Material für Zeitschriften liefert und zunehmend auch Unterhaltungswert hat. Bei einer studentischen Modenschau sind die wichtigsten Zuschauer die Dozenten, neben anderen Studierenden, Eltern sowie einigen Sponsoren und Herstellern, die nach neuen Mitarbeitern und Ideen suchen. Einige Ausbildungsstätten halten die simulierte Erfahrung einer Modenschau für pädagogisch wichtig, da viele Studierende später im Beruf damit zu tun haben. Die kritische Einteilung der Arbeitsmenge und die Fähigkeit, eine in sich schlüssige Kollektion zu präsentieren, die kreativ interessant und für die zukünftige Arbeit relevant ist, sind messbare Ergebnisse der Abschluss- bzw. Diplomkollektion.

Nach der harten Arbeit an Ihrer Abschlusskollektion haben Sie natürlich konkrete Vorstellungen, wie sie auf dem Laufsteg dargestellt und getragen werden soll. Bedenken Sie aber, dass an einer studentischen Modenschau viele Personen mitarbeiten; es ist nicht möglich, sie wie bei einer Produktion für einen einzelnen Designer in Eigenregie durchzuführen. Ausbildungsstätten haben oft nur begrenzte Mittel und obwohl die meisten versuchen, den Wünschen der Studierenden zu entsprechen, ist es nötig, den Einsatz von Models zu rationalisieren. Nicht immer haben Sie Einfluss auf die Wahl Ihrer Models, was Typ, Größe und Teint betrifft, oder auf Musik und **Accessoires**.

Nicht alle Ausbildungsstätten halten es für angemessen, die Studierenden auf dem Laufsteg zu prüfen. Zahlreiche Aspekte des Modedesigns eignen sich nicht für diese Art der Darstellung. In allen Ausbildungen wird jedoch die Bedeutung einer guten, professionell aufgemachten **Mappe** gegenüber dem kurzen Spektakel einer Modenschau betont. Meist wird am Ende des Studienjahres eine Ausstellung der studentischen Arbeiten veranstaltet, zu der interessiertes Publikum und Hersteller eingeladen sind. Zunehmend unterstützt auch der Einsatz neuer Technologien, z.B. digitales Video oder Internet Studierende bei einer breiter angelegten Promotion ihrer Arbeit.

Stylingtipps für die Abschlussmodenschau

Versuchen Sie, Ihr Konzept einfach zu halten. Die klare Botschaft der **Silhouetten**, Farben und Entwürfe wird effektiver vermittelt, wenn sie nicht durch Stylingtricks oder Models, die sehr unterschiedlich aussehen, überlagert wird.

Visualisieren Sie die gewünschte Wirkung. Sollen die Models einzeln, paarweise oder in Gruppen auftreten, schnell oder langsam laufen, Stücke ablegen oder posieren?

Klären Sie Ihre Dozenten schon rechtzeitig über Ihre Pläne auf – dramatische Einfälle in letzter Minute können der Benotung schaden. Eine Modenschau mit einigen ungewöhnlichen Höhepunkten kann gut funktionieren, vorausgesetzt, sie wurde im Voraus organisiert und eingehend geplant, um eine optimale Wirkung zu erzielen.

Unten Jeder Studierende steuert Schuhe und Accessoires für die Outfits bei.

Ganz unten Studierende helfen vor der Show beim Make-up.

Unten rechts Sitz und Details werden bei der Aufstellung hinter der Bühne überprüft.

Vor der Show wird nochmal »Probe gelaufen« und der zeitliche Ablauf durchgespielt.

Shows von Studienabsolventen werden oft an provisorischen Ausstellungsorten veranstaltet.

Hierarchische Sitzordnung und Sicherheit zählen auch bei studentischen Shows.

Draußen versammelt sich das Publikum.

Models, die keine Profis sind – egal, wie schön sie sind oder wie gern man sie mag –, können eine Präsentation verderben, weil sie am falschen Platz stehen, schlecht oder befangen laufen bzw. versuchen, andere in den Schatten zu stellen. Proben Sie mit ihnen, um Eigenheiten herauszufinden und diesen gegebenenfalls vorzubeugen.

Models haben eigene Vorstellungen davon, was sie tragen möchten. Einige lehnen sehr kurze oder »offenherzige« Kleidung ab. Andere möchten etwas nicht anziehen, weil sie sich darin lächerlich oder hässlich fühlen. Seien Sie in solchen Situationen diplomatisch, indem Sie die Models z.B. Outfits tauschen lassen. Die Kleidung muss zwischen den »Auftritten« sehr schnell gewechselt werden. Setzen Sie also keine aufwendigen Accessoires ein – das An- und Ausziehen von Strumpfhosen, Gürteln und Schmuck ist zeitaufwendig. Die Zeiten für das Umziehen müssen koordiniert werden, da sonst der Show-Ablauf zum Stillstand kommen kann. Eventuell müssen Sie andere um Accessoires und Zubehör für die Show bitten, sie borgen, mieten oder hohe Kautionen hinterlegen. Dies alles sollte weit im Voraus organisiert werden.

Produzenten von Modenschauen arbeiten meist mit einem Team professioneller Garderobieren. Eventuell dürfen Sie kurz vor der Show nicht mehr hinter die Bühne, um alles zu prüfen. Daher sollten Zeichnungen und Listen aufzeigen, was wozu gehört und wie jedes Outfit zu tragen ist. Machen Sie den Garderobieren und Models Ihre Erwartungen klar. Auch sollte man mehrere Ersatzstrumpfhosen parat haben, da diese bei der Probe leicht kaputt oder verloren gehen. Accessoires, die an der Kleidung befestigt werden können, sollten festgesteckt werden. Öffnen Sie alle komplizierten Verschlüsse, und erklären Sie den Garderobieren, wie sie funktionieren. »Konzeptuelle« Mode erfordert oft eine Demonstration.

Sind kunstvolle Frisuren geplant, müssen die Halsausschnitte der Kleider leicht über den Kopf zu ziehen sein. Einige Schulen bestehen während der gesamten Show auf einfachen, glatten Frisuren. Zwar kann man mit Perücken oder Hüten den Stil verändern, doch ist hier Vorsicht geboten: Nichts sieht alberner aus als ein verrutschtes Haarteil. Beim Make-up sind möglicherweise Kompromisse mit anderen Studierenden nötig, es sei denn, Sie haben eigene Models oder sind ganz am Schluss der Show an der Reihe, und die Models haben Zeit, sich während des Umziehens neu zu schminken.

Wenn Sie Schuhe ausleihen oder anfertigen lassen, müssen Sie die Schuhgröße der Models kennen. Die meisten großen Models tragen überdurchschnittliche Größen. Es ist sinnvoll, eine Schuhform zu wählen, die angepasst werden kann oder bei der schlechter Sitz nicht auffällt: z.B. Slingpumps, Stiefel oder geschnürte Halbschuhe (Oxfordschuhe).

Setzen Sie sich weit im Voraus mit Lieferanten in Verbindung, damit die Schuhe rechtzeitig geliefert werden und eine Anprobe das bequeme Laufen bei der Show sicherstellen kann. Bekleben Sie die Sohlen der Schuhe mit Abdeckband, damit sie nicht zerkratzt werden und Sie sie zurückgeben können. Schlichte Schuhe, wie Sandaletten, sind billig, modisch, leicht und unaufdringlich.

Falls Sie die Musik für Ihre Kollektion selbst auswählen dürfen, ist Ihnen ein exakter Zeitrahmen vorgegeben, den sie einhalten müssen. Beginnen Sie mindestens einen Monat vor der Show mit der Musikauswahl, und versuchen Sie, zur Musik zu »laufen«. Eintönige, laute oder atonale, avantgardistische Musik kann leicht irritieren.

Spezialeffekte können Ihre Designs zwar betonen, sind sie aber schlecht gemacht, haben sie eventuell katastrophale Auswirkungen. Trockeneis kann z.B. beim Publikum Husten und Augenirritationen verursachen oder die Kleidung verdecken. Ihre Pläne können auch an Gesundheits- und Sicherheitsvorschriften scheitern. Informieren Sie sich also, bevor Sie teure Ausrüstung mieten. Wasserduschen, Glitzerstaub, das Streuen von Blumen u.Ä. sollten am besten erst im Finale eingesetzt werden, da die Models sonst

Ganz oben Die Presse kommt früh. Die Show wird für die Ausstellung auf Video aufgenommen.

Oben Eine Studierende begutachtet besorgt ihre Outfits, bevor sie auf den Laufsteg gehen.

Ganz oben Die Garderobiere genießt einen Moment der Ruhe vor der Modenschau.

Oben Ob Sie auf dem Laufsteg oder hinter den Kulissen arbeiten – die auf studentischen Modenschauen gesammelten Erfahrungen sind eine gute Vorbereitung auf das Chaos bei echten Shows.

Die Show endet mit einem echten »Hingucker«.

Studierende, die hinter der Bühne geholfen haben, sehen die Wirkung ihrer Kollektion auf dem Laufsteg erst nach der Show auf Video.

VII: Die Abschlusskollektion - und danach

während der Show über »Reste« laufen müssen. Sammeln Sie nach der Show schnell sämtliches Zubehör ein, da es hinter der Bühne oft chaotisch zugeht und kleine Teile beschädigt werden oder verloren gehen können.

»Es ist alles sehr schnell vorbei. Man studiert drei oder vier Jahre, und dann ist alles in drei oder vier Minuten vorbei ...«   Studierender im Abschlussjahr

Studentische Ausstellungen

Ein allgemein üblicher Teil der akademischen Ausbildung im Textil- und Modebereich ist eine kleine Ausstellung von Abschlussprojekt und **Mappe**, die in die Bewertung Ihrer Arbeit eingeht. Über die Jahre haben sich diese Veranstaltungen äußerst reizvoll entwickelt. Zunächst für Eltern und geladene Experten gedacht, sind sie dann auch öffentlich zugänglich, teilweise gegen eine Gebühr. Standards für Darstellung und Präsentation sind sehr hoch, weshalb früh mit der Planung begonnen werden muss.

Oft bleibt nur ein Tag, um den Ausstellungsstand vorzubereiten. Alle besonderen Einrichtungsgegenstände, die Beleuchtung und die Regale müssen zuvor mit den Dozenten bzw. Assistenten abgeklärt werden. Fotos, Grafiken und komplizierte Diashows oder Videopräsentationen sollten schon Wochen im Voraus organisiert werden. Wenn Sie Ihre Kleidungsstücke ausstellen, müssen Sie Kleiderbügel oder Puppen finden, die dazu passen. Kleidungsstücke gehen seltener verloren und sehen professioneller aus, wenn sie mit Namensschildern und Labelanhängern ausgestattet sind. Die Grafiken auf diesen Anhängern und auf Ihren Visitenkarten sollten identisch sein, damit sich Interessierte leichter an Ihre Arbeit erinnern. Textilmuster können mit denselben Informationen versehen und in einer Weise ausgestellt werden, die zum näheren Ansehen einlädt. Normalerweise gibt es ein Regal oder einen Ständer für Ihre Mappe.

Versuchen Sie, Ihre Persönlichkeit zu vermitteln, aber vermeiden Sie es, Ihren Stand zu überladen – je kleiner der Raum, desto schlichter sollte er eingerichtet sein. Skizzenbücher und technische Arbeiten sollten für die **Beurteilung** ordentlich ausgelegt werden. Normalerweise wird erwartet, dass der Designer während der Ausstellung anwesend ist, um am Stand für Ordnung zu sorgen, Fragen zu beantworten und für die eigene Arbeit und die anderer zu werben. Gehen Sie nach der Ausstellung allen Anfragen nach, die an Sie gerichtet wurden, überarbeiten Sie gegebenenfalls Ihre Mappe, und starten Sie die Jobsuche.

Schaukästen für Studienabsolventen

Ausstellungen von Absolventen des Modedesigns sind eine hervorragende Gelegenheit, um Kontakte zu knüpfen, Feedback zur eigenen Arbeit zu sammeln sowie die Arbeiten anderer zu begutachten und von ihnen zu lernen. Zu den Besuchern zählen Presse- und Fernsehleute, Modetalentsucher und Designer. Dies ist nicht der Zeitpunkt, sich zu entspannen. Sie müssen vor Ort und in bester Form sein, wenn Sie unter den Hunderten von hoffnungsvollen Talenten eine Chance haben wollen.

Der Verkauf von Kollektionen oder Einzelstücken

Ist Ihre Ausstellung öffentlich, sollten Sie Visitenkarten und ein kleines Notizbuch bereithalten. Vielleicht ergeben sich Kontakte und Anfragen, denen Sie nachgehen wollen. Denken Sie vor der Ausstellung über Preise nach. Von einem Interessenten direkt gefragt, wird es Ihnen schwer fallen, ein Kleidungsstück oder eine Illustration ad hoc zu kalkulieren. Vielleicht fühlen Sie sich geschmeichelt, besonders, wenn der Käufer ein Prominenter oder ein Model ist, und verlangen zu wenig (Promis sind sehr werbewirksam, erwarten

Oben TV und Presse interviewen Studierende, deren Arbeiten ihnen aufgefallen sind.

Gegenüber Auszeichnungen sind ein wunderbarer Lohn für harte Arbeit und können bei der Bewerbung um einen Arbeitsplatz so manche Tür öffnen.

jedoch manchmal ein kostenloses Stück). Um Peinlichkeiten zu vermeiden, sind einige Dinge zu bedenken: Meistens müssen Sie nicht gleich einen Preis nennen. Notieren Sie die Kontaktdaten, und nehmen Sie kurzfristig Verbindung auf. Die Teile Ihrer Kollektion sind Einzelstücke, in deren Entwicklung viel Liebe, Zeit und Geld stecken. Von daher sind sie, objektiv betrachtet »unbezahlbar«. Der Aufbau Ihrer Kollektion wird auf Ihrem Konto Spuren hinterlassen, und die Versuchung, sich dieses Geld zurückzuholen, ist groß. Anerkennung der Leistung tut gut, doch vielleicht fällt es Ihnen schwer, die Früchte Ihrer Arbeit herzugeben, und so verlangen Sie zu viel. Ändert sich die Mode Monate später, haben Sie Abstand und wünschen sich, Sie hätten damals das Geld genommen.

Ist der Käufer Inhaber eines Unternehmens, fürchten Sie vielleicht, das gewünschte Stück soll als Produktionsvorlage dienen. Oder man fragt Sie, ob Sie die Fertigung Dutzender Stücke übernehmen können. Solche Anfragen sollten Sie mit Ihrem Tutor besprechen, denn die Schule erhebt eventuell Eigentumsansprüche, oder es könnten Vereinbarungen mit einer Agentur bestehen. Er wird Ihnen erläutern, wie ein für beide Seiten fairer Preis ausgehandelt wird und was ein schriftlicher Auftrag bezüglich Copyright bzw. Rechten am geistigen Eigentum beinhalten muss. Geben Sie Werke oder Entwürfe erst mehrere Wochen nach der Ausstellung weg. Ihre Arbeiten werden eventuell noch zur Bewertung, in Interviews oder von der Presse benötigt. Fotografieren Sie alles, und sammeln Sie die Aufnah-

VII: Die Abschlusskollektion - und danach

men in Ihrer Mappe. Vereinbaren Sie gegebenenfalls mit dem Käufer, dass Sie das Stück »ausleihen« können, falls Sie es für Werbezwecke benötigen. Der Kauf sollte professionell ablaufen: Legen Sie die Zahlungsweise fest (Bar- oder Kartenzahlung ist sicherer als Scheck), stellen Sie eine Quittung aus, und verpacken Sie die Ware, damit sie keinen Schaden nimmt.

Mappe

Es ist unbedingt erforderlich, von Anfang an eine professionelle Demonstrationsmappe zu haben, in der Sie Entwürfe und Bildmaterial in flacher, ordentlicher Form transportieren können. Wenn Sie es sich leisten können, kaufen Sie zwei Mappen – eine, die Sie täglich bei sich haben, und eine für Vorstellungsgespräche. Eine DIN-A1-Mappe (84,1 x 59,4 cm; 33 x 23 1/2 in.) ist nur dann sinnvoll, wenn Sie ausgezeichnetes großflächiges Material haben. Ansonsten lässt sich eine DIN-A2-Mappe (59,4 x 42 cm; 23 1/2 x 16 1/2 in.) oder eine DIN-A3-Mappe (42 x 29,7 cm, 16 1/2 x 11 3/4 in.) besser transportieren. Vermeiden Sie bei einer Präsentation sperrige Arbeiten oder Skizzenbücher. Auch wenn diese interessant sein mögen, machen sie keinen professionellen Eindruck. Fertigen Sie Kopien von besonders gut gelungenen Seiten an und legen Sie sie der Mappe bei.

Klemmringe am Mappenrücken halten Klarsichthüllen, was das Umsortieren der Mappe erleichtert. Schätzen Sie, wie viele Seiten Sie brauchen. Zu volle oder zu leere Mappen können unprofessionell wirken. Die Arbeiten sollten zunächst sortiert und in die richtige Reihenfolge gebracht werden, bevor man sie in die Plastikhüllen schiebt. Achtung: Den Stücken auf den rechten Seiten wird häufig mehr Beachtung geschenkt.

An einigen Ausbildungsstätten wird erwartet, dass die Arbeiten für eine effektivere Beurteilung chronologisch geordnet werden. Die beste visuelle Wirkung erzielt man jedoch, wenn man die Projektarbeiten in die Kategorien »Beste«, »Zweitbeste« und »Vielleicht« sortiert. Arrangieren Sie Ihre Werke, indem Sie mit der auffälligsten Arbeit beginnen, dann gute Arbeiten und gegen Ende weniger gute folgen lassen. Den Abschluss sollte wiederum ein sehr aussagekräftiges Stück bilden. Eine einheitliche Seitenausrichtung erspart es dem Betrachter, ständig den Kopf oder die gesamte Mappe drehen zu müssen. Überladen Sie die Seiten nicht; Sie selbst sind mit den Arbeiten vertraut, andere sehen Ihre Mappe hingegen zum ersten Mal und können leicht verwirrt werden. Jeder Abschnitt sollte den gesamten Prozess der Recherche, der Entwurfsentwicklung und der Auftragserfüllung zeigen. Fügen Sie zwischen den Abschnitten Leerseiten ein.

Entscheiden Sie sich für ein einheitliches Layout und einen durchgängigen Stil. Das Buch sollte sich als Arbeit einer einzigen Person darstellen und Ihre Stärken zeigen. Die Hüllen haben häufig einen schwarzen Hintergrund aus Papier, der Ihre Arbeit hervorheben kann. Verändern Sie diesen Hintergrund nicht zu oft. Neutrale Farben eignen sich am besten, zu viel Schwarz kann aber depressiv wirken. Verwenden Sie das Papier in den Hüllen als Vorlage für den Zuschnitt anderen Papiers.

Sind die Arbeiten von einem Rand umrahmt, so wirkt dies übersichtlicher. Kleben Sie Ihre Werke lediglich an den Ecken fest, und fixieren Sie sie nur leicht, da Sie die Stücke eventuell umarrangieren möchten. Nicht alles sieht in transparenten Hüllen gut aus; das Polyäthylen kann lebhafte Farben abstumpfen. Bei interessanten Stoffen ist es besser, wenn sie der Betrachter in die Hand nehmen kann.

Jedes Projekt sollte eindeutig definiert sein. Überschriften verweisen darauf, worum es bei jedem Abschnitt geht. Schreiben Sie die Überschriften auf ein separates Stück Papier, nicht direkt auf die Arbeit. Um der Peinlichkeit zu entgehen, beim Vorstellungsgespräch auf eine falsche Schreibung hingewiesen zu werden, sollten Sie alles sorgfältig überprüfen. Handschrift kann amateurhaft wirken, am Computer geschriebene Texte sehen aber professioneller aus. Halten Sie Texte und Überschriften kurz, schreiben Sie aber genug, um Ihre Intention darzustellen, falls Sie die Mappe bei jemandem abgeben, für den Fall Ihrer Abwesenheit. Datieren Sie die Arbeiten nicht, da sie sonst eventuell veraltet wirken.

Collagen zu Ihren Recherchen eignen sich gut als Einführung in ein Projekt; sperrige Einzelstücke legt man aber besser in Fotokopien vor. Letztere sehen erstaunlicherweise manchmal besser aus als das Original. Manche fertigen Laserkopien ihrer gesamten Mappe an, als Archiv oder für mehr Kontinuität. Dies kann jedoch zu Zweifeln an der Echtheit Ihrer Arbeiten führen. Große Zeichnungen können ordentlicher aussehen, wenn sie verkleinert werden. Auf dieselbe Größe gebrachte Skizzen schaffen Einheitlichkeit. Die Mappe sollte in ausgewogenem Maße durchdachte Zeichnungen und einige **Rohentwürfe** bzw. fertig gestellte Illustrationen mit künstlerischem Fokus enthalten. Die Zeichnungen sollten in der Anzahl der abgebildeten Figuren, dem Maßstab und den Herstellungsmitteln variieren. Ziel ist, in der Auswahl an Arbeiten und Stilen die eigene Vielseitigkeit im Entwurf für verschiedene Saisons und **Farbpaletten** zu belegen.

Prüfen Sie die Reihenfolge, indem Sie sie mehrfach probehalber durchgehen – sie sollte zum automatischen Weiterblättern animieren. Es kann nützlich sein, ein beeindruckendes Stück zum Auseinanderfalten dabei zu haben, das man aus der Hülle der Mappe zieht und ausbreitet, wenn die Unterhaltung stockt. Zudem sollte man die Kopie einer Illustration mitnehmen, die man als Erinnerungsstütze samt Visitenkarte zurücklässt.

Folgende Doppelseiten Es ist unwahrscheinlich, dass man Sie bittet, zu einem Interview Kleidung mitzubringen. Eine professionell aufgemachte Mappe wird sich immer positiv von anderen abheben. In Stilfragen versierte Kollegen und Freunde können Ratschläge geben, wie mithilfe von Frisur, Make-up und Beleuchtung eine gute Studioaufnahme entsteht.

Unten links Mappen werden für Interessierte aus der Branche ausgelegt.

Unten Das Ausstellen von Strickwaren ist schwierig.

Ganz unten Mit einer Visitenkarte knüpfen Sie wichtige Kontakte und erinnern Einkäufer und potenzielle Arbeitgeber an sich und Ihre Arbeit. Folgendes sollte sie enthalten: Ihren Namen, Hochschule oder Studiengang, Telefonnummer (privat, ggf. mobil) und E-Mail-Adresse. Je mehr Leute die Karte z.B. an einem Messestand mitnehmen, desto besser.

VII: Die Abschlusskollektion - und danach

Es gibt auch andere Präsentationsarten. Sie können mit Hilfe eines tragbaren Diaprojektors Bilder zeigen oder eine digitale Mappe mit **Lebenslauf** erstellen und diese in Form einer CD-ROM einreichen. Die Sammlung sollte nicht alle Ihre besten Arbeiten, jedoch ein besonders bemerkenswertes und viel sagendes Stück beinhalten.

Bewerben Sie sich für eine bestimmte Stelle, sollte Ihre Mappe entsprechend abgestimmt sein. Finden Sie etwas über das Unternehmen, sein Produktangebot der vergangenen Saisons und seine Marketingziele heraus. Stellen Sie sich vor, wer Ihre Mappe begutachten wird, und überarbeiten Sie sie entsprechend.

Praktika

Für Absolventen kann die Konfrontation mit der Arbeitswelt entmutigend sein. In Deutschland gibt der Verband Deutscher Mode- und Textil-Designer e.V. Hilfestellung bei Existenzgründung, Jobvermittlung, Rechtsberatung u.Ä. Der Schlüssel liegt hier in der Vorbereitung. Knüpfen Sie schon früh Kontakte, sammeln Sie Arbeitserfahrungen, oder machen Sie ein **Praktikum**. Zumindest sollten Sie sich ein Kurzpraktikum bei einem für Sie interessanten Unternehmen suchen. Einige Ausbildungsstätten räumen ein Praxissemester ein, in dem Arbeitserfahrungen in der Wirtschaft gesammelt werden sollen. Dies ist eine gute Gelegenheit, um die verschiedenen beruflichen Laufbahnen und Funktionen kennen zu lernen und vor Ort zu beurteilen.

Obwohl die Arbeit oft schlecht bzw. gar nicht bezahlt wird, erweisen sich **Praktika** als wertvolle Investition. Meist arbeitet man als Hilfskraft in einem **Atelier**. Zu den Aufgaben kann alles zählen, von der Anfertigung von **Nesselmodellen** über das Annähen von Labels und Knöpfen bis hin zu Telefondienst und Kaffeekochen. Es ist unwahrscheinlich, dass Sie im Praktikum entwerfen oder zu einer Kollektion beitragen, aber wenn Sie sich interessiert zeigen, werden Ihnen komplexere Aufgaben und Verantwortungen übertragen, bei denen Sie Ihre Kompetenz beweisen können.

Persönlichkeit und Selbstdarstellung des Praktikanten werden genau geprüft. Ordentlichkeit, das Einhalten von Zeitplänen, harte Arbeit und gute Umgangsformen sind hoch geschätzt. Man kann Kontakte knüpfen und Freunde gewinnen, die den Grundstein für ein zukünftiges Netzwerk bilden, als Referenzquelle dienen oder finanziell und materiell Unterstützung bieten. Viele werden aufgefordert, nach dem Abschluss zur Firma zurückzukehren, diesmal aber in der lohnenden Funktion des Designassistenten.

> *»Ich hatte eine wunderbare Zeit während meines Praktikums. Anfangs war ich sehr nervös und traute mich nicht, mit den Designern zu sprechen, aber alle waren so freundlich, dass ich mich schnell eingewöhnte. Das Beste war, bei den Kollektionen zu helfen, zu sehen, wie alles zusammengetragen wurde und zu wissen, an welchen Teilen ich mitgearbeitet hatte. Nun kenne ich mich auch in Paris aus. Ich fühle mich richtig zugehörig.«* Studierender im dritten Jahr

Ausbildungsstätten fordern oft eine schriftliche Beurteilung von Struktur und Produktangebot des Unternehmens sowie Ihrer Aufgaben während des **Praktikums**. Daher sollten Sie ein Arbeitstagebuch führen und Ihre Kollegen um Informationen und Material für Ihren Bericht bitten. Ihr Arbeitgeber wird möglicherweise ebenfalls gebeten, ein Formular auszufüllen oder mündlich über Ihr Verhalten am Arbeitsplatz zu berichten.

Ein Praktikumsbericht ist vertraulich, doch da ihn manche Arbeitgeber lesen möchten, sollten Sie Ihre Worte mit Bedacht wählen. Wahrscheinlich erhalten Sie nach

Wenn Sie Ihre Kollektion rechtzeitig fertig stellen, können Sie Ihre Präsentation durch eine Fotoserie aufwerten.

VII: Die Abschlusskollektion - und danach

Bei einem Besuch der Stände auf der Graduate Fashion Week sehen Sie, was die Hochschulen zu bieten haben.

Abschluss des **Praktikums** ein Zertifikat oder Zeugnis, das Sie Ihrem **Lebenslauf** beifügen können. Da viele Arbeitgeber Bewerbern mit Praxiserfahrung mehr zutrauen, erhöhen Sie auf diese Weise Ihre Chancen auf einen Arbeitsplatz. Ein **Praktikum** ist eine gute, nahezu risikolose Möglichkeit, herauszufinden, welche Aufgaben Ihnen liegen und welche nicht. Vielleicht entdecken Sie so, dass Sie für die Aufgabe, die Ihnen vorschwebt, zusätzliche Qualifikationen brauchen, und fassen ein Aufbaustudium ins Auge.

Aufbaustudium und Forschungstätigkeit

Mit Ihrem ersten Mode-Diplom in der Tasche bekommen Sie vielleicht Lust, Ihr Studium im Ausland fortzusetzen oder tiefer in Ihr **Wahlfach** einzusteigen. Sie könnten sich auch spezialisieren – etwa auf Marketing, Sportswear oder CAD – oder einen anderen Aspekt von Modedesign vertiefen, der auf BA-Niveau normalerweise nicht im Einzelnen behandelt wird. Erkundigen Sie sich vor einer Bewerbung bei der Ausbildungsstätte nach den Aufnahmevoraussetzungen. Je höher der angestrebte Abschluss, desto mehr Eigeninitiative wird erwartet. Nachweisbare Grundfertigkeiten im Bereich Mode werden vorausgesetzt, und Gelegenheit, eventuelle Wissenslücken zu füllen, gibt es kaum. An einigen Instituten müssen Bewerber zunächst einen Ausbildungsplan verfassen. Besuchen Sie Schulen am Tag der offenen Tür und, wenn möglich, die Abschlusspräsentationen von Kursen, die Sie interessieren. Wissenschaftliche Abschlüsse in den schönen Künsten und im Bereich Mode sind seltener als in Natur- und Geisteswissenschaften, aber viele Hochschulen bieten ein Studium in Kultur- und Gesellschaftswissenschaften an, und Fachbereiche wie Wirtschaft und Textiltechnologie vergeben unter Umständen auch Forschungsarbeiten zum Thema Mode. An vielen Akademien und Hochschulen kann man auch Teilzeitstudiengänge belegen.

Karrieren in der Mode
Nach dem Studium

Im Juni eines jeden Jahres klopfen Heerscharen von Modeabsolventen an die Türen des Arbeitsmarktes. Die ersten Wochen nach dem Examen empfinden viele als Urlaub, und der Wunsch zu entspannen ist groß. Viele potenzielle Arbeitgeber besuchen in dieser Zeit Abschlussschauen, inserieren und laden zu Gesprächen ein. Konnten Sie Interesse wecken, sollten Sie unverzüglich Kontakt aufnehmen. Ansonsten – nicht verzagen und, ganz wichtig, verzetteln Sie sich nicht. Die Welt des kreativen Designs lebt von Netzwerken und Kontakten. Viele Spitzenpositionen werden nie offiziell ausgeschrieben. Gelegentlich schaltet man ausgewählte Agenturen ein, doch viele freie Stellen werden über Empfehlungen ehemaliger Dozenten, mithilfe alter Kontakte oder durch Abwerben von der Konkurrenz besetzt. Die Modebranche ist berüchtigt für ihren Mangel an festen Stellen, doch viele genießen auch die damit verbundene Abwechslung.

Während Ihrer Arbeitssuche sollten Sie Ihr Wissen in Teilzeitjobs oder Kursen noch erweitern. Im Handel und für Fertigungs- und Marketingtätigkeiten ist die Beherrschung von Microsoft Word, Excel und PowerPoint ein Muss. Solche Basiskenntnisse kann man fast überall erwerben. Erfahrungen als Praktikant oder Verkäufer sind ein Pluspunkt und sollten in Bewerbungsgesprächen unbedingt erwähnt werden. Besuchen Sie Messen, und informieren Sie sich über aktuelle Trends und Events der Branche. Oft gelingt es, über einen Job erst einen »Fuß in die Tür« und dann eine bessere Stelle zu bekommen. Sind Sie erst einmal in einer Firma angestellt, hören Sie eher von freien Positionen.

Einstellungschancen

Laut Regierungsstatistiken ist die Zahl freier Stellen in der europäischen und US-amerikanischen Mode- und Textilindustrie rückläufig – ein Trend, der Vorhersagen zufolge anhalten wird. Bis zum Jahr 2012 wird die Lohn- und Gehaltsarbeit in der Bekleidungsindustrie um voraussichtlich 69% abnehmen. Der Arbeitsplatzrückgang betrifft aufgrund zunehmender Auslandsproduktion v.a. weniger qualifizierte Vollzeitbeschäftigungen im Bereich der Fertigung. Prognosen zufolge besteht jedoch anhaltender Bedarf an Fachleuten aus Hightech-Bereichen wie der Vorfertigung von Entwürfen, der Informationstechnologie (IT) und spezialisierter CAD- und Fertigungsverfahren sowie an traditionellen Fertigkeiten des gehobenen Schneiderhandwerks. Zu den Wachstumsfeldern gehören Produktentwicklung (Design und Technik), Zuschnitt und Planung, computergestützte Fertigung, Handnäherei, Management und Logistik. Der Bedarf an Textil- und Modedesignern sollte hoch bleiben bzw. noch steigen, da die Nachfrage nach modischer Kleidung groß ist und in den Bereichen Herrenfreizeit-, Sport- und Kindermode, Übergrößen und Kleidung für die Altersgruppe 40+ weiter wächst. Dennoch sind Anstellungen als Designer hart umkämpft. Obwohl für zahlreiche Jobs in der Modebranche kein Abschluss nötig ist, ist ein Minimum von zwei Jahren nachgewiesener Hochschulausbildung Standard. Auch wenn einige der berühmtesten Designer und Unternehmer wie Vivienne Westwood, Ralph Lauren, Helmut Lang und Michael Kors keine fachspezifische Ausbildung haben, ist ein Abschluss mittlerweile ein maßgebliches Zeichen für Talent und Engagement.

Arbeitsbedingungen

Die Einstellungspraxis wandelt sich, und Absolventen müssen darauf gefasst sein, nur schwer eine Anstellung zu finden. Auch mit einem befristeten Einstiegsvertrag oder einem schlecht bezahlten Freiberufler- oder Teilzeitvertrag müssen sie rechnen. Teil- oder Vollzeitkurse in Informationstechnologie und maschinellen Fertigungsverfahren werden von vielen örtlichen Schulungszentren angeboten und können berufsbegleitend besucht werden. Empirische Studien aus Großbritannien und den USA belegen, dass vier von zehn Designern selbstständig sind. Ältere Absolventen haben es Umfragen zufolge noch schwerer, Fuß zu fassen, und weichen daher häufiger in die Selbstständigkeit aus. Aber es dauert, bis man Kontakte geknüpft und sich einen Namen gemacht hat.

So kommt Freunden und Kollegen große Bedeutung zu, da viele Stellen durch Mundpropaganda ihre Besetzung finden. Freiberufler sind auf sich gestellt und langfristig selbst verantwortlich für neue Aufträge, Buchführung und Steuererklärungen.

Laut US-Studienführer *The Princeton Review* liegt die Chance, als Modedesigner international erfolgreich zu sein, bei 1:160.000. Nur rund 1% der Design-Absolventen arbeiten auch als Designer. 70% übernehmen mit Erfolg andere Aufgaben in der Branche, insbesondere in Produktion, Einzelhandel und Verwaltung. Möglichkeiten, seine Kompetenz und Kreativität zu entfalten, gibt es viele, und eine realistische Selbsteinschätzung ebnet den Weg zu persönlicher Zufriedenheit. Fast 50% der Absolventen kehren der Modebranche innerhalb von fünf Jahren den Rücken, weil sie ihre Ziele nicht erreichen konnten. Rund 15% absolvieren ein Aufbaustudium oder eine pädagogische Ausbildung. Die Finanzierung von Aufbaustudien ist keineswegs grundsätzlich geregelt, daher müssen die Kosten einer weiteren Ausbildung in Ihrer Berufsplanung unbedingt berücksichtigt werden. Diejenigen, die sich behaupten und es bis zum Chefdesigner, Manager oder Einzelhändler schaffen, erfreuen sich stark steigender Gehälter und großer Anerkennung. Nach zehn Jahren in der Branche stellen sich jedoch erste Symptome von Stress und »Burnout« ein, die der Zwang zu Erfolg und ständiger Innovation mit sich bringt. Viele Designprofis ändern ihren Kurs und nutzen übertragbare Fähigkeiten in kaufmännischen oder Marketingpositionen. Insofern ist es unerlässlich, seine berufliche Zukunft aktiv und mit Sinn für die Realität zu gestalten – immer mit Blick auf die nächste Stufe der Erfolgsleiter.

Die Modeindustrie ist der größte Arbeitgeber für Frauen mit zumeist niedrigen Löhnen. Rund 75% der Angestellten im Einzelhandel sind Frauen. Löhne und Gehälter in Einzelhandel und Fertigung werden generell nach Stunden oder Stückzahl kalkuliert. In höheren Positionen werden Wochen- oder Monatsgehälter gezahlt. Schätzungen zufolge wird der Anteil der Frauen an den Beschäftigten bis zum Jahr 2012 rund viermal stärker ansteigen als der der Männer. Der Unterschied in der Bezahlung von Männern und Frauen ist auf dem niedrigsten Stand seit Beginn der Aufzeichnungen; 2003 überstieg das Durchschnittsgehalt für Frauen in Großbritannien erstmals 20.000 £ (rund 29.000 €). Das durchschnittliche Einstiegsgehalt beträgt dort rund 12.000 £ (ca. 17.400 €) und 13.500 $ in den USA und steigt nach fünf Jahren im Durchschnitt auf 24.000 £ (rund 34.800 €) in Großbritannien und 35.000 $ in den USA. Die Gehälter von Führungskräften in den USA werden erheblich höher auf 50.000 bis 110.000 $ eingeschätzt. Viele Designer und Manager profitieren überdies von Gewinnbeteiligungen und Prämiensystemen.

Arbeitszeiten und -bedingungen variieren erheblich. In der Regel dauert der Arbeitstag von 9.00 bis 17.00 Uhr, doch einige Großunternehmen verlangen auch Schichtarbeit, und der Einzelhandel hat oft das ganze Wochenende geöffnet. Im europäischen Mode- und Bekleidungssektor sind größtenteils kleinere Unternehmen tätig; Hauptarbeitgeber in den USA sind Mischkonzerne und große Fabriken. Eventuell müssen Sie einer Gewerkschaft beitreten. Arbeitsplatzbeschreibungen von Designern und Führungskräften sind oft vage und flexibel auszulegen. Designer arbeiten im Schnitt 55 Stunden pro Woche und damit sieben Stunden länger als die von der Europäischen Union festgelegte Richtlinie der wöchentlichen Höchstarbeitszeit. Bitten Sie im Zweifelsfall darum, dass Arbeitszeiten und die zu erbringenden Leistungen schriftlich festgelegt werden. Sie haben einen gesetzlichen Anspruch auf einen Arbeitsvertrag, der u.a. Bezahlung, Arbeitszeiten, Urlaubsanspruch und den Krankheitsfall regelt. Zwar sind die Arbeitsbedingungen für gewöhnlich angenehm, doch oft herrscht starker Druck, da Fertigungstermine einzuhalten und eine Show oder die nächste Saison vorzubereiten sind. Dank Arbeitsschutzbestimmungen ist die Arbeit in Fabriken und Studios sicher und sauber, doch kann der Maschinenlärm beträchtlich sein, und an der Nähmaschine oder einem CAD-Arbeitsplatz sitzt man den ganzen Tag in der gleichen Haltung. Verkäufer im Einzelhandel stehen oft stundenlang. Häufig sind neben Fachwissen und persönlicher Eignung für den Job Ihrer Wahl auch weniger offensichtliche Qualitäten gefragt, z.B. Pünktlichkeit, Verschwiegenheit, Loyalität, Branchenkontakte, zwischenmenschliche und soziale Fähigkeiten, eine gewisse Autorität, ein gutes Detail- und Namensgedächtnis sowie ein gepflegtes Äußeres. In kleineren Unternehmen und für Vertriebspositionen ist oft ein Führerschein erforderlich. Entwurf, Fertigungsleitung und Stoffeinkauf sind mit Geschäftsreisen, auch ins Ausland, verbunden. Daher gewinnen Fremdsprachenkenntnisse in den Augen der Arbeitgeber zunehmend an Bedeutung. Kontakte zu ausländischen Agenten und Kunden sind ein Muss für Außendienstmitarbeiter und Textildesigner, von denen auf Fachmessen und Besuchen häufig erwartet wird, dass sie schwere Musterbücher mitführen. Jeder Arbeitgeber wünscht sich gut gelaunte, engagierte und flexible Mitarbeiter.

Es kursieren viele unrealistische Vorstellungen über den Zauber eines Jobs in der Modebranche. Die Abschlusspräsentation lässt Ihren Adrenalinspiegel steigen und weckt Hoffnungen, doch Sie sollten auf Enttäuschungen gefasst sein. Nur ganz wenige Absolventen werden vom Fleck weg engagiert und erlangen Starruhm. Wenn Sie einen Job finden, werden Sie vermutlich ganz klein anfangen, hart arbeiten und Ihrem Ziel nur ganz allmählich näher kommen. Erst wenn Sie sich klar sind, warum es Sie in die Modebranche zieht und wo genau Sie arbeiten möchten, vermeiden Sie Fehlentscheidungen auf Ihrem Weg nach oben. Oft ist ein schlecht bezahlter Job in einem anerkannten Unternehmen mit Weiterbildungs- und Entwicklungschancen besser als eine gut dotierte, aber wenig anspruchsvolle, kurzfristige Position. Vielleicht befriedigt ein Anfängerjob nicht Ihren Wunsch nach kreativer Arbeit, doch er vermittelt grundlegende Kenntnisse und macht sich gut in Ihrem **Lebenslauf**, wenn Sie sich auf bessere Positionen bewerben oder selbstständig machen. Viel hängt von Ihrem Einstieg ab, und auf Ihrem Weg nach oben sind gute Referenzen gar nicht hoch genug zu bewerten.

Es bieten sich aber auch viele berufliche Möglichkeiten neben dem Designbereich, die ein breites Spektrum an Kreativität, Begabung und Wissen erfordern: technisch, statistisch und logistisch, stark gesellschaftlich oder auf die Presse- und Öffentlichkeitsarbeit ausgerichtet. Es ist ein vielschichtiger Bereich mit vollen und halben Stellen sowie jeder Menge freiberuflicher Arbeit und Beratungstätigkeiten. Nicht alle beruflichen Ebenen und Variationen können hier aufgezählt werden. Im Folgenden zeigt jedoch ein kleiner Leitfaden beispielhaft, welche Beschäftigungsbereiche Sie ins Auge fassen könnten. Zusätzliche Informationen finden Sie auf Seite 206.

Damenmode

Nur echte Talente können hoffen, gleich zu Beginn ihrer Laufbahn Damenmode zu entwerfen. Eher werden Sie als Designassistent beginnen und sich peu à peu hocharbeiten.

In einem Unternehmen des mittleren Marktes wird es Ihre Aufgabe sein, Ihre Ideen in Form von Skizzen und Designspezifikationen zu bestimmten Terminen in die Diskussion mit Technikern und Marketingleuten einzubringen. Vorausgesetzt wird, dass Sie den hauseigenen Stil, die Marke und das Budget des Unternehmens verinnerlicht haben und den Geschmack und die Kaufkraft des Zielmarktes in einfallsreiche, attraktive und Gewinn bringende Massenmode verwandeln können. Teilbereiche Ihrer Arbeit erlernen Sie über einzelne Aufgaben. So werden Sie Stoffe und Besätze katalogisieren, in Archiven recherchieren und sich mit Schnitten, Kollektionen und Kostenrechnung vertraut machen – notwendige, informative Tätigkeiten. Bevor Ihr Aufgabenspektrum wachsen kann, müssen

Sie Flexibilität, Verantwortungsgefühl und Teamfähigkeit nachweisen. In Geschäften und Zeitschriften werden Sie aktuelle Trends verfolgen und Markteinflüsse analysieren – größtenteils bei freier Zeiteinteilung. Ein niedriges Anfangsgehalt kann einen zusätzlichen Teilzeitjob nötig machen.

Zu Ihren täglichen Aufgaben wird es gehören, Agenten aufzusuchen und Stoffe und Posamenten zu wählen, Moodboards zu erstellen, mit Musterschneidern und -näherinnen Musterkollektionen zu erarbeiten, Entwürfe festzulegen sowie Sitz und Appretur zu ändern. Hierbei arbeiten Sie mit Flachmustern, Drapiertechniken und Techniken der Maßschneiderei. Mit zunehmender Erfahrung werden Sie sich mit den Verkäufern abstimmen, die Mitarbeiter im Atelier beaufsichtigen, Fabrikations- und Materialprobleme lösen, Kontakte mit wichtigen Kunden pflegen, Fachmessen besuchen und Bestellungen aufgeben. Vielleicht überträgt man Ihnen einen Teil eines Entwurfs oder einer Linie und lässt Sie eigenverantwortlich Silhouette, Farben und Look der Kollektion festlegen und überwachen oder Stücke aus mehreren Linien miteinander kombinieren. Sie werden Stoffe und Farben, Klassiker und neue Stücke einer Kollektion so kombinieren, dass der Käufer anbeißt. Von Ihnen wird erwartet, dass Sie sich stets gut organisieren und die Anforderungen von Logistik und Fertigung beachten. Manche großen Firmen sind hierarchisch strukturiert. Dann ist klar geregelt, mit wem Sie zusammenarbeiten. Ihre Entwürfe werden zurechtgestutzt oder bleiben anonym, bis Sie selbst Chefdesigner sind. Die Namen erfolgreicher Designer des mittleren Marktes werden oft von der Geschäftsführung geheim gehalten, damit sie nicht abgeworben werden.

Nicht alle Modehäuser leisten sich fest angestellte Designer, und der Bedarf an Freiberuflern wächst. Einige von ihnen arbeiten zu Hause, müssen sich jedoch häufig für kurze Zeit in ein vorhandenes Unternehmensteam integrieren. Sich als Designer einen Namen zu machen braucht Zeit, Kompetenz, Flexibilität und Fleiß. Kooperationen freischaffender Designer mit Firmen sind meistens kurz und intensiv. Sie können hochinteressant, aber auch anstrengend sein, und oft ist Feedback Mangelware, so dass Sie kaum abschätzen können, ob Ihre Entwürfe am Markt erfolgreich sind. Der Einsatz eines freischaffenden Designers kann auch ein Probelauf sein, der dem Unternehmen personelle Fehlentscheidungen erspart. Ein schriftlicher Vertrag mit Tagessätzen, die den Branchenstandards und dem Arbeitspensum entsprechen, ist ein Muss. Hier gewinnt, wer Kontakte und Verhandlungstalent besitzt. Sei die Aufgabe noch so unattraktiv – es lohnt sich immer, höflich und professionell zu sein. Das Netzwerk hat seine Ohren überall: Empfehlungen und Warnungen verbreiten sich von Mund zu Mund und wirken lange nach. Freiberufler sollten sich Visitenkarten und Briefpapier drucken lassen, um professionelle Werbung und Abrechnungen gewährleisten zu können.

Außergewöhnliche Begabung oder Berichterstattung der Medien kann einem Designer die Tür zur Haute Couture öffnen. Hier sind die Anforderungen anders gelagert und resultieren aus dem Wunsch prominenter Kunden nach individuellen Outfits für konkrete öffentliche Auftritte. Gefragt sind Diskretion, Taktgefühl und Diplomatie sowie die Fähigkeit, berufliches und gesellschaftliches Leben in Einklang zu bringen. Der Wunsch nach kreativer Unabhängigkeit veranlasst viele Designer, ihre eigene Marke zu gründen. Da der Markt für Damenmode gesättigt ist, sollten alle Aspekte eines solchen Schritts vorher sorgfältig geklärt werden. Zahlreiche Firmen und Regierungsstellen bieten Beratungsleistungen und Finanzchecklisten für Unternehmensgründer an. Der selbstständige Konfektionsdesigner ist freier in seinen Entscheidungen und wählt Design, Stoff und

Farben unabhängig von einem Führungsgremium. Allerdings erhöht diese Freiheit auch das Risiko und ist Ursache des Scheiterns vieler Neugründungen, wenn dazu die Erfahrung fehlt. Denn Designerfahrung allein reicht für den wirtschaftlichen Erfolg nicht aus. Wenn aber eine Marke professionell geführt und auch nachgefragt wird, kann dies außerordentlich befriedigend sein.

Herrenmode

In der Herrenmode brauchen neue Trends länger als in der Damenmode. Designer für Herrenmode brauchen ein gutes Auge für schrittweise Veränderungen, die oft nur Details, nicht die Silhouette oder Farbgebung betreffen. Demzufolge gibt es im Verhältnis mehr Arbeitsplätze in Geschäftsleitung, Fertigung und Verkauf als im Design.

Businessanzüge und Arbeitskleidung bleiben ein Haupterzeugnis der Bekleidungsindustrie. Herrenmode ist eindeutiger in offizielle bzw. Arbeitskleidung und Freizeitmode unterteilt als Damenmode. Arbeitsweisen und Techniken unterscheiden sich – daher sind Designer von Herrenmode gut beraten, sich zu spezialisieren. Viele Schneider und Kleinbetriebe haben mit zunehmender Automatisierung und Massenproduktion vor den Großunternehmen die Waffen gestreckt. Doch nach 30 Jahren im freien Fall ist der Arbeitsplatzrückgang in der Herrenbekleidungsindustrie zum Stillstand gekommen, und der Sektor erfährt eine Neubelebung, besonders in der Zielgruppe der 15- bis 35-Jährigen.

Der Mann von heute legt sowohl am Arbeitsplatz als auch in der Freizeit mehr Wert auf ein modisches Äußeres und investiert mehr Geld in Kleidung als früher. Vielfalt und Auswahl werden groß geschrieben, und der mittlere Markt und mittelgroße Unternehmen wachsen. Kostengünstige modische Anzüge werden heute eher ersetzt als repariert.

Maßkleidung zeichnet sich durch traditionelle Mess- und Fertigungsverfahren (s. Kapitel V) und eine aufwendige Verarbeitung aus. Die Anzug- und Mantelfertigung bietet Tätigkeiten, die von der Maßschneiderei bis zum Laserzuschnitt von Konfektionskleidung am CAD-/CAM-System reichen. Designer, die in diesem Sektor tätig sind, müssen sich mit Qualitätsstandards und europäischen Fertigungsmethoden auskennen. Ferner müssen sie die subtilen Unterschiede in Schnitt und Styling beherrschen, die die Klassiker auszeichnen und das Markenvertrauen der Kunden begründen.

Der blühende Markt für Freizeitmode und die Nebenprodukte von Sportbekleidung kennt ähnlich dem Markt für Damenmode recht kurze Zyklen, grenzt jedoch die Jahreszeiten nicht so scharf voneinander ab. Sport- und Fitnesstrends haben einen starken Einfluss auf den Markt. Da Modegeschmack sehr kurzlebig ist, müssen Designer die aktuellen Trends kennen, offen für Neues sein und schnell reagieren. Das Talent, Logos und Bilder für T-Shirts zu entwerfen, spielt eine große Rolle. Immer häufiger werden von Berufsanfängern auch Erfahrung im Umgang mit Informationstechnologie und die Fähigkeit, genaue Spezifikationen und Muster zu zeichnen, verlangt. Im Markt für Herrenmode haben Firmen traditionell weniger Personal als im Bereich der Damenmode. Daher kommt der Fähigkeit, Probleme zu lösen, und dem Vermögen, eigenverantwortlich und unter Druck zu arbeiten, große Bedeutung zu. Mitarbeiter müssen Eigeninitiative entwickeln, ihre Zeit effektiv einteilen können und Fristen und Fertigungspläne diszipliniert einhalten. Freizeitkleidung wird größtenteils im Ausland gefertigt. Daher gehört es heutzutage zum Job, über große Distanzen und zu ungewöhnlichen Tageszeiten miteinander zu kommunizieren und Lieferanten oder, im Problemfall, Fertigungsstätten im Ausland aufzusuchen. Auch Geschäftssinn und Verkaufstalent sind wichtig – besonders für freischaffende Designer oder Firmeninhaber.

Maschenmode

Der Markt für Maschenware bietet ein breiteres Feld für Kreativität als gemeinhin angenommen. Ein beachtlicher Teil des Modemarktes besteht aus Maschenmode, zu der Pullover und T-Shirts, Mode aus Stretchgeweben, Sport- und Fitnessbekleidung, Strumpfwaren und Wäsche zählen. Strickmode bietet von Natur aus hohen Tragekomfort, sitzt gut, ist weich, strapazierfähig und pflegeleicht und spendet Wärme bzw. kühlt dank guter Saugfähigkeit. Daher ist sie bei Damen, Herren und Kindern aller Gesellschafts- und Altersschichten gleichermaßen beliebt. Als Outfit für Geschäftsreisen hat Freizeitmode der klassischen Businesskleidung den Rang abgelaufen, was die Popularität von Maschenware in allen Sektoren erhöht. Strickdesign durchläuft die ganze Skala von inspirativen Spitzenmarken wie Missoni und Abendgarderobe von Julien McDonald bis zu Klassikern wie Sonia Rykiel. Viele Modehäuser, insbesondere die besseren italienischen Marken, betrachten ihre Maschenmode als Grundlage ihrer Kollektionen.

Aufgaben und Aufstiegsmöglichkeiten von Designern für Strickmode sind ähnlich wie die der Damenmode. Die Beschäftigungslage im Bereich der Maschenmode ist generell stabiler als bei Konfektionsbekleidung für Damen, da längere **Vorlaufzeiten** dauerhafte Kontakte erforderlich machen. Ein Designer für Strickmode muss flexibel sein, da er weniger für ein Label als für viele verschiedene Märkte entwirft. Er braucht nicht mit der Hand stricken zu können (obwohl Handgestricktes immer wieder in Mode kommt), da Maschenware größtenteils mit komplexen Industriemaschinen produziert wird. Voraussetzung für präzise Produktionsanweisungen sind fundierte Kenntnisse ihrer Arbeitsweisen und Funktionen. Überdies muss man sich mit den Bezeichnungen und Merkmalen von Fasern, Nähten und Verfahren auskennen und sie erklären können. Der sichere Umgang mit Texturen, Farben und Stilen ist selbstverständlich.

Der Entwurf und die Fertigung von Maschenware können vollautomatisch oder auch zu großen Teilen in Handarbeit erfolgen. Strickmaschinen übernehmen heute die Fertigung kompletter Kleidungsstücke, ohne dass zusätzliche Lohnkosten für Nähen und Veredelung anfallen. Dadurch ist mit Maschenware ein höherer Stückgewinn als mit übriger Mode zu erzielen, und die Herstellungs- und Verkaufspreise sind entsprechend gesunken. Umgekehrt machen manuell bediente Strickmaschinen den Designer enorm flexibel, und ihr Einsatz schafft bei relativ geringem Investitionsvolumen zahlreiche Arbeitsplätze. So haben Länder wie China und Bangladesch ihren Maschinenbestand in den vergangenen Jahren stark vergrößert. Viele Strickwarendesigner entwerfen am Computer, senden ihren Herstellern die Designspezifikationen per E-Mail und erhalten die Muster zur Genehmigung per Post oder Kurier. Von daher sind profunde CAD-Kenntnisse von Vorteil. Strickwarendesigner sind auf allen Ebenen des Marktes gefragt – für Entwurf, Design und die Programmierung computergestützter Systeme. Insbesondere Spezialisten für Strumpfwaren und nahtlose, auf Hightech-Rundstrickmaschinen gefertigte Unterwäsche haben wachsende Chancen auf dem Markt.

Herstellung

Herstellungsfirmen in der Modebranche (s. Kapitel II) brauchen modeorientierte Mitarbeiter mit entsprechender Ausbildung, um die Produktion zu steuern, ihre Waren zu vermarkten und als Verbindung zwischen Produktion und Kunden zu fungieren. Modedesigner mit technischen Fachkenntnissen zu Stoffdruck, Weben und Stricken sind in der Herstellung gut aufgehoben. Modefirmen und Hersteller von Fasern und Strickwaren beschäftigen häufig Modedesigner und **Stylisten** für die Organisation und Koordinierung ihrer Kollektionen sowie die Veranstaltung von Ausstellungen und Fachmessen für die Vermarktung der Waren. Modehersteller, die Kleidung für Geschäfte mit **Eigenmarken** und für Ladenketten produzieren, benötigen ebenfalls gut ausgebildetes und stilsicheres Verkaufspersonal, das oft mehr verdient als Einkäufer oder Designer. Viele Designer finden ihre erste Anstellung in der Herstellung: als Assistent beim **Musterschnitt**, Produktionsassistent oder Musternäher. Diese Positionen stellen einen gut bezahlten, überaus lehrreichen und befriedigenden Einstieg in die Modebranche dar.

Einkauf und Einzelhandel

Beim Modeeinkäufer kann es sich um den Besitzer oder Angestellten einer einzelnen Boutique oder das Mitglied eines großen Geschäftsteams handeln. Aufgrund der Unterkategorien im Angebot von Geschäften und Ladenketten sind Einkäufer auf Bereiche oder Marktsektoren spezialisiert, z.B. Abendgarderobe oder Strickwaren für Damen. Es gibt zwei Hauptarten des Einkaufs: zentralisierter und abteilungsorientierter Einkauf.

Der zentralisierte Einkauf ermöglicht Ladenketten die Verschiebung der Lagerbestände von Geschäft zu Geschäft. Beim Einkauf großer Mengen können zudem **Preisnachlässe** ausgehandelt werden. Der abteilungsorientierte Einkauf ist eher regional ausgerichtet. Einkäufer unterstehen gewöhnlich der Leitung der Modeabteilung, die die allgemeine Einkaufsstrategie vorgibt, dem Einkäufer jedoch gewisse Entscheidungen zum Inhalt der Bestellungen überlässt. Für den professionellen Einkauf muss man sich meist vom einfachen Verkaufsassistenten hocharbeiten oder eine Ausbildung im Modebereich mit zusätzlichen Marketingkenntnissen besitzen und als Assistenzeinkäufer einsteigen. Bevor man die gut bezahlte Spitze erreicht, sind Erfahrungen im Ladenverkauf eine Grundvoraussetzung, da der gekonnte Drahtseilakt zwischen einem kreativen Instinkt für Kundenwünsche und guten kommerziellen Praktiken erlernt sein will.

Der Einkäufer muss auf dem Laufenden darüber sein, was sich verkauft und was in Zeitschriften erscheint. Zudem muss er die Kundennachfrage sechs Monate im Voraus kalkulieren. Viele Designer bemühen sich tatkräftig um die Aufmerksamkeit von Einkäufern, indem sie diese zu Partys einladen und ihnen bevorzugte Sitzplätze bei Modenschauen reservieren. Der Einkäufer kann dem Designer dezent Verbesserungsvorschläge zu Kollektionen bzw. der Vermarktung seiner Arbeit machen. Einkäufer unternehmen jährlich zwischen zwei und zwölf Geschäftsreisen. Auch verbringen sie viel Zeit damit, Kollektionen in Ausstellungsräumen zu begutachten und sich mit Verkäufern zu treffen. Ein Einkäufer muss eine gewisse Reife und Professionalität ausstrahlen. Eine kreative Vision, gutes Zahlengefühl und Diplomatie im Umgang mit Mitarbeitern, dem Management und Designern sind ebenfalls wünschenswerte Eigenschaften.

Merchandising

Dieser vage Begriff wird manchmal für den Einkauf und die Zusammenstellung von Warenbeständen verwendet. Genauer betrachtet beschreibt er jedoch den Bereich der finanziellen Vereinbarungen, die hinter der Aufgabe des **Einkäufers** stehen. Ein Merchandiser genehmigt Preissenkungen und -nachlässe bei Mehrfachbestellungen oder verschiebt Waren an andere Filialen. Er ist Experte für die Geschäftspräsentation oder den Warenvertrieb und arbeitet eng mit dem **Einkauf** zusammen. Da die Berufsbezeichnung oft auch für Verkaufspersonal verwendet wird, das für die Warenauslage im Geschäft oder die Schaufenster zuständig ist, sollte man sich bei einer Bewerbung genau über das Tätigkeitsfeld informieren. Merchandiser benötigen Organisationstalent, gutes Zahlengefühl und Erfahrung mit Tabellenkalkulation.

Presse und Stars kommen mit Hilfe des PR-Agenten zusammen. Hier posiert Plum Sykes von der britischen *Vogue* mit der Schauspielerin Minnie Driver.

Oben, von links nach rechts
Modejournalisten beschreiben einen schmalen Grat zwischen der Unterhaltung ihres Publikums und dem Verspotten oder Bejubeln von Designern. Isabella Blow, Moderedakteurin der *Sunday Times* und Muse, und Colin McDowell, Journalist und Autor.

Modestylisten arbeiten eng mit Models, Visagisten und Fotografen zusammen, um die Stimmung und den Look einer Aufnahme durch Körperhaltung, Accessoires und Drapieren der Kleidung zu dirigieren.

Die Modefotografie ist ein Beruf mit viel Konkurrenz und Zeitdruck.

Public Relations

Modeunternehmen beauftragen oft PR-Agenturen mit der Öffentlichkeitsarbeit für ihre Designs. PR-Agenturen bringen Kollektionen ins öffentliche Bewusstsein und stellen Kontakte zu Zeitungen, Zeitschriften, Fernsehen und Radiosendern her. Die richtige Zusammenstellung des Publikums einer Modenschau – Moderedakteure, Einkäufer und Stars – kann darüber entscheiden, ob die Veranstaltung Schlagzeilen macht oder floppt.

Für den Public-Relations-Bereich sind gutes Allgemeinwissen und journalistische Begabung nötig. Sie müssen sich gut ausdrücken können, Presseberichte aus dem Ärmel schütteln oder Designer im Umgang mit der Öffentlichkeit beraten. Persönlichkeit ist wichtig. PR-Agenten müssen gut mit Menschen umgehen können – sich ungezwungen auf dem gesellschaftlichen Parkett bewegen und ein Talent für die Vermittlung zwischen Konfliktparteien haben. Fundierte Kenntnisse der Sitzordnung bei Modenschauen, stets mit den richtigen Leuten auf den richtigen Partys zu plaudern sowie kommunikativ und offen zu sein, sind die wichtigsten Voraussetzungen. Gute Kontakte und gute Kleidung helfen natürlich ebenfalls. Abendveranstaltungen machen einen erheblichen Teil der Arbeit aus, und oft verlangt der Job viele Geschäftsreisen. Daher machen sich Fremdsprachenkenntnisse bezahlt.

Modejournalismus

Die Medien im Modebereich sind für Designer die effektivste Form der Werbung. Entsprechend große Macht haben Modejournalisten. Autoren wie Colin McDowell von der britischen *Sunday Times*, Suzy Menkes von der *International Herald Tribune* und Anna Wintour, Chefredakteurin der amerikanischen *Vogue*, zählen zu den höchstgeachteten Persönlichkeiten in der Branche. Modejournalisten besuchen Modenschauen und Ausstellungen, analysieren Trends und Neuigkeiten und kommentieren sie für die Öffentlichkeit. In der Hoffnung auf gute Kritiken werden sie von Modefirmen umworben, sei es in Form von Geschenken oder mit den besten Plätzen bei den Schauen.

Aufgabe der Journalisten ist es, die Entwürfe und breiten Veränderungen in der Mode zu interpretieren, und dies nicht nur mit ihrem geübten Auge, sondern für die Leserschaft und die Anzeigenkunden, die ihre Zeitschrift unterstützen. Unter konstantem Termindruck müssen sie stets heiße Storys und neue Sichtweisen zu Shows liefern, die Hunderte anderer Journalisten ebenfalls besucht haben. In der Phase zwischen den Modenschauen nehmen sie auch an Redaktionssitzungen teil, um Geschichten und Ideen beizutragen, die das Interesse der Öffentlichkeit wachhalten.

Der Modejournalismus hat sich in den letzten Jahren um das Schreiben von Drehbüchern für und die Präsentation von Fernsehsendungen im Zeitschriftenformat erweitert. Kenntnisse in Desktop-Publishing (DTP) und Textverarbeitung gehören zum Handwerkszeug des Modejournalisten.

Modestylisten

Modestylisten wählen die richtigen **Accessoires** aus, schlagen Make-up und Frisur vor und arbeiten eng mit dem Designer oder Modezeitschriften und -fotografen zusammen. Sie sind ›Dolmetscher‹ der Mode, indem sie die verschiedenen Looks für Modeaufnahmen zusammenstellen – entweder als Interpretation der redaktionellen Vorgaben oder nach eigener Vorstellung. Manche überrascht es, dass die besten Stylisten nicht mehr ganz jung sind. Doch Geschmack und Stilgefühl sind zeitlose Sprachen, und der Stylist kann, ebenso wie der erfahrene Modedesigner, aus einem riesigen Wissensschatz von Bekleidungsideen schöpfen, die »funktionieren«. Effizienz und Erfahrung sind in einer Branche mit großem Termindruck wertvolle Eigenschaften, die mit der Zeit wachsen.

Stylisten haben oft eine kreative Beziehung zu einem bestimmten Redakteur oder Fotografen, durch die ein enges persönliches Verhältnis und ein bestimmter Look entstehen. Andere helfen Designern dabei, den Look für eine Modenschau herauszuarbeiten. Amanda Greeve war über viele Jahre Stylistin für John Galliano, und Katy England arbeitet für Alexander McQueen. Zeitschriften beschäftigen häufig einen eigenen Stylisten, um ihrer Publikation eine gewisse Kontinuität zu verleihen. Stylisten können großen Einfluss auf unsere Kleidung und unser Verhalten haben, üben jedoch einen der am wenigsten »sichtbaren« und prestigeträchtigen Berufe der Modemedien aus. Der Job setzt gemeinhin kein Studium voraus, erfordert aber meist eine lange, schlecht bezahlte Lehrzeit bei Zeitschriften und Katalogen oder als Assistent für einen Fotografen.

Modefotografie

Die Modefotografie ist ein Spezialbereich der Zeitschriften- und Grafikindustrie. Für Ausnahmetalente kann dies zur lukrativen künstlerischen Betätigung werden. Tempo und Druck sind hoch in diesem Job. Die Arbeit wird von Veröffentlichungsvorgaben und Abgabeterminen bestimmt. Die meisten Fotografen arbeiten freiberuflich und selbstständig. Oft haben sie Agenten, die Anfragen entgegennehmen und potenziellen Kunden ihre Arbeiten präsentieren. Es entstehen hohe anfängliche Aufwendungen für Ausrüstung, Atelier und Reisen, die sich erst viel später rentieren können. Meist werden Fotografen von einer Zeitschrift beauftragt und besprechen mit dem Redakteur, was erwartet wird. Erst wenn sie bereits sehr bekannt sind, können sie aus eigener Initiative Aufnahmen für einen Leitartikel machen und diese anbieten.

Modefotografie ist anstrengend und manchmal ziemlich einsam. Man verbringt viel Zeit mit Entwicklung und Abzug in der Dunkelkammer. Es gibt aber auch viele Gelegenheiten, auf Kosten des Auftraggebers mit den Reichen und Schönen an exotische Orte zu reisen. Fotografen arbeiten oft mit einem kleinen Team aus Assistenten, Stylisten und

Weitere Berufe in der Mode- und Textilbranche

- Agent
- Archivar
- Assistent/Sekretär
- Außendienstmitarbeiter
- Ausstellungskurator
- Bediener von Industriemaschinen
- Bekleidungstechniker
- Buchhaltungs- und Büroangestellter
- Bügler/Presser
- CAD-/CAM-Fachmann
- Damenschneider
- Einkäufer im Einzelhandel
- Fachmann für digitale Musterentwicklung
- Fertigungsassistent
- Fertigungsleiter
- Fotograf
- Geschäftsführer
- Geschäftsführer im Einzelhandel
- Grafikdesigner (Bekleidung, Markenbildung)
- Hausmodel
- Hochschuldozent
- Illustrator von Spezifikationen
- Internetdesigner (Bekleidung, Websites)
- Journalist
- Kostümdesigner
- Kolorist
- Leiter Distribution
- Leiter Logistik
- Medien-Produzent
- Messeorganisator
- Mitarbeiter Rechnungswesen, Buch- und Lagerhaltung
- Mitarbeiter Warenlagerhaltung und Auftragsüberwachung
- Museumsdirektor
- Musterentwickler
- Musternäher
- Musterschneider
- Nähmaschinentechniker
- Qualitätsbeauftragter
- Personalsachbearbeiter
- PR-Mitarbeiter
- Programmierer für Strickmaschinen
- Redakteur/Herausgeber
- Redaktionsassistent
- Sachbearbeiter im Vertrieb
- Schauwerbegestalter/Dekorateur
- Schneider
- Servicetechniker für Industriemaschinen
- Stoffeinkäufer
- Spediteur
- Strickwarendesigner
- Stylist
- Supervisor
- Textildesigner (Wirkwaren, Druck- & Strickstoffe)
- Textilrestaurator
- Textiltechniker
- Trendforscher
- Verkäufer im Einzelhandel
- Vermittler
- Webmaster (Pflege von Internetseiten)
- Wissenschaftliche Forschung

Maskenbildnern, die gemeinsam an einem Look feilen. Laufsteg-Fotografen sind auf Modenschauenberichte spezialisiert. Sie kämpfen hart um ihre Stellung in der Hierarchie, um die richtigen Aufnahmen liefern zu können. Die Arbeit für Kataloge und Zeitungen besteht in Einzelaufträgen. Gute Modefotografen verfügen über technische Kamerakenntnisse, ein kreatives Auge, ein Verständnis für Lichtverhältnisse und Mode sowie die Fähigkeit, mit einem fast ständig erhöhten Adrenalinspiegel zu leben.

Branchenprognosen und -berichte

Verschiedene Unternehmen oder Verbände bieten der Modeindustrie Branchenprognosen und -berichte (s.S. 118). Trends, die sich in der Branche niederschlagen könnten, gehen in objektive Berichte für die nächsten 18 Monate bis zwei Jahre ein, die an Großunternehmen verkauft werden. Die größeren Beratungsunternehmen beschäftigen ein Team von internen Designern für die Illustration aktueller Modetrends, die Detailanalyse und die Skizzierung von Variationen eines Themas. Der Arbeitsstandard und die Qualität der Informationen sind sehr hoch, die Kosten für die Berichterstellung erheblich. Der Kunde erwartet große Vielseitigkeit und aktuelle Informationen.

Die Kundenbetreuer einer Prognosefirma arbeiten eng mit ihren Kundengruppen zusammen und reisen zu Fachmessen und Modezentren. Sie geben Bildmaterial in Auftrag, fertigen Berichte und statistische Analysen an. Wer gerne reist und sich auf dem gesellschaftlichen Parkett wohl fühlt, kann seine Karriere als Trendscout beginnen.

Modeillustration

Ein guter Zeichner besitzt eine klare Vorstellung vom Zusammenspiel von Kleidung und Körper, trotzdem ist er nicht zwangsläufig ein überzeugender Modedesigner. Modezeichner kommen oft aus anderen zeichnerischen Disziplinen und sind stärker an Komposition, künstlerischem Ausdruck und Stimmung interessiert als an praxisorientierter Entwurfsarbeit. Wie Grafikdesigner und Buchillustratoren sind die meisten von ihnen Freiberufler; einige haben einen Agenten, der Aufträge akquiriert, Honorare aushandelt und Arbeiten koordiniert. In der Branche setzen einige Unternehmen Illustratoren ein, die die Silhouette des Produkts, das ihr Lieferant fertigen soll, für ihre Einkäufer visualisieren. Prognoseunternehmen beschäftigen Zeichner, die die Themen der bevorstehenden Saison bis ins Kleinste veranschaulichen. Selten fällt redaktionelle Arbeit in einer Fachzeitschrift an – der Liebling der Medien ist das Foto. Dennoch halten einige Magazine an der Tradition der zeichnerischen Darstellung von Laufstegshows fest. Zeichenstile wechseln laufend, häufig durch Trends im Grafikdesign beeinflusst. Es ist darauf zu achten, welche Stile bzw. Medien zu welchem Typ Kleidung und dem Markt passen, und immer flexibel zu bleiben. Wenn Sie einen eigenen unverkennbaren Stil haben, können Sie ihn zur Basis Ihres Berufswegs kultivieren. Fachwissen zu Verfahren im Druck- und Grafikbereich, zu Broschürenlayouts, Zeichensätzen, Textsatz usw. ist hilfreich. Zunehmend gefragt sind auch Erfahrungen mit Adobe Photoshop und Illustrator, CAD-Kenntnisse für die Illustration technischer Beschreibungen und Know-how im Umgang mit Tools zur dreidimensionalen Visualisierung. Zeichner und Illustratoren sind eher Einzelgänger als Designer, die auch im Team arbeiten. Sie benötigen Selbstdisziplin und großes Engagement und müssen täglich üben. Je häufiger Sie zeichnen, umso besser und schneller werden Sie, doch es wird auch schwerer, ein bestimmtes Qualitätsniveau zu halten und immer am Ball zu bleiben. Sie sollten eine **Mappe** mit aktuellen Arbeiten und eventuell eine Website haben, auf der Sie erfolgreiche Entwürfe zeigen und Kontaktdaten bereitstellen können.

Lebenslauf

Egal, für welchen beruflichen Weg – mit einem gelungenen **Lebenslauf** (CV) und einer guten Mappe sind Sie im Vorteil. Tausende von Studienabsolventen drängen gleichzeitig auf den Arbeitsmarkt – man muss sich also von der Masse abheben. Der **Lebenslauf** fasst in maximal zwei Seiten Ausbildungsschritte, Fähigkeiten und Leistungen zusammen, um das Interesse des potenziellen Arbeitgebers zu wecken und Ihnen ein Vorstellungsgespräch sichern. Legen Sie einen kurzen Begleitbrief bei, der die Gründe für Ihre Bewerbung erläutert. Nachfolgend einige Richtlinien, die bei der Erstellung eines **Lebenslaufs** zu berücksichtigen sind:

- Erstellen Sie den Lebenslauf am Computer. So ist er schnell veränderbar und sieht gut aus. Halten Sie ihn klar, präzise und gut lesbar (keine außergewöhnliche Schrifttype). Nennen Sie nur den Namen, unter dem Sie auch tatsächlich bekannt sind.
- Angaben zu Ausbildung und Arbeitserfahrung führen in umgekehrter chronologischer Reihenfolge nur relevante Qualifikationen und Benotungen auf.
- Nennen Sie alle Auszeichnungen, Preise und Ausstellungen. Machen Sie keine falschen Angaben zu Qualifikationen und Erfahrungen; man wird Sie entlarven.
- Führen Sie weitere Fähigkeiten wie Sprachen oder Computerkenntnisse an, und geben Sie an, ob Sie einen Führerschein besitzen.
- Nennen Sie keine Namen oder Telefonnummern von Referenzpersonen. Sie können den Vermerk »Referenzen werden auf Anfrage nachgereicht« als Fußnote anfügen.
- Lassen Sie persönliche Angaben wie Familienstand, Gesundheit, Religion, Nationalität und allgemeine Freizeitaktivitäten weg; nur in Deutschland ist ein Foto üblich.
- Nennen Sie sämtliche verantwortungsvollen Positionen, in denen Sie tätig waren.
- Keine Angaben zur Gehaltshöhe in früheren Anstellungen und Gehaltsvorstellungen!
- Lassen Sie den **Lebenslauf** auf Tippfehler und andere Mängel prüfen. Stellen Sie immer sicher, dass Sie sich an den richtigen Ansprechpartner im Unternehmen wenden.

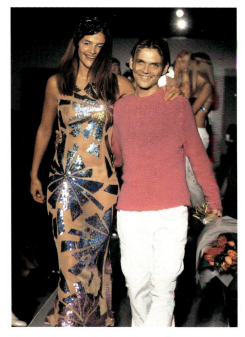

Nur wenige talentierte und engagierte Designer schaffen es zum Modeschöpfer mit eigenem Label. Matthew Williamson verneigt sich hier mit Helena Christensen.

Stimmen Sie **Lebenslauf** und Mappe immer auf den Job ab, für den Sie sich bewerben. Wenn möglich, legen Sie ein Empfehlungsschreiben oder eine Referenz von einem Dozenten oder ehemaligen Arbeitgeber bei.

Eine einzelne Seite mit Zeichnungen oder eine Visitenkarte im Postkartenstil kann Interesse wecken, solange sie der Position angemessen ist.

Lassen Sie Ihrem **Lebenslauf** etwa nach zwei Woche einen Anruf folgen: Finden Sie heraus, ob Sie in der engeren Wahl sind und einen Vorstellungstermin bekommen.

Vorstellungsgespräch: Dos und Don'ts

Informieren Sie sich über das Unternehmen, bei dem Sie sich bewerben. Sie sollten eine ungefähre Vorstellung von Geschichte, Produktpalette und Zielmarkt haben.

Finden Sie heraus, wo Sie sich einfinden sollen, und seien Sie rechtzeitig da, damit Sie nicht außer Atem und unkonzentriert ankommen. Wahrscheinlich sind Sie nervös, also sollten Sie Ihre Gedanken ordnen: Überdenken Sie noch einmal die wichtigsten Punkte, die Sie darlegen möchten sowie die Fragen zu Unternehmen oder Job.

Kleidung hinterlässt einen Eindruck. Übertreiben Sie nicht: Eigenkreationen sind angemessen, vorausgesetzt, sie sind nicht fehl am Platz. Rauchen, Kaugummi und unpassende Witze sind tabu. Haltung und Körpersprache vermitteln Ihr Selbstbewusstsein.

Seien Sie ehrlich, was Ihre Fähigkeiten betrifft, und verdeutlichen Sie Ihre Stärken anhand von Beispielen aus Ihrer Mappe. Einige Unternehmen bieten Schulungen in Spezialbereichen an, also geben Sie nicht vor, etwas zu können, wenn es nicht stimmt.

Ein freundliches, flexibles und bestimmtes Auftreten kann Wunder wirken. Jedoch ist der Grad zwischen Selbstsicherheit und Arroganz sehr schmal. Sehen Sie jeden Job als Chance, etwas dazuzulernen und neue Fähigkeiten und Talente zu entwickeln. Lächeln Sie, und schauen Sie Ihrem Gegenüber in die Augen.

Stellen Sie Fragen über Aspekte des Jobs, die Sie nicht verstehen oder die nicht erwähnt wurden, z.B. Arbeitszeiten und die Anzahl von Personen, denen Sie unterstellt sind. Fragen Sie, wie sich der Job zukünftig entwickeln könnte. Es ist nicht ratsam, auf die Besprechung der Gehaltsfrage zu drängen. Warten Sie auf den richtigen Moment. Nehmen Sie die Stelle jedoch nicht an, ohne über die Finanzen gesprochen zu haben.

Erscheinen Sie weder zu gelassen noch zu übereifrig. Das Unternehmen will in erster Linie hören, dass Sie an dieser einen Stelle interessiert sind.

Hinterlassen Sie Ihre Mappe nicht für eine Begutachtung durch andere. Vereinbaren Sie lieber einen weiteren Gesprächstermin. Nicht alle Firmen sind hier zuverlässig.

Lassen Sie sich nicht entmutigen, wenn es das erste Mal nicht klappt. Die Fähigkeit, sich selbst zu motivieren und an die eigenen Fähigkeiten zu glauben, wird sich früher oder später auszahlen.

Unabhängig davon, ob Ihr Abschluss mit einem Feuerwerk aus Shows, Ausstellungen und Feierlichkeiten begleitet wird oder Sie Ihr Zeugnis per Post erhalten – es wird ein Moment sein, der Sie mit großem Stolz erfüllt. Die Anerkennung eines Reifeprozesses, der mehrere Jahre harter Arbeit bedeutet hat, der Ihnen aber auch wertvolle kreative und praktische Fähigkeiten sowie Freundschaften und viel Spaß geschenkt hat, zeigt an, dass Sie nun bereit sind, die ersten Sprossen einer Karriereleiter zu erklimmen, die fesselnd, lohnend und stets veränderlich sein wird. Viel Glück!

Weiterführende Literatur und zusätzliche Quellen
Bolles, Dick, *What Color is Your Parachute?*, Berkeley, Ten Speed Press, 2004
Chapman, Noel & Carol Chester, *Careers in Fashion*, London, Kogan Page, 1999
Jones, Richard M., *The Apparel Industry*, Malden, Blackwell Science, 2003
Lane-Rowley, Ulla Vad, *Using Design Protection in the Fashion and Textile Industry*,
　　London & Chichester, Wiley, 1997

Graduate Fashion Week www.gfw.org.uk
New Designers Graduate Show www.newdesigners.com
Die größte Veranstaltung dieser Art in Großbritannien; vorgestellt werden vielversprechende Design-
　　Talente, ausgewählt aus einem Pool von 4.000 Design-Absolventen von mehr als 180 Akademien.
New Designers www.newdesigners.com
Eine Plattform für innovative Arbeiten aus allen wichtigen Designdisziplinen
Fashion Forum www.fashionforum.co.uk/flash/aboutus.htm
Verzeichnis und Fachjournal der Bekleidungs- und Textilbranche mit Unternehmensprofilen und
　　Stellenangeboten
The Portobello Business Center www.pbc.co.uk
Londoner Spezialisten für Existenzgründungen in der Modebranche
Skillfast www.skillfast-uk.org
Landesweit tätiger britischer Anbieter von Schulungen im Bereich Mode
Fashion Capital www.fashioncapital.co.uk
Informations- und Dienstleistungsplattform mit Sitz in London, fördert Modeprojekte von
　　Nachwuchsdesignern.

Organisationen
The Association of Graduate Careers Advisory Service (AGCAS) veröffentlicht zweimal jährlich Berichte und Informationsbroschüren für Berufsanfänger. Zu beziehen bei:
AGCAS Administration Office
Millennium House
30 Junction Road
Sheffield S11 8XB
Tel: 0114 251 5750
Fax: 0114 251 5751
oder unter: www.agcas.org.uk

Hinweise und Beratung für Absolventen
www.prospects.ac.uk
www.lffonline.com
www.wgsn-edu.com

Stellenvermittlungen
www.denza.co.uk
www.jobsinfashion.com
www.fashion-jobs.com
www.fashion.net
www.journalism.co.uk
www.cheeringup.com
www.project-solvers.com

Glossar

2-for-1 Zwei Stücke zum Preis von einem

Accessoires Beiwerk zur Komplettierung der Bekleidung, z. B. Schuhe, Kopfbedeckungen

Anprobe-Model Kleiderpuppe oder lebendes Model, dessen Maße in einer Firma Standard für Schnittmuster sind

Atelier Ein Modeatelier. Pariser Ateliers werden auch als »Flou« (Damenschneiderei) oder »Tailleur« (Maßanfertigung von Anzügen und Mänteln) bezeichnet.

Aufstellung Voransicht von Nesselmodellen bzw. fertigen Kleidungsstücken an Modellen, um die Balance der Kollektion zu prüfen und die Reihenfolge der Präsentation festzulegen

Auszeichnung Etikettiersystem, mit dem Kleidung ausgezeichnet wird

Avantgarde Eine Mode oder ein Konzept, die bzw. das ihrer/seiner Zeit voraus ist

Basispreis Niedrigster vom Hersteller geforderter Preis

Beurteilung Formale Bewertung und Benotung von Entwurfsarbeiten

Boutique Begriff aus dem Französischen für unabhängige, meist kleine Geschäfte mit eigenem Warenbestand und individueller Atmosphäre

Brainstorming In einer offenen Diskussion gesammelte spontane Einfälle, um neue Ideen, Konzepte und Lösungen zu entwickeln

Bridge fashion Amerikanischer Ausdruck für Kleidung, die zwischen Designermode und Mode der gehobenen Klasse einzuordnen ist; auch als »Zweitlinie« bezeichnet

CAD (Computer Aided Design) Computerunterstütztes Design

CAM (Computer Aided Manufacturing) Computerunterstützte Herstellung

Coordinates (Kombinationsmode) Mehrere Kleidungsstücke, die in Farbe und/oder Stil aufeinander abgestimmt sind

Couturier Französische Bezeichnung für »Modeschöpfer«

Croquis Skizze des Modedesigners, die ein Kleidungsstück oder ein Dessin für das Bedrucken eines Stoffs illustriert

Curriculum Vitae Chronologisch geordnete Übersicht über Schul- und Berufsausbildungen, berufspraktische und sonstige relevante Kenntnisse (siehe auch Lebenslauf)

Dekonstruktion Ein von japanischen und belgischen Modeschöpfern begründeter Designstil, bei dem Kleidung unfertig wirkt oder Fertigungsdetails offen gezeigt werden

Demografie Marketingbegriff für statistische Erhebungen zur Beschreibung der Bevölkerung anhand von Alter, Geschlecht, Einkommensgruppen, Lebensstil und Wohnort

Diplomarbeit Schriftliche Hausarbeit von 3.000 bis 7.000 Wörtern Länge zu einem Themenschwerpunkt des gewählten Studiengangs (auch Abschlussarbeit genannt)

Drapieren Das Modellieren von Stoffen am Körper oder an einer Schneiderpuppe

EAN-Strichcode (Europäische Artikel-Nummerierung; auch »Bar Code«) 13-stelliger Strichcode, der die Standardkodierung auf Preisschildern bezeichnet. Dieser ermöglicht die elektronische Datenerfassung bei der Bestandsermittlung oder an der Kasse.

E-Commerce Handel und Verkauf via Internet

E-Commerce Internethandel, Bestellung erfolgt elektronisch über eine Website

Eigenmarke Vgl. »Private Label«

Einfuhrquoten (Importkontingente) Der internationale Handel von Stoffen und fertigen Kleidungsstücken wird von Regierungen durch ein Quotensystem begrenzt, um eine Überschwemmung der Märkte durch Billigwaren zu verhindern.

Einkäufer Die Person, die für Planung, Einkauf und Verkauf von Waren zuständig ist

Einkauf Unternehmensinterne Abteilung, die für den Einkauf eines bestimmten Geschäfts zuständig ist, oder ein unabhängiges Unternehmen, das den Einkauf für Ladenketten und Boutiquen, v. a. von ausländischen Lieferanten, organisiert

Einzelhandel Der Verkauf von Waren an Einzelverbraucher in einem Geschäft

Einzelhändler siehe Einzelhandel

EPOS (Electronic point of sale) Elektronisches Kassensystem, das an ein Computernetzwerk angeschlossen ist; häufig mit Strichcode-Scanner; vgl. »EAN-Strichcode«.

Erstmuster Vgl. »Probemuster«

E-Tailoring Maßanfertigung von Kleidung nach den per E-Mail übermittelten Kundenmaßen

Exklusivvertrag Vereinbarung zwischen Einzel- und Großhändler über die Alleinvertretung einer Modelinie in einem bestimmten Markt

Externer Prüfer Fachmann mit akademischer Qualifikation, der vom Prüfungsausschuss oder von Prüfungskandidaten zur Überwachung des Benotungsverfahrens hinzugezogen wird

E-zines Internet-Magazinformate und Nachrichtenforen

Fabrikationsnachweis Herstellungseinzelheiten und Angaben zu Materialzusammensetzung für ein Kleidungsstück

Fad Sehr kurzlebige Modeerscheinung

Fadenlauf siehe Strich

Farbpalette Das Farbspektrum oder die Farbskala einer Kollektion

Farbskala Begrenzte Palette von Saisonfarben einer Modelinie oder Auswahl an Stoffen

Firmenzeichen Logo eines Unternehmens, das am Geschäftseingang bzw. auf Werbematerial zu sehen ist

Franchising Absatzsystem im Einzelhandel, bei dem ein Unternehmen, der Franchisegeber, seine Produkte durch einen Einzelhändler, den Franchisenehmer, in Lizenz verkaufen lässt

Geometrics Mit geometrischen Formen, wie Linien, Punkten oder Rechtecken, bedruckte Stoffe

Gewinnaufschlag Differenz zwischen Einkaufs- und Verkaufspreis einschließlich Steuern

Gradierung Größenanpassung eines Schnittmusters

Großhandel Großhändler erwerben Waren vom Hersteller und verkaufen diese ohne Weiterverarbeitung an Einzelhändler, Verarbeiter sowie andere Großabnehmer weiter. Meist geschieht dies in großen Mengen und daher zu günstigeren Konditionen.

Grunge Eigenständiger Designstil bzw. Zusammenstellung von Kleidung, die absichtlich minderwertig, schlecht sitzend oder schlecht kombiniert wirken soll

Handschrift Individueller Entwurfsstil eines Modedesigners, der sich in der Zeichenart oder Entwurfsmerkmalen manifestiert

Haute Couture, Französische Schneiderkunst höchster Qualität. Modeschöpfer oder Unternehmen dürfen diese Bezeichnung nur dann für sich in Anspruch nehmen, wenn sie die strengen Kriterien der *Chambre Syndicale de la Fédération Française de la Couture* erfüllen.

Höchstpreis Höchster am Markt noch durchsetzbarer Preis

Imitat (auch »Line-for-Line-Copy«) Exakte Kopie eines Stils, manchmal lizenziert, häufiger jedoch illegal

Industrial placement (auch »Internship«) Praktikum

Internethandel siehe E-Commerce

JIT (Just-in-Time-Produktion) Zeitlich stark an der Nachfrage orientierte Herstellungsart

Kettfaden Die Kettfäden bilden den Längsstrich eines Gewebes.

Klassisch Der Begriff bezeichnet einen Stil, der immer gefragt ist und bei dem nur sehr wenige Details verändert werden.

Kollektion Gruppe von Mustermodellen, die verwandte Eigenschaften aufweisen und/oder für eine bestimmte Saison gedacht sind.

Kolloquium Besprechung der Fortschritte eines Studierenden mit dem Dozenten

Konfektionsware In Ladenketten verkaufte Kleidung in Standardgrößen

Kostenaufstellung Exakte Aufstellung von Zeitaufwand sowie Material- und Verarbeitungskosten für die Herstellung eines Kleidungsstücks

Kostenkalkulation Ermittlung des Grundpreises eines Kleidungsstücks aus den Kosten von Material, Posamenten, Arbeitszeit und Transport

Kostenorientierter Ansatz Verfahren der Preisgestaltung, bei dem auf die Stückkosten ein fester prozentualer Aufschlag addiert wird

Kundenindividuelle Massenproduktion Fertigung von Schuhen oder Bekleidung im Auftrag des Kunden, der aus einem begrenzten Angebot an Stoffen, Farben, Besätzen und Logos wählen kann

Lab-dips Farbtests an Stoffproben oder Garnstücken

Label Etikett, das ausweist, von welchem Modeschöpfer oder Hersteller ein Produkt stammt und Angaben zu Herkunft, Faserzusammensetzung und Pflege macht. Manchmal auch als Synonym für »Logo« verwendet.

Ladenketten Gruppe von Geschäften mit einheitlicher Betriebs- und Marketingstruktur, die denselben Eigentümer haben. Das unverkennbare Produktsortiment wird unter einem Logo verkauft.

Layoutbook Skizzenbuch mit dünnen Papierseiten, durch die kopiert werden kann

Lebenslauf Eine chronologisch geordnete Übersicht über Schul- und Berufsausbildungen, berufspraktische und sonstige relevante Kenntnisse (siehe auch Curriculum Vitae)

Lebenslauf Lehrplan mit den einzelnen Lernzielen

Licht-Farbechtheit (auch »Light fastness« bzw. »Colour fastness«) Grad der Farbbeständigkeit gegenüber Licht und bei wiederholtem Waschen

Lieferkette Die Kette, die Kleidung als Stoff beim Hersteller über die verarbeitenden Betriebe bis zum fertigen Outfit im Laden durchläuft

Linie Stile, die in Thema und Detail verwandt sind; in den USA synonym für den in Europa verwendeten Begriff für »Kollektion« benutzt

Lizenzierung Vertragliche Autorisierung eines Herstellers, gegen die Zahlung einer Lizenzgebühr, einen Namen, ein Logo oder einen Produkttyp zu verwenden/vertreiben

Lockartikel Artikel, der mit unterdurchschnittlichem Gewinnaufschlag verkauft wird, um das Käuferinteresse für andere Designs zu wecken; auch »Highlights« genannt

Logo Markenname oder Symbol, über den/das ein Produkt oder ein Modeschöpfer unverwechselbar zu identifizieren ist

Mappe Große, tragbare Mappe für Bildmaterial, Ausrisse etc., die einen Gesamteindruck des Stils und der Fähigkeiten eines (angehenden) Modedesigners vermitteln soll

Marke Name oder Warenzeichen, das der Identifizierung eines Produkts dient und etwas über Qualität und Wert aussagt

Mass Customization siehe Kundenindividuelle Massenproduktion

Maßanfertigung Nach individuellen Kundenmaßen zugeschnittene und gefertigte (maßgeschneiderte) Kleidung

Maßkonfektion Der Maßanfertigung ähnlich, doch werden Standardschnitte weniger stark individualisiert und Bünde, Manschetten und Hosen maschinell im Geschäft geändert.

Messpunkt Zentraler Punkt des Körpers, für gewöhnlich ein Gelenk oder ein vorstehender Knochen, von dem aus Maß genommen wird

Mischkonzern Übergeordnetes Finanzunternehmen, das eine Reihe von Firmen besitzt, deren Produkte oder Zielmärkte nicht verwandt sein müssen

Modezyklus Wiederkehrender Kalender, nach dem ein Unternehmen seine Kollektionen plant, entwirft, herstellt und vermarktet. Auch »Saisons« genannt.

Modul Studienmodul variabler Länge mit klar definiertem Lernziel

Musteranfertigung Vgl. »Schnittmusterkonstruktion«

Musterschnitt Vgl. »Schnittmusterkonstruktion«

Nessel(modell) Ungebleichter, roher Baumwollstoff, auch Muster- oder Probestück; in Frankreich »Toile« genannt

Off-schedule Modenschauen, die nicht auf der offiziellen Veranstaltungsliste der Organisatoren stehen, finden »off-schedule« statt.

Over-dyeing/cross-dyeing (Überfärbung) Manche Stoffe benötigen mehr als eine Farbanwendung, um die verschiedenen Fasertypen zu färben, dem Material Farbintensität zu verleihen oder bestimmte Farbeffekte zu erzielen.

Passe Stoffstück, das zur Unterstützung weit geschnittener oder geraffter Partien, z. B. an Hemdschultern oder an der Hüftlinie eines Rocks, verwendet wird

Plagiat Kopie des Stils eines Modeschöpfers. Die entsprechenden Kleidungsstücke werden aus minderwertigen Materialien hergestellt und zu niedrigerem Preis verkauft.

Praktikum Drei Wochen bis neun Monate dauernder Studienabschnitt, der in einem Betrieb absolviert wird

Preisnachlässe Vertriebsstrategie auf der Basis absoluter oder prozentualer Abschläge vom Preis eines Artikels, einer Linie oder einer Marke

Preisschwellen Verschiedene Preisklassen, die etwas über Qualität und Marktebene aussagen, z. B. Budget, Modeschöpfer, Luxus

Première Vision Auch kurz als »P. V.« bezeichnet; frz. für »erster Blick«. Name einer der bedeutendsten Stofffachmessen, die zweimal im Jahr in Paris stattfindet

Prêt-à-porter Frz. für »Fertig-zum-Tragen«. Bezeichnung für Designer-Separates gehobener Qualität. Zudem der Name einer bedeutenden Modemesse in Paris

Private Label Hersteller nutzen häufig überschüssige Produktionskapazitäten für die Produktion von Kleidung für Geschäfte und andere Unternehmen, die diese mit ihren eigenen Labels versehen.

Probemuster Testversion eines Kleidungsstücks (auch als »Toile« oder »Nesselmodell« bezeichnet), das aus Baumwolle bzw. aus dem Originalmaterial angefertigt wird

Produktnutzenvorteil (engl. »USP« für »Unique Selling Proposition«) Mindestens ein entscheidender Punkt, der ein Produkt positiv von Konkurrenzprodukten unterscheidet

Projektkritik Besprechung und Bewertung einer Arbeit, häufig in Form einer Gruppendiskussion am Ende eines Projekts oder Auftrags

Proportion Prinzip des Modedesigns. Beziehung zwischen und Ausgewogenheit der verschiedenen Aspekte eines Entwurfs

Psychologische Preisgestaltung Eine am Sparwunsch der Verbraucher orientierte Strategie der Preisgestaltung, die vermeintlich günstige Preise von etwa 19,95 € oder 49,98 € nutzt (bezogen auf den Nennwert von Banknoten)

Quellensammlung Bilder aus Zeitschriften, Zeitungen, Ausstellungsprogrammen usw., die als erste Inspiration oder zur Verdeutlichung eines Konzepts verwendet werden

Quick Response (QR) Strategie mit kurzen Fertigungszeiten, um schneller auf den Markt reagieren zu können

Ready-to-wear (Konfektionsware) Auch bekannt als Kleidung »von der Stange«

Restposten Überhänge, Abverkauf

Rohentwurf Erste Zeichnungen für Entwürfe, die normalerweise schnell mit Bleistift angefertigt werden und keine unwichtigen Details enthalten

Rohgewebe (engl. auch »Grey goods«) Stoffe in ihrem ursprünglichen, unbearbeiteten Zustand, z. B. ungebleichter Kattun

Salon (auch »Showroom«) Raum, in dem Vertreter potentiellen Einkäufern eine Kollektion oder andere Waren vorführen

Schmelzbare Stoffe Hitzempfindliche Stoffe, die durch Erhitzen mit anderen Materialien verbunden werden (auch zur Stabilisierung)

Schnittlagenplan Vorlage für den Zuschnitt eines Musters aus Stoff, um sicherzustellen, dass möglichst wenig Materialverlust entsteht

Schnittmuster Ein Satz individueller oder standardisierter Musterschablonen, aus denen der Entwurf entwickelt werden kann. Auch »Musterschnitte« genannt.

Schnittmusterkonstruktion Das Zeichnen eines flachen Schnittmusters anhand von Maßen oder Formschablonen

Schrägschnitt (auch »Bias Cut«) Beim Schrägschnitt wird der Stoff nicht parallel zum Fadenlauf, sondern quer zugeschnitten.

Schussfaden Die Schussfäden verlaufen in einem Winkel von 90° zum Kettfaden von Webkante zu Webkante. Sie bilden den Querstrich eines Stoffs.

Seminar Eine Lehrveranstaltung mit Gesprächscharakter

Separates Kombinierbare Einzelteile, die auch getrennt voneinander getragen werden können.

Short run Ein kleiner Produktionsauftrag; auch als »Zwischenkollektion« bezeichnet

Silhouette Die Gesamtform eines Kleidungsstücks oder einer Kollektion, die auf wesentliche geometrische oder alphanummerische Beschreibungen reduziert wird, z. B. kastenförmig, A-Linie

Skizzenbuch siehe Layoutblock bzw. Visuelles Tagebuch

Somatotypen Jeder Mensch gehört je nach Gestalt und Muskulatur zu einem von mehreren Körpertypen (Soma = Körper).

Sourcing Die Recherche von Material, Besätzen und Produktionsmöglichkeiten zu den besten Preis- und Lieferkonditionen

Staffierarbeiten Begriff, der sowohl Verschönerungsdetails/Besätze eines Kleidungsstücks als auch den Vorgang des Versäuberns loser Fäden bezeichnet

Stapel Länge der Einzelfaser, wie Wolle oder Kaschmir, die zum Garn versponnen wird.

Stimmungscollage (auch »Mood board«) Eine Pinnwand, auf der das Gesamtkonzept und die Richtung einer Entwurfskollektion dargestellt wird

Stoffmuster Eine kurze Stoffpartie, die für die Erstellung eines Probemusters verwendet wird

Stoffstrich siehe Strich

Strich Gerade Faserausrichtung eines Stoffs

Stylist Allgemein jeder in der Mode schöpferisch/kreativ Tätige. Im engeren Sinne Experte, der Modeartikel für Fotoaufnahmen oder Präsentationen vorbereitet und arrangiert

Technische Zeichnung Eine technische Entwurfszeichnung mit Maßangaben und Herstellungsdetails wie Stichart und Staffierarbeiten

Themengruppen Designthemen, die Assoziationen zu Stoffen, Farben oder Stilen enthalten, die für eine Kollektion verwendet werden

Themenkarte (auch »Themenbrett« oder »Storyboard«) Dient der Darstellung des Konzepts für eine Kollektion. Stilrichtungen und Kombinationsstücke werden detailliert aufgegliedert.

Toile Französischer Begriff für »Nesselmodell«; beschreibt in der Praxis ein Muster- oder Probestück

Trendbücher Prognoseberichte für die Modebranche

Trunk-Show Präsentation von Musterkleidern im Hause des Kunden durch einen Außendienstmitarbeiter

Übergangszeit Phase zwischen den Saisons, auch unsichere Wetterlage. In dieser Zeit überschneiden sich verschiedene Kollektionen, um einerseits der Nachfrage zu entsprechen und andererseits dem Bedarf an neuen Waren nachzukommen.

Unter Preis verkaufen Verkauf von Waren zu einem Preis, der niedriger als der ursprüngliche Großhandelspreis ist

UPC (Universal Product Code) Amerikanische Entsprechung der Europäischen Artikel-Nummerierung; vgl. »EAN-Strichcode«

Veredelungsbetrieb (auch »Konverter«) Unternehmen, die Rohgewebe kaufen und diese durch Bleichen, Färben und Drucken bis hin zum fertig ausgerüsteten Stoff veredeln

Verschnitt Reste des Zuschnitts, Abfallstoff, Materialverlust

Versiegeltes Abschlussmuster Das Modell, das als Standard für die Anfertigung aller weiteren Stücke festgelegt wird

Vertikalanbieter Unternehmen, das alle Fertigungsschritte vom Design bis zum Endprodukt selbst (inkl. Distribution und Verkauf) und im eigenen Haus durchführt

Vertriebsfirma (auch »Jobber«) Firmen oder Agenturen, die Stoffe von Webereien oder Herstellern kaufen, um sie an Unternehmen weiterzuverkaufen, die keine großen Mengen benötigen bzw. Mindestabnahmemengen nicht erfüllen können

Virtueller Laufsteg Computerunterstützte Visualisierung einer Modenschau mit digital kreierten Figuren und Kleidungsstücken

Visuelles Tagebuch Skizzenbuch, das den Verlauf eines Projekts dokumentiert und so die Entwicklung von Ideen aufzeigt

Vorlaufzeit Zeitspanne vom Eingang des Fertigungsauftrags beim Hersteller bis zur Auslieferung der fertigen Kleidung an das Geschäft

Wahlfach Frei wählbares Studienfach

Warengriff Bezeichnung für die haptischen Eigenschaften eines Stoffs

Warenzeichen Ein Logo oder eine Marke, das/die durch Eintragung oder Copyright geschützt ist

Webkante Ränder von Webstoffen, die parallel zum Kettfaden verlaufen. Aus Stabilitätsgründen meist mit höherer Fadenanzahl oder stärkeren Fäden gewebt

Zeitgeist In der Mode steht der Begriff dafür, dass Kleidung die Ära, in der sie kreiert wurde, reflektiert.

Zubehör Besätze oder Kurzwaren, die zu einem Stil gehören, z. B. Knöpfe oder Spitze

Zweitlinien Eine Bekleidungslinie, die eine zweitrangige oder preisgünstigere und vereinfachte Version einer Designerkollektion darstellt

Zwischenfutter Ein Stoff, der als Verstärkung oder Wattierung zwischen den Oberstoff und das Futter eingefügt wird

Zwischenkollektion Kleine Kollektionssegmente von verwandten Designs, die eine bestimmte Funktion oder Aussage gemeinsam haben

Nützliche Adressen

Deutschland

Gesamtverband der Textilindustrie e.V.
Frankfurter Str. 10-14
65760 Eschborn
www.textil-online.de

Bundesverband Bekleidungsindustrie e.V.
Merissenstr. 15
50668 Köln
www.bbi-online.de

Deutsches Modeinstitut (DMI)
Mainzer Landstr. 251
60326 Frankfurt
E-Mail: dmi@dmi.de

Großbritannien

The British Fashion Council (BFC)
5 Portland Place
London W1N 3AA
Tel. 0044 (0)20 7636 7788
Der BFC unterstützt britische Modedesigner und -hersteller, insbesondere Exportfirmen. Er fördert Nachwuchstalente durch die jährliche Vergabe von Auszeichnungen an Studenten wie dem »Innovative Pattern Cutting Award« und durch Modewochen für Hochschulabsolventen.

CAPITB Trust
5 Portland Place
London W1N 3AA
Tel. 0044 (0)20 7636 3173
Fax 0044 (0)20 7636 3174
Email: capitbtrust@capitbtrust.org.uk
Nationale Ausbildungsorganisation der britischen Textil- und Lederindustrie und Herausgeber des Verzeichnisses *The Graduate Post*, das Hersteller bei der Suche nach geeigneten Hochschulabsolventen unterstützt.

The Register of Apparel and Textile Designers
5 Portland Place
London W1N 3AA
Tel. 0044 (0)20 7637 5577

Fashion Awareness Direct (FAD)
42 Woodlands Road
Surbiton
Surrey
KT6 6PY
Tel. 0044 (0)207 792 0256
Fax 0044 (0)207 792 0256
E-Mail fad@fad.org.uk
Organisation zur Förderung von Nachwuchsdesignern, die Studenten und Profis auf Informations- und Kontaktveranstaltungen zusammenbringt.

The Prince's Youth Business Trust (PYBT)
18 Park Square East
London NW1 4LH
Tel. 0044 (0)20 7543 1234
www.princes-trust.org.uk
Die Stiftung bietet professionelle Hilfe, berät in Wirtschaftsfragen und stellt Mittel für vielversprechende Berufseinsteiger und Arbeitslose bereit, die sich mit einer aussichtsreichen Geschäftsidee selbstständig machen wollen.

Shell Livewire
Shell UK Ltd
Community Investment Dept
Shell-Mex House
Strand
London WC2R 0DX
Gebührenfreie Tel. 0044 (0)800 010100
Ausschreibung prämierter Wettbewerbe, Beratung und Schulung für junge Existenzgründer.

USA

Fashion Information
The Fashion Centre Kiosk
39th and 7th Avenue
New York, NY

Council for American Fashion
1710 Broadway
New York, NY

New York Fashion Council
153 East 87th Street
New York, NY

The Small Business Association
26 Federal Plaza Suite 3100
New York, NY 10278
Tel. 001 (212) 264 1450
Fax 001 (212) 264 0038

Quellen für Stoffe und Zubehör

Zwei umfassende Verzeichnisse mit Bezugsquellen für Stoffe, Besätze und Zubehör:
Fashiondex
The TIP Resource Guide

Fachveröffentlichungen der Modebranche

Womens Wear Daily (WWD)
W
Tobe Report
Fashion Reporter
California Apparel News
Daily News Record (DNR)
Textil Wirtschaft

Siehe auch Bezugsquellen

Stoffbibliotheken, Farbforschungs- und Informationszentren

Deutsches Modeinstitut (DMI)
Mainzer Landstr. 251
60326 Frankfurt
E-Mail: dmi@dfr.de

Innung des Bekleidungshandwerks
Deutschlandweite Adressen finden Sie im Internet.

American Wool Council
50 Rockefeller Plaza
New York, NY 10020
Tel. 001 (212) 245 6710

The Wool Bureau (Woolmark/Wollsiegel)
330 Madison Avenue
New York, NY 10017
Tel. 001 (212) 986 6222

The Cottonworks (Stoffbibliothek)
Cotton Inc.
488 Madison Avenue
New York, NY 10022
Tel. 001 (212) 413 8300

E. I. DuPont de Nemours
1251 Avenue of the Americas
New York, NY 10020

Vogue (Stoffbibliothek)
350 Madison Avenue
New York, NY 10017

Knitted Textile Association
386 Park Ave.South, Suite 901
New York, NY 10016
Tel. 001 (212)689 3807
Fax 001 (212) 889 6160

The Fashion Service (TFS)
1412 Broadway, Suite 1410,
New York, NY 10018
Tel. 001 (212) 704 0035

Color Association of the US (CAUS)
409 West 44th Street
New York, NY 10036
Tel. 001 (212) 582 6884

Pantone Color Institute
590 Commerce Avenue
Carlstadt, NJ 07072
Tel. 001 (201) 935 5500

Häufig verarbeitete Stoffe

Acetat Glänzende Chemiefaser, häufig in feinen, dichten Stoffen verwendet, die wie Innenfutter oder Seide wirken sollen

Batist Sehr feinfädiges Material aus Baumwolle, oft mit Blumenmustern

Baumwollsatin Eine leicht schimmernde Oberfläche kennzeichnet dieses glatte, haltbare Material in Atlasbindung.

Bird's Eye Gewebe mit einem Relief, das an kleine Diamanten erinnert (vgl. Piqué-Gewebe)

Brokat Kostbares jacquardgemustertes Gewebe für Abendgarderobe

Cambric Hochwertiger leichter bis mittelschwerer Baumwollstoff für Hemden und Blusen

Chambray Gruppe garngefärbter Stoffe in Leinwandbindung mit farbiger Kette und weißem Schuss und daher jeansartigem Effekt

Chenille Weiche, flauschige Faserenden überragen ein samtartiges Rippengewebe; benannt nach dem französischen Wort für »Raupe«.

Chiffon Sehr feinfädiges, leichtes Gewebe für Schals und Abendkleider

Chintz Einfarbiger oder mit Blumenmustern bedruckter, glänzender Möbelstoff aus Baumwolle, der auch zu eleganten Röcken und Sommerkleidern verarbeitet wird

Crêpe Oberbegriff für verschiedene Materialien wie Wolle, Baumwolle, Seide, Rayon, synthetische und Mischgewebe mit krauser, knittriger oder genarbter Oberfläche. Er ist abgeleitet vom französischen »creper«, was »knittern« oder »kräuseln« bedeutet.

Crêpe de Chine Feines, leichtes Crêpegewebe aus Seide oder Polyester

Crochet Lockere, grobmaschige Strickware, z.B. leichte Sommerpullover, deren Schlaufen mit einer Häkelnadel erzeugt werden. Heute wird Crochet auch maschinell hergestellt.

Devoré Devoré ist französisch und bedeutet »verzehrt«. Der Begriff bezeichnet kostbare Stoffe, deren Oberfläche auf dekorative Weise ausgeätzt oder ausgebrannt wurde.

Faille Elegante, querrippige Stoffe mit Seidenoptik, die schön fallen und gut zu verarbeiten sind. Die Rippen sind weniger stark ausgeprägt als bei grob gerripptem Stoff; Faille wird traditionell für Kleider, Anzüge und Mäntel verwendet.

Finette Aufgerauter Baumwollstoff für Schlafanzüge und Kindermode

Flanell Ein- oder zweiseitig aufgerautes Gewebe aus Baumwolle oder Schafwolle, das häufig für Unterwäsche verwendet wird

French Terry Rundstrickware mit einer Rückseite aus Schlingenflor und einer glatten Vorderseite

Gabardine Haltbarer, dicht gewebter Stoff mit ausgeprägtem Köpergrat durch Diagonalbindungen und appretierter Oberfläche aus Baumwolle, Wolle oder Rayon. Gabardine hat sehr gute Trageeigenschaften und wird häufig für Sportmode, Anzüge, Uniformen und Regenmäntel verwendet.

Georgette Auch Crêpe Georgette genannt; glatter, leichter Stoff in Leinwandbindung (Seide oder Synthetik) mit einer feinen Crêpe-Oberfläche

Hopsack Lockeres, grobes Gewebe aus Baumwolle oder Wolle. Ursprünglich verwendeten Hopfenbauern das Material für Säcke (Sackleinen)

Interlock Zugeschnittener und genähter Strickstoff; gekennzeichnet durch die Art, wie die Maschen miteinander verbunden sind

Jeans Weiße Kette, indigoblauer Schuss und Köperbindung sind die Kennzeichen dieses strapazierfähigen Baumwollstoffs, der aus Nîmes in Frankreich stammt.

Jersey Oberbegriff für glatte Strickstoffe ohne erkennbare Rippen. Stammt ursprünglich von der Kanalinsel Jersey und war zunächst aus Wolle

Kammgarn Haltbarer Wollstoff für Herrenanzüge

Kaschmir Unterhaar der in großen Höhen lebenden Kaschmir-Ziege, das zu hochfeinen, warmen und edlen Mantelstoffen und Maschenwaren verarbeitet wird

Kattun Mittelfeiner, ungefärbter Baumwollstoff für Musterkleider; auch als Bedruckstoff für traditionelle indische und amerikanische Musterim Handel

Kordsamt Geripptes Gewebe, geschmeidig, bequem und haltbar, das für Hosen und Sakkos verwendet wird

Lycra® Für die Elastanfasern von DuPont eingetragenes Warenzeichen

Matte-Jersey Mattes, glattes Strickgewebe aus feinen Crepe-Garnen für fein fließende Abendgarderobe

Mikrofaser Oberbegriff für alle Chemiefasern, die feiner sind als Seide. Mikrofasergewebe sind weich, leicht, atmungsaktiv und haltbar.

Moleskin Hochwertiger, kräftiger, aufgerauter Baumwollstoff für dunkle Hosen und Jacketts

Mouliné Zwei verschiedenfarbige Garne, zu einem verdreht. Das marmorierte Bild sieht man häufig an Pullovern.

Nessel Leichter bis mittelschwerer, feiner Baumwollstoff in Leinwandbindung

Pfirsichhaut Ähnlich Moleskin, doch zarter und weicher, häufig wie Mikrofasermaterial gewebt

Pinpoint Oxford Hochwertiger, leichter, weicher, baumwollartiger Stoff mit zwei Schüssen im Fach; dank sehr glatter Oberfläche gut für Hemden geeignet

Piqué (Pikee) Baumwollgewebe mit einem Muster, das an Waffeln oder Diamanten erinnert. Französischer Piqué wurde international bekannt durch das Polo-Shirt von René Lacoste, einem französischen Tennischampion der 1920er-Jahre.

Platzierter Print Druckmotiv, das an einer bestimmten Stelle im Dessin platziert ist; Technik, die häufig mittels Computer für Bordürendrucke eingesetzt wird

Pointelle Sehr feminine, zarte Rippenware mit Lochmuster

Popeline Haltbarer Stoff in Tuchbindung, ähnlich Broadcloth (einer Art Wollstoff), doch schwerer und mit stärkeren Rippen; aus Seide, Baumwolle, Kunstfasern, Wolle oder Mischgarnen

Ribstop In regelmäßigen Abständen doppelt gewebter Stoff, der bei kleineren Rissen keine Laufmaschen bildet

Samt Polgewebe mit kurzem, dichtem Flor und voller, weicher Textur

Satin Glänzender, glatter Stoff, meistens aus Seide, Viskose oder Acetat, der in förmlicher Kleidung, Hochzeitskleidern und als Innenfutter verwendet wird

Schiffli-Stickerei Typisch sind Rebenmuster auf glattem, maschenartigem Stoff; benannt nach der hierfür eingesetzten Maschine (Schiffli-Maschine)

Seersucker Beliebter Sommer-Baumwollstoff, bei dem sich glatte und gekräuselte Streifen abwechseln

Shantung Mittelschwerer, seidenartiger Stoff in Leinwandbindung, der durch einen Schuss aus Wildseide eine unregelmäßige, noppige Oberfläche erhält. Er wird für Kleider verwendet.

Stickerei Ausgefallene Handarbeit oder Besätze aus farbigem Garn, Stickseide, weicher Baumwolle, Seide oder metallischen Fäden. Obwohl immer noch viel mit der Hand gestickt wird, sind die meisten Stickereien industriell gefertigter Bekleidung maschinell hergestellt.

Taft Steifer, raschelnder, schimmernder Stoff für Abendmode, oft mit Webkaros oder Querrippeneffekt durch hohe Kettdichte

Terry Gewebe mit Schlingenflor auf einer oder beiden Seiten

Tweed Schwere Wollstoffe aus Schottland mit farbigen Webeffekten und Mustern

Twill Gewebe mit deutlichen diagonalen Rippen auf der Vorderseite (wie bei Jeans, Gabardine Tricotine) für Unter- oder Stützkonstruktionen und Mäntel

Velours Weiche Polgewebe mit dichtem Flor

Venetian Edler Futterstoff aus Baumwollsatin für Anzüge und Mäntel

Viskose Industriell hergestellte Chemiefaser aus umgewandelter (regenerierter) Zellulose. Sie ist weich und saugfähig, fällt gut und wird in vielen Varianten als Strick- und Wirkware, matt und glänzend, angeboten, leidet aber unter zu gründlicher Reinigung.

Voile Leichter, glatter Stoff mit steifem, drahtigem Griff

Vyella™ Geschützte Bezeichnung für ein Mischgewebe aus Baumwolle und Wolle (farbiges Garn oder bedruckt) für mittelschwere Winterkleidung und Schuluniformen

Modeschulen

Diese Liste beinhaltet einige der führenden Hochschulen. Sie erhebt keinen Anspruch auf Vollständigkeit.

Deutschland

Fachhochschule Aachen, Fachbereich Design
Boxgraben 100, 52064 Aachen
Tel. 0049 (0)241 60 09 15 10, Fax 60 09 15 32

Berufsfachschule für Foto-, Grafik- und Modedesign der Stiftung Lette-Verein
Viktoria-Luise-Platz 6, 10777 Berlin
Tel. 0049 (0)30 21 99 41 31, Fax 21 99 42 41

ESMOD (Ecole Superieure de la Mode) Berlin
Schlesische Str. 29/30, 10997 Berlin
Tel. 0049 (0)30 61 12 214, Fax 61 12 187

HdK Hochschule der Künste Berlin
Straße des 17. Juni 118, 10623 Berlin
Tel. 0049 (0)30 31 85 20 51

Kunsthochschule Berlin-Weißensee Hochschule für Gestaltung
Bühringstr. 20, 13086 Berlin
Tel. 0049 (0)30 47 70 50, Fax 47 70 52 90

Hochschule für Künste Bremen
Am Wandrahm 23, 28195 Bremen
Tel. 0049 (0)421 30 19 100, Fax 30 19 109

Institut für Textilgestaltung / Kulturgeschichte der Textilien
Emil-Figge-Str. 50, 44221 Dortmund
Tel. 0049 (0)231 75 52 974, Fax 75 54 506

Staatliche Hochschule für bildende Künste – Städelschule
Dürerstr. 10, 60596 Frankfurt a.M.
Tel. 0049 (0)69 60 50 080, Fax 60 50 08 66

Burg Giebichenstein – Hochschule für Kunst und Design
PF 20 02 52, 06003 Halle
Tel. 0049 (0)345 77 510, Fax 77 51 569

Anna-Siemsen-Schule Fachschule für Gestaltung – Gewandmeister
Zeughausmarkt 32, 20459 Hamburg
Tel. 0049 (0)40 42 84 32 191, Fax 42 84 32 985

Fachschule Hamburg, Fachbereich Gestaltung, Technik/Textil und Bekleidung
Armgartstr. 24, 22087 Hamburg
Tel. 0049 (0)40 42 86 34 127, Fax 42 86 33 217

Hochschule für bildende Künste Hamburg
Lerchenfeld 2, 22081 Hamburg
Tel. 0049 (0)40 42 83 23 255, Fax 42 83 22 279

Fachhochschule Niederrhein I, Studienrichtung Textil-Design
Frankenring 10, 47798 Krefeld
Tel. 0049 (0)2151 82 22 01, Fax 82 25 55

Fachhochschule Niederrhein II, Fachbereich Textil- und Bekleidungstechnik
Webschulstr. 3, 41065 Mönchengladbach
Tel. 0049 (0)2161 18 67 01, Fax 18 67 01

AMD Akademie Mode Design
Infanteriestr. 11a, 80797 München
Tel. 0049 (0)89 38 66 780, Fax 38 66 78 78

Deutsche Meisterschule für Mode, Fachschule für Schnitt und Entwurf und Berufsschule für Mode- und Kommunikationsdesign
Roßmarkt 15, 80331 München
Tel. 0049 (0)89 23 32 24 23, Fax 23 32 60 07

ESMOD München
Fraunhoferstr. 23, 80469 München
Tel. 0049 (0)89 20 14 525, Fax 20 22 591

Lehranstalt des Dt. Textileinzelhandels – LDT
Vogelfangweg 23, 72202 Nagold
Tel. 0049 (0)7452 84 090, Fax 84 09 40

Staatliche Fach- und Berufsfachschule für Bekleidung
Stengelstr. 25, 95119 Naila
Tel. 0049 (0)9282/465, Fax 33 94

Hochschule für Gestaltung, Technik und Wirschaft, Studiengang Mode
Fachhochshule, Östliche-Karl-Friedrich-Str. 24, 75175 Pforzheim
Tel. 0049 (0)7231 286045, Fax 286040

Staatliche Akademie der bildenden Künste
Am Weissenhof 1, 70191 Stuttgart
Tel. 0049 (0)711 25750, Fax 25 75 225

Fachhochschule Trier Fachbereich Modedesign
Schneidershof, 54293 Trier
Tel. 0049 (0)651 81 03 291, Fax 81 03413

Schweiz

Schule für Gestaltung, Abt. Modedesign
Vogelsangstr. 15, 4021 Basel

Österreich

Universität für Angewandte Kunst, Modeklasse
Oskar-Kokoschka-Platz 2, 1010 Wien

Modeschule Schloß Hetzendorf
Hetzendorfer Str. 79, 1012 Wien

GB

Central Saint Martins College of Art and Design
School of Fashion and Textiles
107 Charing Cross Road, London WC2H 0DU

Royal College of Art
School of Fashion and Textiles
Kensington Gore, London SW7 2EU
(nur Aufbaustudiengänge)

Frankreich

ESMOD Paris
Es gibt 17 ESMOD-Modeschulen in neun Ländern, mit Hauptsitz in Paris:
16, Boulevard Montmartre, 75009 Paris

Les Ecoles de la Chambre Syndicale de la Couture
45, rue Saint Roch, 75001 Paris
Tel. 0033 (0)1 42 61 00 77, Fax 42 86 89 42

Italien

Domus Academy
Via Watt 27, 20143 Mailand

Polimoda
Villa Strozzi, Via Pisana 77, 501443 Florenz

Accademia di Costume e Moda
Via della Rondinella 2, 00186 Rom

Belgien

Academie voor Schöne Kunste, Abt. Mode
Mode Natie
Nationale Straat/Drukkerijstraat
Antwerpen

La Cambre
Ecole Superieure des Arts Visuels
21 Abbaye de la Cambre, 1000 Brüssel

USA

The Fashion Institute of Technology (FIT)
7th Avenue at 27th Street
New York, New York 10001

Parsons School of Design
66, 5th Avenue
New York, New York 10011

Japan

Tama University of Fine Arts, Textile Design
3-15-34 Kaminoge, Setagaya-ku
Tokio 158

Museen und Kostümgalerien

Bei einigen dieser Museen bekommen Studenten eine Ermäßigung oder an manchen Tagen freien Eintritt.

Deutsches Textilmuseum Krefeld
Andreasmarkt 8
47809 Krefeld

Germanisches Nationalmuseum, Abt. Mode
Kartäusergasse 1
90402 Nürnberg

Kostümforschungsinstitut
Kemnatenstr. 50
80639 München

Lipperheidesche Kostümbibliothek
Kunstbibliothek
Staatliche Museen zu Berlin
Matthaikirchplatz 6
10785 Berlin

Modemuseum im Landesmuseum Baden-Württemberg
Schloß Ludwigsburg
Festinbau
71634 Ludwigsburg

Modemuseum im Münchner Stadtmuseum
St. Jakobsplatz 1
80333 München

Museum für Kunst und Gewerbe Hamburg
Steintorplatz 1
20099 Hamburg

Staatliche Kunstsammlungen Dresden, Modeabt.
Zwinger – Theaterplatz 1
01067 Dresden

Modesammlung des Historischen Museums der Stadt Wien
Karlsplatz 2
1010 Wien
Österreich

Museum of Costume
Assembly Rooms
Bennet Street
Bath
Somerset
Großbritannien

Victoria and Albert Museum (V&A)
Cromwell Road
South Kensington
London SW7 2RL
Großbritannien

MoMu
Antwerp Fashion ModeMuseum
Nationalestraat 28
2000 Antwerpen
Belgien
E-Mail info@momu.be

Musée des Arts de la Mode
Louvre
Pavillion de Marsan
Rue de Rivoli
75001 Paris
Frankreich

Musée du Costume de la Ville de Paris
Palais Galliéra
14 Avenue New York
75016 Paris
Frankreich

Centro Internazionale Arti e del Costume
3231 Palazzo Grassi
30124 Venedig
Italien

Museum Groningen
Museumeiland 1
Groningen 9700
Niederlande

Costume Institute
Metropolitan Museum of Art
5th Avenue/82nd Street
New York, New York 10028
USA

Museum at the Fashion Institute of Technology
7th Avenue at 27th Street
New York, New York 100015992,
USA

Brooklyn Museum
200 Eastern Parkway, Brooklyn
New York, New York 11238-6052
USA

Costume Gallery
Los Angeles County Museum of Art
5905 Wilshire Boulevard
Los Angeles, California 90036
USA

Kobe Fashion Museum
Rokko Island
2-9 Naka Koyocko Higashinada
Kobe
Japan

Galleria del Costume
Sitz in einem Seitenflügel des Palazzo Pitti
Florenz
Italien
Di–So 8.30-13.50 Uhr

Museum Salvatore Ferragamo
Palazzo Spini Feroni
Via Tornabuoni, 2
Florenz
Italien

Le Musée des Tissus et des Arts Décoratifs
34, Rue de la Charité
69002 Lyon
Frankreich
E-Mail musees@lyon.cci.fr

Websites

www.costumes.org
www.ETN-net.org

La couturiere Parisienne
www.marquise.de

Musee (Links zu Museen weltweit)
www.musee-online.org

Was ist Mode?
www.pbs.org/newshour/infocus/fashion/
whatisfashion.html

www.fashion-era.com
von Pauline Weston Thomas

Bücher und Filme

Romane

Lauren Weisberger, *Der Teufel trägt Prada*. Die Autorin war Assistentin von Anna Wintour, Chefredakteurin der amerikanischen *Vogue*.

Caroline Hwang, *In Full Bloom*. Die Geschichte einer jungen Amerikanerin koreanischer Abstammung in der Welt der Printmedien.

Laura Jacobs, *Women About Town*. Die frühere Redakteurin des Magazins *Vanity Fair* schildert die Heldentaten zweier New Yorker auf ihrem Weg in die gehobene Gesellschaft der Design- und Medienbranche.

Plum Sykes, *Bergdorf Blondes*. Eine *Vogue*-Stylistin, kaum verhüllt, hinter den Kulissen eines Hochglanzmagazins.

Isaac Mizrahi, *The Adventures of Sandee the Supermodel*. Comic.

Filme

Funny Face, Regisseur: Stanley Donen (1957). Audrey Hepburn in Modellen von Hubert de Givenchy.

Rebel Without A Cause, Regisseur: Nicholas Ray (1955). James Dean als Prototyp des Teenagers.

Der Wilde, Regisseur: László Benedek (1953). Marlon Brando als Rocker in Lederkluft.

Beat Girl, Regisseur: Edmond T. Gréville (1960). Eine Saint-Martins-Modestudentin verbringt ihre Zeit in den Kneipen von Soho statt im Atelier.

Prêt-à-Porter, Regisseur: Robert Altman (1994). Die surreale Atmosphäre des Pariser Modezirkus auf Schauen von Jean-Paul Gaultier und Christian Lacroix.

Unzipped, Regisseur: Douglas Keeve (1995). Protagonist dieser hoch gelobten Dokumentation aus der Welt der Mode ist Isaac Mizrahi.

Belle de Jour (Schöne des Tages), Regisseur: Luis Buñuel (1967). Catherine Deneuve in Entwürfen von Yves Saint Laurent.

Performance, Regisseure: Donald Cammell und Nicolas Roeg (1970). Mick Jagger und Anita Pallenberg in Outfits von Ossie Clark.

Annie Hall (Der Stadtneurotiker), Regisseur: Woody Allen (1977). Der Annie-Hall-Look des amerikanischen Modedesigners Ralph Lauren.

Model, Regisseur: Frederick Wiseman (1980). Die New Yorker Modewelt.

Qui êtes-vous Polly Magoo? (Wer sind Sie, Polly Magoo?), Regisseur: William Klein (1996). Seltsame Parodie auf den Modezirkus, betrachtet durch die Linse eines Fotografen.

Il Conformista (Der Konformist – Der große Irrtum), Regisseur: Bernardo Bertolucci (1970). Stilvolle Schilderung der Spannungen im faschistischen Italien der 1930er-Jahre.

Barbarella, Regisseur: Roger Vadim (1967). Jane Fonda in kitschig-futuristischer Mode von Paco Rabanne.

Blade Runner, Regisseur: Ridley Scott (1982). Science Fiction im Los Angeles von heute.

Das Fünfte Element, Regisseur: Luc Besson (1997). In der Hauptrolle das Model Mila Jojovich, Kostüme von Jean-Paul Gaultier.

Bezugsquellen

Deutschland

Name	Angebot	Adresse
Alpha Bands Hneidegesellschaft H. Cremer & Co.	Bänder	Bahner 94, 41238 Mönchengladbach Tel. 0049 (0)2166 897 22
artfleur Hoffmann GmbH	Seidenblumen und -pflanzen	Heegerstr. 20, 42555 Velbert Tel. 0049 (0)2052 6040
Barthels-Feldhoff GmbH & Co. KG	Garn, Bänder, Borten, Schnüre, Kordeln, Dekostoffe	Brändströmstr. 9–11, 42289 Wuppertal Tel. 0049 (0)202 647 950
Coats GmbH	Nähgarn, Reißverschlüsse, Reißverschluss-Schieber	1. Südwieke 180, 26817 Rhauderfehn Tel. 0049 (0)4952 8040
Deko Albert GmbH	Sämtliches Nähmaterial, Büsten, Tüten	Schwerstr. 44, 71065 Sindelfingen Tel. 0049 (0)7031 793 710
DEVETEX Delius – Verseidag Textil GmbH & Co. KG	Futter, Taschenfutter	Girmesgath 5, 47803 Krefeld Tel. 0049 (0)2151 768 934
Eagle Products Textil GmbH	Schals, Tücher, Stolas, Plaids, Decken Kissenhüllen	Orleansstr. 16, 95028 Hof Tel. 0049 (0)9281 8191 30
Élegance Ref Offergelt GmbH	Wertvolle Stoffe im Versandhandel, Damenoberbekleidung, Restwaren	Jülicher Str. 306, 52070, Aachen Tel. 0049 (0)241 4390
Gustav Gester GmbH & Co. KG	Bänder/Borten, Kordeln, Lizen, Schnüre, Posamenten, Spitzen	Memminger Str. 18, 88400 Biberach/Riß Tel. 0049 (0)7351 586 500
Gütermann AG	Nähfäden, Perlen, Pailletten, Schmuckzubehör, Reißverschlüsse	Landstr. 1, 79261 Gutach Breisgau Tel. 0049 (0)7681 210
Heider Ledervertriebs GmbH	Leder	Vizekanzler-Reuss-Str. 4, 96260 Weismain Tel. 0049 (0)9575 7087
Heinrich Toerner GmbH	Schaufensterfiguren, Stoff, Dekorationsfolien	Liebigstr. 37, 74211 Leingarten Tel. 0049 (0)7131 40640
Hoechstmess Balzer GmbH	Markier- und Zeichenstifte, Maßbänder, Nähhelfer	Wiesenstr. 13, 65843 Sulzbach Tel. 0049 (0)6196 500 50
Kufner Textilwerke GmbH	Ärmel-Fisch, fixierbare Einlagen, Vlies	Irschenhauser Str. 10, 81379 München Tel. 0049 (0)89 724 960
ORAG Bayerische Schneidergenossenschaft e.G.	Futterstoffe, Einlagen, Kurzwaren, Knöpfe, Reißverschlüsse, Werkzeuge	Oberanger 9, 80333 München Tel. 0049 (0)89 2355 5333
Udo Dallacher	Seidentextilien, Stoffe, Accessoires	Joseph-Maria-Lutz-Anger 28, 81737 München Tel. 0049 (0)89 6254 142

Österreich

Name	Angebot	Adresse
Backhausen interior textiles GmbH	Flammfeste Dekostoffe, gewebte und gewirkte Gardinen, Stick/Florentiner	3945 Hoheneich 136 Tel. 0043 (0)2852 5020
Linz Textil GmbH	Stoffe und Futterstoffe	Wiener Str. 435, 4030 Linz Tel. 0043 (0)732 399 60
Unitex GmbH	Steinchen, Perlen, Aluplättchen, Pailletten, Bänder	Grindelstr. 15, 6890 Lustenau Tel. 0043 (0)5577 83302

Schweiz

Name	Angebot	Adresse
Bösch & Co.	Abzeichen, Monogramme, Motive	J. Schmidheinystr. 242a, 9435 Heerbrugg Tel. 0041 (0)71 722 1733
Fischbacher Christian Co. AG	Verschiedenste Stoffe	Mövenstr. 18, 9015 St. Gallen Tel. 0041 (0)71 314 6666
K. Maurer & Co. AG	Futterstoffe	Steinstr. 35, 8045 Zürich Tel. 0041 (0)1456 3434
Rudolf Engeler	Knöpfe und Kurzwaren	Churfirstenstr. 54, 9500 Wil Tel. 0041 (0)71 923 99 33
Zimmermann-Büsten	Büsten	Alte Zugerstr. 3, 6403 Küssnacht Tel. 0041 (0)41 850 2012

Großbritannien

Name	Angebot	Adresse
Borovick	Glitzernde Stoffe für Abendgarderobe	16 Berwick Street, London WC1V Tel. 0044 (0)20 7437 2180
Celestial Buttons	Ausgefallene Knöpfe und Kurzwaren	162 Archway Road, London N6 5BB Tel. 0044 (0)20 8341 2788
Eastman Staples Ltd	Ausrüstung für Schnittmusterentwurf und Schnitttechnik für Lehrbetrieb und Studio	Lockwood Road, Huddersfield HD1 3QW Tel. 0044 (0)1484 888888
London Graphic Centre	Mappen, Designbedarf, Rabatte für Studenten	16–18 Shelton Street, London WC2E 9JJ Tel. 0044 (0)20 7240 0095
RD Franks	Modebücher und -zeitschriften, Werkzeuge, Schneiderpuppen	Kent House, Market Place, London W1N 8EJ Tel. 0044 (0)20 7636 1244
Rai Trimmings	Schneidereibedarf	9/12 St. Anne's Court, London W1 Tel. 0044 (0)20 7437 2696
Soho Silks & By the Yard	Hochwertige Stoffe und ausgefallene Seiden	24 Berwick Street, London WC1V 3RF Tel. 0044 (0)20 7434 3305
The Cloth Shop	Stoffe, überzählige Stoffmuster von Designern	14 Berwick Street, London WC1V 3RF Tel. 0044 (0)20 7287 2881
The Handweavers	Ateliergarne, Fasern, Farbstoffe, Bücher	29 Haroldstone Road, London E17 7AN Tel. 0044 (0)20 8521 2281
Whaleys (Bradford) Ltd	Einfarbige, naturfarbene Stoffe und Rohware	Versandhandel Tel. 0044 (0)1274 576718
William Gee	Futterstoffe, Kurzwaren, Verzierungen	520 Kingsland Road, London E8 Tel. 0044 (0)20 7254 2451

Frankreich (Paris)

Name	Angebot	Adresse
La Samaritaine	Kaufhaus mit Angebot an modernen und traditionellen Stoffen	floor 75, rue de Rivoli, 75001 Paris Metro: Pont Neuf
Le Rouvray	Stoffe für Patchwork und Kunsthandwerk	3, rue de la Bucherie, 75005 Paris Tel. 0033 (0)1 43 25 00 45
Marche St Pierre	Stoffe auf vier Etagen; jede nur denkbare Art von Stoff	2, rue Charles Nodier Montmartre, Paris, 75018 Tel. 0033 (0)1 46 06 56 34
Marché Carreau du temple	Traditioneller überdachter Markt – hochwertige Stoffe und günstige Kleidung	rue Perrée

USA

Name	Angebot	Adresse
Active Trimming	Schulterpolster und Besätze	250 W 39th Street, New York, NY 10018 Tel. 001 (212) 921 7114
Alpha Trims	Posamenten	6 East 32nd Street, New York, NY 10016 Tel. 001 (212) 889 9765
Art Station Ltd	Zeichen- und Designbedarf	144 West 27th Street, New York, NY 10001 Tel. 001 (212) 807 8000
Brewer-Cantelmo	Mappen nach Kundenentwürfen	350 Seventh Avenue, New York, NY 10001 Tel. 001 (212) 244 4600
Button Works	Knöpfe und Besätze	242 W 36th Street, New York, NY 10018 Tel. 001 (212) 330 8912
Fashion Design Bookshop	Bücher und Modewerkzeuge	234 W 27th Street, New York, NY 10001 Tel. 001 (212) 633 9646
Le Lame Inc	Stretch- und Effektstoffe und elastische Verzierungen	250W 39th Street, New York, NY 10018 Tel. 001 (212) 921 9770
Pearl Paint	Künstlerbedarf	308 Canal Street, New York, NY 10013 Tel. 001 800 221 6845
Superior Model Form Co.	Schneiderpuppen, auch Reparatur	306 West 38th Street New York, NY 10018 Tel. 001 (212) 947 3633
Zipper Stop	Reißverschlüsse und Nähgarne	27 Allen Street, New York, NY 10002 Tel. 001 (212) 226-3964

Fachbegriffe der Schnittentwicklung und Nähtechnik

A

Abnäher	Genähte Falte, an einem oder beiden Enden spitz zulaufend, durch die sich der Stoff der Kontur des Körpers anpasst
Abstimmen	Kombinieren von 1) Stoff- und Besatzfarben 2) Streifen, Karos und Drucken auf Bekleidung 3) paarweise vorhandenen Kerben und Nähhinweisen
Ahle	Werkzeug mit scharfer Spitze zum Lochen von Schnittmustern oder Leder
Angeschnitten	Taschen, Säume oder Blenden, die in einem Zug mit dem Hauptschnitt zugeschnitten werden
Anprobe	Anpassen eines Kleidungsstücks am Model oder dem Kunden
Applikation	Aufgenähte Verzierung aus Stoff
Arbeitszeichnung	Entwurfszeichnung, die die Fertigungslinien eines Stücks zeigt und häufig der Näherin als Hilfe dient
Armkugel	Oberer Teil des Ärmels, der an die Schulter grenzt
Armloch	Der Bereich eines Oberteils, der an die Achselhöhle grenzt
Asymmetrisch	Ungleichmäßig, nicht gleich lang, etwa die Seiten eines Kleidungsstücks
Aufschlag	Hochgeschlagener Stoff am Hosensaum oder Ärmelende
Aus dem /Mit dem Fadenlauf	Kleidung, die sich verzieht oder schlecht fällt, weil das Schnittmuster im falschen Winkel auf dem Stoff lag, bezeichnet man als »aus dem Fadenlauf«.
Ausfransen	Die Schnittkanten vieler Gewebe »fransen aus« und müssen versäubert oder eingefasst werden, damit Nähte nicht ausreißen
Ausrichten	Schnittmuster bearbeiten, um unsauber gezeichnete Linien zu korrigieren, Kurven zu glätten und Nahtlängen zu egalisieren

B

Balance	1) Der korrekte Fall eines Kleidungsstücks bei geraden Seitennähten 2) Ausgewogenheit der Proportionen eines Entwurfs
Biese	Zierfalte
Blocking	Maschenware flach bügeln; auch: Hüte in Form dämpfen
Bügeln	Ein Gewebe unter Einsatz von Dampf und Druck glätten oder in Falten legen
Burmesterkurven	Für die Schnittkonstruktion verwendetes Werkzeug mit einer »goldenen Mitte« zum leichteren Zeichnen enger oder weiter Kurven

C

Crossgrain	Fadenlauf von Webkante zu Webkante

D

Dekolletee	Sehr tiefer Ausschnitt
Doppelreihig	Breit überlappende Reverspartie mit Platz für zwei Knopfreihen, die in gleichem Abstand zur Mitte verlaufen
Drapieren	Stoff raffen oder in Falten legen
Drehpunkt	1) Punkt, an dem man beim maschinellen Einnähen von Einsätzen und Keilen wendet 2) Scheitelpunkt des Abnähers, anhand dessen die Abnäherlage bei der Schnittentwicklung verändert werden kann
Dressieren	Nähte und Einzelteile von Kleidung während der Fertigung bügeln, was zu einem besseren Bügelergebnis führt als mit alleinigem Endbügeln

E

Echte Diagonale	Die 45°-Diagonale, in der Gewebe am meisten nachgibt
Einfassen	1) Stoffstreifen, mit dem die Kanten einer Tasche versäubert sind 2) Strickbündchen

Einsatz	Ein Stoffstück oder Borte, als Verzierung in eine Naht eingearbeitet
Einschneiden	Ecken oder Rundungen der Nahtzugabe werden eingeschnitten, damit der Stoff sich verteilt und flach auseinanderbügeln lässt.
Empirekleid	Kleid mit kurzem Oberteil, unter der Brust mit einer Naht oder einem Band gerafft
Endbügeln	Das abschließende Bügeln eines Kleidungsstücks

F

Fadenlauf	Laufrichtung von Kette (längs) oder Schuss (quer) eines Gewebes; Kleidung ist »aus dem Fadenlauf«, wenn sie nicht dem geraden Lauf folgend zugeschnitten wurde.
Fischgrat	Dekoratives Webmuster aus V-förmig angeordneten Streifen
Fixieren	Zwischenfutter an den Oberstoff annähen oder schmelzen
Flor	1) Flor reflektiert das Licht je nach Faserrichtung unterschiedlich. Daher müssen die Teile eines Kleidungsstücks auf Flor- oder Polgewebe einheitlich ausgerichtet sein. 2) Die schlingenförmigen oder geschnittenen Fasern eines Gewebes wie Samt, Frottierware oder Webpelz, die ihm seine typische Textur verleihen

G

Gehre	Mithilfe einer Diagonalnaht eine saubere Ecke erzeugen; auch: Zwickel
Gimpe	Sehr reißfestes Garn (Kordel) zur Verstärkung von Knopflöchern und für Stickereien
Gleichgewichtspunkte	Markierungen im Schnitt, mit denen der Stoff ausbalanciert wird
Gradieren	Ein Schnittmuster im Verhältnis zum Standardmaß vergrößern oder verkleinern
Grosgrain	Breites, grobes Band, das für Gürtelbund und als Hutbesatz Verwendung findet
Grundschnitt	Mustervorlage, aus der weitere Schnitte entwickelt werden
Gurtband	1) Kräftiges, schmales Band in Köperbindung, das als Halteriemen verwendet wird 2) Sehr festes Band zur Verstärkung von Rock- und Hosenbund

H

Handnähen	Viele Stiche werden mit der Hand statt mit der Maschine gemacht, da dies sinnvoller ist oder dekorativ aussieht: Heftstich, Fischgrätenstich, Überwendlichstich, Knopflochstich, Stielstich usw.
Hanger Appeal	Merkmal von Kleidung, die den Kunden anspricht, ohne dass er sie anprobiert hat, drapierte Stücke etwa oder Kleidung aus Stretchmaterial
Heften	Teile mit provisorischen Stichen verbinden, auch »**Reihen**« genannt
Hosenschlitz	Mit Knöpfen oder Reißverschluss verschließbare Öffnung in Hosen

I

Innenfutter	Leichtes, glattes Material, das die Innenseite eines Kleidungsstücks schützt und Verschleiß verhindert
Interfacing	oder **Zwischenfutter**; Material, das zur Stabilisierung oder Formung eines Kleidungsstücks zwischen Oberstoff und Blende oder Innenfutter eingenäht oder eingebügelt wird

K

Keil	Geformter Stoffeinsatz, oft für mehr Weite eingesetzt
Kerben	Passzeichen in den Nahtzugaben eines Schnittmusters zur Orientierung beim Nähen und zum Abstimmen der Gleichgewichtspunkte
Knicklinie (auch Bruch)	Linie, an der das Revers eines Sakkos nach hinten umgeklappt wird
Knickpunkt	Punkt auf der Brust, an dem das Revers eines Sakkos nach hinten umgeklappt wird
Knopf	Weit verbreitete Verschlüsse: 2- und 4-Loch-Knopf, Fischauge, Ösenknopf, beziehbarer Knopf
Knopfgröße	Das Standardmaß für Knöpfe ist Ligne: 18, 22, 26, 30, 36, 45, 60.
Knopfloch	Seine Kanten können mit der Hand versäubert, mit oder ohne Kordel eingefasst oder in eine Naht integriert sein; Fertigung auch mit spezieller Knopflochmaschine möglich.

Konturiert	Der Körperform angepasst
Kopierrädchen	Zum Übertragen von Markierungen vom Papier auf den Schnitt oder Karton bzw. umgekehrt
Kragensteg	Der untere Teil des Kragens, der nicht umgeschlagen wird, häufig verstärkt und beim Hemd zuknöpfbar
Kurvenlineal	Flexibles Werkzeug zum Zeichnen präziser Kurven
Kurzwaren	Andere Bezeichnung für Posamenten und Besätze

L

Laminieren	Zwei Stoffe mit Klebstoff oder durch Bügelhitze miteinander verbinden
Leiste	Stoffleiste vor einem Schlitz, häufig zum Knöpfen

M

Manschettenknopf	Verschluss aus zwei mit Stiel oder Metallkette verbundenen Knöpfen
Marker	Papierschicht, auf die das Schnittlagebild vor dem Zuschnitt gezeichnet wird
Maschinenstiche	Neben Flatlock-Nähmaschinen, die einen Geradstich erzeugen, gibt es viele Sonderformen wie Overlock-, Merrow-, Zickzack- und Blindstich-Maschine usw.
Maßband	Flexibles, nicht dehnbares Schneiderwerkzeug zum Messen von Längen/Weiten
Modellieren	Andere Bezeichnung für Drapieren und das Entwickeln dreidimensionaler Entwürfe am Körper oder an der Schneiderpuppe
Musselin	Baumwollgaze für »Nesselmodelle« oder Testkleider
Muster	Stoffprobe, die dem Designer die Wahl eines Materials oder einer Farblinie erleichtert

N

Nadel	Maßsysteme für Nadelstärken sind metrisch (70–110) und nach Singer (11–18). Für viele Zwecke gibt es spezielle Nadeln: Nadeln mit scharfer Spitze, Stick- und Stopfnadeln, Zwillingsnadeln, Ledernadeln sowie Handnähnadeln für Handschuhmacher, Perlensticker und Hutmacher.
Nadelbrett	Samt und Kordsamt werden auf einem Brett mit feinen Nadeln gedämpft, damit der Flor nicht flachgedrückt wird.
Nahtband	Gewebeband zur Verstärkung von Nähten
Nahttrenner	Werkzeug zum Auftrennen von Nähten und Knopflöchern
Nesselmodell	Modell aus Kattun oder Musselin, mit dem Schnitt und Sitz getestet werden

O

Oberteil	Der obere Teil eines Kleidungsstücks (ohne Ärmel)
One-way	Viele bedruckte Stoffe lassen sich wie Florgewebe nur in einer Richtung zuschneiden.
Öse	1) Garn- oder Metallschlaufe, an der ein Knopf am Stoff befestigt wird
	2) Kleine Öffnung im Stoff für Kordeln; mit einem Metallring oder Faden versäubert
Overlock	Mit einer Overlock-Maschine werden Schnittkanten überwendlich versäubert, damit sie nicht ausfransen.

P

Papier	Modedesigner setzen viele Arten von Papier und Pappe ein. Am gebräuchlichsten sind: braunes Packpapier, einfaches Musterpapier, spot and cross, oak tag, Manilapapier und Millimeterpapier.
Paspel	Stoff oder Litze, als Randeinfassung oder Verzierung in eine Naht eingearbeitet
Paspeltasche	Tasche, deren Tascheneingriff mit schmalen Streifen, den Paspeln, eingefasst ist; typisch für Anzüge
Passe	Schulterbereich von Hemd, Mantel oder Sakko oder breiter Taillenbund, an dem weiterer Stoff angesetzt ist
Passennaht	Bogige Naht, über dem Schulterblatt bzw. der Brust verlaufend
Picot	Dekorativer, gezackter Randstich bei Maschenmode und Unterwäsche
Plaid	Webware mit Karomuster aus farbiger Kette und farbigem Schuss

Plissee	In gleichmäßige Falten gelegter Stoff etwa einer Passe; dauerhafte Plissierung durch maschinelles Dämpfen möglich. Es gibt viele Formen wie Kellerfalten, Flachfalten, Gehfalten, Liegefalten, Sonnenplissee, mushroom, crystal.
Posamentenverschluss	Schnurverschluss zur Verzierung von Kleidung oder für einen Knopf
Presserfuß	Fuß der Nähmaschine, der den Stoff beim Nähen niederdrückt
Prinzesskleid	Nur mit Längsnähten auf Taille gearbeitetes Kleid oder Oberteil
Produktionsschnitt	Schnittmuster aus festem Papier, das nach Korrektur und Einzeichnen aller Einzelheiten in der Fertigung eingesetzt wird

Q

Quilten	Zwei Stofflagen und Füllmaterial aufeinander nähen

R

Rappen	Stoff auf einer doppelten Stichreihe zusammenziehen, um Weite oder Fülle zu erzeugen
Reißverschluss	Verschlussart mit großer Variationsbreite und für unterschiedliche Zwecke
Revers	1) Obere, zu beiden Seiten umgelegte Vorderkante von Bluse oder Jackett
	2) Umschlag/Aufschlag eines Kleidungsstücks an Halsausschnitt oder Manschette
Reversbruch	Linie, an der ein Kragen oder ein Revers umgelegt wird
Reihen	Stoffstücke für eine Anprobe und vor dem endgültigen Maschinennähen provisorisch zusammennähen
Rouleau	Dünner verstürzter Stoffschlauch, der als Träger oder Schleife dient
Rüschen	Stoff kräuseln, etwa mit der Nähmaschine und elastischem Garn

S

Säumen	Die Stoffkante durch Umschlagen versäubern
Saumlinie	Die Linie oder Körperstelle, an der der Saum umgeschlagen wird
Schere	Schneider benötigen zahlreiche Spezialscheren für verschiedene Materialien: Papierscheren, Stoffscheren, Elektroscheren, Schneiderscheren, Stickscheren, Trimmer, Einfingerscheren und Fadenabscheider
Schlag	Zusätzliche Weite am unteren Rand eines Kleidungsstücks, die es lebhaft schwingen lässt
Schlitz	Spalte oder Falte für mehr Bewegungsfreiheit
Schlitzen	1) Stoff zuschneiden
	2) Ein Schnittmuster zu Änderungszwecken zerschneiden
Schmelzen	Selbstklebende Einlagen mit Hitze oder Chemikalien am Stoff fixieren
Schneider-Heftstiche	Stiche, die die Teile eines Kleidungsstücks mit großen Schlaufen verbinden. Diese werden aufgeschnitten und erleichtern die Arbeit mit Abnähern und Gleichgewichtspunkten.
Schneiderkreide	Wachsartige feste oder puderförmige Kreide zum Anzeichnen von Markierungen auf Stoff, die beim Maschinennähen als Orientierung dienen. Die Kreide lässt sich mühelos mit Dampf entfernen.
Schneiderpuppe	Nachbildung eines Rumpfes, meistens auf einen drehbaren Ständer montiert, die die Arbeit an einem Kleidungsstück erleichtert
Schnittbild	Zur Herstellung eines Kleidungsstücks nötige Stofflänge und »Schnittlagebild«
Schnittlagebild	Plan, nach dem der Stoff, je nach Art und Bahnbreite, zugeschnitten wird
Schnittmuster-Haken	Gewerbliche Schnitte werden nicht gefaltet, sondern hängend aufbewahrt
Schnürung	Regulierung von Weite und Passform über zwei Kanten mit Ösen und Bändern
Schößchen	Der ausgestellte untere Rand einer Jacke, der meistens an der Taille ansetzt
Schrägband	Band mit »schrägem« Fadenlauf und umgebügelten Rändern, dehnt sich stärker als gerade gewebtes Band und ist ideal für gebogene Säume und zum Versäubern von Nähten
Schräglinie	Diagonale im Winkel von 45° zum Fadenlauf des Stoffs
Schulterpolster	Geformter Schaumstoff oder ähnliches Material zur Unterfütterung der Schulterpartie eines Kleidungsstücks

Serge	Wollstoff in Körperbindung
Self fabric	Das gleiche Material für Kleidungsstück und Besatz verwenden
Smoken	Stoff mit feinen Zierstichen raffen
Spiegelnaht	Stelle, an der Kragen und Revers einander berühren und die Kerbe bilden (ein- oder doppelreihig)
Stäbchen	Versteifung in Miederwaren, früher Fischbein, heute Metall oder Kunststoff
Stanzen	Gleichzeitiger Zuschnitt großer Mengen von Kleidung mit Stanzmessern aus Metall
Stecknadeln	Schneider verwenden feine Stahlnadeln, T-Nadeln und Glaskopfnadeln
Stickerei	Dekorative Muster aus einzelnen Stichen, per Hand oder maschinell gefertigt
Stoffprobe	Kleines Stück Musterstoff, engl. **feeler**
Stufen	Nahtzugaben stufenweise kürzen, um das Stoffvolumen zu verringern
Suppression	Stoff in Abnähern, Raffungen, Falten oder Nähten am Körper zusammenfassen, um die Konturen nachzubilden
Symmetrisch	Ein ausgewogener Entwurf ist symmetrisch

T

Taillenband	1) Band zum Versäubern des Taillenrands, besonders bei Herrenhosen 2) Eine Art Gürtelband innen zum Zusammenhalten der Taille in engen Kostümjacken
Tunnel	Ein durch zwei parallele Nähte geschaffener Kanal, durch den festes oder elastisches Band gezogen wird

U

Überwendlich	Schnittkanten können überwendlich versäubert werden.
Umschlag	Die überlappende vordere Hälfte eines Sakkos oder Wickelrocks
Under-stitching	Blenden an der Nahtzugabe feststeppen, sodass sie nicht herausklappen können
Untertritt	Dreieckiger Stoffeinsatz, der in Säumen für mehr Weite sorgt

V

Verblenden	Versäubern von Kanten, indem Stoff passgenau entlang der Kante genäht und alles zusammen gewendet wird, so dass die Kanten innen liegen
Verdeckte Knopfleiste	Typisch bei Mänteln, mit Knöpfen oder Reißverschluss
Verschlüsse	Alles, was zum Verschließen von Kleidung dient: Knöpfe, Reißverschlüsse, Haken und Ösen, Klettband, Knebelknöpfe usw.
Verstürzen	Futter und Oberstoff links auf links nähen und anschließend wenden bzw. verstürzen

W

Warenfall	Die Art, wie ein Stoff fällt
Wattieren	Teile eines Outfits mit Stoff oder Füllmaterial unterfüttern – so wirkt es voluminöser
Webkante	Längsseitiger Abschluss einer Stoffbahn
Weite	Mit Zugabe vergleichbar: zusätzlicher Stoff für mehr Komfort und lockeren Sitz

Z

Zickzack	Stich zum dekorativen Verbinden und Versäubern von Kanten, verleiht Nähten überdies eine gewisse Dehnfähigkeit
Zickzack schneiden	Stoff oder Nahtzugabe gegen Ausfransen mit einer Zackenschere schneiden
Ziersteppen	Mit der Maschine eine sichtbare, funktionelle Ziernaht am Rand oder auf der Außenseite eines Kleidungsstücks nähen
Zugabe	Stoff, der zusätzlich gewährt wird 1) als Nahtzugabe 2) für bequemen Sitz eines Kleidungsstücks 3) für Falten und Kräuselungen
Zuschneideschere	Schere mit langen Blättern zum Schneiden dicker Stoffe. Sie eignet sich für das Zusammennähen von Stoffrändern.
Zwickel	Dreieckiger oder kahnförmiger Stoffeinsatz, der in Schritt oder Achsel für besseren Sitz oder mehr Bewegungsfreiheit sorgt

Weiterführende Literatur

Abling, Bina, *Fashion Rendering with Color*, Prentice Hall, New York, 2001
Agins, Teri, *The End of Fashion*, New York, William Morrow and Co., 1999
Albaum, Michael, *Das Kundenbuch. Menschen und ihr Einkaufsverhalten bei Bekleidung*, Frankfurt/M., Dt. Fachverlag, 2000
Allen, Anne & Julian Seaman, *Fashion Drawing. The Basic Principles*, London, Batsford, 1996
Barthes, Roland, *Die Sprache der Mode*, Frankfurt/M., Suhrkamp, 1985
Becker, Susanne & Stefanie Schütte, *Magisch angezogen. Mode. Medien. Markenwelten*, München, Beck, 1999
Black, Sandy, *Mode gestrickt*, München, Stiebner, 2002
Blanchard, Tamsin, *Fashion and Graphics*, London, Laurence King, 2004
Boehn, Max von, *Die Mode, Eine Kulturgeschichte vom Mittelalter bis zum Jugendstil*, 2 Bde., München, Stiebner, 1996
Bohdanovicz, J. & L. Clamp, *Fashion Marketing*, Oxford, Blackwell Science, 1995
Bolles, Dick, *What Color is Your Parachute?*, Berkeley, Ten Speed Press, 2004
Borelli, Laird, *Illustrationen der Mode: Internationale Modezeichner und Ihre Arbeiten*,
    Stiebner, München, 2000
Borelli, Laird, *Illustrationen der Mode II: Die Visionen der internationalen Modezeichner*,
    Stiebner, München, 2004
Borelli, Laird, *Stylishly Drawn*, Harry Abrams, New York
Borrelli, Laird, *www.mode. Design, Vermarktung und Kommunikation im Internet*, München, Stiebner, 2002
Boyes, Janet, *Essential Fashion Design. Illustration Theme Boards, Body Coverings, Projects, Portfolios*, London, Batsford, 1997
Braddock, S.E. & M. O'Mahony, *Techno Textiles. Revolutionary Fabrics for Fashion & Design*, London, Thames & Hudson, 1998
Brannon, E.L., *Fashion Forecasting*, New York, Fairchild, 2002
Breward, Christopher & Caroline Evans, *Fashion and Modernity*, London, 2005
Brinkmann-Stieler, Annegret, *DOB-Gradierung. Schnitt-Know-how für Industrie und Handwerk*,
    München, Rundschau Verlag, 2001
Carr, Harold and Latham, Barbara, *The Technology of Clothing Manufacture*, Oxford, Blackwell, 2001
Chapman, Noel & Carol Chester, *Careers in Fashion*, London, Kogan Page, 1999
Cooklin, Gerry, *Bias Cutting for Women's Outerwear*, Oxford, Blackwell, 1994
Crawford, Connie Amada, *Guide to Fashion Sewing*, New York, Fairchild, 2000
Doyle, Robert, *Waisted Efforts. An Illustrated Guide to Corsetry Making*, Stratford, Sartorial Press, 1997
Eberle, Hannelore, Salo, Tuula & Hannes Döllel, *Mode – Zeichnen & Entwerfen*, Haan, Europa Lehrmittel, 2001
Evans, Caroline, *Fashion at the Edge*, New Haven, Yale University Press, 2003
Formatschek, Wolfgang & Stefan Rinderknecht, *Praxisorientiertes Marketing im Textileinzelhandel*, Frankfurt/M.,
    Dt. Fachverlag, 2001
Garfield, S., *Mauve*, London, Faber & Faber, 2000
Genders, Carolyn, *Sources of Inspiration*, London, A&C Black, 2002
Gladwell, Malcolm, *The Tipping Point*, New York, 2001
HAKA Schnittkonstruktionen, Lindau, Rundschau Verlag, 2001
Handley, Susannah, *Nylon. The Manmade Fashion Revolution*, London, Bloomsbury, 1999
Hebdige, Dick, *Subculture. The Meaning of Style*, London, Methuen, 1973
Hermanns, Arnold, Wissmeier, Kilian & Josef Krebs, *Internet und Mode-Marketing*, Frankfurt/M., Dt. Fachverlag, 1997
Historische Schnitte DOB, Lindau, Rundschau Verlag, 2001
Historische Schnitte – HaKa, Lindau, Rundschau Verlag, 2001
Hofer, Alfons, *Stoffe Band 1: Rohstoffe, Fasern, Garne, Effekte*, Frankfurt/M., DVL 2000
Hofer, Alfons, *Stoffe Band 2: Bindung Gewebe, Veredelung*, Frankfurt/M., DVL 2004
Hollander, Anne, *Sex and Suits. The Evolution of Modern Dress*, New York, Kodansha, 1995
Jones, Richard M., *The Apparel Industry*, Blackwell Science, 2003
Jung, Michael, *Studienführer Kunst und Design*, Würzburg, Lexika Verlag, 5., aktualisierte Aufl., 2002
Kim, Injoo & Mykyung Uti, *Apparel Making in Fashion Design*, New York, Fairchild, 2002
Klein, Naomi, *No Logo*, New York, Harper Collins, 2000
Koda, Herold, *Extreme Beauty. The Body Transformed*, New York, The Metropolitan Museum of Art, 2001
Kraft, Kerstin, »kleider. schnitte«, In: Mentges, Gabriele & Heide Nixdorff, *Textil – Körper – Mode, Band 1: zeit.schnitte.
    Kulturelle Konstruktionen von Kleidung und Mode*, Dortmunder Reihe zu kulturanthropologischen Studien des Textilen,
    Dortmund, edition ebersbach, 2001
Krolopp, Luise & Margarete Stiegler, *Schnittkonstruktionen für Röcke und Hosen*, München, Rundschau Verlag, 24. Aufl., 2005
Krolopp, Luise & Margarete Stiegler, *Schnitttechnik für Jacken und Mäntel*, München, Rundschau Verlag, 25. Aufl., 2003
Kunstforum International, Band 141, Mode, 1998
Lane-Rowley, Ulla Vad, *Using Design Protection in the Fashion and Textile Industry*,
    London & Chichester, Wiley, 1997
Loan, Oei & Cecile de Kegel, *The Elements of Design*, London, Thames & Hudson, 2002
Lösch, Josef, *Fachwörterbuch Textil. Lexikon für die gesamte Textilindustrie*, Frankfurt/M., 1975

Loschek, Ingrid, *Accessoires, Symbolik und Geschichte*, München, Bruckmann, 1993
Loschek, Ingrid, *Fashion of the Century. Chronik der Mode von 1900 bis heute*, München, Battenberg, 2001
Loschek, Ingrid, *Mode – Verführung und Notwendigkeit*, München, Bruckmann, 1991
Loschek, Ingrid, *Reclams Mode- und Kostümlexikon*, Stuttgart, Reclam, 5. Aufl., 2005
Loschek, Ingrid, *United Look of Fashion*, In: Zeitschrift für KulturAustausch (IFA), *Die Welt als Laufsteg*, 2002
Mackrell, Alice, *An Illustrated History of Fashion. 500 Years of Fashion Illustration*, New York, Costume and Fashion Press, 1997
Maynard, Margaret, *Dress and Globalisation*, Manchester University Press, Manchester, 2004
McDermott, Catherine, *Made in Britain. Tradition and Style in Contemporary British Fashion*, London, Mitchell Beazley, 2002
McDowell, Colin, *Dressed to Kill. Sex, Power and Clothes*, London, Hutchinson, 1992
McQuaid, Matilda, *Extreme Textiles*, Katalog Cooper-Hewitt National Design Museum, London, Thames & Hudson, 2005
McRobbie, Angela, *British Fashion Design. Rag Trade or Image Industry?*, London, Routledge, 1998
McRobbie, Angela, *Zootsuits and Secondhand Dresses. An Anthology of Music and Fashion*, Basingstoke, Macmillan, 1989
Mentges, Gabriele & Heide Nixdorff, *Textil – Körper – Mode. Band 1: zeit.schnitte. Kulturelle Konstruktionen von Kleidung und Mode*, Dortmunder Reihe zu kulturanthropologischen Studien des Textilen, Dortmund, edition ebersbach, 2001
Mooney, Siar-Kate, *Making Latex Clothes*, London, Batsford, 2004
Morris, Karen, *Sewing Lingerie That Fits*, Newton, Taunton Press, 2001
O'Mahony, M. & S.E.Braddock, *SportLook – Mode im Sport, Sport in der Mode. Material, Design, Trends*, München, Stiebner, 2002
Polhemus, Ted & Lynn Procter, *Fashion and Anti-Fashion. An Anthropology of Clothing and Adornment*, London, Thames & Hudson, 1978
Polhemus, Ted, *Streetstyle. From Sidewalk To Catwalk*, London, Thames & Hudson, 1994
Polhemus, Ted, *Style Surfing. What To Wear In The Third Millennium*, London, Thames & Hudson, 1996
Popcorn, Faith, *Clicking*, London, Harper Collins, 1996
Quinn, Bradley, *Techno Fashion*, Oxford, New York, Berg Publishers, 2002
Seiler-Baldinger, Annemarie, *Systematik der textilen Techniken*, Basler Beiträge zur Ethnologie, Bd. 32, Basel, Wepf, 1991
Shaeffer, Claire, *Sewing for the Apparel Industry*, Upper Saddle River, Prentice Hall, 2001
Schoeser, Mary, *International Textile Design*, London, Laurence King, 1995
Schubert, Joachim, *Fachwörterbuch Textil. Deutsch/Englisch – English/German*, Frankfurt/M., Dt. Fachverlag, 6. Aufl., 1994
Seares, Julian, *Professional Fashion Illustration*, London, Batsford, 1995
Sebag-Montefiore, Hugh, *Kings on the Catwalk*, London, Chapmans, 1992
Shep, R L. & Gail Gariou, *Shirts and Men's Haberdashery (1840s–1920s)*, Fort Bragg, R L Shep, 1998
Shoben, Martin M & Ward, Janet P, *Pattern Cutting and Making Up – The Professional Approach*, Burlington, Elsevier, 1991
Sparke, Penny, *As Long as it's Pink – The Sexual Politics of Taste*, London, Harper Collins, 1995
Spencer, David J., *Knitting Technology*, Cambridge, Woodhead, 2001
Steele, Valerie (Hg.), *Fashion Theory. The Journal of Dress, Body and Culture*, London, Berg Publishers, 1997
Stephens Frings, Gini, *Fashion – From Concept to Consumer*, Upper Saddle River, Prentice Hall, 2002
Stieber, Margarete, *Schnitttechnik für Kleider und Blusen*, München, Rundschau Verlag, 21. Aufl., 1992
Stipelman, Steven, *Illustrating Fashion. Concept to Creation*, New York, Fairchild, 1996
Stockton, James, *The Designers Guide to Color*, Melbourne, Angus & Robertson, 1984
Stone, Elaine, *The Dynamics of Fashion*, New York, Fairchild, 2004
Storey, Joyce, *Manual of Dyes and Fabrics*, London, Thames & Hudson, 1992
Storey, Joyce, *Manual of Textile Printing*, London, Thames & Hudson, 1977
Tain, Linda, *Portfolio Presentation for Fashion Designers*, New York, Fairchild Publications, 1998
Tate, Sharon Lee, *The Complete Book of Fashion Illustration*, New Jersey, Prentice Hall, 1996
Tatham, Caroline & Julian Seaman, *Modezeichnen: Grundlagen, Technicken, Übungen*, München, Stiebner, 2004
Tellier-Loumagne, Francoise, *Mailles – les mouvements du fil*, Paris, Minerva, 2003
Thomas, Katharina (Hg.), *Filz. Kunst, Kunsthandwerk und Design*, Stuttgart, Arnoldsche Verlagsbuchhandlung, 2000
Vinken, Barbara, *Fashion Zeitgeist. Trends and Cycles in the Fashion System*, London, Berg Publishers, 2004
Vogt, Peter, *Career Opportunities in the Fashion Industry*, New York, Checkmark, 2002
Vortikis, Petrula, *Inspiration=Ideas. Creativity Sourcebook*, Gloucester, Rockport Publishers, 2002
Wells, Kate, *Fabric Dyeing & Printing*, London, Conran Octopus, 1997
White, Nicola & Ian Griffiths, *The Fashion Business. Theory, Practice, Image*, London, Berg Publishers, 2004

Register

Kursiv gesetzte Seitenzahlen verweisen auf Abbildungen.

A

Abnäher 139, 144, *144*, *146*, 149; siehe auch Schnitt, Muster-
Abschluss 6, 8, 200
Abschlussmuster, versiegelte 61
Accessoires 28, 33, 53, 70, 131, 188
Acetat 120
Acryl 120
Additivfarben *114*, 116
Adidas *167*
Adobe Photoshop 210
Agenten, Textil 133
Agins, Teri: *The End of Fashion* 35
Aktzeichnen *82*, 82–83
Alaïa, Azzedine 29, 40
Allen, Charlie 42
Alpaka 120
Alter und Kaufgewohnheiten 64
Analogfarben *115*, 116, *117*
Angora 120
Anprobe 163–164
Ansatz, psychoanalytischer 26
Anzüge schneidern 160, *161*
Appreturen 125–126
Aquascutum 41, 47
Aquatex 126
Arcadia 42
Armani, Giorgio 23, 46, 50, 160
Ärmelbretter 163
Armkugel 24, 99, *106*, 130, 139, 150, *151*
Armloch 139, 142
AsFour 45
Asymmetrie 103, *105*, 106, 147
Atlas- und Satingewebe 123, *123*, 156
Atlasbindung 123, *123*
Aufbaustudium 200, 202
Auftrag, Projekt 166–169
Aufträge 60, 61–62
Ausbildungsstätte 10–11
    Bewerbungsverfahren 11
    Abschluss 6, 8
    Bewerbungsmappen 11–12
    Ateliers und Ausstattung *138*, 138–139
    Lehrplan 13–15, 22
»Ausbeuterbetriebe« 62
Auslandsproduktion 62, 205
Ausstellungen, studentische 192–193
Azria, Max 44

B

Bademode 129
Balenciaga 21
Balmain 39, *38*
Bänder *58*, 162, 163
Barnes, Colin 82
Barthes, Roland: *The Fashion System* 34
Batik 126
Baumwolle 32, 120, *121*, 123
Beene, Geoffrey 44
Beirendonck, Walter van 47
Benetton 47, 119
Bergé, Pierre 40
Bewerbung 195, 198
Bewerbung an Ausbildungsstätten 11
Bewerbungsmappe 11–12, 93, 194–195, *195*
Bewertung 182
Bikkembergs, Dirk 47
Bilddrucke, abstrakte 126
Bitmaps 97–98
Blass, Bill 45
Blindstich 138
Bloomer, Amelia Jenks 24
Blow, Isabella *208*
Blautöne 112
Blumarine 46
Blumenmotiv 126, 155, *174*
Boateng, Oswald 42
Borten 162, 163
Bortenbesatz 124
Boss, Hugo 47
Botany Wolle 120
Boutiquen *siehe* Konzessionshändler
Branchenprognosen und -berichte 210
British Fashion Awards 42
British Textile Colour Group 118
Brokat 123, *132*, 133
»Bubble-up«-Effekt 51, *51*
Bügelkissen 163
Bügeln 163
    Florgewebe 156
    Pflegekennzeichnung *122*
Bündel 157
Burberry 30–31, 41
Burtons Menswear 42
Byblos 46

C

CAD/CAM-Technologie 31, 56, 95, 96-7, 205, 210
Calendar, Sally 180
Campbell, Naomi 81
Cardin, Pierre 39, 40, 41, 47, 74
Carey-Williams, Robert 42
Casely-Hayford, Joe 42, 71, 96, 170
Cashin, Bonnie 44
Castro, Josh 167
CFDA *siehe* Council of Fashion Designers of America
Chalayan, Hussein 42, *176*
Chanel/Chanel Coco 38, 74, 131
Chiffon 123, 156
Christensen, Helena *211*
Claiborne, Liz 44
Clements, Suzanne 14, 108, 185
CMG *siehe* Color Marketing Group
CMT *siehe* Cut-Make-and-Trim-Werkstätten
Coates, Caroline 129
Collagen zu Recherchen 195
Collagen, Computer 98, *98*
Color Marketing Group (CMG) 118
Comme des Garcons 46
Computer
    AI (künstliche Intelligenz) 70
    Bitmaps 97–98
    CAD/CAM-Technologie 31, 56, 95, 96–97, 205, 210
    Design- und Visualisierungs-Software 69
    Vektoren 95, 97
Conran, Jasper 41, 42
Coolmax 125
Copyright 74–75
Council of Fashion Designers of America 45
Courrèges, André 39
Crêpegewebe 120, 156, *156*
Crew, J. 45
Croquis *93*
Curriculum Vitae *siehe* Lebenslauf
Custo Barcelona 47
Cut-Make-and-Trim-(CMT)-Werkstätten 61, 62

D

3-D-Body-Scanner 63, 140
3D-Design 69, 98
Daffy's 45
Dahl, Sophie 81
Damast 123
Damenmode *6*, 11, *58*, *59*, 62, 203-204
Dampfbügeln 138, 163
Darrieulat, Nick *166*
Davidson, Caroline 74
Demeulemeester, Anne 47, 151
Demografie und Marktfoschung 64
Design
    Designelemente 99, *100–102*, 103
    Designer-Zweitlinien 40, 65, 71

Designprinzipien 103, 104–105, 106–108, 111
  Praktische Überlegungen 29
Desktop Publishing (DTP) 98, 209
Deutsche Modeindustrie 47
Differenzierung, soziale 27, 27
Dior, Christian 38, 47
  »New Look« 39, 99
Diskontläden 67, 73
Doc Martens 28
Dolce & Gabbana 46
Dominguez, Adolfo 47
doppelte Kappnaht 157
Drapers Record 53
Drapieren an der Schneiderpuppe 139, 149–157
Dreyfuss, Jerome 40
Drillich 123

E

EAN-Strichcode 58
E-Commerce 69, 73
Einkaufszentren 66, 67
Einlagen 125, 158
Einzelhändler 65
Electronic Data Interchange (EDI) 63
Electronic-Point-of-Sale-(EPOS)-Technologie 50, 58, 65, 69
Ellis, Perry 29, 44
Emanuel, Familie 41
England, Katy 209
Entwurfsentwicklungen 91, 177, 179
EPOS siehe Electronic-Point-of-Sale-Technologie
Esprit 45
E-Tailoring 63
Eugénie, Kaiserin 36

F

Fachmessen 36
  siehe auch Stoffmessen
Fachzeitschriften 53, 129
Factory-Outlet 67
Fäden 157, 158
Fahnle 124, 124
Fälschungen 36, 74–75
Farbe(n) 103, 112–113
  Additivfarben 114, 116
  Akzentfarben 116
  Analogfarben 115, 116, 117
  Benennung von Farben 113, 116
  changierende 116, 117
  »Farbarchive« entwickeln 119

Farbprognose 118–119
Farbsysteme 116, 118, 118
flüchtige Farben 116
Gefühle, Farben und 112, 116
Grundfarben 116
Hauttöne, Farben und 116
kalte Farben 112, 116
Klima und Farbwahl 112
Komplementärfarben 114, 116
Kontrastfarben 106, 113, 114, 116, 119
Lichtbedingungen und Farben 112, 130
Metallische Farben 117
neutrale Farben 116
Pastellfarben/-töne 116, 117, 119
Primärfarben 113, 115
Proportion, Farbplatzierung und 107
Saison, Farbe und 112
Sekundärfarben 113, 114, 115
subtraktive Farben 114, 116
Tertiärfarben 113, 116
vibrierende Farben 115
warme Farben 112, 116
Farbhersteller und Farbprognose 118
Farbkreis 113, 114
»Farblinien« 127
Farbspektrum 113, 115
Farbstoff 118, 118, 119
  kalibrierte Farbskala 118
  »farbecht« 119
  siehe Farbe(n)
Farhi, Nicole 42
Fasertypen 120–121
Fendi 46
Fernsehen 23, 51, 52
  und interaktives Shopping 68–69
Ferragamo, Salvatore 46
Ferre, Gianfranco 46
Field, Patricia 45
Filialketten 66; siehe auch Ladenketten
Filz 120, 124, 131
Firmenzeichen 74
Fischgratbindung 123
Flachs 120
Flammengarn 120
Flanell 123
Florgewebe 149, 155–156
  schneiden 156
Flugel, J.C. 26
Font, Josep 47
Ford, Tom 44
Fotografie, Mode- 81, 107, 208, 209
Fotografien, Einsatz von 98, 179, 180, 195, 198
Fox, Shelley 42, 59
Franchising 67
Fransen 162, 162
Französische Modeindustrie 36–38, 127, 134

Französische Naht (Doppelnaht) 157
Freitas, Miguel 166
Freizeitmode 13, 44, 45, 59, 81, 91, 119, 163, 205
French Connection 66
Frith, Paul 167
Frotteestoff 123
Frottierplüsch 123
Funktionen der Kleidung 24–28

G

Gabardineköper 121, 123, 156
Galliano, John 41–42, 47, 170, 176, 209
Gap 35, 45, 50, 59, 66, 70
Garn
  kaufen 129, 134
  Garnlagen 121
  Meliertes Garn 120
Gauge 120, 124
Gaultier, Jean-Paul 23, 40, 47, 81
Geelong 120
Gelb 112
Gernreich, Rudi 39, 45
Gewebe, bügelfreie 29
Gewebearten 123, 123, 127, 151
Gewebefilmdruck 118, 126
Gewinnspanne 71, 72
Gigli, Romeo 47
GINETEX-Kennzeichnungssystem 122
Gingham 123
Girbaud, Marithé und François 40
Givenchy 37, 38, 47
Gladwell, Malcolm: The Tipping Point 51
Graduierung (Design Prinzip) 108
Grau 112
Greer, Neil 98
Grieve, Amanda 209
Großhändler 60, 133
Groves, Andrew 176
Grundfarben 116
Gruppo GFT 47
Gucci 46, 47
Gummi 125, 127

H

Halston 44
Händler 29, 133
Hanf 120
Harmonie (Designprinzip) *105*, 108
Haute Couture 39
Heimarbeiter 61, 62
Hennes & Mauritz (H&M) 37, 47
Henshall, Scott 41
Herrenmode 7, 11, 44, 58, 59, 62, 63
    Designer 205
Hersteller 56, 58, 60, 206
Herstellung 206
Hilfiger, Tommy 45, 59
Hillel, Jacob 144
Hongkong 62
Hosen 160
    Bügelfalte 163
    siehe auch Jeans
    technische Zeichnungen *94*
Hosenanzüge 42
Howell, Margaret 41
Humor 176

I

ICA *siehe* International Colour Authority
Illustrationen *siehe* Zeichnung
Illustrator, Mode- 210–211
Imitate 60, 74
Imitation of Christ 45
Importeur 133
Indigo 134
Infostände und -tafeln 70
Innenfutter 131, 139, 158, *159*
Inspiration 170
Intarsien 124, *124*
Intensität (von Farben) 113, *114*
International Colour Authority (ICA) 118
International Textiles 53
Internet 36, 52, 53, 63, 98
    Online-Versandhandel 31, 36, 68–69, 70
Interstoff *135*, 136
Italienische Modeindustrie 36, 45–46, 106, 127

J

Jacken, wasserfeste 127
Jackson, Betty 42
Jacobs, Marc 44
Jacquardbindung 123, *123*, 132
Jacquardgewebe 37, 124, *124*
Jeans *28*, 29, 32, 34, 56, 65, 74, *74*, 162
Jerseygewebe 120, 124, *124*, *125*, 131
Jigsaw 42

JIT *siehe* Just-In-Time-Produktion
Jobbers 60, 62, 133
Johnson, Betsy 45
Journalismus, Mode- 208, *208*
Just-In-Time-Produktion (JIT) 58, 59
Jute 120

K

Kalender, Mode- 48, 50
Kamali, Norma 45
Kamelhaar 120
Kammgarn 121
Kappnaht, einfache 96, *157*
Karan, Donna 23, 44, 47
Karrieren in der Mode 6, 7, 8, 9, 200–211
Kaschmir 29, 32, 107, 120, *132*
Kataloge *siehe* Versandhausbestellung
Kattun 123, 156
Käufer 192, 193, 207
Kaufhäuser 65, 66
Kawakubo, Rei 29, 46
Kennedy, Jacqueline 44
Kennzeichnung/Label 30
    Pflege 122, *122*
    Private Label 31, 50, 61, 63
    Materialzusammensetzung 122
    siehe auch Markennamen/Marken
Kerben 149
Kettfaden 123, 151
Kettware 124, *124*
Kindermode 58, 59, 62
Klasse, soziale 64
Klebebänder 58
Kleidung
    maßgeschneiderte Kleidung 160
    weiße Kleidung 112, *113*
Klein, Anne 47
Klein, Calvin 44, 47. 62
Klein, Naomi: *No Logo* 30
Kleines Schwarzes 112, *113*
Klima und Farben 112
Knöpfe und Knopflöcher 58, 60, 95, 103, *104*, 106, 139, *159*, 162, *162*, 163
Kollektionen, Abschluss- 185
    Verkauf 192–193
Kommunikation und Kleidung 34–35
Komplementärfarben *115*, 116
Kontrast (Designprinzip) *105*, 106, 107
    und Farbe 106, *113*, *114*, 116, 119
Konzessionshändler 65, 66, *66*, 67, 71
Kookai 35, 37
Köpfe zeichnen *92*
Korbkleid *132*
Kord 123, 156

Körper und Körpertypen 78, *78*, 79, *80*, 81–82, *83*, 90–91, 107
Kors, Michael 44, 47, 201
Kostümgalerien 23
Kragen 139, 143, *147*, 150, 163
Kragenlinie 107, 139, 142, *146*
Kreativität 172–174
Kritik 176
Kultur, Mode und 51–52
Kundenkarten 66
Kurzwaren 162–163

L

L'Huillier, Jérôme 40
Label *siehe* Kennzeichnung
Lacroix 38
Läden, unabhängige *65*, 65–66
Ladenketten 30, 31, 42, 66
Lammwolle 120
Lang, Helmut 44, 47, 51, 201
Lanvin 39
Laserschnittverfahren 60, 205
Lauren, Ralph 39, 44, 47, 62, 201
Layoutpapier 91, 177
Le Blon, Jacques-Christophe 113
Lebenslauf schreiben 15, 98, 198, 203, 204, 211
Leder 107
    bügeln 163
    nähen 157, 158
Lehrplan 13–15, 22
Leinen 120, 123
»lengths« 127
Levis 56, 74, *74*
Liberty-Prints 41
Lieferkette 63
Lifestyle 52, 64
Limited, The 45
Lingerie/Unterwäsche 29, 56, 125, 127, 140, 143, 162
Linie (Designelement) *101*, 103
Lockartikel 72
Loewe 47
Logos 67, 74, 205
Löhne 202
Londoner Modeindustrie 41, 48, 51
Lurex 120
Lutz 40
LVMH (Louis Vuitton, Moët Hennessy) 39, 47
Lycra 120

M

MacLennan, Sandy 118
Madonna 81

»Magalogues« 68
Mailands Modeindustrie 46, 48, 51
Mainbocher 44
Malandrino, Catharine 44
Margiela, Martin 47
Markennamen/Marken 29, 30–31, 74–75
Markierungen und Kerben im Schnittmuster 149
Marks and Spencer 42
Märkte 57–68, 168
Marktforschung 64
Maschenwaren 11, 29, 37, 46, 56, 58, 62, 151
    Designer 205–206
    färben 119
    Filze 130
    Herstellung 124, 124, 125
    Maschenwarenarten 124
    technische Zeichnungen 94
    Vorlaufzeiten 129–130
Mass Customization 63, 70
Maß nehmen und Muster erstellen 63, 139, 139–140, 142
Materialien, recycelte 169, 169
Matrix-marketing 65
MaxMara 46
McCardell, Claire 44
McCartney, Stella 42, 47, 80
McDonald, Julien 206
McDowell, Colin 28, 40, 208, 208
McQueen, Alexander 41–42, 47, 82, 107, 174, 176
Medien 52–53
Melangegarn 120
Meliertes Garn 120
Menkes, Suzy 53, 208
Merchandising 207
Merino Wolle 120
merzerisierte Baumwolle 123
metallische Fäden 158
Miele, Carlos 45
Mikrofaser 30, 120
Mineral Fasern 120
Mimo, Tony 47
Miss Selfridge 42
Missoni 46, 206
Miu Miu 40
Miyake, Issey 46, 47, 81–82, 131
Modegeschichte 19–21, 23, 56
Modeindustrie, Belgische 47, 106
Modeindustrie, Britische 36, 41–42, 48, 51
Modeindustrie der USA 36, 42, 44–45, 62
Modeindustrie, Japanische 40, 46–47, 106, 127
Modellieren an der Schneiderpuppe *siehe* Drapieren an der Schneiderpuppe
Models 78, 81–82
Models, ethnische 78, 81
Modenschau 41, 42, 45, 46, 47, 48, 51
    Abschlussmodenschau 185–189, 191

Modernismus 28
Modestylisten 209
Modezyklus 50, 73, 128, 129–130
Mohair 120
»mom-and-pop stores« (Tante-Emma-Läden; USA) 65
Monochromfarben 116
Montana, Claude 40
Morgan 37
Moss, Kate 80
Mugler, Thierry 40
Mullins, Aimée 82
Multifaserabkommen 33
Munsell, Albert 116
Museen 23, 170
Muster 61
    geometrische 124, 126
Musterentwurf 126, 129, 130

N

Nadeln 156, 157–158
Nähmaschinen 56, 56, 138, 138, 139, 157–158
Nähnadeln 157
Nähte 139, 149, 155, 157, 163
    vertikal 103, 155
    von oben nach unten 96, 157
Nahtriegel 138
Nessel *siehe* Toile
Netzwerk 198
»New Look« (Dior) 39, 99
»New Romantic Look« 170
New Yorker Modeindustrie 42, 44, 45, 48, 51
Newton, Sir Isaac 113
Nike 45, 59, 74
Norell, Norman 44, 45
Noten, Dries van 47
Nuancen 113
Nuttall, Sonja 126
Nutzen (Funktionen der Kleidung) 24, 24
Nylon 120, 121, 163

O

Oasis 42
Oberteile und Abnäher 144, 144
Ogden, Jessica 42
Oldfield, Bruce 41
One2One-Marketing 70
Online-Versandhandel 31, 36, 68–69, 70
Onward Kashiyama 47
Originalität 172
Overlockmaschinen 138

Overlocknaht 157, 158
Ozbek, Rifat 42

P

Palmer, Gladys Perint 82
Pantone Professional Color System 116, 118, 118
Pariser Modeindustrie 36, 37, 38, 38, 40–41, 48, 51, 134
Pashmina-Schals 132
Paspeltasche 159, 163
Passform 29–30, 140
Pastellfarben 116, 117, 119
Pellat-Finet, Lucien 40
Pelz 107
    Pelzimitat 123
Perkins, Dorothy 42
Pflegekennzeichen 122
Plaids 130
Plastik 125, 157
Plisseefalten 60, 103, 106
Plisseerock, Nessel- und Modellentwicklung 145
Polartec 126
Polarvlies 127
Polyamid 121
Polyester 121, 121, 131
Posamenten 58, 103, 162, 163, 168
    Position markieren 149
Posen, Zac 45
PostScript 97
Prada (Marke) 40, 46, 70
Praktikum 13-15, 41, 198
Preis 29
    Preisfestsetzung 168–169
    siehe Preisschwellen
Preisschwellen 29, 32, 33, 71–73
Première Vision (PV) 134, 135, 135, 136
Presse 53
    siehe Journalismus, Mode-; Medien
Prêt-à-porter 37, 40–41, 63
Primärfarben 113, 115
Pringle 30–31
»Private Label« 31, 50, 61, 63
Produktbereiche 58–59
Produzenten, vertikale 60
Prognosen
    Farbprognosen 118–119
    Modeprognosen 52, 209–210
Projekt, gesponsertes 75, 131, 166, 167, 169
Projekte 166–169
Projektkritik 180
Proportion (Designprinzip) 105, 106–107
    und Farbe 107

Psychografik 64
Public Relations 53, *207*, 207–208
Pucci (Marke) 46
Punks 27
PV *siehe* Première Vision
PVC 121

Q

Quant, Mary 39, 41, *42*, 47
Quellensammlung 177
Quick Response (QR) 30

R

Rabanne, Paco 39
Raffungen *104*, 106
Raubkopien 74–75
Rebellion 28, *34*, 35
Recherche 170, 172, 177
Reinigen 163
Reißverschluss *58*, 149, *157*, 162
Religion 64
Renta, Oscar de la 44
Restposten 67, 134
RFID (Radio-Frequency-Identification-Technik) 70
Rhythmus (Designprinzip) *104*, 106
Ribeiro, Clements *42*, 107
Rippenstrick 124
Rive Gauche *siehe* Saint Laurent, Yves
Rohentwürfe 91, 95, 177, 179
Rootstein (Adel) Schaufensterpuppen 80
Rot 112
Rykiel, Sonia 40, 206

S

Saint Laurent, Yves 38, *39*, 40, 47
    Rive Gauche 40
Saison und Farben 112
Samt 123, *130*, 149, 156
Samtgewebe 123
Sander, Jil 47
Sassoon, Bellville 41
Sassoon, Vidal 47
Sättigung 116
Scaasi, Arnold 45
Schals 33
Scham (Funktionen der Kleidung) 24–25, *25*
Schatten 113
Schattierung 113, *114*, 116, 119
Schaufensterpuppen *80*
Scheren *138*, 149

»Schlichte« 130
Schmuck (Funktionen der Kleidung) 26, *26–27*
Schneidern 139, *139*, 160, *161*
Schneiderpuppe *138*, 139, *140*
Schnitt, Muster- 143, *143*, 148
    und Abnäher 144, *144*
Schnittentwicklung 140, *140*, 144, *144–145*, 150
    Werkzeug *141*, 143, 148
Schnittmuster/Stoffproben *58*, 59–60, *60*, 69, 130
    Schneiderpuppe *138*, 139, *140*
    Schnittmustertisch *138*, *138*
Schnittmustertisch *138*, *138*
schräg 130, 139, 149, 151–152, 155
Schrägband 157
Schrägschnitt *58*, 103, 150, 154–155
Schuhe 70, 188
Schultern 142, *146*
Schulterpolster 139, *146*
Schussfaden 123, 149
Schwarz 112
SCOTDIC-System 118
Scott, Jeremy 45
Secondhandkleidung, Recyceln von 169, *169*
Secondhandläden 19, 169
Seide 29, 32, 37, 46, 107, 121, *121*
Sekundärfarben 113, *114*, 115
Selbstaufwertung, soziale 28, *28*
Shetlandwolle 121
Shopberichte 65
Shows *siehe* Modenschau
siehe auch Journalismus, Mode
Silhouette (Designelement) 99, *100*, 103
Simultankontrast *114*, 116
Singer, Isaac 56
Sisley 46
Sitbon, Martine 40
Skizzenbuch 12, 177, *192*
skizzieren 82, 91, 177, 179
Smith, Paul 42, 47, 51
Software *siehe* Computer
Soprani, Luciano 47
Sozzani, Franca 53
Spandex 121
Spanische Modeindustrie 47
Sportmode 29, 46, 59, 63, 91, 140, *143*, 163, 167
    färben 119
Staflex 125
Standardgrößen 30, 64, 148
Stapel 122
Stecknadel 139
Stick- und Stopfnadeln 157
Stickereien 60, *132*
Stimmungscollagen 177, 179
Stoffe 122
    Appreturen 125–126

bedruckte Stoffe 63, 126, 127, *127*, 130
Fälschen von Stoffen 122
folkloristische Stoffe 23, 34, *168*
gestrickt *siehe* Maschenwarenarten
gewebt *siehe* Gewebearten
Kollektionsaufbau *126*, 131
Leitfäden 130
Pflegekennzeichnung 122, *122*
pflegeleichte 29
Qualität 29
Stoffarten kombinieren 131
Stoffauswahl 168
Stoffherstellung 123
Stofflieferanten 131, 133
Textur *101*, 103, 106, 107
thermoplastisch 124–125
Tragekomfort 30
Wahrnehmung am Körper 109
Zuschnitt *156*, 156–157
Zyklus der Stoffentwicklung 126–127
Stoffe und Stile, ethnische 23, 34, 35, *168*
Stoffmessen 126, 129, 134–135, *135*, 136
Stoffmuster 93, 119, 129
Stone Island 46
Storey, Helen 6
»Storys«/Themenkarten 61, 91, *127*, 131, *174*, 177, 179
Strahleneffekt (Designprinzip) *104*, 106
Straßenmärkte *168*
Stretchstoffe 56, 151, 156
Strich 123, 130, 149, 150, 151
Strickwaren *siehe* Maschenwaren
»strike-off« 127
Strümpfe 119, 125, 140
Strumpfhose 99, 188
Sui, Anna 45
Supplex 126
Sykes, Plum *207*
Sympatex 126
synthetische Materialien 32, 120, *121*, 126

T

Tactel 121, 126
Taillenumfang 142
Takihyo 47
Tanguy, Howard 83
Target 45
Taschen 139, *147*, 156, *159*
    bügeln 163
    Position markieren 149
Tatsuno, Koji 47
Tattoos 26, 27, 34
Teamprojekt 166–167
Tertiärfarben 113, 116
Textile View 53

Textilhersteller 133
Textur (Designelement) 101, 103
    und Kontrast 106, 107
Thermocrack 126
Theyskens, Olivier 40
Timberland 45
TJMaxx 4
Toile (Nessel) 130, 136, 146–147, 148–49, 180
    drapieren siehe Drapieren an der
    für einen Plisseerock 145
    Schneiderpuppe
    zuschneiden 156, 156–157
Töne 114
triaxiale Struktur 123
»Trickle-down«-Effekt 27, 51
T-Shirts 205
Tuchgewebe 123, 123
Tüll 125
Twiggy 78
Tyler, Richard 44

U

Universal Product Code (UPC) 58
Universitäten siehe Ausbildungsstätte
Unterwäsche siehe Lingerie
UPC siehe Universal Product Code

V

Valentino 38
Vektoren 95, 97
Velour 163
Verfallsdatum 49–50
Verführung (sexuelle Attraktivität)
    Funktionen der Kleidung) 25–26
Versace 31, 38, 40, 46
Versandhausbestellung 31, 68
Versus 40
Vertikalunternehmen/
    -anbieter 60
Victoria, Queen 36
Victorio & Lucchino 47
Videopräsentationen 98, 195
View Colour 53
Viewpoint 53
Vikunja 121
Vilene 125
Viloft 126
Vionnet, Madeleine 154
Visitenkarte 192, 195
Viskose, fibrillierte 121, 121
Visualisierungs-Software 69
Vorlaufzeiten 119, 129–130

Vorstellungsgespräch
    Ausbildungsstätte 11-12
    Beruf 212
Vreeland, Diana 8, 112

W

Walker, Catherine 41
Wal-Mart 45, 47
Warehouse 42
Wattierung 125
Webber, Tristan 42
Webkanten 123, 130, 151
Wek, Alek 81
Werbung 60, 64, 66
Wert (der Farben) 113, 115, 116
Werte und Einstellungen 64
Westwood, Vivienne 27, 41, 81, 201
Wettbewerbe/-kämpfe 75, 166
Whipcord 123
Whistles 42
Wiedemann, Doris 53
Wiederholung (Designprinzip) 103, 103, 104, 106
Williams, Tim 51
Williamson, Matthew 14, 211
Wintour, Anna 53, 208
Wirkwaren siehe Maschenwaren
Wolle/Wollgewebe 32, 120, 121, 121, 131, 156
    und Filz 130
Women's Wear Daily 53
Worth, Charles Frederick 35, 35, 36

Y

Yamamoto, Yohji 46, 51
Yurkievich, Gaspard 40

Z

Zara 35, 37, 63
Zeichnung 82
    Aktzeichnen 82, 82–83
    freie Illustrationen 83, 89–90
    Rohentwürfe 91, 93
    schematische Zeichnungen 94, 95–96
    technische Zeichnungen 94, 95–96, 140
    siehe auch »Storys«/Themenkarten
    vollständige Illustrationen 92–93, 95
Zeitachse der Mode 18–21
Zeitmanagement 169
Zeitschriften 51, 52, 53
Zeit und Zeitplanung 49–51
Zellulose 120

Zielmärkte identifizieren 64, 168
Zonen, erogene 25, 26
Zugehörigkeit, soziale 27, 27
Zusammenhang, globaler 32, 35–36, 41, 63
Zusammenhang, wirtschaftlicher 32
Zuschnitt der Musterstücke/Toiles 156, 156–157
Zuschnitt des Musterstücks 156, 156–157
Zwischenbetriebe 133
Zwischenfutter 125, 131, 158, 159
    schmelzbar 125

Bildnachweis

Adrienne Alaimo 97 (unten)
Peter Anderson 28, 34
Gaia Brandt Rasmussen 172
Nicholas Burt 95 (links)
Yan Cheung 118 (unten), 131
Lynette Cook 103, 108
Yvonne Deacon 20–23, 79, 84–87, 90, 91 (oben), 92, 106–107, 142
David Edelstein 157, 159
Mit freundlicher Genehmigung von East Central Studios 121 (Bild 6 mit freundlicher Genehmigung von Reiko Sudo, Foto von John Forsdyke/Oxford Microscopy Consultancy) 129, 135
Mit freundlicher Genehmigung von Eastman Staples Ltd 141
Kyoko Fukui 93 (links)
Tim Griffiths 7, 166 (oben), 207 (unten), 208 (links und rechts), 211
Ian Hessenberg 147 (außer oben links)
Mit freundlicher Genehmigung von Hulton Getty Archive 19 (Sasha), 31 (Adam Rountree), 37 (Nina Leen/Time Life), 40 (Wesley/Keystone), 74, 78 (John Chillingworth/Picture Post), 81 (Jo Hale), 93 (oben rechts, RDA)
Esther Johnson Cover, Frontispiz, 88–89, 152–153
Sue Jenkyn Jones 12, 19, 64, 66, 67, 68, 82, 117, 127 (oben), 155, 174, 191, 195
Hannah Jordan 154 (oben rechts)
Mit freundlicher Genehmigung von Learning Resources, London College of Fashion Study Collection, University of the Arts 161 (oben), 170
Chi Lau 93 (unten), 96
Jieun Lee 83
Garth Lewis und Ferdy Carabott (Chromafile) 114–115
Nazanin Matin 199
Mit freundlicher Genehmigung von Alexander McQueen, Foto: Gainsbury and Whiting
Savannah Miller 178 (Tomek Sierek)
Mit freundlicher Genehmigung von Miralab, Universität Genf 97
Mit freundlicher Genehmigung von Carol Morgan 208 (Mitte)
Niall McInerney 6, 7, 10, 11, 13, 80 (unten links, Mitte, rechts), 81 (unten), 100, 102, 104, 105, 113, 116, 117, 123, 127 (unten alle), 132 (oben links und rechts), 145 (unten), 147 (oben links), 161 (rechts), 162 (unten links, rechts), 163 (oben), 164 (unten), 166 (oben), 168 (unten), 169 (oben), 171, 173, 175, 176, 184, 190, 193, 213
Ilaria Perra 102, 106–107, 144–146
Mit freundlicher Genehmigung von Popperfoto 24–27, 38, 43
Mit freundlicher Genehmigung von Adel Rootstein 80 (oben)
Claire Robertson 186 (unten rechts), 196–197
Teerabul Songvich 145 (die oberen sechs Bilder), 154 (links), 177 (unten)
Jonna Sykes 58, 59
Riccardo Tisci 177 (Mitte), 179
Mark Tynan Mit freundlicher Genehmigung von Charlie Allen 161 (links)
Mit freundlicher Genehmigung vom Department of Textiles UMIST 121 (1–5 Trevor Jones), 123 (unten), 124
Malin Vester 14
Andrew Watson 186 (unten links), 187
Christopher Wilson (Diagramme) 51, 52, 73, 128
Ada Wong 95 (rechts)
Naoko Yokoyama 91 (unten)

Modelle und Zeichnungen

Carola Euler 7
Matthew Williamson 10
Jieun Lee 11
Kentaro Tamai 13
Malin Vester 14
Dean Gardiner, Anthony Kwok, Keiran Tolman 80
Stella McCartney 81
Jieun Lee 83
Anthony Kwok, Naoko Yokoyama, Tristan Webber 113
Kyoko Fukui, Chi Lau 93
Lynette Cook 94
Nick Burt und Rose Armstrong, Ada Wong 95
Chi Lau 96
Adrienne Alaimo 97 (unten)
Philippa Reiss 98
Lucy Baker, Connie Groh, Christine Bertelsen, Tariq Ali, Jason Lim, Arkadius 100
Nak Hyun Kim, Marie Langlois, Susanne Lieb, Oliver Steinhaus, Andrew Groves 101
Claire O'Connor, Diane Mainstone, Laure Riviere, Karen Bagge 104
Kimino Honma, Dean Statis, Danny Margolin 105
Jeremy Au Yong, Naoko Yokoyama, Tristan Webber 113
Gerard Wilson 116
Michael Sikinakis, Fumie Majekodunmi, Jenna Highman 117
Anne-Loiuse Roswald 123
Yurika Ohara, Noora Niinikoski, Luke Goidadin 125
Charlotte Palmer, Mark Durno, Claudine Abou-Sawan 127
Aimée McWilliams 130
Kenichi, Jasper Gurrida 132
Teerabul Songvich 145
Oben zweites Bild – Kopie vom Alexander McQueen Design von Lucy Griffiths, drittes Bild in der oberen Reihe – Kopie vom Pierre Cardin Design von Anthony Wilkins, erstes und zweites Bild in der unteren Reihe – Kopie vom Shelley Fox Design von Kathleen Thompson, drittes Bild in der unteren Reihe – Kopie vom Vivienne Westwood Design von Loran Whiffin 147
Carlos Marcant Filo 150 (rechts)
Teerabul Songvich 154
Charlie Allen, Rose Armstrong 161
Ingeborg Hunskaar, Manuel Vadillo-Benitez 162
Charlie Watkins 163
Miguel Freitas 166
Rebecca Owens 167
Adam Richardson 168
Munchmart Namenjipol 169
Niall Sloan, Aimee McWilliams, Katie Pugh 171
Gaia Brandt Rasmussen 172
Rory Meyler, Mariama Tushimeriwe 173
Daniel Barry 175
Peter Cash, Hussein Chalayan 176
Riccardo Tisci 177
Savannah Miller 178
Riccardo Tisci 179
Kevin Morley 180
Claire Robertson 181
Arkadius, Jason Masterson-Copley, Danielle Rees, Joe Casely-Hayford, Mercedes Gallego Ruiz, Sam Willis, Signe Rose, Richard Lo, Katia Machenko 184
Sandra Westin 186
Augustus Griffith 190
Claire Robertson 196–197
Nazanin Matin 199
Katie Pugh 213

Danksagung

Mein Dank geht an die Studenten und Kollegen, ehemalige wie heutige, die mich mit ihren Einfällen, Kommentaren und Beiträgen zum Schreiben dieses Buches angeregt haben. Mein besonderer Dank gilt Jane Rapley und Dani Salvadori vom Central Saint Martins College of Art & Design für ihre Unterstützung und fachliche Beratung. Besonders erwähnen möchte ich auch Jo Lightfoct und Gina Bell, Chefredakteurin bei Laurence King, ohne deren geduldiges Zureden Sie dieses Buch nicht in Händen halten würden, sowie Christopher Wilson, der mit seiner sorgfältigen Arbeitsweise und Weitsicht viel zur inhaltlichen Verbesserung beigetragen hat.

Dank auch all jenen, die mir so ausdauernd mit Rat und Tat zu Seite standen, besonders meinen Kollegen an der University of the Arts, London, und am Central Saint Martins: Willie Walters, Howard Tanguy, Christopher New, Nathalie Gibson, Toni Tester, Caroline Evans, Lee Widdows, Carol Morgan, Garth Lewis, Leni Bjerg, Jacob Hillel, Christine Koussetari, Steven Bateman und Katherine Baird.

Dank den vielen Unternehmen und Mitarbeitern der Modebranche, die sich in Sachen Ausbildung engagieren und mich oft hinter die Kulissen blicken ließen: Shelley Fox, Joe Casely-Hayford, Suzanne Clements, Anne-Louise Roswald, Tim Williams, Crombie Ltd, Sandy McLennan und Hilary Scarlett von den East Central Studios, Alison Lloyd, Catherine Lover, Adel Rootstein, Eastman Staples Ltd und der British Fashion Council. Dank an Timothy M. Gunn, Associate Dean an der Parsons School of Design, New York, an die Gladys Marcus Library am Fashion Institute of Technology, New York, und an die Fotografen und Illustratoren Esther Johnson, Niall McInerney, Tim Griffiths, Yvonne Deacon, Ilaria Perra und Lynette Cook für ihre großzügigen Beiträge. Und Dank an die vielen hier nicht Genannten, die mir im Umgang mit der Technik sowie bei Organisation und Bildrecherche eine große Hilfe waren.

Widmung

Für meine liebe Familie und Freunde, die stets erahnten, wann ich meine Ruhe wollte und wann sie mich mit Wein und Musik aus meiner Wohnung hinauslocken konnten.